EDGAR MORIN

CULTURA DE MASSAS NO SÉCULO XX

O Espírito do Tempo

Neurose e Necrose

DO MESMO AUTOR

L'an zéro de l'Allemagne, La Cité Universelle, 1946.
Une cornerie, Nagel, 1947.
L'homme et la mort, Corrêa, 1951.
Le cinéma ou l'homme imaginaire, Editions de Minuit, 1956.
Les Stars, Le Seuil, 1957.
Autocritique, Julliard, 1959.
Chronique d'un été (en collaboration avec Jean Rouch), Interspectacle, 1962.

EDGAR MORIN

CULTURA DE MASSAS NO SÉCULO XX

O Espírito do Tempo

Neurose e Necrose

11ª edição

Com a colaboração de
Irene Nahoum

Preâmbulo
Atualidade de *O Espírito do Tempo*
Éric Macé

Tradução de Neurose
Maura Ribeiro Sardinha

Tradução de Necrose
Agenor Soares Santos

■ Traduzido de
L'esprit du temps t.1 : La Névrose

L'Esprit du temps t.2 : La Nécrose

http://www.armand-colin.com
http://www.ina.fr/
http://www.grasset.fr
ISBN : 978-2-200-35356-8

■ **Cultura de Massas no Século XX – O Espírito do Tempo – Neurose e Necrose**
ISBN 978-85-309-7717-7

FORENSE UNIVERSITÁRIA um selo da EDITORA FORENSE LTDA.
Uma editora integrante do GEN | Grupo Editorial Nacional
Travessa do Ouvidor, 11 – 20040-040 – Rio de Janeiro – RJ
SAC: (11) 5080-0751 | faleconosco@grupogen.com.br
bilacpinto@grupogen.com.br | www.grupogen.com.br

11ª edição – 2018
Tradução de Neurose: Maura Ribeiro Sardinha
Tradução de Necrose: Agenor Soares Santos

Foto de capa: www.istockphoto.com | Rawpixel

■ **CIP – Brasil. Catalogação-na-fonte.**
Sindicato Nacional dos Editores de Livros, RJ.

M85c
11. ed.

Morin, Edgar, 1921-
Cultura de massas no século XX : neurose e necrose / Edgar Morin ; Com a colaboração de Irene Nahoum ; Tradução de Neurose de Maura Ribeiro Sardinha ; Tradução de Necrose de Agenor Soares Santos . - 11 ed. - Rio de Janeiro : Forense, 2018.
il.

Tradução de: L'esprit du temps
Inclui bibliografia
ISBN 978-85-309-7717-7

1. Civilização moderna. I. Título.

17-44144 CDD: 909
CDU: 94(100)

NOTA DA EDITORA

Autorizada pela editora francesa Armand Colin, a Editora Forense Universitária teve a permissão para unir os dois volumes de autoria de Edgar Morin, *Neurose* (volume I) e *Necrose* (volume II).

Ao tempo da primeira tradução do volume I, *Neurose* (1966) até a última edição do mesmo volume, em 2011, respeitamos a divisão francesa que, aliás, permanece. No entanto, o volume II em língua portuguesa, cuja última edição é de 1999, está esgotado há mais de três anos.

Com nova possibilidade de editoração, a edição em volume único comporta tranquilamente a sua união e ajuda os leitores interessados no estudo da Cultura de Massas a não terem o dissabor de ter um volume e, quando procuram o outro, o mesmo se encontrar esgotado. Algumas vezes isto ocorreu, pois nem sempre o interesse do leitor brasileiro foi o mesmo pelos dois volumes.

Na edição francesa do volume I, há um excelente texto do sociólogo Éric Macé sobre a atualidade das lições de Edgar Morin neste início de século XXI, que nesta edição unificada identificamos como **Preâmbulo**. Macé propõe uma releitura da obra de Morin desconsiderando-se as críticas que sociólogos dos anos de 1960 impuseram à obra, pois, nas palavras do próprio Morin, sua obra "permanecia no inferno". Macé sugere um propósito na leitura da obra, que seja o "de uma antropologia da passagem à sociedade pós-industrial, escolhendo como posto de observação a cultura de massa".

O Preâmbulo de Macé é seguido de um atualíssimo **Prefácio** do próprio Edgar Morin.

Para guardar os créditos das edições anteriores que tiveram publicações separadas, esses dois textos novos (de Macé e de Morin) foram precedidos do que havia na tradução para o português, uma Nota da Tradutora do volume I (*Neurose*), um pequeno texto do próprio Morin, que abria o volume II (*Necrose*) e o índice sistemático, nesta nova edição com os capítulos de ambos os volumes.

Após o Preâmbulo de Macé e o Prefácio de Morin, mantivemos o Prefácio da Terceira Edição do Volume I (*Neurose*) e o Prefácio original do Volume II (*Necrose*).

Esperamos que, com estas explicações, as páginas iniciais desta edição não causem confusões aos nossos leitores que estavam acostumados com a antiga divisão.

O intuito da união é ajudar o leitor a ter um único volume, sem a chance de adquirir um e, quando desejar adquirir o outro, não o encontrar.

Rio de Janeiro, agosto de 2017
Francisco Bilac Pinto Filho
Editor

NOTA DA TRADUTORA

NEUROSE

Ao fazer a tradução, procurei escolher as expressões que melhor traduzissem o pensamento do autor, mas mantive, na medida do possível, as particularidades de seu estilo. Assim, algumas palavras aparecem em português com uma forma, à primeira vista, inadequada. Isso só se verifica nos casos em que a preservação da irregularidade não prejudica a compreensão do texto. É o caso, por exemplo, de *fantomatique* – traduzido por fantasmático –, palavra inexistente tanto em francês quanto em português. Muitos perguntarão por que não empreguei o termo fantasmagórico, e a esses respondo que, se fosse essa a intenção do autor, ele teria usado em francês a palavra *fantasmagorique*, de uso corrente no idioma.

Neurose: meio-termo entre um distúrbio da mente e a realidade, concessão a que uma pessoa se acomoda, em troca de um fantasma, um mito ou um rito.

NECROSE

"Aparecerão nas sociedades evoluídas, cada vez mais, se elas continuarem em sua corrida para a prosperidade, o irracionalismo da existência racionalizada, a atrofia de uma vida sem verdadeira comunicação com outrem, como sem realização criadora, a alienação no mundo dos objetos e das aparências. As crises de furor dos jovens, os tormentos existenciais dos intelectuais, as neuroses espiritualistas dos burgueses de Passy já são sintomas de uma crise que sem dúvida se generalizará um dia".

E. M.

Sociologia de um fracasso. *France-Observateur*, 5 de novembro de 1959.

ÍNDICE SISTEMÁTICO

NEUROSE

PRIMEIRA PARTE
A INTEGRAÇÃO CULTURAL

SEGUNDA PARTE

UMA MITOLOGIA MODERNA

NECROSE

TERCEIRA PARTE

SOCIOLOGIA DO PRESENTE E SOCIOLOGIA DA CULTURA

QUARTA PARTE

A METAMORFOSE CULTURAL

QUINTA PARTE

A BRECHA CULTURAL

PREÂMBULO

Atualidade de *O Espírito do Tempo*

Por que reler *O Espírito do Tempo*, mais de 40 anos depois de sua primeira publicação? Inicialmente, porque se esse livro foi *lido* no momento de sua publicação, em 1962, ele quase não foi *relido* em razão de sua evicção prematura da literatura sociológica após o célebre artigo de Pierre Bourdieu e Jean-Claude Passeron. Publicado em 1963 e intitulado *Sociólogos das mitologias e mitologias dos sociólogos*, não se tratava aí mais do que de "banir do universo científico" essa "vulgata patética" relativa à cultura de massa.[1] As condições em que eu descobri *O Espírito do Tempo* comprovam a eficácia dessa inclusão na lista negra, mas, também, e esta é a razão desta reedição, sua injustiça.

No início dos anos 1990, o problema que devíamos resolver estava relacionado com a insatisfação intelectual provocada pela exiguidade do espaço teórico existente então na França relacionado à sociologia das mídias.[2] Por um lado, dispúnhamos do conjunto dos

---

1 Pierre Bourdieu; Jean-Claude Passeron, Sociologues des mythologies et mythologies de sociologues. *Les Temps Modernes*, nº 211, p. 998, 1963.

2 Esse "nós" designa o pequeno circuito de doutorandos engajados, nos anos 1990, em pesquisas sociológicas que tratavam das mídias, e que podem reconhecer-se, pelo menos em parte, nesse itinerário intelectual. Pode-se encontrar a expressão disso e seu testemunho em Éric Maigret; Éric Macé (dir.), com Dominique Pasquier, Hervé Glévarec, Laurence Allard, *Penser les médiacultures*. Nouvelles pratiques et nouvelles approches de la représentation du monde. Paris: Armand Colin, e em Marie-Hélène Bourcier, *Sexpolitiques*. Queer zones 2. Paris: La fabrique, 2005.

trabalhos americanos "de estudo de recepção" que, a partir dos anos 1930, procuravam compreender os efeitos das mídias sobre as subjetividades individuais e coletivas, para chegar à conclusão de que esses efeitos eram "limitados" por uma série de "filtros" interpretativos relativos às personalidades dos indivíduos e às interações no seio de seus diferentes meios de socialidade. Esses conhecimentos, com certeza, permitiam ir além da vulgata a respeito da influência das mídias sobre os indivíduos, mas essas abordagens psicossociais eram muito midiacêntricas e estavam bem longe não somente de uma sociologia das práticas culturais e dos usos sociais das mídias, como também de uma sociologia geral das mídias que articulavam os momentos da produção, das representações e das interpretações. Por outro lado, dispúnhamos de toda a extensão da denúncia marxista e neomarxista dos efeitos mistificadores da cultura de massa e das indústrias culturais, pensadas como corruptoras e liquidadoras ao mesmo tempo da cultura popular, da consciência de classe, da arte, da Razão, do espaço público, da democracia e da própria realidade.[3] Entre esses dois limites, não havia nada mais além da estranha ausência da sociologia francesa, que, exceto alguns raros trabalhos contemporâneos (extraindo eles mesmos fontes da sociologia americana),[4] tinha excluído de seus objetos legítimos esse imenso campo prático e simbólico que são as indústrias culturais, as representações midiáticas e seus usos.[5] Nesse contexto, nada incitava a procurar eventuais filiações junto aos trabalhos franceses que datavam dos anos 1960 e considerados como ultrapassados, até mesmo desqualificados.

---

3 Para uma visão de conjunto dessas correntes teóricas, veja Éric Maigret, *Sociologie de la communication et des médias*. Paris: Armand Colin, 2003.

4 Citemos as abordagens pós-lazarsfeldianas de Daniel Dayan, Les mystères de la réception. *Le Débat*, nº 71, 1992 e os trabalhos beckerianos de Dominique Pasquier e Sabine Chalvon-Demersay, *Drôle de stars*. La télévision des animateurs. Paris: Aubier, 1990; Dominique Pasquier, *Les scénaristes et la télévision*. Approches sociologiques. Paris: Nathan, 1995.

5 Essa mesma constatação tinha motivado os apelos a uma superação das tradições "empíricas" e "críticas" por Dominique Wolton et Jean-Louis Missika, *La folle du logis*. La télévision dans les sociétés démocratiques. Paris: Gallimard, 1983.

Foi, portanto, por necessidade que nos voltamos inicialmente para uma outra tradição de pesquisa, então pouco conhecida na França, a dos *Cultural Studies*, e em particular o trabalho feito desde os anos 1970 por Stuart Hall no seio do *Center for Contemporary Cultural Studies,* que ele tinha fundado com Richard Hoggart, na Universidade de Birmingham.[6] Com a *virada gramsciana* proposta por Hall, dispúnhamos de uma teoria das mídias e da cultura de massa definidas não mais como os agentes de uma mistificação necessária, nem como os corruptores da arte e da cultura popular, mas como campo de conflitos culturais, entre outros, das dinâmicas hegemônicas e contra-hegemônicas ligadas à assimetria das relações de poder que se exerciam nas práticas e nas representações. Sobre essa base, a articulação de uma sociologia das mídias com a de uma sociologia geral, como a sociologia da ação de Alain Touraine ou da sociologia pós-habermassiana da esfera pública de Nancy Fraser, foi então possível. Foi o conjunto desse trabalho de reconfiguração teórica que me levou especialmente a propor uma sociologia das mídias definida como uma sociologia das relações sociais mediatizadas por meio da dupla mediação da esfera pública e das indústrias culturais.[7]

Engajado a partir de então em uma reconsideração dos trabalhos precedentes, foi por desencargo de consciência intelectual e pedagógica que eu me decidi a ler *O Espírito do Tempo*, que só conhecia por meio da crítica de Bourdieu e Passeron e de curtas menções nos manuais de história das teorias da comunicação. Ora, o texto de Edgar Morin imediatamente me surpreendeu, para não dizer entusiasmou, por sua atualidade, seus aspectos precursores e pelas numerosas respostas que ele dava a questões insus-

---

6 Os primeiros artigos traduzidos foram publicados por Daniel Dayan em *Hermès*, nº 11-12, 1993, e por Paul Beaud em *Réseaux*, nº 68, 1994. Para uma introdução, ver Mark Alizart; Éric Macé; Éric Maigret, *Stuart Hall.* Paris: éditions Amsterdam et Hall Stuart 2007; *Identités et cultures.* Politiques des Cultural Studies. Paris: éditions Amsterdam, 2007.

7 Éric Macé, *Les imaginaires médiatiques.* Une sociologie postcritique des médias. Paris: éditions Amsterdam, 2006.

peitas, mas também pela desativação antecipada das críticas que o tinham desqualificado.[8]

Comecemos por esse último ponto, que é aqui o menos importante. A crítica maior feita a Morin por Bourdieu e Passeron se refere à ideia de uma cultura de massa hegemônica e "encantada" que se tornaria – na esteira da teoria crítica da escola de Frankfurt – um *imaginário das massas*, desprezando a diversidade e a complexidade dos usos, das práticas culturais e dos contextos de "recepção": "Pela eficácia terrorista de seu nome, 'os meios de comunicação de massa' condenam sem apelação os indivíduos massificados à recepção maciça, passiva, dócil e crédula. Por mais que as comunicações de massa veiculem mensagens as mais diversas e encontrem as audiências mais desigualmente receptivas, os estudiosos das comunicações de massa, servindo-se do efeito halo, contentam-se em despertar o modelo arquetípico do condicionamento pela imagem publicitária.[9] Essa crítica era feita em nome de uma sociologia do *habitus*, que contestava o suposto midiacentrismo da "massmidiologia", já que é a inscrição social e cultural dos indivíduos, em particular sua posição de classe, que determina suas práticas e suas interpretações: "Será preciso lembrar que a significação não existe na coisa lida, mas que ela tem, aqui como em outra parte, a modalidade da consciência intencional que a constitui?"[10]

Ora, encontram-se as respostas antes daquilo que aparece doravante como um falso processo nas últimas páginas de *O Espírito do Tempo*, as que são consagradas à bibliografia comentada. Como o

---

8 O resumo detalhado de minha releitura de *O Espírito do Tempo* encontra-se em *Les imaginaires médiatiques*, op. cit.

9 Pierre Bourdieu; Jean-Claude Passeron, op. cit., p. 1002.

10 *Idem*, p. 1009. Ironia da história do pensamento sociológico, Pierre Bourdieu defende justamente o inverso 30 anos depois: "Há uma proporção muito importante de pessoas que não leem jornal; que se dedicam de corpo e alma à televisão como fonte de informações. A televisão tem uma espécie de monopólio de fato sobre a formação dos cérebros de uma parte muito importante da população", em Pierre Bourdieu, *Sur la télévision*. Paris: Liber, 1996, p. 17.

precisa ironicamente Morin, *O Espírito do Tempo* não é um estudo a mais sobre os usos da cultura de massa pelos indivíduos, porque dessa tradição de pesquisa ele conhece ao mesmo tempo os conhecimentos e os limites: "o melhor da sociologia americana em matéria de comunicação de massa esforçou-se para reintegrar o espectador ou o leitor nos grupos sociais aos quais ele pertence, mas ao termo desse esforço, chegamos a um ponto de partida: o público não é uma cera mole sobre a qual se imprimem as mensagens das comunicações de massa, há o tecido complexo das relações sociais que interferem na relação emissores/receptor. Não é imodesto dizer que teríamos desconfiado disso."[11]

O propósito de Morin é mais ambicioso: é o de uma antropologia da passagem à sociedade pós-industrial, escolhendo como posto de observação a cultura de massa, e muito particularmente a que era central entre 1930 e 1960, a do cinema hollywoodiano.[12] Tal como ele o anuncia já na introdução, trata-se mesmo neste livro de captar de maneira *compreensiva*, não o *imaginário das massas*, mas as lógicas de produção, as estruturas de representações e as dinâmicas de transformação (internas e externas) que lhe parece constituir um *imaginário comum* significativo precisamente do *espírito do tempo* dessa época, de tal modo que esse imaginário comum que é a cultura de massa não é de forma alguma *o imaginário de todos*, mas o *imaginário conhecido de todos*. E é porque ele se envolve nesse pro-

11 Edição de 1975, p. 261.

12 Essa importância dada ao cinema não é exclusiva, Morin se apoia também na imprensa de grande circulação como fizeram Richard Hoggart em *La culture du pauvre*, e Roland Barthes em *Mythologies*, em 1957. Ela se explica também pelas reflexões precedentes de Edgar Morin consagradas ao cinema (*Le cinéma ou l'homme imaginaire*. Minuit, 1956, e *Les stars*. Seuil, 1956), assim como pela sua experiência pessoal de uma cinefilia precoce no Ménilmontant dos anos 1930 (ele o conta em *Mes démons*. Paris: Stock, 1994). No que concerne à televisão, se as referências bibliográficas da época, inclusive as raras francesas, são bem presentes, ela só aparece realmente na reflexão de Morin, sem dúvida em razão de uma participação somente emergente da televisão na cultura de massa, muito especialmente na França, onde, em 1960, só existe uma rede pública para um índice de equipamento de somente 13% dos lares.

jeto antropológico que ele destaca que a análise das representações coletivas não é separável da análise da realidade social, visto que o *imaginário* não é nem exterior ao real nem se opõe ao real, ele é *uma parte do real*. Pois este último é constituído indissociavelmente de sua dimensão "atual" (a da experiência concreta limitada e que se designa comumente como o "real") e de sua dimensão "virtual" (aquela muito mais ampla das representações e que se designa comumente como "o imaginário"). De maneira que o que é vivido e pensado como o "real" não é jamais senão o "atual" estreito de um "virtual" sempre mais amplo que desenvolve sem cessar o imaginário, e que pode levar, em troca, os indivíduos a quererem modificar seu "real".[13] É precisamente essa constituição da cultura de massa como objeto de observação antropológica das transformações da modernidade que me parece precursora das reflexões feitas hoje sobre as transformações culturais relativas à segunda modernidade (e mais precisamente às formas de aculturações glocalizadas (globalizadas + localizadas) das representações individuais e coletivas), a partir do "trabalho da imaginação" realizado pela mediação não somente do cinema (há muito tempo pós-hollywoodiano), mas doravante também pela televisão e a internet.[14]

É a partir dessa atualidade do projeto de Edgar Morin que se pode ler, parece-me, as teses de *O Espírito do Tempo* como uma série de proposições úteis a uma sociologia contemporânea do que, junto com Éric Maigret, chamamos doravante não mais a "cultura de massa", mas, em grande parte seguindo a *virada antropológica* proposta por Edgar Morin, as *midiaculturas*.[15]

Como primeira proposição, e contra um legitimismo cultural que reinará paradoxalmente muito tempo no seio da sociologia francesa

---

13 *Idem*, p. 108.

14 Appadurai Arjun, *Après le colonialisme*. Les conséquences culturelles de la globalisation. Paris: Payot, 2001.

15 Veja o livro coletivo sobre essa noção, manifesto teórico inaugural dessa coleção: Éric Maigret; Éric Macé (dir.), *Penser les médiacultures*, op. cit. Paris: Armand Colin, 2005.

da cultura,[16] Morin sustenta que a cultura de massa não deve ser considerada como uma forma inferior ou degradada de cultura (*versus* as artes e as ciências), menos ainda como uma forma específica de grupos sociais particulares (isto é, os meios populares), mas deve ser entendida em termos antropológicos como uma forma específica, típica da modernidade, de produção de imaginários coletivos com pretensão universal. É essa regra do método que leva Morin a redefinir de maneira dialética os dois pilares da teoria crítica: os conceitos de indústria cultural e de mito.

A modernidade da cultura de massa vem do fato de que, pela primeira vez na história da humanidade, uma cultura comum não é produzida por instituições, mas pelas dinâmicas, as incertezas e as inconstâncias transnacionais do mercado. Essa instabilidade própria do funcionamento do mercado e da diversidade de um público tão mais heterogêneo que é às vezes ampliado até a escala mundial, se encontra até nas tensões criadoras estruturais das indústrias culturais. Com efeito, contra a tese especulativa da unidimensionalidade da cultura de massa desenvolvida pela escola de Frankfurt e em especial por Herbert Marcuse, Morin atualiza uma "lei sociológica" das indústrias culturais que continua sempre atual (e que faz qualificar doravante as indústrias culturais "de indústrias arriscadas"):[17] a da necessária tensão criativa entre a lógica "industrial-burocrática-monopolística-centralizadora-padronizadora" e a lógica "individualista-inventiva-concorrente-autonomista-inovadora", seja entre os alguns *majors* concentrados e a multidão de independentes, ou então no próprio seio dos *majors,* e até nos estúdios de gravação, entre

16 Desse ponto de vista, veja Éric Maigret, Pierre Bourdieu, la culture populaire et le long remords de la sociologie de la distinction culturelle. *Esprit*, mars--avril, 2002, e Hervé Glévarec, La fin du modèle classique de la légitimité culturelle. In: Éric Macé; Éric Maigret (dir.). *Penser les médiacultures*, op. cit., 2005.

17 Desse ponto de vista, a análise de Morin fundada sobre a economia do cinema hollywoodiano vale também para as outras indústrias culturais, inclusive as mais recentes, como as do disco e da televisão: veja a síntese atualizada que apresenta David Hesmondhalgh. *The cultural industries*, London: Sage, 2002.

os "administradores" e os "artistas".[18] Daí o princípio contraditório fundamental de uma cultura de massa produzida por indústrias culturais que devem sempre, de uma maneira ou de outra, levar em conta a intensidade de suas tensões internas e as ligadas à relação com seus públicos e com as transformações de seu ambiente cultural: "o *padrão* se beneficia do sucesso passado e *o original* é a garantia do sucesso novo, mas o *já conhecido* corre o risco de cansar e *o novo*, de desagradar."[19] Em outras palavras, a indústria cultural é o que traduz até no cerne da cultura de massa, a instabilidade e a diversidade do mundo social: "a contradição invenção/padronização é a contradição dinâmica da cultura de massa. É seu mecanismo de adaptação *aos públicos* e de adaptação dos *públicos* a ela. É sua vitalidade".[20]

É essa observação da economia política das indústrias culturais que conduz Morin a mostrar que a dinâmica da cultura de massa é necessariamente *sincrética*, ultrapassando os limites das barreiras culturais locais e nacionais, assim como os relativos às classes de idade, de gênero e de meios sociais. E isso não para impor mitos mistificadores e unificadores, como sustentam Theodor Adornor, Max Horkheimer ou Roland Barthes, mas para propor mitos que são "de ideal do eu" exprimindo as contradições culturais crescentes que caracterizam a passagem de uma sociedade industrial a uma sociedade pós-industrial: a aspiração a um individualismo expressivo mais que ao individualismo funcional dos papéis e dos estatutos, a aspiração à felicidade individual mais que à gratificação diferida do bom trabalhador e bom chefe de família ou da revolução por vir. É essa definição dialética do mito como expressão das tensões socioculturais próprias a cada contexto sócio-histórico que permite fazer dele um instrumento de observação sociológica sempre atual das variações das representações coletivas. E isso ainda mais que os mitos midiaculturais são reversíveis assim como observa em tempo real o próprio Edgar Morin entre a primeira edição de seu livro, em 1962, e a segunda edição, em 1975. Enquanto, até o início dos anos

18 Edição de 1975, p. 35.
19 *Idem*, p. 35.
20 *Idem*, p. 36.

1960, a felicidade individual parecia um horizonte desejável para todos e até transgressivo para os que não tinham ainda o direito a uma expressão autônoma (os jovens, as mulheres), os anos pós-1968 são os do "fim da felicidade" e do desencanto – até que aparecem, poderíamos acrescentar, os novos mitos da performance e da competição a partir dos anos 1980, antes do retorno, senão dos desencantos, em todo caso das incertezas da segunda modernidade. Pode-se sem dúvida assim mostrar de uma maneira mais geral que existe um *realismo do imaginário* midiacultural, não enquanto refletindo uma hipotética realidade social, mas enquanto exprimindo a realidade das visões do mundo, das relações de poder e dos conflitos de definição que se exercem no seio da esfera pública, nos "textos" das indústrias culturais e até em suas interpretações.[21]

Tendo como projeto intelectual o de uma antropologia das transformações da modernidade até na observação de suas formas culturais mais comuns que são as midiaculturas, introduzindo a uma verdadeira sociologia das indústrias culturais, parece-me que se pode considerar *O Espírito do Tempo* como o livro que permite restabelecer o fio há muito tempo rompido da discussão teórica entre a sociologia francesa e os *Cultural Studies* mais recentes.

É porque pensamos que o restabelecimento dessa filiação pode ser benéfica à sociologia contemporânea das midiaculturas que propusemos a Edgar Morin reeditar esse texto na coleção "Médiacultures" cujo espírito deve muito a seu livro. O texto que segue, além do prefácio original do autor nesta nova edição, é o do tomo 1 da edição de 1975, publicado sob o título *L'esprit du temps.* Névrose (que retoma o texto publicado em 1962 sob o único título *L'esprit du temps*). Com a concordância do autor, acrescentamos ao fim um capítulo posterior extraído do tomo 2 da edição de 1975 (*Nécrose*), intitulado "La métamorphose de la culture de masse", porque nos parece significativa a alteração desencantada anunciada no fim do texto de 1962.

Éric Macé, junho de 2007

---

21 Para um exemplo contemporâneo, veja Éric Macé, *La société et son double.* Une journée ordinaire de télévision. Paris: Armand Colin, 2006.

PREFÁCIO DA PRESENTE EDIÇÃO

Quando empreendi escrever *O Espírito do Tempo*. No fim dos anos 1950, o problema do papel e dos efeitos das *mass medias* estava já amplamente colocado para a opinião como para a pesquisa.[1] O cinema, os *comics*, a imprensa de revistas (inclusive o que se chama hoje a imprensa *people*), a televisão ainda em seu início, eram o objeto, em especial nos Estados Unidos, de inúmeras pesquisas para discernir seus efeitos eventualmente nocivos – mas sem trazer resultados comprovados. Nessa época, sempre nos Estados Unidos, uma grande polêmica opunha dois tipos de intelectuais. Uns, universitários tradicionais só tinham desprezo pelo que Georges Duhamel tinha, em seu tempo, chamado de "diversões de hilotas". Entre esses, unindo neles o aristocratismo universitário e a cultura marxista, os adeptos da escola de Frankfurt, na primeira fileira Adorno e Marcuse, julgavam que a *mass culture* originária das mídias contribuía poderosamente para adormecer os trabalhadores e desviá-los de sua tarefa revolucionária. Opostamente, outros intelectuais consideravam que as mídias contribuíam para a democratização e para a elevação do nível cultural das massas populares.

No que me concerne, eu me vi, criança, e depois adolescente, imerso nessa cultura. Eu era um cinéfago, eu ia ao cinema muito frequentemente e adorava as cançonetas, as canções das ruas. Só mais

1 Este prefácio retoma uma parte da conferência de Edgar Morin publicada na revista *Médiamorphoses*, nº 13, 2005 (nota do editor).

tarde, com o passar dos anos, que certos filmes se impuseram a mim porque tinham um poder de fascinação, um poder estético, e porque começava a aparecer uma crítica de cinema para a qual os nomes de Fritz Lang e de Pabst eram nomes significativos. Com o tempo, descobria-se a arte cinematográfica como nos filmes negros americanos dos anos 1938-1950, ou então no *western*, que eram até então desprezados pelos intelectuais. Eu, evidentemente, fiz parte desses "estetas" do cinema, mas não perdi nem a lembrança, nem meu gosto pelo cinema em si. Eis por que razão, para mim, o cinema fazia parte de dois mundos: o mundo dessa cultura de massa, popular, e também o mundo da cultura, simplesmente. Isso explica talvez por que eu não tinha o reflexo repulsivo contra a cultura de massa que compartilhava a maioria dos intelectuais em torno de mim.

A primeira virtude, a meu ver, de *O Espírito do Tempo* foi de superar a polêmica sem, contudo, escamoteá-la, situando-se no cerne do sistema de produção do que se tinha muito justamente chamado de indústria cultural. Aí, eu pratico já o que chamei mais tarde de *conhecimento complexo*, que é capaz de considerar *antagonismos complementares*. O cerne de meu estudo sobre essa indústria cultural, em *O Espírito do Tempo*, era esse paradoxo que me tinha surpreendido muito: como pode Hollywood, que faz cinema com todas as regras da indústria e da divisão industrial do trabalho – diretor do filme, roteirista, montador, e até especialistas dos *sketches* – como essa máquina que faz filmes de maneira industrial, para o lucro, como se fabricam carros ou máquinas de lavar, como pode ela produzir, às vezes, obras-primas? A resposta é que todo filme deve ser individualizado, deve ter sua originalidade. Ou seja, a produção que impõe mecanicamente suas normas precisa de seu contrário, a criação. Com efeito, se é evidente que os métodos industriais de organização do trabalho (racionalização, especialização das tarefas) reinam no caso consumado e exemplar da produção dos filmes de Hollywood, esta não pode dispensar um aporte singular de talento artístico, de invenção, em suma, de criação. Não se pode esquecer também que os produtores de Hollywood eram imigrados, judeus, jogadores, que, na época, não podiam se integrar na alta sociedade americana do Leste, de Boston, e que foram buscar fortuna em Los Angeles. Esse lado lúdico fez com que eles fossem sensíveis à presença de pessoas lúdicas como eles, mas que brincavam de ser diretores de filmes. Eles acolheram todos os grandes cineastas europeus que, perseguidos por Hitler, se tornaram os grandes cineastas americanos. Não era, pois, somente uma máquina industrial. Eis por que razão Hollywood recorreu a William Faulkner e a outros autores como roteiristas, e que cineastas puderam, nos âmbitos canônicos do *western* ou do filme *noir* (tão imperioso quanto o âmbito das três unidades em Racine) fazer verdadeiras obras-primas. Assim, a indústria cultural obedece a um duplo imperativo antagônico e complementar de produção/criação. Em inúmeros casos, a produção ganha da criação e são filmes padronizados sem real originalidade. Em alguns outros casos, a criação se impõe na produção e são eles os filmes dos grandes realizadores de Hollywood, os John Ford, Howard Hawks, Billy Wilder, Mankiewicz, e outros. Em alguns outros casos, a criação se impõe sobre a produção como com *Cidadão Kane* de Orson Welles (com o risco de que, em caso de insucesso comercial, a produção se vingue e exclua os desviantes). Daí a possibilidade de compreender que Hollywood tenha produzido não somente mediocridades, mas também obras-primas.

O outro propósito central de *O Espírito do Tempo* era indicado por seu subtítulo: "ensaio sobre a cultura de massa". Ora, a palavra cultura é um camaleão conceitual, passando de um sentido ao outro segundo seu ambiente. Em um primeiro sentido, antropológico, a cultura comporta tudo o que é conhecimento (a linguagem, o saber, o saber-fazer, os mitos, as ideias). Em outro sentido, trata-se da cultura própria à etnia. Ainda em outro sentido, trata-se da cultura "culta" que adquirem as elites de nossa sociedade. A palavra cultura, na noção de cultura de massa, concerne à cultura que emergiu no século XX com as mídias, e seu sentido não pode reduzir-se nem se opor totalmente aos sentidos anteriores à palavra cultura. Ela pôde apoderar-se dos temas e conteúdos da cultura popular antecedente (folhetins, melodramas, jogos de feira ou de circo), ela pôde integrar, mais ou menos marginalmente, temas ou conteúdos da cultura de elite (romances e música clássica), ela fez emergir um imaginário próprio e uma mitologia própria, dentre as quais a das *stars*. Como as culturas étnicas, mas de modo próprio e mais amplo, ela influi nos saberes e no saber-viver. Eu tinha, com certeza, sido surpreendido pela situação do espectador de cinema, essa situação meio hipnótica, na qual há esses processos bem descritos de projeção e de identificação. Entretanto, essa relação não pode ser descrita principalmente em termos de alienação. Esses espectadores sabem muito bem que são espectadores de um filme. Mesmo se chorarem, se soluçarem, se rirem, se se envolverem na ação, sabem que não estão no filme. Acabou o tempo em que a primeira projeção de um trem entrando na estação de La Ciotat (pelos irmãos Lumière) fez com que espectadores se levantassem de medo que o trem os esmagasse. Era também um cretinismo intelectual da parte dos que jamais foram ao cinema querer atribuir cretinismo aos espectadores de cinema se eles tivessem esquecido de que estavam ao cinema. A segunda coisa é que, uma vez que se esteja nesse processo de identificação e de projeção com os personagens de filme, se é muito mais compreensivo e muito mais humano do que na vida real. Na vida real, os *gangsters* são vistos unicamente como *gangsters*. Quando você vê *O Poderoso Chefão*,[2] que seja Marlon Brando ou Al Pacino, trata-se de um criminoso, mas um criminoso com traços de humanidade. O espectador de cinema simpatiza com o vagabundo Carlitos, ao passo que, na vida real, desvia quando um vagabundo lhe pede uma esmola. Somos assim muito mais humanos e mais inteligentes no cinema porque compreendemos o outro, enquanto na vida real nos fechamos a essa compreensão do outro.

Era-me também necessário encarar essa cultura de maneira histórica, em seu desenvolvimento e suas transformações. Considerando que o cinema que aí tem uma importância soberana até os anos 1960, seu imaginário tinha comportado duas etapas. A primeira, a

---

2 *O Poderoso Chefão* (*The Godfather*) de Francis Ford Coppola (1972), com Marlon Brando, Al Pacino, James Caan, Robert Duvall, Sterling Hayden, Diane Keaton.

do cinema mudo, privilegiava o maravilhoso, o melodramático e as *stars* eram então sobre-humanas. A segunda era a do "realismo", em que as *stars* se humanizavam, conservando uma humanidade superior, e em quese impunha de maneira quase absoluta o *happy end*, final feliz quando os heróis superam suas provações, fazem triunfar seu amor em um beijo final, e encontram para sempre a felicidade. Interpretei esse *happy end* como uma mensagem de promessa de felicidade própria à civilização ocidental nesse estágio de seu devir. E interpretei as *stars* de cinema não somente como imagens míticas, mas também como modelos de conduta na vida quotidiana, em especial na relação amorosa.[3] Eu tinha integrado na cultura de massa não somente a cultura midiática mas também todo um conjunto cultural que comporta o desenvolvimento da vida privada individual, a promoção dos valores femininos e dos valores juvenis, a amplificação dos fins de semana e das férias, ao que eu ia acrescentar em escritos ulteriores um neorruralismo, um neonaturismo, um neoarcaísmo. O que me apareceu depois da década de 1960, foi uma nova etapa na cultura de massa. Ao caráter eufórico da mitologia da felicidade sucedia uma fase problemática de crise da felicidade. O *happy end* se encerrava em proveito de fins evasivos ou ambíguos, e, às vezes, o retorno do trágico. A essa crise de mitologia correspondia, a meu ver, uma crise de civilização que ilustrava à sua maneira a contracultura adolescente e o ano de 1968.

Eu tinha, pois, sido levado a tratar o principal paradoxo da cultura de massa: como é possível que os produtos da cultura de massa, nascida e principalmente desenvolvida nos Estados Unidos, carregando neles a marca singular de sua sociedade e de seu estágio histórico, como é possível, pois, que eles tenham tido um alcance e um sucesso universais? Como é possível que os filmes e as *stars* de Hollywood tenham atraído homens e mulheres, jovens e velhos de todas as culturas, de todos os continentes? O problema não é único: Sófocles ou Shakespeare, cujas obras estão inscritas em condições sociais/históricas particulares, podem ser admirados e compreendi-

3 Edgar Morin, *Les stars*. Paris: Seuil, 1972.

dos pelos séculos ulteriores e nas civilizações mais diversas. É, no entanto, essa interrogação a respeito da "universalidade potencial" dos produtos da cultura de massa que valeu uma colocação no esquecimento de *O Espírito do Tempo*, em nome de um reducionismo sociológico, então dominante, que encerrava em uma classe social, na verdade no *habitus* das categorias socioprofissionais, os gostos e os desgostos estéticos.

A partir de então, o desprezo global da cultura "culta" para as obras midiáticas se atenuou um pouco. O cinema é reconhecido plenamente como arte, as históricas em quadrinhos são admitidos na estética, e a televisão, ainda que as grandes redes sejam submetidas a regras padronizadoras, diversificou seus canais e pôde produzir obras fortes, em especial séries com realismo complexo a exemplo de *New York Police Blues*. Quase meio século mais tarde, a mesma consideração de uma dialética produção/criação vale para a cultura de massa contemporânea em sua capacidade de expressar o espírito do tempo. Para o cinema, o primeiro *Matrix*[4] é muito importante no tipo de problema que ele coloca: nós levamos nossa vida aparentemente normal, não seríamos todos autômatos manipulados por essa máquina formidável, anônima, a Matrix? Não seriam os humanos a partir de agora manipulados pelas máquinas infernais que eles criaram? É um tema-chave, tema de angústia, tema absolutamente problemático que trata de nossa vida quotidiana. A isso acrescenta-se um segundo elemento que é o virtual e o real. Quando se passa para o virtual está-se em uma outra realidade, aí acontecem coisas virtuais e onde os personagens são imobilizados, adormecidos. É o jogo entre esses dois universos que é algo de absolutamente fabuloso. A terceira questão interessante no primeiro *Matrix* é que não há *happy end*, o fim é evasivo, inquieto. Os heróis são resistentes que lutam contra essa máquina e esses humanos, ou aparentemente humanos, depois de muitas aventuras

---

4 *Matrix (The Matrix)* de Andy Wachowski e Larry Wachowski (1999) com Keanu Reeves, Laurence Fishburne, Carrie-Anne Moss, Hugo Weaving, Gloria Foster.

em que arriscam mil mortes, sobreviveram, mas não ganharam. Eu citaria também *Blade Runner*[5] como exemplo desses filmes que não são somente ficções científicas projetadas em um futuro muito distante, mas quase em nosso mundo contemporâneo, e que nos mostram que um dos problemas dos homens é saber se eles não foram aprendizes de bruxo lançando-se na aventura tecnocientífica. Sob essa forma espetacular, é um problema que se coloca realmente cada vez mais na era da proliferação nuclear, das manipulações genéticas e das degradações da biosfera.

Entretanto, a despeito desse reconhecimento da cultura de massa e de suas obras, meu livro permanecia no "inferno" da sociologia. Foram necessários 45 anos para que Éric Macé fizesse uma releitura dele para que, por sua vez, *O Espírito do Tempo* pudesse ser submetido a essa reavaliação. Este livro não é somente pioneiro. Ele tentou situar-se no nível fundamental dos problemas. É por isso que ele é, parece-me, mais atual que os acréscimos que eu fiz em seguida para tratar das evoluções ulteriores.[6] Cabe ao leitor ver se ele conservou sua juventude.

Edgar Morin, outubro de 2006

---

5 *Blade Runner* de Ridley Scott (1988) com Harrison Ford, Rutger Hauer, Sean Young, Daryl Hannah, Edward James Olmos, Joanna Cassidy.

6 Edgar Morin faz referência ao segundo tomo acrescentado na edição de 1975 sob o título *L'Esprit du temps 2.* Nécrose (nota do editor).

PREFÁCIO À TERCEIRA EDIÇÃO

NEUROSE

Este livro, escrito em 1960-1961, apareceu em 1962.

Nada teria que suprimir, e muito que acrescentar.

Efetivamente, os anos 1960 foram marcados por uma transformação da configuração cultural nas nossas sociedades, que, obviamente, afeta a cultura de massas.

Efetivamente, muitas das características que assinalei neste livro ainda persistem hoje. Mas o "espírito do tempo" já é outro.

O eixo da cultura de massas deslocou-se. Seu campo ampliou-se, penetrando cada vez mais intimamente na vida cotidiana, no lar, no casal, na família, na casa, no automóvel, nas férias. A mitologia da felicidade tornou-se a problemática da felicidade. Traços e focos de "contracultura", e mesmo de "revolução cultural", formaram-se no *underground*, à margem da cultura de consumo, porém também penetrando-a, irrigando-a. A cultura de massas tende, a um tempo, a deslocar-se e a integrar ("recuperar", como se diz) as correntes desintegradoras.

A maior parte dos meus estudos de "sociologia do presente", de 1963 a 1973, tem relação com essas transformações. Do aparecimento de uma nova "subcultura" juvenil (o *yê-yê-yê*) aos impulsos californianos de uma "revolução cultural" ocidental, passando pelas revoltas de estudantes. Da "promoção dos valores femininos" à "nova feminilidade" e ao "novo feminismo". Do neoarcaísmo e do novo naturismo às "utopias concretas", dos clubes de férias e do movimento ecológico. Dos obstáculos e das dificuldades opostas ao bem-estar aos sintomas de uma crise em profundidade da civilização burguesa.

Ao passo que a sociologia oficial acreditava trabalhar no solo cada vez mais sólido da "sociedade industrial", eu me tornava cada vez mais sensível às pressões dos ciclones que se formavam à sombra. O que era desprezado como epifenômenos aberrantes ou ridículos representava, para mim, desvios geradores de novas tendências. Onde se viam fogos de palha, enxergava eu erupções que revelavam desestruturações em profundidade no núcleo cultural de nossas sociedades.

Não tenho por que me envergonhar do que escrevi em 1962, em um texto publicado em 1965:[7] "Sem dúvida, prepara-se uma crise gigantesca, crise de fundo do individualismo burguês, crise da civilização: o *beatnik* já denuncia, em sua recusa voluntária da comodidade norte-americana, a inquietação que lhe causa o bem-estar; a expressão *dolce vita* já se tornou para os abastados sinônimo de desolação." E, em 1966, lia-se, no final de um estudo da comuna de Plodemet:[8]

"Será que se verá aparecer as dificuldades do bem-estar, ignoradas por um povo que apenas chegou aos primeiros estágios de uma conquista, que ainda conhece as dificuldades do desconforto e a lembrança das antigas servidões?

Será que se verá aparecer as dificuldades da vida privada e a irrupção dos problemas do casal, problemas que são silenciados ou escondidos onde quer que surjam?

Será que se alargará o vazio que já aflora entre os jovens no lazer e até durante as férias?

Será que se verá o ímpeto martirizante de inquietudes que hoje em dia apenas se entremostram e são transferidos a um futuro indeterminado ou a um cogumelo atômico?

---

7 *Introdução a uma política do homem*. Le Seuil, 1965.
8 Comuna na França: *A Metamorfose de Plodemet*. Favard, 1967.

Será que se assistirá a um impulso mais ardente para a espontaneidade, a alegria, a plenitude, outrora circunscritas às festas e que hoje se insinuam timidamente nos divertimentos e nas férias?

Veremos a crise? A muda? O fim da civilização burguesa?"

A partir de agora, os novos fermentos culturais estão operando e em seu lugar. Entramos em uma época em que se tornou bastante claro que a cultura se coloca em termos problemáticos.

Assim, a este volume se segue um segundo tomo, no qual estão articulados e integrados meus estudos dos anos 1962-1973.

E. M., abril de 1974

PREFÁCIO

NECROSE

Uma transformação na infraestrutura cultural da nossa sociedade inicia-se na década de 1960, adquire um aspecto de erupção de 1965 a 1970 e atualmente segue seu curso.

Enquanto os fatos descritos no tomo I de *O Espírito do Tempo*[1] se desenrolam depois de 1960, jorram acontecimentos explosivos aparentemente aberrantes, anômicos, periféricos que parecem relacionados com os processos em curso, mas na verdade condicionados por estes; ademais, logo se descobre que os desvios se tornam fontes de novas tendências e de novos fatos.

Assim, pode-se seguir um fio duplo durante este período: de uma parte, a problematização da cultura de massas desemboca sobre a problemática da revolução cultural; de outro lado, a crise de cultura desemboca na crise da sociedade.

O espírito do tempo 1950-1960 era a cultura de massas. O novo espírito do tempo faz explodir a cultura de massas. A noção de cultura de massas, no sentido culturalmente integrado e socialmente integrador que eu havia concebido, foi muito útil no primeiro volume.

---

1 **N.T.:** Traduzido por Maura Ribeiro Sardinha para esta Editora, em fevereiro de 1967, com o título *Cultura de Massas no Século XX* (O Espírito do Tempo).

Aqui ela é, porém, abandonada progressivamente como a crisálida de um inseto em muda.

No decurso dessa muda, é a noção de crise que se torna crucial e é seu sentido que tentamos esclarecer (capítulo I).

Digamos sumariamente aqui que se manifesta uma crise, no seio de um dado sistema, com os seguintes traços: regressão dos seus determinismos e aumento das incertezas, passagem da estabilidade à instabilidade, transformação de complementaridades em oposições e em antagonismos, irrupção de desvios que rapidamente se transformam em tendências, busca de soluções novas, isto é, globalmente processo de desintegração e de desorganização no seio do sistema estabelecido e movimentos em direção a novas (ou antigas) formas de integração e de organização. Efetivamente há crise na cultura de massas nos anos 1960-1970: esta cultura começa a perder seu caráter homogeneizante, unificado, integrado e euforizante, como se verá (p. 288-294). Mais profundamente, a crise se manifesta no seio mesmo dos modelos integrados e integradores: a promoção dos valores juvenis, a promoção dos valores femininos, a promoção da libertinagem e do princípio do prazer, e enfim a promoção da mitologia concreta dos lazeres/férias, viagens.

Daqui para o futuro, o desenvolvimento desses valores prossegue de maneira ambivalente e ambígua, ao mesmo tempo ainda integrado-integrativo e já, nos seus desbordamentos, reivindicativo e corrosivo.

Essa transformação começa sempre a partir da erupção desviadora; esta erupção dá origem a uma onda de choque que, repercutindo, cria uma onda mais larga; este esquema, que definimos no caso do desenvolvimento do neofeminismo e da nova feminilidade (cf. p. 342-363), pode aplicar-se de maneira mais geral aos processos em curso; *a onda de choque*, muito enérgica e corrosiva, assume um caráter "contestatário", "contracultural", "revolucionário", mantendo-se fora do e em oposição ao sistema que quer derrubar ou transformar radicalmente; *a onda larga* expande-se amplamente no sistema, assume um caráter evolucionista, "reformador", neomodernista. As duas ondas estão a princípio ligadas de maneira complexa, isto é, ao mesmo tempo complementar, concorrente e antagônica, mas podem, em determinado momento, dissociar-se e fazer prevalecer suas oposições sobre suas complementaridades, como ocorre entre a ideia de reforma e a de revolução.

Assim, na "grande época" da cultura de massas, juventude e feminilidade estavam culturalmente estacionadas nos seus subsetores; a partir de 1955, a irrupção dos valores adolescentes "selvagens" desencadeia uma sucessão de inovações e de rupturas no seio da subcultura juvenil, não somente no cinema, mas através do nascimento e do impulso do *rock*. Mostro no estudo dedicado à adolescência como, de uma erupção local para outra, duas ondas se constituem: a onda de choque, que tende a adquirir forma de contracultura e de revolução cultural ao mesmo tempo, e a onda larga, na qual uma nova cultura juvenil se difunde no interior da juventude, modifica as relações pais/filhos, adultos/jovens, transforma os modelos de comportamento, as relações amorosas e faz surgir a juventude como uma espécie de "classe de idade daqui por diante ator na cena social e política".

No decurso deste processo, de 1967 a 1969, formou-se na Califórnia, onde fervilha a inovação cultural, um verdadeiro caldo e *experiência* de cultura.[2] Na França foi o Maio de 1968. Estas duas experiências estão analisadas em dois livros *Journal de Californie*, 1970; *Mai 68*: la Breche). Não serão tratadas diretamente aqui, razão a mais para acentuar sua importância. Efetivamente, neste extraordinário crisol cultural em criação contínua de 1967 a 1969, cujo epicentro é a Califórnia, e no turbilhão efêmero, mas radical de maio de 1968 na França, o fermento juvenil suscita algo mais amplo e mais profundo, a saber, uma subversão e um jorrar de temas e valores que se espalharão, a um tempo sob a forma de ondas de choque e de ondas largas, não apenas na juventude, mas em "todos os azimutes" da sociedade.

De fato, depois de 1967-1969, a libertinagem, que na "grande época" da cultura de massas era cultivada no consumo e para o consumo, através do erotismo imaginário e da publicidade, sai do leito que lhe fora destinado, onde era prudentemente mantida e contida.

2 **N.T.:** O autor usou aqui trocadilho cuja expressividade é difícil reproduzir em português: *un véritable bouillon et brouillon de culture.*

Ela se desencadeia (onda de choque) na reivindicação ilimitada do desejo e do prazer, desdenhando qualquer censura e qualquer tabu. Expande-se (onda larga) na liberalização dos costumes e no enfraquecimento das proibições erótico-sexuais na vida e nos espetáculos.

Metamorfose paralela se opera com relação ao neoarcaísmo e ao neonaturismo. À grande época da cultura de massas, eles eram atraídos para os fins de semana e as férias, absorvendo os progressos consumistas proporcionados pela nova indústria do lazer. Daí em diante, neoarcaísmo e neonaturismo se tornaram exigentes e virulentos. A onda de choque é o "ecomovimento", a nova consciência ecológica que põe em causa tanto a maneira de viver até então integrada no quadro tecnoburocrático industrial-urbano como a própria estrutura da sociedade. A onda larga é a tomada de consciência reformadora do problema das poluições, a preocupação de respeitar o "ecossistema", a aspiração de encontrar um novo equilíbrio homem-natureza.

Enfim, e simultaneamente, desprendendo-se do núcleo californiano e espalhando-se rapidamente por todo o conjunto do mundo ocidental, nova feminilidade e novo feminismo se desenvolvem. Como indicaremos mais adiante a onda de choque é a ação percussora do *Women's Lib* ou do MLF;[3] a onda larga é a evolução reformadora de uma subcultura feminina que se torna relativamente autônoma e a reivindicação emancipadora em matéria de família, de maternidade e de trabalho.

As evoluções próprias à juvenilidade, à feminilidade, à libertinagem, ao neoarcaísmo e ao neonaturismo, embora constituam processos diferenciados, autônomos, são, ao mesmo tempo, ligados por vínculos de correlação e de interação, e, nesse sentido, constituem as múltiplas facetas de um mesmo processo transformador.

No seio desse processo desmoronou-se a promessa eufórica de felicidade, base da cultura de massas, e em seu lugar, enquanto em redor a revolta se manifesta de forma surda, não se ouvem senão propostas de "viver melhor". Mas, enquanto se apaga o *Sunset Bou-*

---

3 **N.T.:** *Mouvement de Libération Féminine,* "Movimento de Libertação Feminina".

levard, antes portador da promessa messiânica da felicidade burguesa, não longe de Hollywood, que agoniza, na mesma Califórnia se ilumina a nova esperança, com o anúncio messiânico da era do *Aquário*. É certo que o evangelho do *flower power*[4] fenece rapidamente em uma sociedade que permaneceu hibernosa, mas sua decomposição também reanima, revigora e renova os velhos evangelhos revolucionários da bandeira vermelha e da bandeira negra.

Daqui em diante não há mais a dualidade entre "cultura de massas" e "cultura cultivada". Há três polos culturais em interações complexas (isto é, recorde-se, ao mesmo tempo complementares, convergentes e antagônicas): *a)* o polo da nova cultura de massas atravessada pela problematização e pela reformulação; *b)* o polo da cultura cultivada, fortemente vitaminada em contestação e em tendência para a subversão, e no qual a *inteligentsia* se pretende cada vez mais crítica; *c)* o polo da "contracultura", com seus núcleos dissidentes/parasitas que se inclinam para a revolução cultural.

O novo espírito dos tempos a partir de agora sopra nas seguintes direções:

– a destruição exterior de valores que, até então principalmente integradores, tornam-se corrosivos no movimento mesmo em que não se deixam mais integrar;

– a problematização e a reformulação generalizadas;

– o aparecimento e o desenvolvimento de duas ondas, a onda de choque "revolucionante" e a onda larga reformadora;

– as interações complexas entre os três polos culturais;

– o alargamento e o aprofundamento de uma crise cultural no desenvolvimento mesmo da sociedade burguesa.

Todos esses processos, evidentemente, continuam e vão continuar na década de 1970.

Os estudos que venho fazendo desde 1960 sob o título, a princípio, de "sociologia do presente", e em seguida de "diagnóstico sociológico", seguem a dupla linha do novo espírito dos tempos: estão centradas sobre as ideias de mudança, a um tempo porque eu

4 **N.T.:** Em inglês, no original.

era extremamente sensível à novidade fenomenal e porque estava orientado ao nível teórico pela ideia, já bem formulada em Marx mas em outro plano, de que a sociedade burguesa, pelo seu próprio desenvolvimento, gera as contradições que a minam, isto é, opera simultaneamente um duplo processo de autoprodução e de autodestruição. Estes textos, embora tragam o caráter distintivo dos acontecimentos--surpresa e a dos fenômenos concretos, permitem contemplar os últimos 15 anos como se contempla a história, ou seja, ao mesmo tempo como continuidade e ruptura de uma evolução em que a ruptura é provocada pela evolução que ela desvia. Permitem ver que o grande florescimento dos anos 1967-1970 está não apenas em germinação no decorrer dos anos anteriores, mas também é fruto dos desenvolvimentos que ela ao mesmo tempo continuará, contestará e negará. Poder-se-á ver, ao mesmo tempo, que esse florescimento não é um epifenômeno que tenha sido reabsorvido, mas que continua a espalhar seus pólens no nosso futuro. Poder-se-á mesmo perguntar se os anos 1967-1970 não constituem mais que um "momento de transição importante": uma mudança de órbita na evolução, isto é, uma transformação das condições de transformação, que dá início a uma mudança na natureza, na orientação e no sentido da nossa evolução.

A radicalidade do processo e dos problemas formulados, a importância cada vez maior atribuída aos rompimentos e às crises levaram o observador a interrogar as noções mestras que se lhe impunham ou que ele manipulava inocentemente: mudança, evolução, acontecimento, crise e, decerto, cultura, sociedade. Uma reelaboração teórica e epistemológica esboça-se, pois, em interação com o estudo dos fenômenos. *É uma busca que põe a sociologia em crise para compreender a crise, que muda a sociologia para compreender a mudança.* Este livro constitui, portanto, uma espécie de díptico com sua parte conceptual-teórica[5] e sua parte fenomenológica. Apresenta

5 Os textos aqui apresentados constituem, entretanto, apenas esboços em um esforço de reconsideração teórica geral da sociologia e mais amplamente, da ciência do homem. Este esforço encontrará expressão em uma obra a ser publicada: *La Méthode* (Editora Le Seuil).

duas faces que caracterizam a minha pesquisa, a qual desde 1950 é um vaivém entre o esforço teórico bioantropo-sociológico (e é a linha que vai desde *L'homme et la mort*, de 1951, até *Paradigme perdu*, de 1973, e deverá encontrar seu ponto final (?) em *La Méthode*) e a exploração do fenômeno (e é a linha que, a partir de *L'an zéro de l'Allemagne*, de 1946, passa por *L'esprit du temps* e, depois de 1960, mergulha cada vez mais no *hic et nunc*,[6] com *La métamorphose de Plodémet*, em 1967, *Mai 68:* la Brèche, la Rumeur d'Orléans, de 1969). Estes dois aspectos sempre repercutiram e interagiram um sobre o outro. Trata-se da *mesma* pesquisa, e aqui encontraram seu ponto de união.

Sou muito grato a Irène por haver arquitetado esse plano em que tal interdependência aparece.

Quero, ao terminar esta introdução, agradecer-lhe também por ter efetuado a montagem e o relacionamento entre os textos. As insuficiências são de minha exclusiva responsabilidade: o caráter fragmentário e o não acabamento de um discurso que se interrompe bruscamente enquanto nossa história continua.

E. M.
Março de 1975

---

6 **N.T.:** Em latim, no original.

INTRODUÇÃO

Este livro reúne artigos e outros escritos publicados, no decorrer destes últimos 12 anos, depois de *L'Esprit du Temps*.[1]

O trabalho de "reunir" os escritos de um autor é uma *experiência embaraçosa em um sentido*: um estado mental híbrido, que vacila entre a empatia e o desdobramento crítico, uma liberdade limitada "deontologicamente" (reformular a "letra" respeitando o "espírito") e uma responsabilidade que, em compensação, parece ilimitada... Consciência dupla de demiurgo e de biscateiro.

A manobra mais delicada foi tentar ordenar esses textos sem com isso igualar nossa tarefa à de um operário de terraplenagem: cimentar as falhas, calafetar todas as fendas, fazer com um monte de tijolos um muro, de qualquer maneira. Além de tal empresa ameaçar a saúde mental de quem nela se mete, é preciso notar que ela é raramente reconhecida pelo próprio autor.

Aceitemos, pois, como nossa a forma como se dispersou cronologicamente o material, que tem lacunas quanto aos temas abordados. Preparemo-nos para a decepção dos que esperam a unidade, o recenseamento exaustivo, a síntese panorâmica. Aqui se propõem índices, pistas a seguir, diagnósticos, e, sobretudo, uma nova maneira de questionar *O Espírito do Tempo*.

Se o tomo I propunha um "passeio" atento aos grandes bulevares da cultura de massas, o tomo II nos convida aos preparativos de uma

---

1 **N.T.:** V. nota da p. XXXIX.

grande viagem; trata-se de lançar as bases metodológicas e epistemológicas de uma nova abordagem do sistema da cultura. A própria noção de cultura de massas torna-se problemática e reclama uma ampliação da sua primeira definição. O fim da viagem ainda é uma miragem que teria as formas trêmulas e alucinadas de uma revolução "paradigmática" (no sentido em que a entende Kuhn): criar outra abordagem teórica, uma lógica da complexidade apelando para a ciência das máquinas, a cibernética, a teoria dos sistemas auto-organizadores, a teoria da informação, a etologia animal, enfim, para uma noologia (ciência dos fenômenos psicoideológicos) que ainda não existe.

Este projeto, em sua amplitude, parece ameaçado por riscos de delírio e de confusão mental: o leitor, epistemologicamente sedentário, poderá mesmo tachá-lo de ficção científica.

As verdadeiras polêmicas brotarão, talvez, das seguintes perguntas:

1 – Que significa a pesquisa de uma teoria transdisciplinar? Pode ela trazer novos modelos explicativos para as ciências sociais? O estudo das ligações organizacionais (preponderância do relacional sobre o substancial) é um esboço de uma lógica da complexidade? Ela, afinal, transforma o estatuto epistemológico do objeto e do tema?

2 – As "transferências" de uma ciência para outra apresentam o problema da analogia: como encarar a analogia sem condená-la em nome de uma epistemologia analítica e substancial, e sem desprezá-la em nome do seu passado "organicista" e "romântico"?

3 – A propósito da extrapolação, como conceber a trajetória transdisciplinar dos seguintes conceitos: a comunicação, a informação, o código, a mensagem, a finalidade, a inibição, a repressão? Pode-se reduzir esta trajetória a dados acidentais ou a "facilidades" de explicações?

4 – Estes últimos conceitos ainda são, evidentemente, problemáticos e estão longe de uma elucidação: trazem eles à ciência do homem conceitos de base mais complexos do que aqueles de que ela dispunha? Permitirão a abertura de uma brecha teórica e a base de uma lógica da organização?

5 – É bastante trazer incansavelmente os fenômenos culturais a uma problemática da superestrutura?

Esta sequência do *Espírito do Tempo* apresenta estas questões sem trazer o consolo do consenso, a caução da prova: propõe uma brecha teórica, mostra a transformação de um olhar sociológico que as questões de método vêm transformar pouco a pouco. Esta obra, em um sentido, trata tanto da nova visão do espírito do tempo quanto do novo espírito do tempo. Contudo, à falta de unidade, este livro oferece um fio condutor: procurar, interrogando certos eventos, o que pouco a pouco transformou e pôs em crise o espírito do tempo.

As noções-chave de crise e de acontecimento não nos remetem a incidentes ocasionais, não pertencem à categoria do contingente, do imprevisível, da atualidade jornalística ou do *pathos* literário. Procuram tornar-se noções operacionais e reflexivas.

Os acontecimentos-meteoro, as crises nebulosas estão necessariamente ligados ao sistema da cultura e à evolução da sociedade. O problema é saber como. Como, na verdade, vincular à "cultura de massas" a contracultura adolescente e *underground*,[2] Maio de 1968, a maré feminista, a explosão ecológica e – por que não? – as modificações do desenho animado? Como fazer para que a cronologia dos eventos seja ao mesmo tempo uma abordagem teórica do sistema: assim, como é que as tendências "modernistas" da cultura de massas engendraram contratendências "neoarcaicas"?

De que maneira elementos marginais ou periféricos surgem sob a forma de acontecimentos (explosão ecológica, problemática feminista, contracultura adolescente)? Estas tendências-acontecimento trazem contravalores, atitudes que ameaçam tanto os fundamentos estéticos, racionais, humanistas da "cultura ilustrada" quanto os temas tradicionais da mitologia euforizante da cultura de massas; o Eros cotidiano, o amor, a felicidade, o casal, o prazer, os lazeres e o consumo são insensivelmente colhidos nas malhas de novas problemáticas, de novas sensibilidades. Nessas condições, novas linhas de força e de participação tendem a diferençar, a diversificar e a tornar mais complexo o sistema da cultura de massas. Crise da "cultura ilustrada", nova configuração do espírito do tempo!

---

2 **N.T.:** Em inglês, no original.

Essas perguntas e proposições, que são como que os fios condutores da obra, repousam, pois, sobre a dupla afirmação da crise e do acontecimento. Esta dupla escolha pede esclarecimentos, pede uma introdução: crise e acontecimento com relação a que sistema? Quais são o valor metodológico e também o alcance heurístico destas noções? Enfim, como é que estas noções pouco a pouco se impuseram (como mostra a cronologia dos textos) como pontos de vista privilegiados de uma sociologia do espírito do tempo? Este novo espírito do tempo não é tanto uma continuação quanto um ponto de partida, um esboço; uma vontade metodológica.

É, sem dúvida, ao nível do "empréstimo" ou da "transferência" de uma ciência para uma outra que se formularão as perguntas; por exemplo, a da analogia: como transpor (sem choques epistemológicos) para as ciências sociais os princípios cibernéticos e as proposições válidas para os sistemas auto-organizados?

Cabe ao leitor medir se esta transferência é uma contribuição ou ainda "outra maneira de falar".

É, sem dúvida, enfim, ao nível desta transposição que brotarão as alergias dos "epistemoaduaneiros[3] que não têm a curiosidade de compreender que os contos da analogia começam por 'tudo se passa como se...' e abrem os caminhos do descobrimento e da imaginação".

I. N.

3 Expressão do autor, em Introduction, *Communications* nº 18.

NEUROSE

PRIMEIRA PARTE

A INTEGRAÇÃO CULTURAL

1

Um Terceiro Problema

No começo do século XX, o poder industrial estendeu sua suserania por todo o globo terrestre. A colonização da África, a dominação da Ásia chegam a seu apogeu. Eis que começa nas feiras de amostras e máquinas de níqueis a segunda industrialização: a que se processa nas imagens e nos sonhos. A segunda colonização, não mais horizontal, mas dessa vez vertical, penetra na grande reserva que é a alma humana. A alma é a nova África que começa a agitar os circuitos dos cinemas. Cinquenta anos mais tarde um prodigioso sistema nervoso se constituiu no grande corpo planetário: as palavras e imagens saíam aos borbotões dos teletipos, das rotativas, das películas, das fitas magnéticas, das antenas de rádio e de televisão; tudo o que roda, navega, voa, transporta jornais e revistas; não há uma molécula de ar que não vibre com as mensagens que um aparelho ou um gesto tornam logo audíveis e visíveis.

A segunda industrialização, que passa a ser a industrialização do espírito, e a segunda colonização, que passa a dizer respeito à alma, progridem no decorrer do século XX. Através delas, opera-se esse progresso ininterrupto da técnica, não mais unicamente votado à organização exterior, mas penetrando no domínio interior do homem e aí derramando mercadorias culturais. Não há dúvida de que já o livro, o jornal eram mercadorias, mas a cultura e a vida privada nunca haviam entrado a tal ponto no circuito comercial e industrial, nunca os murmúrios do mundo – antigamente suspiros de fantasmas, cochichos de fadas, anões e duendes, palavras de gênios e de deuses, hoje em dia músicas, palavras, filmes levados através de ondas – haviam sido ao mesmo tempo fabricados industrialmente e vendidos comercialmente. Essas novas mercadorias são as mais humanas de todas, pois vendem a varejo os ectoplasmas de humanidade, os amores e os medos romanceados, os fatos variados do coração e da alma.

Os problemas colocados por essa estranha noosfera, que flutua na corrente da civilização, se encontram entre os Terceiros Problemas que emergem no meio do século XX. Estes passam rapidamente da periferia para o centro das interrogações contemporâneas. Não se deixam reduzir às respostas já prontas. Só podem ser levantados por um pensamento em movimento. É esse o caso do Terceiro Mundo, da Terceira Revolução Industrial (eletrônica, nuclear), dos Terceiros Poderes (burocráticos, técnicos, de aparelho). É esse o caso daquilo que pode ser considerado como uma Terceira Cultura, oriunda da imprensa, do cinema, do rádio, da televisão, que surge, se desenvolve, se projeta ao lado das culturas clássicas – religiosas ou humanistas – e nacionais.

É no amanhã da Segunda Guerra Mundial que a sociologia americana detecta, reconhece a Terceira Cultura e a domina: *mass-culture*.

Cultura de massa, isto é, produzida segundo as normas maciças da fabricação industrial; propagada pelas técnicas de difusão maciça (que um estranho neologismo anglo-latino chama de *mass-media*); destinando-se a uma massa social, isto é, um aglomerado gigantesco de indivíduos compreendidos aquém e além das estruturas internas da sociedade (classes, família etc.).

O termo cultura de massa, como os termos sociedade industrial ou sociedade de massa (*mass-society*), do qual ele é o equivalente cultural, privilegia excessivamente um dos núcleos da vida social; as sociedades modernas podem ser consideradas não só industriais e maciças, mas também técnicas, burocráticas, capitalistas, de classes, burguesas, individualistas... A noção de massa é *a priori* demasiadamente limitada.

A noção de cultura pode parecer *a priori* demasiadamente extensa se a tomarmos no sentido próprio, etnográfico e histórico, muito nobre se a tomarmos no sentido derivado e requintado do humanismo cultivado.

Uma cultura orienta, desenvolve, domestica certas virtualidades humanas, mas inibe ou proíbe outras. Há fatos de cultura que são universais, como a proibição do incesto, mas as regras e as modalidades dessa proibição diferenciam-se segundo as culturas. Em outras palavras, há, de um lado, uma "cultura" que define, em relação à natureza, as qualidades propriamente *humanas* do ser biológico chamado homem, e, de outro lado, *culturas* particulares segundo as épocas e as sociedades.

Podemos adiantar que uma cultura constitui um corpo complexo de normas, símbolos, mitos e imagens que penetram o indivíduo em sua intimidade, estruturam os instintos, orientam as emoções. Essa penetração se efetua segundo trocas mentais de projeção e de identificação polarizadas nos símbolos, mitos e imagens da cultura como nas personalidades míticas ou reais que encarnam os valores (os ancestrais, os heróis, os deuses). Uma cultura fornece pontos de apoio imaginários à vida prática, pontos de apoio práticos à vida imaginária; ela alimenta o ser semirreal, semi-imaginário que cada um secreta no interior de si (sua alma), o ser semirreal, semi-imaginário que cada um secreta no exterior de si e no qual se envolve (sua personalidade).

Assim, a cultura nacional, desde a escola, nos imerge nas experiências mítico-vividas do passado, ligando-nos por relações de identificação e projeção aos heróis da pátria (Vercingétorix, Joana d'Arc), os quais também se identificam com o grande corpo invisível, mas vivo, que através dos séculos de provações e vitórias assume a figura materna (a Mãe-Pátria, a quem devemos amor) e a paterna (o Estado, a quem devemos obediência). A cultura religiosa se baseia na identificação com o deus que salva e com a grande comunidade maternal-paternal que constitui a Igreja. Mais sutilmente, ou antes, de modo mais difuso, a cultura humanista procura um saber e uma sensibilidade, um sistema de atitudes afetivas e intelectuais, por meio do comércio das obras literárias, em que os heróis do teatro e do romance, as efusões subjetivas dos poetas e das reflexões dos moralistas desempenham, de modo atenuado, o papel de heróis das antigas mitologias e de sábios das antigas sociedades.

Como veremos, a cultura de massa é uma cultura: ela constitui um corpo de símbolos, mitos e imagens concernentes à vida prática e à vida imaginária, um sistema de projeções e de identificações específicas. Ela se acrescenta à cultura nacional, à cultura humanista, à cultura religiosa, e entra em concorrência com essas culturas.

As sociedades modernas são *policulturais*. Focos culturais de naturezas diferentes encontram-se em atividade: a (ou as) religião, o Estado nacional, a tradição das humanidades afrontam ou conjugam suas morais, seus mitos, seus modelos dentro e fora da escola. A essas diferentes culturas é preciso acrescentar a cultura de massa. O mesmo indivíduo pode ser cristão na missa de manhã, francês diante do monumento aos mortos, antes de ir ver *Le Cid* no TNP e de ler *France-Soir* e *Paris-Match*.

A cultura de massa integra e se integra ao mesmo tempo em uma realidade policultural; faz-se conter, controlar, censurar (pelo Estado, pela Igreja) e, simultaneamente tende a corroer, a desagregar as outras culturas. A esse título, ela não é absolutamente *autônoma*: ela pode embeber-se de cultura nacional, religiosa ou humanista, e, por sua vez, ela embebe as culturas nacional, religiosa ou humanista. Embora não sendo a única cultura do século XX, é a corrente verdadeiramente maciça e nova desse século. Nascida nos Estados Unidos, já se aclimatou à Europa Ocidental. Alguns de seus elementos se espalharam por todo o globo. Ela é cosmopolita por vocação e planetária por extensão. Ela nos coloca os problemas da primeira cultura universal da história da humanidade.

Crítica intelectual ou crítica dos intelectuais

Antes de abordar de frente esses problemas, é preciso transpor a barreira intelectual que lhe opõe a *intelligentsia* "cultivada".

Os "cultos" vivem em uma concepção valorizante, diferenciada, aristocrática, da cultura. É por isso que o termo "cultura do século XX" lhes evoca imediatamente não o mundo da televisão, do rádio, do cinema, dos *comics*, da imprensa, das canções, do turismo, das férias, dos lazeres, mas Mondrian, Picasso, Stravinsky, Alban Berg, Musil, Proust, Joyce.

Os intelectuais atiram a cultura de massa nos infernos infraculturais. Uma atitude "humanista" deplora a invasão dos subprodutos culturais da indústria moderna, dos subprodutos industriais da cultura moderna. Uma atitude de direita tende a considerá-la como divertimento de ilotas, barbarismo plebeu. Foi a partir da vulgata marxista que se delineou uma crítica de "esquerda", que considera a cultura de massa como barbitúrico (o novo ópio do povo) ou mistificação deliberada (o capitalismo desvia as massas de seus verdadeiros problemas). Mais profundamente marxista é a crítica da nova alienação da civilização burguesa: na falsa cultura, a alienação do homem não se restringe apenas ao trabalho, mas atinge o consumo e os lazeres. Eu tornarei a tratar desses temas, é claro, mas gostaria, primeiramente, de observar aqui que, por mais diferentes que sejam as origens dos desprezos humanistas, de direita e esquerda, a cultura de massa é considerada como mercadoria cultural ordinária, feia, ou, como se diz nos Estados Unidos: *kitsch*. Pondo entre parênteses qualquer juízo de valor, podemos diagnosticar uma resistência global da "classe intelectual" ou "cultivada".

Não são os intelectuais que fazem essa cultura; os primeiros autores de filmes eram estrangeiros, os jornais se desenvolveram fora das esferas gloriosas da criação literária; rádio e televisão foram o refúgio dos jornalistas ou comediantes fracassados. É certo que progressivamente os intelectuais foram atraídos, chamados, para as salas de redação, os estúdios de rádio, os escritórios dos produtores de filmes. Muitos encontraram aí uma profissão. Mas esses intelectuais são *empregados* pela indústria cultural. Só realizam por acaso, ou após lutas extenuantes, os projetos que trazem em si. Em casos extremos, o autor é separado de sua obra: esta não é mais sua obra. A criação é esmagada pela produção: Stroheim,

Welles, vencidos, são rejeitados pelo sistema, uma vez que não se dobram.

A *intelligentsia* literária é despojada pelo advento de um mundo cultural no qual a criação é dessacralizada, desmembrada. Protesta tanto mais contra a industrialização do espírito quanto participa, parcialmente, em pequena escala, dessa industrialização.

Não é só de uma espoliação que sofre a *intelligentsia*. É toda uma concepção da cultura, da arte, que é achincalhada pela intervenção das técnicas industriais, como pela determinação mercantil e a orientação consumidora da cultura de massa. Ao mecenarismo sucede o mercenarismo. O capitalismo instala suas sucursais no coração da grande reserva cultural. A reação da *intelligentsia* é também uma reação contra o imperialismo do capital e o reino do lucro.

Enfim, a orientação consumidora destrói a autonomia e a hierarquia estética próprias da cultura cultivada. "Na cultura de massa não há descontinuidade entre a arte e a vida."[1] Nem retirada solitária, nem ritos cerimoniais opõem a cultura de massa à vida quotidiana. Ela é consumida no decorrer das horas. Os valores artísticos não se diferenciam qualitativamente no seio do consumo corrente: os *juke-box* oferecem ao mesmo tempo Armstrong e Brenda Lee, Brassens e Dalida, as lenga-lengas e a melodia. Encontramos o mesmo ecletismo no rádio, na televisão e no cinema. Esse universo não é governado, regulamentado pela polícia do gosto, pela hierarquia do belo, pela alfândega da crítica estética. As revistas, os jornais para crianças, os programas de rádio, e, salvo exceção, os filmes não são mais governados pela crítica "cultivada" do que o consumo dos legumes, detergentes ou máquinas de lavar. O produto cultural está estritamente determinado por seu caráter industrial, de um lado, seu caráter de consumação diária, de outro, sem poder emergir para a autonomia estética. Ele não é policiado, nem filtrado, nem estruturado pela arte, valor supremo da cultura dos cultos.

Tudo parece opor a cultura dos cultos à cultura de massa: qualidade à quantidade, criação à produção, espiritualidade ao materialismo,

1 Clément Greenberg, Avant-guarde et culture de masse, em *Mass-culture*, ref. cit. p. 192.

estética à mercadoria, elegância à grosseria, saber à ignorância. Mas, antes de perguntarmos se a cultura de massa é na realidade como a vê o culto, é preciso nos perguntarmos se os valores da "alta cultura" não são dogmáticos, formais, mitificados, se o "culto da arte" não esconde muitas vezes um comércio superficial com as obras. Tudo o que é inovador sempre se opõe às normas dominantes da cultura. Essa observação que vale para a cultura de massa não vale também para a cultura cultivada? De Rousseau, o autodidata, a Rousseau, o alfandegário, de Rimbaud ao surrealismo, um "revisionismo" cultural contesta os cânones e os gostos da alta cultura, abre à estética o que parecia trivial ou infantil.

Foi a vanguarda da cultura que, primeiramente, amou e integrou Chaplin, Hammet, o *jazz* e a canção das ruas. Inversamente, desdenha-se com altivez a cultura de massa nos lugares onde reinam os esnobismos estéticos, as receitas literárias, os talentos afetados, as vulgaridades convencionais. Há um filistinismo dos "cultos" que tem origem na mesma estereotipia vulgar que os padrões desprezados da cultura de massa. E é justamente no momento em que elas parecem opostas ao máximo, que "alta cultura" e "cultura de massa" se reúnem, uma pelo seu aristocratismo vulgar, outra pela sua vulgaridade sedenta de *standing*. Isso foi bem analisado por Harold Rosemberg: "De fato, o anticonceito de *kitsch* é um *kitsch* acrescido. Quando MacDonald fala contra o *kitsch*, parece falar do ponto de vista da arte, quando fala da arte, suas ideias são *kitsch*." E esta fórmula-chave: "Um dos aspectos da cultura de massa é a crítica 'kitschista' do *kitsch*."[2]

Meu objetivo aqui não é exaltar a cultura de massa, mas diminuir a "cultura cultivada", não só para me propiciar algumas satisfações sadomasoquistas, das quais são apreciadores os intelectuais, mas para fazer, literalmente, explodir a praça forte – o Montségur – de onde temos o hábito de contemplar esses problemas, e, também, restabelecer o debate em campo aberto.

---

2 Harold Rosemberg, Popular culture and Kitsch criticism, em *Dissent*, inverno de 1958. p. 15-16.

Será que meu propósito é sensível? Qualquer que seja o fenômeno estudado, é preciso primeiramente que o observador se estude, pois o observador ou perturba o fenômeno observado, ou nele se projeta de algum modo. Seja o que for que empreendamos no domínio das ciências humanas, o primeiro passo deve ser de autoanálise, autocrítica. Como intelectual atacando o problema da cultura, é, em primeiro lugar, minha concepção da cultura que está em jogo. Como pessoa culta dirigindo-me a pessoas cultas, é exatamente essa "cultura" comum que devo primeiramente colocar em questão. Há tais resistências psicológicas e sociológicas no interior do que podemos chamar em bloco (de modo superficial se queremos abranger o conjunto dos problemas, de modo verídico no caso particular aqui focalizado) a classe intelectual; sua reação é a tal ponto garantida e homogênea que é para lá primeiramente que é necessário levar a discórdia. O problema preliminar a ser circunscrito seria o seguinte: em que medida estamos nós mesmos comprometidos com um sistema de defesa às vezes inconsciente, mas sempre incontestável, contra um processo que tende à destruição dos intelectuais que somos?

Isso nos leva a reexaminar e autocriticar nossa noção ética ou estética de cultura, e recomeçar a partir de uma cultura em *imersão histórica e sociológica*: a cultura de massa nos coloca problemas mal formalizados, mal emersos. O termo cultura de massa não pode ele mesmo designar essa cultura que emerge com fronteiras ainda fluidas, profundamente ligada às técnicas e à indústria, assim como à alma e à vida quotidiana. São os diferentes estratos de nossas sociedades e de nossa civilização que estão em jogo na nova cultura. Somos remetidos diretamente ao *complexo global.*

Método

Desde então, o método de acesso se delineia. Método autocrítico e método da totalidade. O método da totalidade engloba o método autocrítico porque tende não só a encarar um fenômeno em suas interdependências, mas, também, a encarar o próprio observador no sistema de relações. O método autocrítico, desentulhando o moralismo altivo, a agressividade frustrada e o *antikitsch*, desemboca naturalmente no método da totalidade. De uma só vez, podemos evitar o sociologismo abstrato, burocrático, do investigador interrompido em sua pesquisa, que se contenta em isolar este ou aquele setor, sem tentar descobrir o que une os setores uns aos outros.

É importante, também, que o observador participe do objeto de sua observação; é preciso, em um certo sentido, apreciar o cinema, gostar de introduzir uma moeda em um *jukebox*, divertir-se com caça-níqueis, acompanhar as partidas esportivas no rádio, na televisão, cantarolar o último sucesso. É preciso ser um pouco da multidão, dos bailes, dos basbaques, dos jogos coletivos. É preciso conhecer esse mundo sem se sentir um estranho nele. É preciso gostar de flanar nos bulevares da cultura de massa. Talvez uma das tarefas do *narodnik* moderno, sempre preocupado "em atingir o povo", seja assistir Dalida.

A objetividade a ser alcançada é a que integra o observado na observação. Não é o objetivismo que acredita alcançar o objeto, suprimindo o observado, quando não faz senão privilegiar um método de observação *não relativista*. A proposição de Claudel é verdadeira, embora seu contrário seja igualmente verdadeiro: "O homem conhece o mundo não pelo que dele subtrai, mas pelo que a ele acrescenta de si mesmo." O verdadeiro conhecimento dialetiza sem cessar a relação observador-observado, "subtraindo" e "acrescentando".

Enfim, o método da totalidade deve ao mesmo tempo evitar o empirismo parcelado, que, isolando um campo da realidade, acaba por isolá-lo do real, e as grandes ideias abstratas que, como as vistas televisionadas de um satélite artificial, só mostram um amontoado de nuvens acima dos continentes. É preciso seguir a cultura de massa, no seu perpétuo movimento da técnica à alma humana, da alma humana à técnica, lançadeira que percorre todo o processo social. Mas, ao mesmo tempo, é preciso concebê-la como um dos cruzamentos desse complexo de cultura, de civilização e de história que nós chamamos de século XX. Não devemos expulsar de nosso estudo, mas, sim, centralizar, os problemas fundamentais da sociedade e do homem, pois eles dominam nossos propósitos.

2

A Indústria Cultural

As invenções técnicas foram necessárias para que a cultura industrial se tornasse possível: o cinematógrafo e o telégrafo sem fio, principalmente. Essas técnicas foram utilizadas com frequente surpresa de seus inventores: o cinematógrafo, aparelho destinado a registrar o movimento, foi absorvido pelo espetáculo, o sonho e o lazer; o TSF, primeiramente de uso utilitário, foi por sua vez absorvido pelo jogo, a música e o divertimento. O vento que assim as arrasta em direção à cultura é o vento do lucro capitalista. É para e pelo lucro que se desenvolvem as novas artes técnicas. Não há dúvida de que, sem o impulso prodigioso do espírito capitalista, essas invenções não teriam conhecido um desenvolvimento tão radical e maciçamente orientado. Contudo, uma vez dado esse impulso, o movimento ultrapassa o capitalismo propriamente dito: nos começos do Estado Soviético, Lenin e Trotsky reconheceram a importância social do cinema. A indústria cultural se desenvolve em todos os regimes, tanto no quadro do Estado quanto no da iniciativa privada.

Dois sistemas

Nos sistemas ditos socialistas, o Estado é senhor absoluto, censor, diretor, produtor. A ideologia do Estado pode, portanto, desempenhar um papel capital.

No entanto, mesmo nos Estados Unidos, a iniciativa privada nunca fica inteiramente entregue à sua própria evolução: o Estado é, pelo menos, polícia.

Do Estado-soberano cultural ao Estado-polícia há uma gama de situações intermediárias. Na França, por exemplo, o Estado só interfere na imprensa para dar autorização prévia, mas tem sob sua proteção a agência nacional de informação (AFP); no cinema, ele autoriza e proíbe, subvenciona em parte a indústria do filme, controla uma sociedade de produção; no rádio, ocupa um monopólio de direito, mas tolera a concorrência eficaz de emissoras periféricas (Luxemburgo, Europa nº 1, Monte Carlo, Andorra); na televisão, esforça-se por manter seu monopólio.

Os conteúdos culturais diferem mais ou menos radicalmente segundo o tipo de intervenção do Estado – negativo (censura, controle) ou positivo (orientação, domesticação, politização) – segundo o caráter liberal ou autoritário da intervenção, segundo o tipo de Estado interveniente.

Não levando em conta essas variáveis, pode-se dizer que se há igualmente a preocupação de atingir o maior público possível no sistema privado (busca do máximo lucro) e no sistema do Estado (interesse político e ideológico), o sistema privado quer, antes de tudo, agradar ao consumidor. Ele fará tudo para recrear, divertir, dentro dos limites da censura. O sistema de Estado quer convencer, educar: por um lado, tende a propagar uma ideologia que pode aborrecer ou irritar; por outro, não é estimulado pelo lucro e pode propor valores de "alta cultura" (palestras científicas, música erudita, obras clássicas). O sistema privado é vivo porque é divertido. Quer adaptar sua cultura ao público. O sistema de Estado é afetado, forçado. Quer adaptar o público à sua cultura. É a alternativa entre a velha governanta *deserotizada* – Anastácia – e a *pin-up* que entreabre os lábios.

Sendo preciso colocar o problema em termos normativos, não existe, a meu ver, escolha a fazer entre o sistema de Estado e o sistema privado, mas a necessidade de instituir uma nova combinação. Enquanto isso, é na concorrência, no seio de uma mesma nação, entre sistema privado e sistema de Estado (para o rádio, a televisão e o cinema) que os aspectos mais inquietantes de um e de outro têm as melhores oportunidades de se neutralizar, e que seus aspectos mais interessantes (investimento cultural no sistema de Estado, consumo cultural imediato no sistema privado) podem desenvolver-se. Isso, bem entendido, colocado abstratamente.

Não examinarei neste ensaio o problema dos apêndices culturais da política de Estado, nem o sistema cultural dito "socialista", ainda que, com exceção feita à China, exista em seu seio penetração de elementos da cultura de massa à americana. O objeto de meu estudo são os processos culturais que se desenvolveram fora da esfera de orientação estatal (religiosa ou pedagógica) sob o impulso primeiro do capitalismo privado e que podem, de resto, se difundir com o tempo até nos sistemas culturais estatais. Para evitar qualquer confusão, empregarei o termo cultura industrial para designar os caracteres comuns a todos os sistemas, privados ou de Estado, de Oeste e de Leste, reservando o termo cultura de massa para a cultura industrial dominante no Oeste.

Produção-criação: o modelo burocrático-industrial

Em um e em outro caso, por mais diferentes que sejam os conteúdos culturais, há concentração da indústria cultural.

A imprensa, o rádio, a televisão, o cinema são indústrias ultraligeiras. Ligeiras pelo aparelhamento produtor, são ultraligeiras pela mercadoria produzida: esta fica gravada sobre a folha do jornal, sobre a película cinematográfica, voa sobre as ondas e, no momento do consumo, torna-se impalpável, uma vez que esse consumo é psíquico. Entretanto, essa indústria ultraligeira está organizada segundo o modelo da indústria de maior concentração técnica e econômica. No quadro privado, alguns grandes grupos de imprensa, algumas grandes cadeias de rádio e televisão, algumas sociedades cinematográficas concentram em seu poder o aparelhamento (rotativas, estúdios) e dominam as comunicações de massa. No quadro público, é o Estado que assegura a concentração.

A essa concentração técnica corresponde uma concentração burocrática. Um jornal, uma estação de rádio e de televisão são burocraticamente organizados. A organização burocrática filtra a ideia criadora, submete-a a exame antes que ela chegue às mãos daquele que decide – o produtor, o redator-chefe. Este decide em função de considerações anônimas: a rentabilidade eventual do assunto proposto (iniciativa privada), sua oportunidade política (Estado), em seguida remete o projeto para as mãos de técnicos que o submetem a suas próprias manipulações. Em um e outro sistema, o "poder cultural", aquele do autor da canção, do artigo, do projeto de filme, da ideia radiofônica, se encontra imprensado entre o poder burocrático e o poder técnico.

A concentração técnico-burocrática pesa universalmente sobre a produção cultural de massa. Donde a tendência à despersonalização da criação, à predominância da organização racional de produção (técnica, comercial, política) sobre a invenção, à desintegração do poder cultural.

No entanto, essa tendência exigida pelo sistema industrial se choca com uma exigência radicalmente contrária, nascida da natureza própria do consumo cultural, que sempre reclama um produto *individualizado*, e sempre *novo*.

A indústria do detergente produz sempre o mesmo pó, limitando-se a variar as embalagens de tempos em tempos. A indústria automobilística só pode individualizar as séries anuais por renovações técnicas ou de formas, enquanto as unidades são idênticas umas às outras, com apenas algumas diferenças-padrão de cor e de enfeites. No entanto, a indústria cultural precisa de unidades necessariamente individualizadas. Um filme pode ser concebido em função de algumas receitas-padrão (intriga amorosa, *happy end*), mas deve ter sua personalidade, sua originalidade, sua unicidade. Do mesmo modo, um programa de rádio, uma canção. Por outro lado, a informação, a grande imprensa pescam cada dia o novo, o contingente, *o acontecimento*, isto é, o individual. Fazem o acontecimento passar nos seus moldes para restituí-lo em sua unicidade.

A indústria cultural deve, pois, superar constantemente uma contradição fundamental entre suas estruturas *burocratizado-padronizadas* e a originalidade (individualidade e novidade) do produto que ela deve fornecer. Seu próprio funcionamento se operará a partir desses dois pares antitéticos: burocracia-invenção, padrão-individualidade.[3]

Esse paradoxo é de tal ordem que se pode perguntar de que modo é possível uma organização burocrático-industrial da cultura. Essa possibilidade reside, sem dúvida, *na própria estrutura do imaginário.* O imaginário se estrutura segundo arquétipos: existem figurinos-modelo do espírito humano que ordenam os sonhos e, particularmente, os sonhos racionalizados que são os temas míticos ou romanescos. Regras, convenções, gêneros artísticos impõem estruturas exteriores às obras, enquanto situações-tipo e personagens-tipo lhes fornecem as estruturas internas. A análise estrutural nos mostra que se podem reduzir os mitos a estruturas matemáticas. Ora, toda estrutura constante pode se conciliar com a norma industrial. A indústria cultural persegue a demonstração à sua maneira, padronizando os grandes temas romanescos, fazendo clichês dos arquétipos em estereótipos. Praticamente, fabricam-se romances sentimentais em cadeia, a partir de certos modelos tornados conscientes e racionalizados. Também o coração pode ser posto em conserva.

Com a condição, porém, de que os produtos resultantes da cadeia sejam individualizados.

Existem técnicas-padrão de individualização que consistem em modificar o conjunto dos diferentes elementos, do mesmo modo que se podem obter os mais variados objetos a partir de peças-padrão de *meccano.*

Em determinado momento precisa-se de mais, precisa-se da *invenção.* É aqui que a produção não chega a abafar a criação, que a burocracia é obrigada a procurar a invenção, que o padrão se detém para ser aperfeiçoado pela originalidade.

---

3 Peter Baechlin, *Histoire économique du cinéma*, referência na Bibliografia. p. 387.

Donde este princípio fundamental: a criação cultural não pode ser totalmente integrada em um sistema de produção industrial. Daí um certo número de consequências: por um lado, contratendência à descentralização e à concorrência; por outro, tendência à autonomia relativa da criação no seio da produção.

De qualquer maneira, há, variável segundo as indústrias, um limite à concentração absoluta. Se, por exemplo, o mesmo truste de sabão (Lever) é levado não só a lançar concorrentemente sobre o mercado várias marcas de detergente (Omo, Sunil, Tide, Persil), mas ainda a dotar cada marca de uma certa autonomia, principalmente na organização da publicidade, é porque existe, mesmo nesse nível elementar, uma necessidade de variedade e individualidade no consumo, e porque a máxima eficácia comercial se encontra nessa forma estranha, mas relativamente descentralizadora, de autoconcorrência.

O limite à concentração aparece bem mais nitidamente na indústria cultural. Se há concentração na escala financeira é não só concebível, mas frequente (por exemplo, vários jornais concorrentes dependem, de fato, do mesmo oligopólio, como *France-Soir* e *Paris-Presse*), a concentração em um só jornal, uma só emissora de rádio, um só organismo de produção cinematográfica contradiz demais as necessidades de variedade e de individualidade, a flexibilidade mínima de jogo que é vitalmente necessária à indústria cultural.

O equilíbrio concentração-descentralização, até mesmo concentração-concorrência, se estabelece e se modifica em função de múltiplos fatores. Donde as estruturas de produção híbridas e moventes. Na França, por exemplo, após a crise de 1931, os trustes de cinema desmoronaram; a produção se fragmentou em pequenas firmas independentes; somente a distribuição ficou controlada em algumas grandes sociedades que, por efeito retrospectivo de reconcentração relativa, controlam frequentemente a produção por avanço sobre receitas. Nos Estados Unidos, após a concorrência da televisão, as grandes sociedades como a Fox se descentralizaram, deixando as responsabilidades de individuação a produtores semi-independentes.

Em outras palavras, o sistema, cada vez que é forçado a isso, tende a voltar ao clima de concorrência do capitalismo anterior. Do mesmo modo, cada vez que é forçado a isso, se deixa penetrar por antídotos contra o burocratismo. No sistema de Estado, de uma outra maneira, mantêm-se permanentemente grandes resistências antiburocráticas: estas se tornam virulentas desde que uma brecha racha o sistema; em alguns casos, as possibilidades criadoras dos autores podem ser maiores do que no sistema capitalista, uma vez que as considerações a respeito de lucro comercial são secundárias nesse tipo de sistema. Foi o caso do cinema polonês de 1955 a 1957.

O equilíbrio – e o desequilíbrio – entre as forças contrárias burocráticas e antiburocráticas depende igualmente do próprio produto. A imprensa de massa é mais burocratizada que o cinema, porque a originalidade e a individualidade já lhe são pré-fabricadas pelo acontecimento, porque o ritmo de publicação é diário ou semanal e porque a leitura de um jornal está ligada a fortes hábitos. O filme deve, a cada vez, encontrar o seu público, e, acima de tudo, deve tentar, a cada vez, uma síntese difícil do padrão e do original: o padrão se beneficia do sucesso passado, e o original é a garantia do novo sucesso, mas o já conhecido corre o risco de fatigar, enquanto o novo corre o risco de desagradar. É por isso que o cinema procura a vedete que une o arquétipo ao individual; a partir daí, compreende-se que a vedete seja o melhor antirrisco da cultura de massa, e principalmente do cinema.

Em cada caso, portanto, estabelece-se uma relação específica entre a lógica industrial-burocrático-monopolístico-centralizador-padronizadora e a contralógica individualista-inventivo-concorrencial-autonomista-inovadora. Essa conexão complexa pode ser alterada por qualquer modificação que afete um só de seus aspectos. É uma relação de forças submetidas ao conjunto das forças sociais, as quais mediatizam a relação entre o autor e seu público; dessa conexão de forças depende, finalmente, a riqueza artística e humana da obra produzida.

Essa conexão crucial se opera segundo equilíbrios e desequilíbrios. A contradição invenção-padronização é a contradição dinâmica da cultura de massa. É seu mecanismo de adaptação ao público e de adaptação do público a ela. É sua vitalidade.

É a existência dessa contradição que permite compreender, por um lado, esse universo imenso estereotipado no filme, na canção, no jornalismo, no rádio, e, por outro, essa invenção perpétua no cinema, na canção, no jornalismo, na rádio, essa *zona de criação e de talento no seio do conformismo padronizado*. Pois a cultura industrializada integra os Bresson e os Brassens, os Faulkner e os Welles, ora sufocando-os, ora desabrochando-os.

Em outras palavras, a indústria cultural precisa de um eletrodo negativo para funcionar positivamente. Esse eletrodo negativo vem a ser uma certa liberdade no seio de estruturas rígidas. Essa liberdade pode ser muito restrita, essa liberdade pode servir, na maioria das vezes, para dar acabamento à produção-padrão, portanto, para servir à padronização; pode, algumas vezes, suscitar uma espécie de corrente de Humboldt, à margem ou no interior de grandes águas (a corrente "negra" do filme americano de 1945 a 1960, de Dmytrik, Kazan a Lazlo Benedeck, Martin Ritt, Nicholas Ray, a corrente anarquista da canção francesa com Brassens e Léo Ferré etc.). Ela pode, algumas vezes, brilhar de maneira fulgurante: *Kanal, cinzas e diamantes*.

Produção e criação:
a criação industrializada

O "criador", isto é, o autor, criador da substância e da forma de sua obra, emergiu tardiamente na história da cultura: é o artista do século XIX. Ele se afirma precisamente no momento em que começa a era industrial. Tende a se desagregar com a introdução das técnicas industriais na cultura. *A criação tende a se tornar produção.*

As novas artes da cultura industrial ressuscitam, em certo sentido, o antigo coletivismo do trabalho artístico, aquele das epopeias anônimas, dos construtores de catedrais, dos ateliês de pintores até Rafael e Rembrandt. É surpreendente a analogia entre os heróis homéricos ou os cavaleiros da Távola Redonda cantados por vagas sucessivas de poetas esquecidos, e os heróis das epopeias de revistas em quadrinhos da imprensa de massa, ilustrados por ondas sucessivas de desenhistas que recaem no anonimato. Assim, por exemplo, John Carter, herói de Edgar Rice Burroughs, inaugura sob forma romanesca o "*western* interplanetário". Em 1934, o King Features Syndicate acusa o desenhista Alex Raymond de pôr em quadrinhos as aventuras desse herói que se transforma em Flash Gordon. Depois da morte acidental de Alex Raymond, Austin Briggs o sucede (1942-1949). Este último é substituído por Marc Raboy e Dan Barry... Do mesmo modo, o destino de Tarzan passa de mão em mão. Também assim, na França, os *Pieds-Nickelés*, feitos por diversos desenhistas, depois da morte de Forton, atualmente o são por Pellos. O novo coletivismo, porém, não fez nada mais que se reconciliar com as formas primitivas da arte. Pela primeira vez na história, é a divisão industrial do trabalho que faz surgir a unidade da criação artística, como a manufatura faz surgir o trabalho artesanal.

A grande arte móvel, arte industrial típica, o cinema, instituiu uma divisão de trabalho rigorosa, análoga àquela que se passa em uma fábrica, desde a entrada da matéria bruta até a saída do produto acabado; a matéria-prima do filme é o *script* ou romance que deve ser adaptado; a cadeia começa com os adaptadores, os cenaristas, os dialogistas, às vezes até especialistas em *gag* ou em *human touch*, depois o realizador intervém ao mesmo tempo que o decorador, o operador, o engenheiro de som, e, finalmente, o músico e o montador dão acabamento à obra coletiva. É verdade que o realizador aparece como autor do filme, mas este é o produto de uma criação concebida segundo as normas especializadas de produção.

A divisão do trabalho se estende, inegavelmente, aos demais setores da criação industrial: a produção televisada obedece às mesmas regras, ainda que em grau menor do que a produção cinematográfica. Já a produção radiofônica obedece de modo diverso, segundo as emissões, a essa divisão de trabalho. Na imprensa periódica e, às vezes, diária, o trabalho redacional sobre a informação bruta (despachos de agência, comunicações de correspondentes), a colocação em linguagem que constitui o *rewriting*, testemunham a planificação da divisão racional do trabalho em detrimento do antigo jornalismo.

Essa divisão de trabalho tornado coletivo é um aspecto geral da racionalização que chama o sistema industrial, racionalização que começa na fabricação dos produtos, se segue nos planejamentos de produção, de distribuição, e termina nos estudos do mercado cultural.

A essa racionalização corresponde a *padronização*. A padronização impõe ao produto cultural verdadeiros moldes espaço-temporais: o filme deve ter, aproximadamente, 2.500 m de película, isto é, cobrir uma hora e meia; os artigos de jornais devem comportar um determinado número de sinais fixando antecipadamente suas dimensões; os programas de rádio são cronometrados. Na imprensa, a padronização do estilo se dá no *rewriting*. Os grandes temas do imaginário (romances, filmes) são, eles mesmos, em certo sentido, arquétipos e estereótipos constituídos em padrão. Nesse sentido, segundo as palavras de Wright Mills em *White collar*, "a fórmula substitui a forma".

A divisão do trabalho, porém, não é, de modo nenhum, incompatível com a individualização da obra: ela já produziu suas obras-primas no cinema, se bem que, efetivamente, as condições ideais da criação sejam aquelas em que o criador possa assumir, ao mesmo tempo, as diversas funções industrialmente separadas (a ideia, o cenário, a realização e a montagem). A padronização em si mesma não ocasiona, necessariamente, a desindividualização; ela pode ser o equivalente industrial das "regras" clássicas da arte, como as três unidades que impunham as formas e os temas. Os constrangimentos objetivos ou sufocam, ou, ao contrário, aumentam a obra de arte. O *western* não é mais rígido que a tragédia clássica, e seus temas canônicos permitem as variações, mais requintadas, da *Cavalgada fantástica* a *Bronco*, *High noon*, *Shaine*, *Johnny Guitar*, *Rio bravo*.

Portanto, nem a divisão do trabalho nem a padronização são, em si, obstáculos à individualização da obra. Na realidade, elas tendem a sufocá-la e aumentá-la ao mesmo tempo: quanto mais a indústria cultural se desenvolve, mais ela apela para a individuação, mas tende também a padronizar essa individuação. Não foi em seus começos de artesanato que Hollywood fez apelo aos escritores de talento para seus roteiros; é no momento do apogeu do sistema industrial que a usina de sonhos prende Faulkner por contrato ou compra os direitos de Hemingway. Esse impulso em direção ao grande escritor que traz o máximo de individuação é ao mesmo tempo contraditório, porque, apenas contratado, Faulkner se viu, salvo uma exceção, na impossibilidade de escrever cenários faulknerianos e se limitou a fazer floreios sobre temas-padrão.

Em outras palavras, a dialética padronização-individuação tende frequentemente a se amortecer em uma espécie de termo médio.

O impulso no sentido da individuação não se traduz somente pelo apelo ao eletrodo negativo (o "criador"), ele se efetua pelo refúgio em superindividualidades, as vedetes. A presença de uma vedete superindividualiza o filme. A imprensa consome e cria sem cessar vedetes calcadas sobre o modelo de estrelas de cinema: as Elizabeth, Margaret, Bobet, Coppi, Hergog, Bombard, Rubirosa. As vedetes são personalidades estruturadas (padronizadas) e individualizadas ao mesmo tempo, e, assim, seu hieratismo resolve, da melhor maneira, a contradição fundamental. Isso pode ser um dos meios essenciais da vedetização (sobre o qual não insisti suficientemente em meu livro a respeito das estrelas).

Entre esses dois polos de individualização, a vedete e o autor (cenarista ou realizador de filme, de emissão, redator do artigo), funciona uma dialética na maioria das vezes repulsiva. Quanto mais aumenta a individualidade da vedete, mais diminui a do autor, e vice-versa. Na maioria das vezes, a vedete tem precedência sobre o autor. Diz-se "um filme de Gabin". A individualidade do autor é esmagada pela da vedete. Essa individualidade se afirma em um filme sem vedetes.

Podemos abordar aqui o problema do *autor*, que a indústria cultural utiliza e engana ao mesmo tempo em sua tríplice qualidade de artista, de intelectual e de criador. A indústria cultural atrai e prende por salários muito altos os jornalistas e escritores de talento; ela, porém, não faz frutificar senão a parte desse talento conciliável com os padrões. Constitui-se, portanto, no seio do mundo da cultura industrial, uma *intelligentsia* criadora, sobre a qual pesam grosseiramente a divisão do trabalho e a burocracia e cujas possibilidades são subdesenvolvidas. O copidesque, anonimamente, dá forma às aventuras de Margaret no *France-Dimanche*. Conta o 17 de Outubro como um suspense em que Lenin seria o terceiro homem. O roteirista constrói descuidadamente roteiros que ele despreza. Um Dassin se submete à Lollobrigida para rodar *La loi*, um Lazlo Benedeck, para escapar ao silêncio, aceita a ninharia convencional de um *script*. E assim vemos frequentemente autores que dizem: "Isto não é meu filme, fui obrigado a aceitar esta vedete – tive que aceitar este *happy end* –, fui forçado a fazer este artigo mas não o assinarei –, é realmente preciso que eu diga isso neste programa de rádio." No seio da indústria cultural se multiplica o autor não apenas envergonhado de sua obra, mas também negando que sua obra seja obra sua. *O autor não pode mais se identificar com sua obra.* Entre ambos criou-se uma extraordinária repulsa. Então desaparece a maior satisfação do artista, que é a de se identificar com sua obra, isto é, de se justificar através de sua obra, de fundar nela sua própria transcendência.

É um fenômeno de alienação não sem analogia com o do operário industrial, mas em condições subjetivas e objetivas particulares, e com esta diferença essencial: o autor é *excessivamente bem pago.*

O trabalho mais desprezado pelo autor é, frequentemente, o que lhe dá melhor remuneração, e dessa desmoralizante correlação nascem o cinismo, a agressividade ou a má consciência que se misturam à insatisfação profunda nascida da frustração artística ou intelectual. É o que explica que, negada pelo sistema, uma fração dessa *intelligentsia* criadora negue, por sua vez, o sistema, e coloque no que ela crê seja o antissistema, o de Moscou, suas esperanças de desforra e de liberdade. É o que explica que um surdo progressismo, um virulento anticapitalismo tenham se desenvolvido junto aos roteiristas mais bem pagos do mundo, aqueles de Hollywood (a "caça às bruxas" de McCarthy revelou que a Cidade dos Sonhos padronizada estava subterraneamente minada pela mais radical contestação. Do mesmo modo, na imprensa francesa, no cinema francês, uma parte da *intelligentsia* acorrentada e bem remunerada nutria sua contestação no progressismo).

Contudo, sob a própria pressão que ele sofre, o autor espreme um suco que pode irrigar a obra. Além disso, a liberdade de jogo entre padronização e individualização lhe permite às vezes, na medida de seus sucessos, ditar suas condições. A relação padronização-invenção nunca é estável nem parada, ela se modifica a cada obra nova, segundo relações de forças singulares e detalhadas. Assim, a *nouvelle vague* cinematográfica provocou um recuo real da padronização, embora não se saiba até que ponto e por quanto tempo.

Enfim, existem uma zona marginal e uma zona central da indústria cultural. Os autores podem expressar-se em filmes marginais, feitos com um mínimo de despesas nos programas periféricos da rádio e da televisão, nos jornais de público limitado. Inversamente, a padronização restringe a parte da invenção (levando-se em conta algumas grandes exceções) no setor fechado da indústria cultural, o setor ultraconcentrado, o setor no qual funciona a tendência ao consumo máximo.

3

O Grande Público

Mesmo fora da procura de lucro, todo sistema industrial tende ao crescimento, e toda produção de massa destinada ao consumo tem sua própria lógica, que é a de máximo consumo.

A indústria cultural não escapa a essa lei. Mais que isso, nos seus setores os mais concentrados, os mais dinâmicos, ela tende ao público universal. Revistas como *Life* ou *Paris-Match*, grandes jornais ilustrados como o *France-Soir*, superproduções de Hollywood ou grandes coproduções cosmopolitas se dirigem efetivamente a todos e a ninguém, às diferentes idades, aos dois sexos, às diversas classes da sociedade, isto é, ao conjunto de um público nacional e, eventualmente, ao público mundial.

A procura de um público variado implica a procura de variedade na informação ou no imaginário; a procura de um grande público implica a procura de um denominador comum.

Um semanário como *Paris-Match* ou *Life* tende sistematicamente ao ecletismo: em um mesmo número há espiritualidade e erotismo, religião, esportes, humor, política, jogos, viagens, exploração, arte, vida privada das vedetes ou princesas etc. Os filmes-padrão tendem igualmente a oferecer amor, ação, humor, erotismo em doses variáveis; misturam os conteúdos viris (agressivos) e femininos (sentimentais), os temas juvenis e os temas adultos. A variedade, no seio de um jornal, de um filme, de um programa de rádio, visa a satisfazer todos os interesses e gostos de modo a obter o máximo de consumo.

Essa variedade é, ao mesmo tempo, uma variedade sistematizada, *homogeneizada* (a palavra é de Dwight MacDonald), segundo normas comuns. O estilo simples, claro, direto do copidesque visa a tornar a mensagem transparente, a conferir-lhe uma inteligibilidade imediata. O copidesque dá um estilo homogeneizado – um estilo universal –, e essa universalidade oculta os mais diversos conteúdos. De modo ainda mais profundo, quando o diretor de um grande jornal ou produtor de um filme dizem "meu público", eles se referem a uma imagem de homem médio, resultante de cifras de venda, visão em si mesma homogeneizada. Eles imputam gostos e desgostos a esse homem médio ideal; este pode compreender que Van Gogh tenha sido um pintor amaldiçoado, mas não que tenha sido homossexual; pode consumir Cocteau ou Dalí, mas não Breton ou Péret. A homogeneização visa a tornar euforicamente assimiláveis a um homem médio ideal os mais diferentes conteúdos.

Sincretismo é a palavra mais apta para traduzir a tendência a homogeneizar sob um denominador comum a diversidade dos conteúdos.

O cinema, a partir do reinado do longa-metragem, tende ao sincretismo. A maioria dos filmes sincretiza temas múltiplos no seio dos grandes gêneros: assim, em um filme de aventura, haverá amor e comicidade, em um filme de amor haverá aventura e comicidade e em um filme cômico haverá amor e aventura. Ao mesmo tempo, porém, uma linguagem homogeneizada (ainda que uma infinidade de formas fossem possíveis) exprime esses temas. O rádio tende ao sincretismo variando a série de canções e programas, mas o conjunto é homogeneizado no estilo da apresentação dita radiofônica. A grande imprensa e a revista ilustrada tendem ao sincretismo se esforçando por satisfazer toda a gama de interesses, mas por meio de uma retórica permanente.

O sincretismo tende a unificar em uma certa medida os dois setores da cultura industrial: o setor da informação e o setor do romanesco. No setor da informação, é muito procurado o sensacionalismo (isto é, essa faixa de real em que o inesperado, o bizarro, o homicídio, o acidente, a aventura irrompem na vida quotidiana) e as *vedetes*, que parecem viver abaixo da realidade quotidiana. *Tudo o que na vida real se assemelha ao romance ou ao sonho* é privilegiado. Mais que isso, a informação se reveste de elementos romanescos, frequentemente inventados, ou imaginados pelos jornalistas (amores de vedetes e de princesas). Inversamente, no setor imaginário, o realismo domina, isto é, as ações e intrigas romanescas que têm as aparências da realidade. A cultura de massa é animada por esse duplo movimento do imaginário arremedando o real e do real pegando as cores do imaginário. Essa dupla contaminação do real e do imaginário (o filme *A princesa e o plebeu* assemelha-se à realidade, e os amores de Margaret assemelham-se ao filme), esse prodigioso e supremo sincretismo se inscreve na busca do máximo de consumo e dá à cultura de massa um de seus caracteres fundamentais.

O novo público

No começo do século XX, as barreiras das classes sociais, das idades, do nível de educação delimitavam as zonas respectivas de cultura. A imprensa de opinião se diferençava grandemente da imprensa de informação; a imprensa burguesa, da imprensa popular; a imprensa séria, da imprensa fácil. A literatura popular era solidamente estruturada segundo os modelos melodramáticos ou rocambolescos. A literatura infantil era rosa ou verde, romances para crianças quietas ou para imaginações viajantes. O cinema nascente era um espetáculo estrangeiro.

Essas barreiras não estão abolidas. Novas estratificações foram formadas: uma imprensa feminina e uma imprensa infantil se desenvolvem depois de 50 anos e criam para si públicos específicos.

Essas novas estratificações não devem mascarar o dinamismo fundamental da cultura de massa. A partir da década de 1930, primeiramente nos Estados Unidos e depois nos países ocidentais, emerge um novo tipo de imprensa, de rádio, de cinema, cujo caráter próprio é o de se dirigir *a todos*. Há na França o nascimento do *Paris-Soir*, diário dirigindo-se tanto aos cultos como aos incultos, aos burgueses como aos populares, aos homens como às mulheres, aos jovens como aos adultos; o *Paris-Soir* tem em vista a universalidade e, de fato, a alcança. Ele não abarca todos os leitores, mas abrange leitores de todas as ordens, de todas as categorias. Depois, há a transformação do *Match* de revista esportiva em revista para todos, pai do atual *Paris-Match*, que também busca a universalidade. Paralelamente, cria-se a *Radio-Cité*, o *Paris-Soir* radiofônico. A *Radio-Cité* cria um novo polo de atração, um estilo dinâmico de variedades. Nesse meio-tempo, o cinema passa de espetáculo estrangeiro a espetáculo de todos.

A guerra, a ocupação esgotam a cultura de massa, depois o movimento se recupera e hoje, com a Rádio-Luxemburgo e Europa nº 1, com o *France-Soir, Paris-Match, Jours de France*, com os filmes de vedetes e as grandes produções, pode-se constatar que o setor mais dinâmico, mais concentrado da indústria cultural é ao mesmo tempo aquele que efetivamente criou e ganhou "o grande público", a "massa", isto é, as camadas sociais, as idades e os sexos diferentes.

Concorrentemente desenvolvem-se a imprensa infantil e a imprensa feminina. A grande cadeia internacional *Opera Mundi* cria na França a nova imprensa infantil com *Tarzan*, e a nova imprensa feminina com *Confidences*. Depois essas duas imprensas conquistam para a cultura de massa o mundo infantil e o mundo feminino. E, vista mais de perto, a imprensa feminina não se opõe à masculina. A grande imprensa não é masculina, ela é feminino-masculina, como veremos mais adiante. A imprensa feminina se especializa maciçamente nos conteúdos femininos diluídos ou circunscritos na imprensa masculino-feminina.

A imprensa infantil, literalmente criada pela indústria cultural, e que floresce atualmente com *Mickey*, *Tintin*, *Spirou*, se especializa nos conteúdos infantis que por aí, na imprensa adulta, estão diluídos ou circunscritos (página das crianças, quadrinhos, jogos). Contudo, ela é ao mesmo tempo uma preparação para a imprensa do mundo adulto.

A existência de uma imprensa infantil de massa é o sinal de que uma mesma estrutura industrial comanda a imprensa infantil e a imprensa adulta. Esses sinais de diferenciação são, portanto, também elementos de comunicação. Ao mesmo tempo, o fosso que separa o mundo infantil do mundo dos adultos tende a desaparecer: a grande imprensa para adultos está impregnada de conteúdos infantis (principalmente a invasão dos *comics*) e multiplicou o emprego da imagem (fotos e desenhos), isto é, de uma linguagem imediatamente inteligível e atraente para a criança; ao mesmo tempo, a imprensa infantil tornou-se um instrumento de aprendizagem para a cultura de massa. Pode-se considerar que 14 anos é a idade de acesso à cultura de massa adulta: é a idade em que já se vai ver filmes de todos os gêneros (exceto, evidentemente, os censurados), em que já se fica apaixonado pelas revistas, em que já se escutam os mesmos programas de rádio ou de televisão que os adultos.

Pode-se dizer que a cultura de massa, em seu setor infantil, leva precocemente a criança ao alcance do setor adulto, enquanto em seu setor adulto ela se coloca ao alcance da criança. Essa cultura cria uma criança com caracteres pré-adultos ou um adulto infantilizado? A resposta a essa pergunta não é necessariamente alternativa. Horkhimer vai mais longe, longe demais, porém, indica uma tendência: "O desenvolvimento deixou de existir. A criança é adulto desde que sabe andar, e o adulto fica, em princípio, estacionário."

Assim, uma homogeneização da produção se prolonga em homogeneização do consumo que tende a atenuar as barreiras entre as idades. Não há dúvida de que essa tendência ainda não realizou todas as suas potencialidades, isto é, ainda não atingiu seus limites.

Essa homogeneização das idades tende a se fixar em uma nota dominante: a dominante juvenil. Esbocemos aqui uma observação que reencontraremos mais adiante: a temática da juventude é um dos elementos fundamentais da nova cultura. Não são apenas os jovens e os adultos jovens os grandes consumidores de jornais, revistas, discos, programas de rádio (a televisão, como veremos, é exceção), mas os temas da cultura de massa (inclusive a televisão) são também temas "jovens".

Embora a cultura de massa tenha desenvolvido uma imprensa feminina, não desenvolveu, salvo exceções isoladas, uma imprensa específica masculina. Algumas vezes a grande imprensa chega a ser, mesmo, mais feminina que masculina (se se pensa no lugar dado aos temas sentimentais). O cinema, por sua vez, conseguiu ultrapassar a alternativa que caracteriza a época do mundo, entre filmes com características femininas, ternas, lacrimosas, dolorosas, e filmes com características viris, violentas, agressivas: ele produz filmes sincretizados, nos quais o conteúdo sentimental se mistura com o conteúdo brutal.

Há, portanto, uma tendência ao *mixage*[4] de conteúdos de interesses femininos e masculinos, com uma ligeira dominante feminina no interior desse *mixage* e, fora dele, uma imprensa feminina especializada em economia doméstica, moda e assuntos amorosos.

A cultura tradicional, a cultura humanista se detinham nas fronteiras das classes: o mundo camponês e operário, mesmo quando entrou no circuito da cultura primária, da alfabetização, ficou à margem das humanidades: o teatro era e continua a ser um privilégio de consumo burguês. A cultura camponesa ainda permanecia folclórica nas primeiras décadas do século XX. Da mesma maneira, a cultura operária se achava fechada nos subúrbios industriais ou então era elaborada no interior dos sindicatos ou partidos socialistas.

Ora, o cinema foi o primeiro a reunir em seus circuitos os espectadores de todas as classes sociais urbanas e mesmo camponesas. Os inquéritos nos Estados Unidos, na Inglaterra e na França nos indicam que a percentagem de frequência para as classes sociais é aproximadamente a mesma. Depois, os espetáculos esportivos, por sua vez, drenaram um público saído de todas as camadas da sociedade.

---

4 **N.T.:** Gravação simultânea, dos diversos sons necessários, sobre a trilha sonora de um filme.

A partir da década de 1930, o rádio irrigou rapidamente todo o campo social. A televisão tomou impulso tanto nos lares populares quanto nos ricos. Enfim, a grande imprensa de informação no estilo *France-Soir*, as grandes revistas ilustradas no gênero *Paris-Match* se difundiram, desigualmente, é verdade, mas incontestavelmente, em todas as bancas.

As fronteiras culturais são abolidas no mercado comum das *mass-media*. Na verdade, as estratificações são reconstituídas no interior da nova cultura. Os cinemas de arte e os cinemas de circuito popular diferenciam o público cinematográfico. Mas essa diferenciação não é exatamente a mesma das classes sociais. Os programas e sucessos do cinema de arte nem sempre coincidem com os dos circuitos comuns, mas muitas vezes são os mesmos. Os ouvintes de rádio se diferenciam pela escolha das estações e dos programas, e essa diferenciação de gostos é também uma diferenciação social parcial. As revistas são difundidas muitas vezes segundo as estratificações sociais: a *France-Dimanche* é mais popular; *Noir et Blanc*, menos popular que *Paris-Match*. A *Paris-Presse* é mais burguesa; *Le Monde,* mais intelectual que *France-Soir*; os artigos podem ser apreciados de maneira diferente pelo operário ou pelo burguês nos mesmos jornais, mas *Paris-Match* e *France-Soir* permanecem os grandes veículos comuns a todas as classes.

Se alguém pensar que nos Estados Unidos e na Europa Ocidental as classes ou categorias sociais permanecem separadas no trabalho por relações de autoridade ou relações de vendedor a comprador, separadas no *habitat* por quarteirões ou blocos (isso, ainda, apesar das novas unidades de alojamento), pode-se adiantar que *a cultura industrial é o único grande terreno de comunicação entre as classes sociais*: o operário e o patrão cantarolarão Piaf ou Dalida, terão visto o mesmo programa na TV, terão seguido as mesmas séries desenhadas do *France-Soir*, terão (quase no mesmo instante) visto o mesmo filme. E se alguém pensa nos lazeres comuns com temporadas de férias comuns para operários, empregados, "quadros", comerciantes (permanece a diferença entre o lugarejo de barracas e as casas de campo), já se pode perceber que a nova cultura se prolonga no sentido de uma homogeneização de costumes.

Esse movimento é tanto mais importante quanto segue o sentido de uma evolução sociológica: a formação de uma gigantesca camada salarial, no Ocidente industrial, para onde confluem, de um lado, o antigo proletariado operário que tem acesso a um nível de vida consumidor e a seguros sociais, e, de outro, a antiga classe média que se escoa no salariado moderno (pequenos artesãos, pequenos proprietários, pequenos comerciantes que se tornam quadros, empregados, assalariados nos grandes conjuntos industriais, comerciais ou administrativos).

Esse novo "salariado" permanece heterogêneo: múltiplos compartimentos são mantidos ou construídos entre os diferentes *status* sociais: os funcionários públicos recusam a identificar-se com os operários, os operários permanecem com sua consciência de classe, a fábrica continua sendo o gueto da civilização industrial. Prestígios, convenções, hierarquias, reivindicações diferenciam e dividem essa grande camada assalariada. Mas o que a homogeneíza não é apenas o *estatuto salarial* (seguros sociais, aposentadorias, às vezes seguros-desemprego), *é a identidade dos valores de consumo*, e são esses valores comuns que veiculam as *mass-media*, é essa unidade que caracteriza a cultura de massa.

Assim, a uma nova camada salarial em vias de homogeneização e de heterogeneização (essas duas tendências contraditórias se efetuando em diferentes níveis) corresponde uma cultura, ela mesma em vias de homogeneização e de heterogeneização. Não quero dizer que as estratificações culturais correspondam às estratificações da nova camada, quero assinalar uma correspondência sociológica mais vasta e global. Essa cultura industrial seria, pois, em certo sentido, a cultura cujo meio de desenvolvimento seria o novo salariado. Alguns problemas podem ser colocados de imediato, se bem que só mais adiante possamos examiná-los a fundo. Se é verdade que o novo salariado é caracterizado pela progressão dos "colarinhos-brancos", isto é, dos empregados em firmas (de 1930 a 1950 o número dos *white collars jobs* passou de 30% para 37% nos Estados Unidos), se é verdade que segundo Leo Bogart: "Os Estados Unidos são hoje em dia um país de classe média, não apenas em sua renda, mas em seus valores",[5] pode-se supor que a nova cultura corresponda igualmente à preponderância (ou à progressão) dos valores de "classe média" no seio do novo salariado, com a condição, evidentemente, de não se pensar tanto nas antigas classes médias (pequenos proprietários, pequenos artesãos, pequenos camponeses) quanto na confluência de valores pequeno-burgueses nos valores do *welfare* moderno.

Em outras palavras, a nova cultura se inscreve no complexo sociológico constituído pela economia capitalista, pela democratização do consumo, pela formação e pelo desenvolvimento do novo salariado, pela progressão de determinados valores. Ela é – quando consideramos as classes da sociedade, quando consideramos os estatutos sociais no seio do novo salariado – o lugar-comum, o meio de comunicação entre esses diferentes estratos e as diferentes classes. Em certos centros de férias, como o clube Méditerranée, já se podem encontrar operários, empregados, quadros, técnicos, fisicamente misturados, e não mais apenas imaginariamente confundidos no isolamento do ouvinte de rádio, da leitura do jornal ou da sala escura.

Pode-se também, como Leo Bogart, adiantar que "o nivelamento das diferenças sociais faz parte da padronização dos gostos e interesses aos quais as *mass-media* dão uma expressão e para a qual contribuem".[6] Abordamos aí, ainda uma vez, um problema de fundo. Fiquemos, porém, no momento, na verificação do caráter sincretizante e homogeneizante da cultura industrial.

Esse caráter se verifica, enfim, sobre o plano das nações. A tendência homogeneizante é ao mesmo tempo uma tendência *cosmopolita*, que se volta a enfraquecer as diferenciações culturais nacionais em prol de uma cultura das grandes áreas transnacionais. A cultura industrial, no seu setor mais concentrado, mais dinâmico, já está organizada de modo internacional. As grandes cadeias de imprensa como a *Opera Mundi*, a cadeia *Del Duca* fornecem materiais que são adaptados para múltiplos idiomas, principalmente no domínio dos *comics* e da imprensa amorosa. O cinema de Hollywood visa

5 *The age of television*, p. 2, ref. cit. na Bibliografia, p. 201.
6 *The age of television*, p. 5.

não apenas ao público americano, mas ao público mundial, e há mais de 10 anos as agências especializadas eliminam os temas suscetíveis de chocarem as plateias europeias, asiáticas ou africanas. Ao mesmo tempo desenvolve-se um novo cinema estruturalmente cosmopolita, o cinema de coprodução, reunindo não apenas capitais, mas vedetes, autores, técnicos de diversos países. É o caso, por exemplo, de *Barrage contre le Pacifique*, coprodução franco-ítalo-americana, que foi rodada na Tailândia por um diretor francês, baseada em uma adaptação americana feita por Irving Shaw do romance francês de Marguerite Duras, com vedetes italiana (Silvana Mangano) e americana (Anthony Perkins).

Todo filme subtitulado já é cosmopolita. Todo filme dublado é um estranho produto cosmopolitizado cuja língua foi retirada para ser substituída por outra. Ele não obedece às leis da tradução, como o livro, mas às leis da hibridação industrial.

A cultura industrial adapta temas folclóricos locais transformando-os em temas cosmopolitas, como o *western*, o *jazz*, os ritmos tropicais (samba, mambo, chá-chá-chá etc.). Pegando esse impulso cosmopolita, ela favorece, por um lado, os sincretismos culturais (filmes de coprodução, transplantação para uma área de cultura de temas provenientes de uma outra área cultural) e, por outro, os temas "antropológicos", isto é, adaptados a um denominador comum de humanidade.

Esse cosmopolitismo se irradia a partir de um polo de desenvolvimento que domina todos os outros: os Estados Unidos. Foi lá que nasceu a cultura de massa. É lá que se encontra concentrado seu máximo de potência e energia mundializante.

A cultura industrial se desenvolve no plano do mercado mundial. Daí sua formidável tendência ao sincretismo-ecletismo e à homogeneização. Sem, todavia, superar completamente as diferenciações, seu fluxo imaginário, lúdico, estético atenta contra as barreiras locais, étnicas, sociais, nacionais, de idade, sexo, educação; ela separa dos folclores e das tradições temas que universaliza, inventa temas imediatamente universais.

Encontramos novamente o problema do denominador comum, do homem ao mesmo tempo "médio" e "universal", esse modelo por um lado ideal e abstrato, por outro, sincrético e múltiplo, da cultura de massa.

O homem médio

Qual é esse homem universal? É o homem puro e simples, isto é, o grau de humanidade comum a todos os homens? Sim e não. Sim, no sentido de que se trata do *homem imaginário*, que em toda parte responde às imagens pela identificação ou projeção. Sim, se se trata do homem-criança que se encontra em todo homem, curioso, gostando do jogo, do divertimento, do mito, do conto. Sim, se se trata do homem que em toda parte dispõe de um tronco comum de razão perceptiva, de possibilidades de decifração, de inteligência.

Nesse sentido, o homem médio é uma espécie de *anthropos* universal.

A linguagem adaptada a esse *anthropos* é a *audiovisual*, linguagem de quatro instrumentos: imagem, som musical, palavra, escrita. Linguagem tanto mais acessível na medida em que é envolvimento politônico de todas as linguagens. Linguagem, enfim, que se desenvolve tanto e mais sobre o tecido do imaginário e do jogo que sobre o tecido da vida prática. Ora, as fronteiras que separam os reinos imaginários são sempre fluidas, diferentemente daquelas que separam os reinos da Terra. Um homem pode mais facilmente participar das lendas de uma outra civilização do que se adaptar à vida desta civilização.

Assim, é sobre esses fundamentos antropológicos que se apoia a tendência da cultura de massa à universalidade. Ela revela e desperta uma universalidade primeira.

Ao mesmo tempo, porém, ela cria uma nova universalidade a partir de elementos culturais particulares à civilização moderna e, singularmente, à civilização americana. É por isso que o homem universal não é apenas o homem comum a todos os homens. É o homem novo que desenvolve uma civilização nova que tende à universalidade.

A tendência à universalidade se funde, portanto, não apenas sobre o *anthropos* elementar, mas sobre a corrente dominante da era planetária.

O consumo cultural

Em certo sentido aplicam-se as palavras de Marx: “a produção cria o consumidor... A produção produz não só um objeto para o sujeito, mas também um sujeito para o objeto”.[7] De fato, a produção cultural cria o público de massa, o público universal. Ao mesmo tempo, porém, ela redescobre o que estava subjacente: um tronco humano comum ao público de massa.

Em outro sentido, a produção cultural é determinada pelo próprio mercado. Por esse traço, igualmente, ela se diferencia fundamentalmente das outras culturas: estas utilizam também, e cada vez mais, as *mass-media* (impresso, filme, programas de rádio ou televisão), mas têm um caráter *normativo*: são impostas, pedagógica ou autoritariamente (na escola, no catecismo, na caserna), sob a forma de injunções ou proibições. A *cultura de massa*, no universo capitalista, não é imposta pelas instituições sociais, ela depende da indústria e do comércio, ela é proposta.[8] Ela se sujeita aos tabus (da religião, do Estado etc.), mas não os cria; ela propõe modelos, mas não ordena nada. Passa sempre pela mediação do produto vendável e por isso mesmo toma emprestadas certas características do produto vendável, como a de se dobrar à lei do mercado, da oferta e da procura. Sua lei fundamental é a do mercado.

Daí sua *relativa elasticidade*. A cultura de massa é o produto de um diálogo entre uma produção e um consumo. Esse diálogo é desigual. *A priori*, é um diálogo entre um prolixo e um mudo. A produção (o jornal, o filme, o programa de rádio) desenvolve as narrações, as histórias, expressa-se por meio de uma linguagem. O consumidor – o espectador – não responde, a não ser por sinais pavlovianos; o sim ou o não, o sucesso ou o fracasso. O consumidor *não fala*. Ele ouve, ele vê ou se recusa a ouvir ou a ver. Teoricamente, só se

---

7 *Contribution à la critique de l'économie politique*, Apêndice.

8 Mesmo nos sistemas totalmente estatizados, a ida ao cinema, o ouvir o rádio ou televisão, a leitura dos jornais não são *obrigatórios*.

pode concluir que haja uma concorrência infinitamente fraca (10% no máximo) entre essa oferta e essa procura. No entanto, se nos colocamos do ponto de vista dos próprios mecanismos de consumo[9] e do ponto de vista *do tempo*, podemos considerar que ao longo dos anos os temas que desabrocham ou desfalecem evoluem ou se estabilizam no cinema, na imprensa, no rádio ou na televisão traduzem uma certa dialética da relação produção-consumo.

Não se pode colocar a alternativa simplista: é a imprensa (ou o cinema, ou o rádio etc.) que *faz* o público, ou é o público que faz a imprensa? A cultura de massa é imposta do exterior ao público (e lhe fabrica pseudonecessidades, pseudointeresses) ou reflete as necessidades do público? É evidente que o verdadeiro problema é o da *dialética* entre o sistema de produção cultural e as necessidades culturais dos consumidores. Essa dialética é muito complexa, pois, por um lado, o que chamamos de público é uma resultante econômica abstrata da lei da oferta e da procura (é o "público médio ideal"

---

9 A autosseleção é o princípio mesmo de consumo, isso significa que o consumidor pode desligar seu rádio ou sua TV, não comprar o jornal, deixar a sala do cinema. A influência da publicidade não é absoluta, porque as *opinion-leaders* guiam as escolhas de sua roda no escritório, na fábrica, na família ou entre amigos. Enfim, a frequência do *efeito "boomerang"* (no qual o público interpreta a mensagem ao inverso das intenções emitidas) nos mostra que o consumidor dificilmente assimila o que contraria seus próprios processos de projeção, identificação e intelecção. Isso não significa que ele tenha livre-arbítrio. Mas não há ação unilateral das *mass-media* sobre o público. As pesquisas americanas, porém, chegam naturalmente à seguinte conclusão: "Uma coisa deve finalmente aparecer de modo claro na discussão sobre os efeitos das *mass-media* sobre a opinião pública. É que os efeitos sobre o público não estão em consequência e em relação direta com as intenções daquele que comunica nem com o conteúdo da comunicação. As predisposições do leitor ou do ouvinte estão profundamente engajadas na situação e podem bloquear ou modificar o efeito esperado, e até provocar um efeito *boomerang*." B. Berelson, Communications and public opinions. In: *The process and effets of mass-communication* (ref. cit. na Bibliografia), p. 198. (Autosseleção, *opinion-leader*, efeito *boomerang*, cf. Lazarsfeld, *Tendences actuelles de la sociologie des communications et comportement du public de la radio-télévision américaine*, referência citada na Bibliografia, p. 192.)

do qual falei) e, por outro, os constrangimentos do Estado (censura) e as regras do sistema industrial capitalista pesam sobre o caráter mesmo desse diálogo.

A cultura de massa é, portanto, o produto de uma dialética produção-consumo, no centro de uma dialética global, que é a da sociedade em sua totalidade.

4

A Arte e a Média

Recapitulemos agora, do ponto de vista das consequências artísticas, os dados focalizados até aqui.

De um lado, um impulso em direção ao conformismo e o produto-padrão; de outro, um impulso em direção à criação artística e à livre-invenção.

No primeiro sentido há o Estado, seja ele censor ou patrão. Existe a estrutura técnico-burocrática, que é sempre um fator de conformismo.[10] Existe a estrutura industrial, que é sempre um fator de padronização. Existe a economia capitalista, que tende à procura do máximo de público com as consequências já examinadas: homogeneização, fabricação de uma cultura para a nova camada salarial. O público mesmo, tomado como uma massa anônima, concebido sob o aspecto de um homem médio abstrato, é um fator de conformismo. Os fatores de conformismo agem, portanto, do cume até a base do sistema, em todos os escalões.

Mas é igualmente em todos os escalões que encontramos os antídotos. O Estado pode isentar a arte dos constrangimentos do lucro,

10 Para Whyte, o "trabalho em equipe", segundo as normas de organização gerencial moderna, é ele próprio um fator de peso do conformismo (cf. *L'homme et l'organisation*).

donde a possibilidade tanto de uma arte santuária, como o *Alexandre Newski* de Eisenstein, como de uma arte de pesquisa, como os filmes de MacLarren na *National Film Board of Canada*. O capitalismo privado pode isentar a arte dos constrangimentos do Estado. Por outro lado, a criação pode utilizar todas as falhas do grande sistema estatal ou capitalista-industrial, todos os fracassos da grande máquina. Pode-se dizer que, no sistema capitalista, o produtor cosmopolita, o judeuzinho Pinia que ficou milhardário, desempenha papel progressivo em relação ao administrador, ao homem de negócios, ao banqueiro "normal". Às vezes, ele corre riscos cuja importância sua falta de cultura não pode medir, às vezes confia em empreendimentos insensatos, cuja rentabilidade pensa pressentir. Os cinemas americano e francês ainda não se burocratizaram inteiramente, eles ainda se ressentem de suas origens, e ainda têm alguma coisa do antigo sistema arriscado e improvisado, sem ideologia e sem preconceitos conformistas. Ainda há qualquer coisa de judeu no cinema, isto é, qualquer coisa de não conforme, de não totalmente adaptado e integrado. Em geral, tudo o que persiste do antigo setor selvagem e savana da sociedade industrial, tudo o que se mantém na concorrência favorece sempre alguma abertura original e inventiva. Além disso, as necessidades da nova camada salarial, à qual se dirige a indústria cultural, estão em plena fermentação, concernem a problemas fundamentais do homem em busca da felicidade. Convocam então não apenas simples divertimentos, mas conteúdos que colocam em xeque o ser humano profundo.

É, portanto, um sistema bem menos rígido que se apresenta à primeira vista: está, em certo sentido, fundamentalmente dependente da invenção e da criação, que estão, todavia, sob sua dependência; as resistências, as aspirações e a criatividade do grupo intelectual podem funcionar no interior do sistema. A *intelligentsia* nem sempre é radicalmente vencida em sua luta pela expressão autêntica e pela liberdade de criação.

E é por isso que, ao mesmo tempo que fabrica e padroniza, o sistema também permite que o cinema seja uma arte. No próprio seio da produção em série, há jogos para adultos, jornais para crianças, canções da moda, folhetins, *comics*, os "*Signé Furax*" e os "*Super-crétin de la Terre*", ricos em fantasia, humor ou poesia.

Enfim, a indústria cultural não produz apenas clichês ou monstros. A indústria de Estado e o capitalismo privado não esterilizam toda a criação. Apenas, no seu ponto extremo de rigidez política ou religiosa, o sistema de Estado pode, durante algum tempo, talvez longo demais, anular quase totalmente a expressão independente.

Entre o polo de onirismo desenfreado e o polo de padronização estereotipada se desenvolve uma grande corrente cultural média, na qual se atrofiam os impulsos mais inventivos, mas se purificam os padrões mais grosseiros. Há um enfraquecimento constante nos Estados Unidos, na Inglaterra, na França, de jornais e revistas de "baixo nível" em benefício dos de nível médio. Mediocridade no sentido mais exato da palavra, isto é, qualidade do que é médio, e não tanto no sentido do termo tornado pejorativo. As águas baixas sobem e as águas altas descem. "Você não notou que nossos jornalistas ficam sempre melhores e nossos poetas sempre piores?", põe na boca de Arnheim Robert Musil em *L'homme sans qualités.*[11] Efetivamente, os padrões se enchem de talento, mas sufocam o gênio. Um copidesque do *Paris-Match* escreve melhor que Henri Bordeaux, mas não saberia ser André Breton.

A qualidade literária e, sobretudo, a qualidade técnica sobem na cultura industrializada (qualidade redacional dos artigos, qualidade das imagens cinematográficas, qualidade das emissões radiofônicas), mas os canais de irrigação seguem implacavelmente os grandes traçados do sistema. Em todo lugar a qualidade Boussac substitui de uma só vez a antiga mercadoria ordinária e o velho artigo feito a mão. Em todo lugar, o náilon substitui os velhos tecidos de algodão e a seda natural. O *acabamento industrial* explica essa subida e essa baixa qualitativa. A subida qualitativa dos padrões não responde mais aos critérios aristocráticos de oposição da qualidade à quantidade: ela nasce da própria quantidade. Por exemplo, a qualidade dos *westerns* provém *também* de sua quantidade, isto é, de uma longa

11 *L'homme sans qualités*, t. II, p. 436.

tradição de produção em série. Ao mesmo tempo, o "gênio" tende a ser integrado na medida em que é curiosidade, novidade, esquisitice, escândalo. Cocteau e Picasso fazem parte da galeria das vedetes, com Distel, Margaret, Bardot. O "gênio" dá a marca "alta cultura", análoga à marca alta costura; Picasso, Buffet, Cocteau são os Dior, Balenciaga, Lanvin da cultura de massa.

A corrente média triunfa e nivela, mistura e homogeneiza, levando Van Gogh e Jean Nohain. Favorece as estéticas médias, as poesias médias, os talentos médios, as audácias médias, as vulgaridades médias, as inteligências médias, as bobagens médias. É que a cultura de massa é média em sua inspiração e seu objetivo, porque ela é a cultura do denominador comum entre as idades, os sexos, as classes, os povos, porque ela está ligada a seu meio natural de formação, a sociedade na qual se desenvolve uma humanidade média, de níveis de vida médios, de tipo de vida médio.

Mas a corrente principal não é a única. Ao mesmo tempo constitui-se uma contracorrente na franja da indústria cultural. Ainda que a corrente média tenha êxito em *misturar* o padrão e o individual, a contracorrente se apresenta como o negativo da corrente dominante.

A corrente principal de Hollywood mostra o *happy end*, a felicidade, o êxito; a contracorrente, aquela que vai da *Morte de um caixeiro viajante* a *No down payment*, mostra o fracasso, a loucura, a degradação. As redes negativas são ao mesmo tempo sempre secundárias e sempre presentes. Assim nós vemos que a contradição fundamental é a seguinte: o sistema tende a secretar continuamente seus próprios antídotos, e tende continuamente a impedi-los de agir; essa contradição se neutraliza na *corrente média*, que é ao mesmo tempo a corrente principal; ela se afia na oposição entre a contracorrente negativa e a corrente principal, mas a corrente negativa tende a ser repelida para a periferia.

E, finalmente, há a terceira corrente, a corrente negra, a corrente em que fermentam as perguntas e as contestações fundamentais, que permanece fora da indústria cultural: esta pode usurpar em parte, adaptar a si, tornar consumíveis publicamente certos aspectos, digamos, de Marx, Nietzsche, Rimbaud, Freud, Breton, Péret, Artaud, mas a parte condenada, o *antipróton da cultura*, seu rádium, ficam de fora.

Mas o quê? O que existia antes da cultura de massa? Hölderlin, Novalis, Rimbaud, eram eles reconhecidos enquanto vivos? O conformismo burguês, a mediocridade arrogante não reinavam nas letras e nas artes? Antes dos gerentes da grande empresa, dos produtores de cinema, dos burocratas do rádio, não havia os acadêmicos, as personalidades gabaritadas, os salões literários... A velha "alta cultura" tinha horror ao que revolucionava as ideias e as formas. Os criadores se esgotavam sem impor sua obra. Não houve idade de ouro da cultura antes da cultura industrial.

E esta não anuncia a idade de ouro. Em seu movimento, ela traz mais possibilidades que a antiga cultura congelada, mas em sua procura da qualidade média destrói essas possibilidades. Sob outras formas, a luta entre o conformismo e a criação, o modelo congelado e a invenção contínua.

5

O Grande *Cracking*

Os discos *long playing* e o rádio multiplicam Bach e Alban Berg.[12] Os livros de bolso multiplicam Malraux, Camus, Sartre. As reproduções multiplicam Piero della Francesca, Masaccio, Cézanne ou Picasso. Em outras palavras, *a cultura* cultivada se democratiza pelo livro barato, o disco, a reprodução.

Há, portanto, uma zona na qual a distinção entre a cultura e a cultura de massa se torna puramente formal: *A condição humana*, *A náusea* ou *A peste* entram na cultura de massa sem deixar, contudo, a cultura cultivada.

Essa democratização da cultura cultivada é efetivamente uma das correntes da cultura de massa, mas, como veremos mais adiante, não é a corrente principal nem a corrente específica.

Por outro lado, se essa democratização multiplicadora das obras anuncia, talvez, uma integração futura das duas correntes, não atenta contra os privilégios da alta cultura. Esta, pelas obras mesmas em que se dá a democratização, mantém um setor reservado no qual detém o monopólio da *atualidade* e do *original*. Os livros de bolso só aparecem depois de transcorrido certo tempo em favor da primeira

12 Vinte milhões de discos de Toscanini vendidos de 1920 a 1955; 60 milhões de discos de Mozart, de 1903 a 1955.

edição. O disco não suprime a cerimônia que é o concerto. A reprodução do quadro não reduz em nada o valor mitificado do original.

A alta cultura resiste à integração, às vezes cultivando valores míticos, como a assinatura do artista embaixo do seu quadro, embora a reprodução, no estágio de perfeição a que chegou, possa anular o valor do original, do mesmo modo que um protótipo automobilístico perde todo o valor a partir da fabricação em série. Mas, culturalmente, a reprodução, pelo contrário, supervaloriza o original. Isso significa que, em certo sentido, essa mitificação pode ser considerada como uma resistência à invasão, conquistadora da cultura de massa.

Por sua vez, a cultura industrial não faz senão multiplicar-se pura e simplesmente: frequentemente transforma segundo suas próprias normas aquilo que vai buscar nas reservas de alta cultura. Ao mesmo tempo que repugna à alta cultura desprestigiar seus valores, a cultura industrial tende a integrar bem demais em seus moldes as formas e os conteúdos de que se apropria. Há, portanto, ao lado da democratização propriamente dita (multiplicação pura e simples) uma *vulgarização* (transformação tendo em vista a multiplicação): um estudo de Chopin, depois de tratamento adequado, vira uma melodia de *jukebox*; uma melodia de Beethoven vira um chá-chá-chá cantado por Dalida; *O vermelho e o negro* não é simplesmente traduzido da linguagem do romance para a linguagem do filme, ele é adaptado para o grande público, isto é, vulgarizado. O *digest* moderno, diversamente do resumo que é um auxílio para a memorização, substitui a obra lenta e densa pela condensação agradável e simplificadora.

Um exemplo de vulgarização ininterrupta esclarecerá esse propósito: *O vermelho e o negro*, de Stendhal, se torna um filme adaptado aos padrões comerciais; desse filme nasce *O vermelho e o negro*, folhetim em quadrinhos publicado em um diário.

Os processos elementares de vulgarização são: simplificação, maniqueização, atualização, modernização.

A simplificação foi estudada na tese de Leister Asheim (*From book to film*, cf. Bibliografia). Asheim fez uma análise comparativa de romances como *O morro dos ventos uivantes*, *Os miseráveis* etc. e de filmes tirados desses romances por Hollywood: esquematização da intriga, redução do número de personagens, redução dos caracteres a uma psicologia clara, eliminação do que poderia ser dificilmente inteligível para a massa dos espectadores (para o "espectador médio ideal").

Essa tendência simplificadora não provém da expressão cinematográfica em si mesma (por serem diferentes, os recursos artísticos do cinema não são menores que os do romance; por serem subdesenvolvidos, seus recursos intelectuais não são menos equivalentes), mas da natureza presente da cultura de massa. Além disso, a mesma vulgarização funciona no sentido inverso, do filme ao romance dele saído.

A tendência à simplificação muitas vezes está em pé de igualdade com a tendência ao maniqueísmo; polariza-se mais nitidamente que na obra original o antagonismo entre o bem e o mal; acentuam-se traços simpáticos e traços antipáticos, a fim de aumentar a participação afetiva do espectador, tanto no seu apego pelos heróis como na sua repulsa pelos maus.

A atualização introduz a psicologia e a dramatização moderna no seio de obra do passado. Por exemplo, os filmes sobre os mártires cristãos estarão centrados em uma história de amor entre uma bela cristã e um centurião romano, o filme *Theodora* nos mostrará o grande amor da imperatriz de Bizâncio, o faraó egípcio beijará na boca sua bela esposa, o amor moderno triunfará na antiguidade mais remota. Mais radical que a atualização, a modernização opera a transferência pura e simples da ação do passado para o tempo presente: *As ligações perigosas* são transplantadas para 1960.

Simplificação, maniqueização, atualização, modernização concorrem para *aclimatar* as obras de "alta cultura" na cultura de massa. Essa aclimatação por retiradas e acréscimos visa a torná-las facilmente consumíveis, deixa mesmo que se introduzam nelas temas específicos da cultura de massa, ausentes da obra original, como, por exemplo, o *happy end*. A capa ilustrada dos livros de bolso é apenas um chamariz de apresentação que nada modifica a obra reproduzida. A aclimatação cria *híbridos culturais*.

A *intelligentsia* humanista vê com bons olhos a democratização e com horror a hibridação. Ela se felicita por uma peça de Shakespeare poder ser vista, em uma só representação televisada, por um maior número de espectadores que em dois séculos de teatro, mas a Société des Gens de Lettres não pode suportar que Laclos seja manipulado por Vadim. Ela aprova o *long playing*, mas condena as vulgaridades para *jukebox*. Contudo, fidelidade e traição em relação à obra, popularização e degradação da cultura se desenvolvem no interior de uma mesma corrente.

O prolongamento cultural: o romance burguês

Se tomamos um pouco de distância, constatamos que a cultura de massa não está em ruptura radical com as culturas literárias anteriores. Ela é herdeira de um movimento que começa com a tipografia. A tipografia inaugura o que poderíamos chamar de paleocultura de massa, no sentido de que ela atrai um lento movimento de democratização da cultura clássica (greco-latino-cristã) e sustenta a cultura burguesa.

O movimento secular de democratização da cultura escrita se efetua por etapas, mas sob o signo de uma tripla correlação: um progresso de burguesia corresponde à promoção do romance e à promoção da mulher.

É no século XVII que se afirma um duplo impulso romanesco do qual ainda não separamos bem a relação dialética: uma espécie de dualidade cultural parece opor a literatura aristocrática (a do romance quimérico, como *Astrée*) à nova literatura burguesa realista e terra a terra como a que inaugura o *Romance burguês* de Furetière. Através de Boileau e Molière, que ridicularizam os romances de Senhorita de Scudéry, mulheres sábias e preciosas ridículas, é o burguês Chrysale que reivindica orgulhosamente os direitos prosaicos do que já poderíamos quase chamar de realismo. Os romances de amor aventurosos, viagens no mapa da Ternura,[13] provavelmente,

13 **N.T.:** Representação, por meio de acidentes ideográficos, das várias etapas do caminho que todo amante deve seguir no decorrer da aventura amorosa – elaborado pela Senhorita de Scudéry.

ancestrais da imprensa amorosa, fogem, pelo contrário, da vida prosaica e burguesa. Mas trata-se, aí, de duas respostas para o mesmo prosaísmo real. Na verdade, a cavalaria está bem morta, e porque ela está morta é que sonhadoras, aristocratas e afetadas burguesas empreendem sonhos romanescos nos quais desabrocha a grande mitologia do amor sublime. A vida prosaica começa e chama, por um lado, os grandes sonhos compensadores de *Astrée*, e, por outro, o novo realismo. Desde o século XVI o *Dom Quixote* de Cervantes colocava no segundo grau de ironia a contradição entre o sonho sublime e a realidade simples.

No século XVII, o romance é esquartejado entre os dois polos da quimera e do realismo, mas logo esses dois polos vão operar uma eletrólise de onde sairá o romance moderno. Os temas de amor serão extraídos dos romances de cavalaria (que se enfraquecerá) para serem integrados no romance burguês, que deixará de ser cínico e caricatural para ficar realista. Dessa dupla transfusão que começa com *A princesa de Clèves*, no quadro aristocrático, e que se ampliará até o quadro burguês nascerá o romance burguês moderno no século XIX, romance de relações, conflitos, problemas entre os indivíduos no seio de sua sociedade, em que o amor desempenha um papel essencial.

Albert Thibaudet pôs em destaque os progressos correlativos ao século XIX da burguesia, da democracia, da mulher, do romance.[14] Um momento-chave desse processo é *Madame Bovary*. Em *Madame Bovary*, a consumidora típica do romance, a burguesa culta, se torna a heroína típica do romance. Emma se aborrece, sonha com o amor, não pode satisfazer-se com a vida monótona de província. É no romanesco que ela procura a saída, e isso intervirá em sua vida de modo patético e irrisório; ela viverá esse grande amor, que ao mesmo tempo será uma paródia de amor, mas essa paródia terá sido vivida amargamente, a tal ponto que se transformará em tragédia e se resolverá na morte. Pela primeira vez, tão radicalmente desde *Dom Quixote*, mas dessa vez no plano feminino e burguês, o proces-

---

14 *Histoire de la littérature française*. Paris: Stock, 1930.

so de identificação que une o leitor (a leitora) ao herói (à heroína) do romance é impulsionado até a permutação: a burguesa sonhadora se torna a heroína do romance, enquanto a heroína do romance se tornou a sonhadora leitora burguesa. Madame Bovary é o Dom Quixote do romance burguês. Dom Quixote e Emma Bovary se matam ao querer idealizar o mundo e se tornam as testemunhas nas quais se identificam um com o outro, o que René Girard chama de mentira romântica e verdade romanesca:[15] eles vivem essa vida híbrida, semionírica, semirreal, em que se dá o diálogo entre o romance moderno e seu leitor. O delírio deles faz nascer uma nova tragédia, a tragédia do mundo burguês, na qual o amor ideal se choca com o real sem poder transfigurá-lo. Quixote permanece o amante platônico que não conhece a materialidade do amor; Emma, heroína mais prosaica de um mundo tornado mais prosaico, pratica no adultério esse amor cuja essência finalmente lhe escapa.

No *Dom Quixote* a dominante é masculina. Em *Madame Bovary* a dominante se tornou feminina e o amor se tornou o tema identificativo essencial. Assim, a cultura literária burguesa encontra em *Madame Bovary* seu símbolo mais surpreendente. Cultura romanesca, cultura da pessoa particular, cultura das necessidades da alma e das necessidades do amor, cultura não mais essencialmente da projeção dos problemas humanos no universo imaginário, mas, cada vez mais fortemente, de identificação entre o leitor e seus heróis.

Como veremos mais adiante, o *bovarismo*, entendido nesse sentido de identificação entre o romanesco e o real, será solidamente integrado na cultura de massa, a partir de 1930, para se tornar um de seus temas fundamentais.

A corrente bovarizante, que é de integrar o real no imaginário, o imaginário no real, se ramificará de maneira múltipla: o "eu" do autor e o "eu" do herói poderão se confundir, e, finalmente, o romancista procurará continuamente transformar o real na lembrança, transformar a si mesmo por sua obra e na sua obra. Os romances burgueses, sob diversas formas, se tornam os tu e eu, tu leitor que

15 *Mensonge romantique et vérité romanesque.* Paris: Grasset, 1961.

sou eu autor, eu autor que sou tu leitor, tu personagem de romance que sou eu, eu personagem de romance que sou tu, um jogo de perseguição, passos cruzados incessantes entre a vida e o conto.

O romance popular

No século XIX a corrente mais significativa do romance burguês tende a criar uma relação bovarista entre a obra e o leitor (sobretudo a leitora), enquanto surge e se desenvolve o romance popular.

O imaginário popular – o dos contos de serão, narrações de saltimbancos, da tradição oral – se fixa na tipografia a partir do século XVIII. São os romances de venda ambulante, levados de casa em casa pelos mercadores errantes, nos quais se encontram contos de fadas, lendas, narrações maravilhosas do folclore e nos quais se introduzem já os temas, beirando o fantástico, do romance negro inglês. Nesse imaginário popular, o extraordinário é mais alimentado que o ordinário, isto é, as correntes de projeção dominam as correntes de identificação, ao contrário do imaginário burguês, que se funde no realismo, isto é, assegura uma identificação mais estreita entre o leitor e o herói.

No entanto, o imaginário popular vai modificar-se no folhetim de imprensa do século XIX. O impulso do jornal determina o aparecimento de episódios do dia a dia e multiplica a procura do romance. O folhetim se torna um centro de osmose entre a corrente burguesa e a corrente popular: a corrente popular pega personagens da vida quotidiana, mas essas personagens estão empenhadas em aventuras "rocambolescas", em que, às vezes, até o fantástico irrompe (*As memórias do Diabo*, de Frédéric Soulié, *O judeu errante*, de Eugène Sue). Uma parte do imaginário burguês se deixa arrebatar pela aventura rocambolesca; romances de Balzac, principalmente a *História dos treze*, a série dos *Vautrin*, a *À procura do absoluto*, romances de Hugo, como *Noventa e três*, e sobretudo *Os miseráveis*. Essas duas correntes se misturam, como se misturam na leitura do jornal os leitores burgueses e agora leitores populares, onde dominam os leitores pequeno-burgueses ainda mal libertados das raízes populares, mas já semiencaixados na cultura burguesa. O folhetim cria um gênero romanesco híbrido, no qual se acham lado a lado gente do povo, lojistas, burgueses ricos, aristocratas e príncipes, onde a órfã é a filha ignorada do príncipe, onde o mistério do nascimento opera estranhas permutas sociológicas, onde a opulência se disfarça em miséria e onde a miséria chega à opulência; a vida quotidiana é transformada pelo mistério, as correntes subterrâneas do sonho irrigam as grandes cidades prosaicas, o rebuliço do desconhecido submerge as noites das capitais, aventureiros desenfreados reinam sobre as sombras da cidade, mendicantes e vagabundos. Desse estranho casamento do realismo e do onirismo nascem admiráveis epopeias populistas, essas obras-primas hoje em dia desconhecidas que são os *Mistérios de Paris*, *O judeu errante*, de Eugène Sue, *Os mistérios de Londres*, de Paul Féval, *As aventuras de Rocambole*, de Ponson du Terrail, sem falar nesses romances "históricos" que transformam a história, como a *Ilíada* transformava a conquista de Troia, mas sem fazerem intervir os deuses (a série dos Dumas, *O corcunda de Notre-Dame*, de Paul Féval, *Les pardaillan*, de Michel Zévaco etc.).

Diversamente da tendência burguesa (que vai na direção do psicologismo, dos conflitos de sentimentos e de caracteres, dramas ou comédias triangulares do esposo, do amante e da mulher adúltera), a corrente popular permanece fiel aos temas melodramáticos (mistério do nascimento, substituição de crianças, padrastos e madrastas, identidades falsas, disfarces, sósias, gêmeos, rechaços extraordinários, falsas mortes, perseguição da inocência), herdeiros da mais antiga e universal tradição do imaginário (a tragédia grega, o drama elisabetano), mas adaptada ao quadro urbano moderno. No começo do século XX, a diferenciação entre as duas correntes se precisa, tanto mais que durante os 30 primeiros anos do século a corrente popular é que será integrada no cinema e no folhetim barato.

A cultura industrial nascente – imprensa popular e cinema mudo – não faz senão investir na corrente do imaginário popular. Nenhuma ruptura, portanto. Os romances-folhetins e os filmes folhetinescos se multiplicam sobre os mesmos modelos. E, efetivamente, o público das primeiras décadas do cinema é o público popular, o mesmo que o dos folhetins de grande tiragem.

Mas, desde 1920, e sobretudo a partir de 1930, os temas do imaginário burguês se desenvolvem (paixão entre uma mulher casada e um amante, indivíduo que quer se afirmar em sua vida privada e que busca o sucesso, atenuação ou desaparecimento dos caracteres melodramáticos da intriga em benefício do realismo). Não é senão por volta de 1930-1936 que começa a se operar nos Estados Unidos, a partir dessas duas correntes e com a contribuição de elementos novos, um sincretismo que vai dar à cultura de massa suas características originais. Porque desde então emergem os novos desenvolvimentos que modificam as condições de vida das classes populares, os novos quadros da civilização técnica.

Assim, os conteúdos da cultura de massa não foram fabricados artificialmente. A cultura de massa, em certo sentido – o sentido indicado anteriormente –, é a herdeira e a continuadora do movimento cultural das sociedades ocidentais. Na cultura de massa vão confluir as duas correntes com as águas frequentemente misturadas, e, no entanto, fortemente diferençadas logo que a industrialização da cultura aparece: a corrente popular e a corrente burguesa, a primeira dominando de início, a segunda se desenvolvendo em seguida. A cultura de massa integra esses conteúdos, mas para logo desintegrá-los e operar uma nova metamorfose.

Os conteúdos da cultura impressa do século XIX concorrem para a cultura de massa do século XX; alimentam-na e nela se metamorfoseiam progressivamente. Sem querer no momento examinar essa metamorfose em si mesma, é preciso, contudo, examinar as consequências culturais oriundas diretamente das inovações técnicas que condicionaram a nova cultura: a rapidez das transmissões do jornal moderno, a implantação das salas de cinema nas cidades e depois no campo e, sobretudo, a telecomunicação que operam rádio e televisão tornam a cultura de massa *onipresente*. Ela está em toda parte para todos, acompanha até o solitário que leva seu transistor a tiracolo.

Esse duplo caráter de extensão e de intensificação em relação à cultura impressa marca a etapa que separa uma industrialização evoluída e generalizada de uma industrialização primitiva e restrita. Mas essa diferença quantitativa, ao criar um mercado universal, a possibilidade de atender a um público global a cada instante, cria de um mesmo golpe as condições de uma diferenciação qualitativa.

Uma outra diferenciação qualitativa aparece com o cinema, o rádio, a televisão. O impresso é um sinal abstrato: a imagem impressa é imóvel. *O filme, a televisão, o rádio reproduzem diretamente a vida em seu movimento real.*

Podemos, portanto, prolongar aqui uma proposição antecedente: a cultura impressa se integra na cultura industrial, não para nela se destruir, mas para nela se metamorfosear. Essa metamorfose se dá a partir do caráter novo trazido pelo poder de intensificação e de extensão ilimitada das *mass-media* e, mais largamente, pela nova civilização que criou essa extensão e essa intensificação (a civilização técnica) e que, ao mesmo tempo, é criada por essa extensão e essa intensificação. Ela se dá igualmente a partir do caráter novo das técnicas que trazem o movimento real, a presença viva.

Os folclores, as culturas do *hic* e do *nunc*

Pelo movimento real e a presença viva, a cultura de massa reencontra um caráter da cultura pré-impressa, folclórica ou ainda arcaica: a presença visível dos seres e das coisas, a presença permanente do mundo invisível. Os cantos, danças, jogos, ritmos do rádio, da televisão, do cinema ressuscitam o universo das festas, danças, jogos, ritmos dos velhos folclores. Os *doubles* da tela e do vídeo, as vozes radiofônicas são um pouco como esses espíritos fantasmas, gênios que perseguiam permanentemente o homem arcaico e se reencarnavam em suas festas. A presença viva, humana, a expressão viva dos gestos, mímicas, vozes, a participação coletiva são reintroduzidas na cultura industrial ainda que fossem escorraçadas pela cultura impressa. Mas, em revanche, a cultura de massa quebra a unidade da cultura arcaica na qual em um mesmo lugar todos participavam ao mesmo tempo como atores e espectadores da festa, do rito, da cerimônia. Ela separa *fisicamente* espectadores e atores. O espectador só participa fisicamente do espetáculo televisado, do filme, do programa de rádio; e mesmo nos grandes espetáculos esportivos, se ele está presente fisicamente, não joga.

Do mesmo modo, a "festa", momento supremo da cultura folclórica, na qual todos participam do jogo e do rito, tende a desaparecer em benefício do espetáculo. Ao homem da festa sucede o que chamamos "público", "audiência", "espectadores". *O elo imediato e concreto se torna uma teleparticipação mental.*

Enfim, a cultura arcaica separa os dias de festa da vida quotidiana. A cultura de massa se prende a todos os interstícios da vida quotidiana. Diversamente da festa arcaica que quebra o fio dos dias, ela se inscreve no fio dos dias e de um golpe acaba com a festa para substituí-la pelo lazer.

As *mass-media*, se restabelecem a relação humana que destrói o impresso, tendem a quebrar *a estrutura mesma das relações humanas da cultura folclórica.* A presença humana na televisão ou nos filmes é, ao mesmo tempo, uma ausência humana; a presença física do espectador é, ao mesmo tempo, uma passividade física.

Essa nova estruturação das relações humanas se inscreve na nova estruturação cultural que já preparava a cultura do impresso e que efetua a cultura industrial. A cultura folclórica era uma cultura do *hic* e do *nunc*. As festas e os usos locais eram enraizados em um terreiro e situados em um calendário (aniversários, festas sagradas ou profanas). Cultura local de aldeia, cultura regional de província, ela dispunha de sua linguagem (patuá, dialeto), de seus próprios meios de expressão (danças, ritos e jogos), de suas lendas, do culto de seu passado, das regras de seu presente.

A cultura urbana popular e sobretudo operária do século XIX e do começo do século XX conserva certos traços da cultura folclórica. É verdade que ela não tem mais raízes em um passado local profundo, mas tem suas gírias, os espetáculos ambulantes que nela se detêm são de um velho folclore urbano (circos, saltimbancos, feiras de amostras). E, sobretudo, é uma cultura da proximidade das relações de vizinhança, de parentesco e de solidariedade. Ela tem seus centros culturais locais, a taverna, o bistrô, o *pub*, onde os jogos são interindividuais (jogos de cartas ou de gamão).

Certamente, essas culturas folclóricas rurais e sobretudo urbanas estão há muito tempo revestidas de estados culturais mais amplos, alguns nacionais, outros internacionais (a cultura cristã, os esboços de cultura socialista). Elas já estão em via de enfraquecimento. *Mas é a cultura industrial que desagrega definitivamente as culturas do* hic *e do* nunc. Ela tende ao público indeterminado. Não possui raízes, mas uma implantação técnico-burocrática. Conquista os subúrbios e os campos, dando caça aos velhos folclores, aos jogos de São João, aos ritos locais, às crenças e superstições, com uma rapidez que se acelera. A velha festa patronal das aldeias muda de conteúdo: as antigas danças, os antigos jogos desaparecem para dar lugar ao baile, às canções da moda, às corridas de ciclistas, às gincanas e outros jogos popularizados pelas *mass-media.*

O gosto, o odor, o aroma dos terreiros se dissipam. O produto cultural, a conservação cultural se propagam.

Destruição radical? Antes desintegração, acompanhada de novas integrações. Certos temas folclóricos são absorvidos pela cultura de massa e, com ou sem modificações, são *universalizados*. O folclore do Oeste americano dá origem ao *western*, que se torna um tema do novo folclore planetário. A arte do circo londrino dá origem à *slapstick comedy*, que, com os MacSennett, Ben Turpin, O Gordo e o Magro, Harry Langdon, Carlitos, fornece ao cinema as fontes profundas de sua comicidade. O folclore infantil dos animais antropomorfos triunfa no desenho animado. Os velhos jogos e concursos se metamorfoseiam em jogos e concursos irradiados e televisados. O folclore negro de Nova Orleans (ele mesmo nascido do encontro de correntes indígenas e exógenas) remonta a Chicago, depois se difunde pelo mundo graças às *mass-media*. O tango, o acordeão dos bairros de Buenos Aires é dançado à luz coada de todos os bailes da Europa. Assim também, de Cuba, da Bahia, os ritmos tropicais enxamearam nas orquestras dos cinco continentes.

Logo, a cultura industrial não fabrica seus produtos *ex nihilo*. Como a indústria da conserva alimentar, ela escolhe dentre as colheitas do local. Mas ela pode transformar esses produtos naturais, alterá-los mais ou menos profundamente em função do consumo universal: paralelamente à difusão do *flamenco* andaluz, há a produção em massa de espanholadas fabricadas em Paris e Nova York; a par de sambas autóctones difundidos no mundo, há a fabricação pseudobrasileira das "festas do algodão" e "colheita do café". Paralelamente ao ritmo de Nova Orleans, houve os *jazz* de Jack Milton e Ray Ventura, eclipsados por sua vez pelo retorno em massa das formações menos ecléticas, porém evolutivas. Um verdadeiro *cracking* analítico transforma os produtos naturais em produtos culturais homogeneizados para o consumo maciço.

Em outras palavras, certos temas folclóricos privilegiados são mais ou menos desintegrados a fim de serem mais ou menos integrados *no novo grande sincretismo.*

O *hic* não foi abolido, tornou-se relativo. O *nunc* se torna um novo *nunc* cosmopolitizado, o da voga, da moda, do sucesso do dia, do eterno presente.

Mas o que é talvez mais notável é que, desintegrando os folclores, a cultura industrial não desintegra o *arcaísmo*. Os ritmos primitivos, pelo contrário – os que vieram da África através do *jazz* e os ritmos tropicais –, se impõem ao seio da civilização dos arranha-céus: o símbolo primitivo revive nos cartazes publicitários; as batalhas elementares de homens, lutas selvagens, jogos guerreiros estão presentes em todas as telas do mundo; a música está pelo menos tão presente na civilização das *mass-media* (nos lares, nos filmes, nas praias, nos carros) quanto podiam estar os cantos e os ritmos da civilização arcaica. Há uma espécie de neoarcaísmo.

Esse neoarcaísmo se explica em função das determinações que mencionei no capítulo precedente: procurando o público universal, a cultura de massa se dirige também ao *anthropos* comum, ao tronco mental universal que é, em parte, o homem arcaico que cada um traz em si mesmo. É esse denominador comum arcaico que chama o neoarcaísmo dos filmes, dos jogos, da música. A essas determinações é preciso acrescentar uma outra: a cultura industrial se dirige também ao homem novo das sociedades evoluídas, mas esse homem do trabalho parcelar e burocratizado, enclausurado no meio técnico, na maquinaria monótona das grandes cidades sente necessidade de evasão, e sua evasão procura tanto a selva, a savana, a floresta virgem quanto os ritmos e as presenças da cultura arcaica. A reação contra um universo abstrato, quantificado, objetivado se dá por um retorno às fontes primeiras da afetividade.

Assim, a cultura industrial nega de modo dialético a cultura do impresso e a cultura folclórica: desintegra-as integrando-as, integra o impresso e seus conteúdos, mas para metamorfoseá-los; desintegra os folclores, mas para com eles universalizar certos temas. Acrescentemos: ela sincretiza em si os temas e estruturas da cultura impressa e os da cultura folclórico-arcaica. Faz comunicar essas duas correntes até então justapostas, derramando ambas no grande curso novo. Esse curso novo é, em certa medida, a resultante desse sincretismo. Contudo, é mais ainda. É o que examinaremos mais adiante.

6

Uma Cultura de Lazer

O consumo da cultura de massa se registra em grande parte no lazer moderno.

O lazer moderno não é apenas o acesso democrático a um tempo livre que era o privilégio das classes dominantes. Ele saiu da própria organização do trabalho burocrático e industrial. O tempo de trabalho enquadrado em horários fixos, permanentes, independentes das estações se retraiu sob o impulso do movimento sindical e segundo a lógica de uma economia que, englobando lentamente os trabalhadores em seu mercado, se encontra obrigada a lhes fornecer não mais apenas um tempo de repouso e de recuperação, mas um tempo de consumo.

A semana de trabalho passa de 70 horas em 1860 para 37 horas em 1960 nos Estados Unidos, de 80-85 horas para 45-48 horas na França; muitas vezes um dia suplementar de lazer é acrescentado ao domingo.

Nesse sentido, o lazer é um tempo ganho sobre o trabalho. Mas é um tempo que se diferencia do tempo das festas, característico do antigo modo de vida. As festas, distribuídas ao longo do ano, eram simultaneamente o tempo das comunhões coletivas, dos ritos sagrados, das cerimônias, da retirada dos tabus, das pândegas e dos festins. O tempo das festas foi corroído pela organização moderna e a nova repartição das zonas de tempo livre: fim de semana, férias. Ao mesmo tempo, o folclore das festas se enfraqueceu em benefício do novo emprego do tempo livre. A ampliação, a estabilização, a quotidianização do novo tempo livre se efetuam simultaneamente em detrimento do trabalho e da festa. Essa zona de tempo livre não foi recuperada pela vida familiar tradicional, nem pelas relações sociais costumeiras. Segundo uma evolução paralela, a unidade complexa da grande família se reduz ao núcleo formado pelo casal e as crianças. As preocupações de investimento familiar (economia, transmissão de uma herança) diminuem, o peso dos trabalhos domésticos fica aliviado, a atração do lar é moderada: cada um dos membros da família adquire uma autonomia interna. *E a cultura de massa se estende à zona abandonada pelo trabalho, pela festa e pela família.*

O novo tempo livre conquistado sobre a necessidade se enche de conteúdos que abandonam o trabalho, a família e a festa.

Os conteúdos humanos do trabalho se atrofiam, a integração dos antigos trabalhadores autônomos (artesãos, comerciantes) no seio do salariado atenua o apego quase biológico mantido em relação às atividades laboriosas. O "trabalho em migalhas" descrito por Georges Friedmann, no seio dos grandes conjuntos industriais ou burocráticos, foi esvaziado de responsabilidade e de criatividade pelo "O. S.",[16] operário especializado em máquina, ou o empregado de escritório que preenche formulários. Desde então, a personalidade negada no trabalho tenta se reencontrar fora da zona estéril; efetuamos, durante o lazer, trabalhos pelos quais nos sentimos individualmente interessados e responsáveis, mesmo inventivos, como o *bricolage*,[17] ou então desenvolvemos talentos pessoais, *hobbies* ou ideias fixas, ou ainda mitificamos, em uma mania de colecionador, a necessidade irreprimível de fazer alguma coisa por nós mesmos.

Mas, sobretudo, os lazeres abrem os horizontes do bem-estar, do consumo e de uma nova vida privada. A fabricação em série,

---

16 **N.T.:** Em francês: *ouvrier spécialisé.*

17 **N.T.:** Passatempos, ato de dedicar-se a pequenos consertos domésticos.

a venda a crédito abrem as portas para os bens industriais, para a limpeza do lar com aparelhos eletrodomésticos, para os fins de semana motorizados. É então possível começar a participar da civilização do bem-estar, e essa participação embrionária no consumo significa que o lazer não é mais apenas o vazio do repouso e da recuperação física e nervosa; não é mais a participação coletiva na festa, não é tanto a participação nas atividades familiares produtivas ou acumulativas, é também, progressivamente, a possibilidade de ter uma vida consumidora.

O consumo dos produtos se torna, ao mesmo tempo, o autoconsumo da vida individual. Cada um tende não mais a sobreviver na luta contra a necessidade, não mais a se enroscar no lar familiar, não, inversamente, a consumir sua vida na exaltação, mas a consumir sua própria existência. As massas têm acesso, no quadro de um lazer determinado pelos desenvolvimentos técnicos, aos níveis de individualidade já atingidos pelas classes médias.

O lazer moderno surge, portanto, como o tecido mesmo da vida pessoal, o centro onde o homem procura se afirmar como indivíduo privado.

É essencialmente esse lazer que diz respeito à cultura de massa; ela ignora os problemas do trabalho, ela se interessa muito mais pelo bem-estar do lar do que pela coesão familiar, ela se mantém à parte (se bem que possam pesar sobre ela) dos problemas políticos ou religiosos. Dirige-se às necessidades da vida do lazer, às necessidades da vida privada, ao consumo e ao bem-estar, por um lado, e ao amor e à felicidade, por outro. O lazer é o jardim dos novos alimentos terrestres.

A cultura de massa pode, assim, ser considerada como uma gigantesca ética do lazer. Vamos dizer de outro modo: a ética do lazer, que desabrocha em detrimento da ética do trabalho e ao lado de outras éticas vacilantes, toma corpo e se estrutura na cultura de massa.

Essa não faz outra coisa senão *mobilizar o lazer* (através dos espetáculos, das competições, da televisão, do rádio, da leitura de jornais e revistas); *ela orienta a busca da saúde individual durante o lazer e, ainda mais, ela acultuara o lazer, que se torna o estilo de vida.*

O lazer não é apenas o pano de fundo no qual entram os conteúdos essenciais da vida e onde a aspiração à felicidade individual se torna exigência. Ele é, por si mesmo, ética cultural. O lazer não é apenas o *quadro* dos valores privados, ele é também um acabamento em si mesmo.

E, mais particularmente, o divertimento se torna um acabamento como tal.

Muitos moralistas, que se creem Pascal e não são mais que Duhamel, não puderam compreender a natureza desse divertimento moderno. Para dizer a verdade, bem que existe algo do divertimento pascaliano: a leitura dos fatos diversos, a hipnose do vídeo, o fim de semana motorizado, as férias turísticas: matamos o tempo, fugimos da angústia ou da solidão, estamos *em outro lugar*. Não há dúvida de que, mesmo com o jornal, o rádio, a televisão, o lar nunca foi tanto um *outro lugar*.

Mas o que também existe, nos espetáculos esportivos, nos jogos radiofônicos e televisados, nas saídas e nas partidas, nas férias, é um retorno maciço às fontes infantis do jogo.

Jogo e espetáculo mobilizam uma parte do lazer moderno. Nada disso é absolutamente novo, pois os espetáculos, assim como os jogos (de azar ou de competição), sempre estiveram presentes nas festas e nos lazeres antigos. O que constitui novidade é a extensão televisionária ou teleauditiva do espetáculo, abrindo-se até os horizontes cósmicos, são os progressos de uma concepção lúdica da vida.

O espectador olha. Também é espectador o leitor do jornal e da revista. As novas técnicas criam um tipo de espectador puro, isto é, destacado fisicamente do espetáculo, reduzido ao estado passivo e *voyeur*. Tudo se desenrola diante de seus olhos, mas ele não pode tocar, aderir corporalmente àquilo que contempla. Em compensação, o olho do espectador está em toda parte, tanto no camarim de Brigitte Bardot como no foguete espacial de Titov.

A cultura de massa mantém e amplifica esse "voyeurismo", fornecendo-lhe, além disso, mexericos, confidências, revelações sobre a vida das celebridades. O espectador tipicamente moderno é aquele que se devota à *televisão*, isto é, aquele que sempre vê tudo em plano aproximado, como na teleobjetiva, mas, ao mesmo tempo, em uma impalpável distância; mesmo o que está mais próximo está infinitamente distante da imagem, sempre presente, é verdade, nunca materializada. Ele participa do espetáculo, mas sua participação é sempre pelo intermédio do corifeu, mediador, jornalista, locutor, fotógrafo, *cameraman*, vedete, herói imaginário.

Mais amplamente, um sistema de espelhos e de vidros, telas de cinema, vídeos de televisão, janelas envidraçadas dos apartamentos modernos, *plexiglas* dos carros Pullman, postigos de avião, sempre alguma coisa de translúcido, transparente ou refletidor nos separa da realidade física... Essa membrana invisível nos isola e ao mesmo tempo nos permite ver melhor e sonhar melhor, isto é, também participar. Com efeito, através da transparência de uma tela, da impalpabilidade de uma imagem, uma participação por olho e por espírito nos abre o infinito do cosmos real e das galáxias imaginárias.

Assim, participamos dos mundos à altura da mão, mas fora do alcance da mão. O espetáculo moderno é ao mesmo tempo a maior presença e a maior ausência. É insuficiência, passividade, errância televisual e, ao mesmo tempo, participação na multiplicidade do real e do imaginário.

No limite extremo, o homem televisual seria um ser abstrato em um universo abstrato: por um lado, a substância ativa do mundo parcialmente se evapora, uma vez que sua materialidade se evaporou; por outro, e simultaneamente, o espírito do espectador se evade e erra, fantasma invisível, por entre as imagens. Nesse sentido, poderíamos adiantar que as telecomunicações (digam elas respeito ao real ou ao imaginário) empobrecem as comunicações concretas do homem com seu meio. É revelador o exemplo banal da televisão, que empobrece as comunicações familiares no decorrer da refeição. E, finalmente, não é apenas a comunicação com o outro, é nossa própria presença perante nós mesmos que se diluiria, em virtude de ser sempre mobilizada para outro lugar. Poder-se-iam aplicar à televisão as palavras de Machado: "Sonhei sem dormir, talvez até mesmo sem acordar."

Contudo, nas participações televisuais, certos sucos penetram através da membrana do vídeo, da tela, da foto, que vão nutrir as comunicações vividas. As trocas afetivas se efetuam nas conversações onde se fala dos filmes, das estrelas, dos programas, de fatos variados; nós nos expressamos e conhecemos o outro evocando aquilo em que nós projetamos. Por outro lado, o homem do lazer não é apenas o homem televisual, é também o homem da vida privada. A força centrípeta do individualismo funciona ao mesmo tempo que a força centrífuga das teleparticipações e, com exceção de casos marginais (anciãos, doentes, psicóticos), essa força centrípeta vai estimular a afirmação de si na vida real. É o que ocorre em relação aos jovens "ativistas" da *mass-culture* estudada por Lazarsfeld. E, como ainda veremos, uma das correntes essenciais da teleparticipação induz à vida pessoal. Não saberíamos, ainda aqui, diagnosticar a triste vitória do anônimo sobre o pessoal, do abstrato sobre o concreto, do imaginário sobre o real. Enfim, os sucos que penetram através das membranas televisuais purgam e irrigam simultaneamente a personalidade e a própria vida do homem moderno.

Existe implicitamente em todo espetáculo de teatro, cinema, televisão uma componente lúdica, aliás, difícil de isolar. Ela emerge nos espetáculos esportivos, nos jogos radiofônicos e televisados. Está mais ou menos misturada com preocupações utilitárias nos *bricolages*, com preocupações erótico-amigáveis nas festinhas e com preocupações higiênicas nos esportes. Ela se desempenha com grande nitidez nos *hobbies*, saídas, passeios, divertimentos. Um dos aspectos do divertimento moderno é esse desabrochar do jogo "como atividade cujo fim se encontra no prazer que com ele se sente e em nenhum outro lugar" (Montherlant).

Assim, simultaneamente com o espetáculo, a cultura do lazer desenvolve o jogo. Dualidade ao mesmo tempo antagonista – uma vez que o espetáculo é passivo, o jogo, ativo – e complementar, que não apenas se registra no lazer, mas também o estrutura em parte.

Efetivamente, uma parte do lazer tem tendência a tomar a forma de um grande jogo-espetáculo.

Essa tendência se exprime de modo particularmente significativo nas férias modernas, na medida em que elas representam o tempo realmente vivo, realmente vivido, em contraposição ao tempo esclerosado e exangue do ano de trabalho. Essas férias não são apenas entreatos recuperadores no seio da natureza (sono, repouso, caminhada), mas também dos prazeres e dos jogos, seja por meio do exercício de atividades ancestralmente vitais (pesca, caça, colheita) reencontrado por forma lúdica, seja pela participação nos novos jogos (esportes de praia, esqui aquático, pesca submarina). A vida de férias se torna uma grande brincadeira: brinca-se de ser camponês, montanhês, pescador, lenhador, de lutar, correr, nadar...

Paralelamente, o turismo se torna uma grande viagem-espetáculo ao interior de um universo de paisagens, monumentos, museus. O turista só se interessa pelo universo dos *guides bleus* e foge da vida real, quotidiana, salvo nos casos em que esta é classificada como "pitoresca", isto é, volta a ser digna da *imagem*. Ele leva sua máquina fotográfica a tiracolo e, dentro em pouco, está mais preocupado em registrar que em ver. Nessa deturpação imaginante em primeiro grau (ver para se lembrar) e em segundo grau (fotografar para ver suas lembranças), o turismo moderno apresenta analogias surpreendentes com o cinema. Ele é sucessão precipitada de imagens, voyeurismo ininterrupto. O parentesco turismo-cinema se afirma nas viagens coletivas em ônibus panorâmicos: os espectadores enfiados em suas poltronas olham através do *plexiglas*, membrana da mesma natureza que o vídeo de televisão, a tela de cinema, a foto do jornal e a grande janela envidraçada do apartamento moderno: janela cada vez mais cinematoscópica sobre o mundo e ao mesmo tempo fronteira invisível.

Contudo, a diferença entre o cinema e o turismo é essencial, senão seria suficiente ver no cinema o Coliseu, o Alcazar ou a Acrópole para se evitar a viagem.

O turista não é apenas um espectador em movimento. Ele não se beneficia apenas (sobretudo quando circula de automóvel) de uma volúpia particular que vem da consumação do espaço (*devorar* os quilômetros). Ele se comunica pessoalmente com a região visitada, por algumas palavras elementares e saudações cerimoniosas trocadas com os indígenas, por coitos psiquicamente encarados pelo olhar ou efetivamente realizados com a espécie do sexo oposto. Por algumas compras de objetos simbólicos tidos como *souvenirs* – Torre de Pisa em miniatura, cinzeiros figurativos e outras bugigangas no gênero – ele se apropria magicamente da Espanha ou da Itália. Enfim, ele consome o ser físico do país visitado, na refeição gastronômica, rito cosmófago cada vez mais divulgado (depois das férias efetuamos ritos de reminiscência, exibição de fotografias, narrações pitorescas, às vezes em torno de uma refeição a *chianti* onde reencontramos um pouco da Itália, à *paella* onde reencontramos um pouco da Espanha, à *bouillabaisse*, onde reencontramos um pouco de sol).

O turista pode dizer "eu", "eu vi", "eu comi", "eu estive lá", "eu fiz 5 mil quilômetros": e é essa evidência física indiscutível, esse sentimento de *estar lá*, em movimento, em jogo, que valoriza o turismo em relação ao espetáculo.

Em relação ao espectador, o turista *está, percorre* ("eu percorri a Espanha") e *adquire* (*souvenirs*). Há na visitação turística a introdução, simultaneamente, de um suplemento de ser e de um *quantum* de ter. A autoampliação física é ao mesmo tempo uma apropriação, certamente semimágica, experimentada como uma exaltação, um enriquecimento de si.

O sentido complexo do lazer moderno aparece claramente nos lugarejos de férias, como Palinuro (Clube Méditerranée), estudado por Henri Raymond.[18] Aí a organização das férias é racionalizada, planificada, quase cronometrada. Chega-se a este milagre: a produção burocrática do estado de natureza, por meio de bilhetes coletivos, guias, aldeias de tenda. Tudo está previsto: comodidades, festas, distrações, etapas, ritos, emoções, alegrias. A técnica moderna recria um universo taitiano e lhe acrescenta o conforto dos bujões de gás, duchas, transistores. Essa organização cria uma espantosa

---

18 Cf. Bibliografia, p. 390; *Hommes et dieux à Palinuro.*

sociedade temporária, inteiramente fundada no jogo-espetáculo: passeios, excursões, esportes náuticos, festas, bailes. Essa vida de jogo-espetáculo é ao mesmo tempo a acentuação de uma vida privada onde se travam, de modo mais intenso que na vida quotidiana, relações, amizades, flertes, amores. É feita à imagem da vida cinematográfica, das férias que conduzem os olímpicos a Miami, Taiti...

Palinuro é um microcosmo vivido da cultura de massa. Nele se distinguem dois grupos: de um lado, os "olimpianos" ativos, que tomam os aperitivos no bar, dançam com destreza, praticam os esportes aquáticos, flertam, seduzem, e, de outro, aqueles que são antes espectadores, menos ativos, e que contemplam os "olimpianos". Mas, em Palinuro, o fosso que separa as duas classes é bem menos profundo, bem mais estreito do que o que separa as celebridades e vedetes do comum dos mortais; em Palinuro, os contatos são fáceis, a passagem para o Olimpo é possível... Assim, de modo fragmentário, temporário, o Olimpo da cultura de massa toma forma e figura no que Raymond chama, com muita propriedade, uma utopia concreta.

Isso significa, igualmente, que o ideal da cultura do lazer, sua obscura finalidade, é a vida dos olimpianos modernos, heróis do espetáculo, do jogo e do esporte.

Esses heróis da cultura de massa foram promovidos a vedete em detrimento das antigas celebridades (comparando os artigos consagrados em 1904 e em 1941 às personalidades eminentes no *Saturday Evening Post*, Léo Lowenthal[19] constata que os animadores, dentre os quais emergiram astros de cinema e campeões esportivos, aumentaram em 50% em detrimento dos homens de negócios ou políticos). A imprensa, o rádio, a televisão nos informam sem cessar sobre sua vida privada, verídica ou fictícia. Eles vivem de amores, de festivais, de viagens. Sua existência está livre da necessidade. Ela se efetua no prazer e no jogo. Sua personalidade desabrocha sobre a dupla face do sonho e do imaginário. Até mesmo seu trabalho é uma espécie de grande divertimento, votado à glorificação de sua própria imagem, ao culto de seu próprio duplo.

---

19 "Biographies in popular magazines", ref. cit. na Bibliografia, p. 391.

Esses olimpianos propõem o modelo ideal da vida de lazer, sua suprema aspiração. Vivem segundo a ética da felicidade e do prazer, do jogo e do espetáculo. Essa exaltação simultânea da vida privada, do espetáculo, do jogo é aquela mesma do lazer, e aquela mesma da cultura de massa.

Assim se esboçam as correlações complexas entre o lazer, a cultura de massa, os valores privados, o jogo-espetáculo, as férias, os olimpianos modernos. Acrescentemos aqui: a promoção do jogo-espetáculo caminha lado a lado com a decadência das significações do trabalho, com a atual crise dos grandes sistemas de valor (o Estado, a religião, a família). O complexo jogo-espetáculo se afirma em uma civilização na qual se pulverizam as grandes transcendências, que não chegam mais a controlar, senão em parte, a vida dos indivíduos. *Da vacância dos grandes valores nasce o valor das grandes "vacances".*[20]

Aliás, nada disso é estranho ao niilismo contemporâneo, que não é apenas negócio de filósofos, literatos ou *beatniks*, mas é historicamente vivido, senão em toda parte e por todo mundo nas sociedades ocidentais, pelo menos em todos os níveis da existência, como experiência do declínio ou da morte das grandes transcendências, das significações exteriores e superiores a uma vida mortal. Nesse sentido, o tecido do individualismo moderno é, de fato, niilista[21] a partir do momento em que nada vem justificar o indivíduo, senão sua própria felicidade.

Nesse niilismo, e além desse niilismo, nós presenciamos um impulso no sentido da readesão às infraestruturas lúdicas da vida. O lazer jogo-espetáculo, o lazer afirmação da vida privada se tornam conjuntamente orientação e sentido da existência.

---

20 **N.T.:** O autor jogou com as palavras *vacance* (vacância, vaga) e *vacances* (férias).

21 O extraordinário desenvolvimento do humor na cultura de massa, o humor substituindo a sátira nas páginas humorísticas, o humor absurdo se impondo na comicidade cinematográfica (os irmãos Marx, Helzapopin, Tashlin, os desenhos animados – Bosustow ou Tex Avery) testemunham o progresso desse niilismo e de seus antídotos, o jogo, o divertimento.

Os aspectos negativos de divertimento, de evasão, de passividade impressionaram sobretudo os moralistas dessa confederação helvética do espírito que são as letras e a universidade. No entanto, é preciso também indicar que por meio do lazer moderno toda uma fração de humanidade, de modo obscuro e grosseiro, adere a uma espécie de jogo em que não se sabe quem joga e o que é jogado, encara o problema do destino singular e pessoal, isto é, encara sem o saber, mas concreta e experimentalmente, os problemas colocados no século passado por Steiner, Marx e Nietzsche. É o esboço informe de uma busca no sentido de assumir a condição humana.

7

Os Campos Estéticos

Produzida industrialmente, distribuída no mercado de consumo, registrando-se principalmente no lazer moderno, a cultura de massa se apresenta sob diversas formas (informações, jogos, por exemplo), mas particularmente sob a forma de espetáculos.

É através dos espetáculos que seus conteúdos imaginários se manifestam. Em outras palavras, é por meio do *estético* que se estabelece a relação de consumo imaginário.

A participação estética se diferencia das participações práticas, técnicas, religiosas etc., embora possa se justapor a elas (um automóvel pode ser ao mesmo tempo bonito e útil, pode-se admirar uma estátua e venerá-la). Ela desabrocha plenamente além das participações práticas.

Existe, na relação estética, uma participação ao mesmo tempo intensa e desligada, uma dupla consciência. O leitor de romance ou o espectador de filme entra em um universo imaginário que, de fato, passa a ter vida para ele, mas, ao mesmo tempo, por maior que seja a participação, ele sabe que lê um romance, que vê um filme.

A relação estética reaplica os mesmos processos psicológicos da obra na magia ou na religião, em que o imaginário é percebido como tão real, até mesmo mais real do que o real. Mas, por outro lado, a relação estética destrói o fundamento da crença, porque o imaginário permanece conhecido como imaginário.

Por outras palavras, magia e religião reificam literalmente o imaginário: deuses, ritos, cultos, templos, túmulos, catedrais, os mais sólidos e os mais duráveis de todos os monumentos humanos testemunham essa grandiosa reificação. Na estética, em compensação, a reificação nunca é acabada.

Entre a criação romanesca, de um lado, e a evocação dos espíritos por um feiticeiro ou um médium, de outro, os processos mentais são, até um certo grau, análogos. O romancista se projeta em seus heróis, como um espírito vodu que habita seus personagens, e inversamente escreve sob seu ditado, como um médium possuído pelos espíritos (as personagens) que invocou. A criação literária é um fenômeno meio mediúnico, meio-*zar* (para retomar a expressão etiopiana que corresponde a uma espécie de simulação sincera, a meio caminho entre o espetáculo, o jogo e a magia) de onde nasce um sistema ectoplasmático projetado e objetivado em universo imaginário pelo romancista.

Esse universo imaginário adquire vida para o leitor se este é, por sua vez, possuído e médium, isto é, se ele se projeta e se identifica com os personagens em situação, se ele vive neles e se eles vivem nele. Há um desdobramento do leitor (ou espectador) sobre os personagens, uma interiorização dos personagens dentro do leitor (ou espectador), simultâneos e complementares, segundo transferências incessantes e variáveis. Essas transferências psíquicas que asseguram a participação estética nos universos imaginários são ao mesmo tempo inframágicas (elas não chegam aos fenômenos propriamente mágicos) e supramágicas (elas correspondem a um estágio no qual a magia está superada). É sobre elas que se inserem as participações e as considerações artísticas que concernem ao estilo da obra, sua originalidade, sua autenticidade, sua beleza etc. Em outras palavras, eu não defino a estética como a qualidade própria das obras de arte, mas como um tipo de relação humana muito mais ampla e fundamental.

Assim, feita de modo estético, a troca entre o real e o imaginário é, embora degradada (ou ainda que sublimada ou demasiado sutil), a mesma troca que entre o homem e o além, o homem e os espíritos ou os deuses se fazia por intermédio do feiticeiro ou do culto. A degradação – ou o supremo requinte – é precisamente essa passagem do mágico (ou do religioso) para a estética.

No decorrer da evolução, a poesia se afastou da magia (encantamento e invocação), a literatura se afastou da mitologia: desde alguns séculos, a música, a escultura, a pintura se afastaram por completo da religião; a finalidade cultural ou ritual das obras do passado se atrofiou ou desapareceu progressivamente para deixar emergir uma finalidade propriamente estética; assim, nós removemos estátuas e quadros dos templos para museus removendo de um só golpe as significações das anunciações e das crucificações. O mundo imaginário não é mais apenas consumido sob a forma de ritos, de cultos, de mitos religiosos, de festas sagradas nas quais os espíritos se encarnam, mas também sob a forma de espetáculos, de relações estéticas. Às vezes até as significações imaginárias desaparecem; assim, as danças modernas ressuscitam as danças arcaicas de possessão, mas os espíritos não estão nelas. Todo um setor das trocas entre o real e o imaginário, nas sociedades modernas, se efetua no modo estético, através das artes, dos espetáculos, dos romances, das obras ditas de imaginação. A cultura de massa é, sem dúvida, a primeira cultura da história mundial a ser também plenamente estética. Isso significa que, apesar de seus mitos e seus engodos religiosos (como o culto das estrelas de cinema), é uma cultura fundamentalmente profana (veremos mais adiante que é finalmente importante considerar que, apesar de fundamentalmente estética e profana, ela secreta uma mitologia).

Isso significa também que a cultura de massa põe a tônica sobre o usufruto individual presente; não existe, na relação estética, uma dádiva em si aos deuses, ao mundo, a valores transcendentais; a dupla consciência estética é uma consciência *irônica*, se podemos modificar um pouco o sentido hegeliano desse termo; ora, "nessa consciência irônica... deixo desaparecer o que há de mais elevado, não usufruo senão de mim mesmo?" (*Philosophie du droit*, § 140).

Isso significa enfim que, desabrochando tardiamente na história, a relação estética restitui uma relação quase primária com o mundo; essa relação, embora reprimida desde a infância arcaica da humanidade pelas duras necessidades práticas, e embora encoberta pelas reificações mágicas, se traduz pelo encantamento do jogo, do canto, da dança, da poesia, da imagem, da fábula.

E nós reencontramos aqui, contraditoriamente associados, tanto na participação primária como na ironia estética evoluída, os dois níveis do homem que prospecta a cultura de massa: o do *anthropos* universal e o do individualismo em vias de universalização da civilização moderna.

Parentes das participações (projeções-identificações) mágicas e religiosas por seu caráter muitas vezes imaginário, as participações estéticas são parentes, por seu caráter profano, das participações afetivas que comandam nossas relações vividas com o outro (afeições, amores, ódios etc.), como com as grandes potências da vida (nação, pátria, família, partido etc.). Mas, também aí, a ausência de implicação prática, física ou vital imediata diferencia a relação estética.

Por certo, as projeções-identificações dizem respeito a todas as esferas do interesse humano; por certo, não há verdadeiras fronteiras entre as três ordens – prática, mágico-religiosa, estética –, e suas relações são fluidas. Mas destaca-se uma esfera estética, principalmente no imaginário. Convém agora encarar a significação e o papel do imaginário na relação estética.

O imaginário é o além multiforme e multidimensional de nossas vidas, e no qual se banham igualmente nossas vidas. É o infinito jorro virtual que acompanha o que é atual, isto é, singular, limitado e finito no tempo e no espaço. É a estrutura antagonista e complementar daquilo que chamamos real, e sem a qual, sem dúvida, não haveria o real para o homem, ou antes, não haveria realidade humana.

O imaginário começa na imagem-reflexo, que ele dota de um poder fantasma – a magia do sósia – e se dilata até aos sonhos mais loucos, desdobrando ao infinito as galáxias mentais. Dá uma fisionomia não apenas a nossos desejos, nossas aspirações, nossas necessidades, mas também às nossas angústias e temores. Liberta não apenas nossos sonhos de realização e felicidade, mas também nossos monstros interiores, que violam os tabus e a lei, trazem a destruição, a loucura ou o horror. Não só delineia o possível e o realizável, mas cria mundos impossíveis e fantásticos. Pode ser tímido ou audacioso, seja mal decolando do real, mal ousando transpor as primeiras censuras, seja se atirando à embriaguez dos instintos e do sonho.

As grandes mitologias contêm, de maneira misturada, as diferentes virtualidades e os diferentes níveis do imaginário. Mas cada grande mitologia possui suas próprias estruturas, e cada cultura orienta relações próprias entre os homens e o imaginário. Uma cultura, afinal de contas, constitui uma espécie de sistema neurovegetativo que irriga, segundo seus entrelaçamentos, a vida real de imaginário, e o imaginário de vida real.

Essa irrigação se efetua segundo o duplo movimento de projeção e de identificação... O imaginário é um sistema projetivo que se constituiu em universo espectral e que permite a projeção e a identificação mágica, religiosa ou estética.

Na relação mágica ou religiosa, a comunicação imaginária ecoa profundamente sobre a vida: o imaginário dita suas ordens. Na relação estética, ao contrário, pode parecer que a vida esteja colocada entre parênteses. Mas mesmo que só haja colocação entre parênteses, esta, apenas porque procura evasão ou divertimento, pode desempenhar um papel consolador ou regulador na vida, seja orientando as pressões interiores em direção às vias de escapamento imaginárias, seja permitindo as semissatisfações psíquicas, análogas, em certo sentido, à satisfação onanista, na qual o amor é feito com fantasmas; assim, por exemplo, as inumeráveis agressões cinematográficas podem aliviar em parte as necessidades agressivas impossibilitadas de serem satisfeitas na vida.

Há sempre uma certa libertação psíquica em tudo o que é projeção, isto é, expulsão para fora de si daquilo que fermenta no interior obscuro de si. Dentre todas as projeções possíveis, a mais significativa é a que toma um caráter de exorcismo, desde que fixa o mal, o terror, a fatalidade, sobre as personagens em questão, finalmente votadas a uma morte quase de sacrifício. Isso é, a tragédia.

A morte trágica de um herói integra na relação estética, e de maneira evidentemente atenuada, as virtudes de um dos mais arcaicos e universais ritos mágicos: o sacrifício. O sacrifício não é apenas uma oferenda agradável aos espíritos e aos deuses; é também um apelo às próprias fontes da vida, segundo a magia de morte-renascimento; é, enfim, dentro de certas condições, a transferência psíquica das forças de mal, de infelicidade e de morte para uma vítima expiatória (como no bode expiatório do rito judeu, substituto, aliás, de um sacrifício humano primitivo), que exorciza o rito operatório da morte. O sacrifício de um ser inocente e puro – cordeiro místico do cristianismo, jovem virgem da tragédia grega – é, assim, dotado das maiores virtudes purificadoras. E é exatamente esse mecanismo purificador – catarse – que Aristóteles descobre no coração da tragédia. Édipo não faz senão atrair para si a carga incestuosa, difundida na atmosfera coletiva, oculta no segredo de cada um; seu terrível castigo apazigua a cólera dos deuses – isto é, a angústia dos humanos. Do mesmo modo, os inumeráveis heróis vítimas da fatalidade trágica, os inocentes perseguidos do melodrama fixam e exorcizam, de modo, por certo, bem menos eficaz que o do verdadeiro sacrifício, o mal, o pecado e a morte.

As potências de projeção – isto é, também as de divertimento, de evasão, de compensação, de expulsão, até mesmo de transferência quase sacrificial – se propagam por todos os horizontes do imaginário. Elas tecem os enfáticos universos da epopeia, da magia, do fantástico. Atiram-se nos alhures do tempo e do espaço, regiões exóticas ou passados fabulosos. Mergulham no submundo do crime e da morte. Divertem-se nos universos idealizados em que tudo é mais intenso, mais forte, melhor.

No meio de todas essas projeções funciona uma certa identificação: o leitor ou o espectador, ao mesmo tempo que libera fora dele virtualidades psíquicas, fixando-as sobre os heróis em questão, identifica-se com personagens que, no entanto, lhe são estranhas, e se sente vivendo experiências que contudo não pratica.

Diferentes fatores favorecem a identificação; o ótimo da identificação se estabelece em um certo equilíbrio de realismo e de idealização; é preciso haver condições de verossimilhança e de veridicidade que assegurem a comunicação com a realidade vivida, que as personagens participem por algum lado da humanidade quotidiana, mas é preciso também que o imaginário se eleve alguns degraus acima da vida quotidiana, que as personagens vivam com mais intensidade, mais amor, mais riqueza afetiva do que o comum dos mortais. É preciso, também, que as situações imaginárias correspondam a interesses profundos, que os problemas tratados digam respeito intimamente a necessidades e aspirações dos leitores ou espectadores; é preciso, enfim, que os heróis sejam dotados de qualidades eminentemente simpáticas. Atingindo esse *optimum*, as personagens suscitam apego, amor, ternura; já se tornam não tanto os oficiantes de um mistério sagrado, como na tragédia, mas *alter egos* idealizados do leitor ou espectador, que realizam do melhor modo possível o que este sente em si de possível. Mais do que isso, esses heróis de romance ou de cinema podem vir a ser exemplos, modelos: a identificação bovarista suscita um desejo de imitação que pode desembocar na vida, determinar mimetismos de detalhes (imitação dos penteados, vestimentas, maquiagens, mímicas etc., dos heróis de filmes) ou orientar condutas essenciais, como a busca do amor e da felicidade.

Em um determinado *optimum* identificativo da projeção-identificação, portanto, o imaginário secreta mitos diretores que podem constituir verdadeiros "modelos de cultura". Inversamente, há um *optimum* projetivo de evasão, como da "purificação", isto é, da expulsão-transferência das angústias, fantasmas, temores, como das necessidades insatisfeitas e aspirações proibidas.

Há igualmente os *pessima*, se assim podemos dizer, nos quais a relação real-imaginário mantém uma espécie de tensão angustiante, bloqueada entre o sonho e a vida; o desejo de imitação pode ser intenso, sem poder realizar-se e determinar uma neurose que volta incansavelmente a se fixar sobre o imaginário, insaciavelmente insatisfeita; a projeção pode ser a tal ponto fascinante que ocasiona uma espécie de conversão hipnótica da vida, que se sonambuliza, e cuja seiva toda se escoa no consumo imaginário.

Esses *optima* e esses *pessima* variam, não só em função dos temas romanescos, mas também dos leitores e espectadores (idade, sexo, condição, classe social, nacionalidade, psicologia individual etc.). A dialética da projeção-identificação se abre sobre possibilidades infinitamente variáveis e divergentes.

Recorrerei abstratamente a um duplo exemplo: tomemos um filme A cujo herói é um rico e simpático personagem; um filme B cujo herói é um miserável e simpático personagem como Carlitos. O espectador rico e o espectador pobre poderão comprazer-se nesses dois filmes e achar igualmente simpáticos ambos os heróis. No entanto, na vida real, há grandes probabilidades de que o espectador rico se desvie com nojo de um vagabundo, de que o espectador pobre considere com ressentimento o milhardário. Projeção e identificação modificaram a relação social. O espectador pobre e o espectador rico puderam sair da própria pele (projeção), para o rico no caso do filme B, para o pobre no caso do filme A. As relações B-rico, A-pobre aliviarão talvez por algum tempo as necessidades de fuga tanto de um quanto de outro. No que concerne à identificação, suponhamos agora que o espectador rico seja seduzido pelas atitudes e os modos de vida do herói do filme A: ele poderá em seguida, consciente ou inconscientemente, servir o mesmo coquetel que o herói do filme, beber como ele o seu *drink*, fazer a corte a uma bela mulher, como ele, e adotar a mesma marca de carro ou o mesmo estilo de móveis. Suponhamos que o pobre, seduzido pelo vagabundo do filme B, decida levar a vida com despreocupação: ele reagirá no dia seguinte com relação a seu contramestre, por brincadeira, assim como seu herói. Suponhamos agora que o espectador rico sonhe em abandonar tudo para assemelhar-se ao despreocupado vagabundo, mas sem coragem de mudar de vida: ele entreterá seu sonho impotente nos filmes; inversamente, o espectador pobre poderia entreter um sonho impotente de riqueza. Esses dois filmes alimentarão fantasmas obsessionais.

O rico e o pobre poderão ser substituídos pelo americano e o russo, o negro e o branco, o homem do século XVIII e o homem do século XX. Entre esses homens de classes sociais, de condições, de raças, de épocas diferentes, *um campo comum imaginário* é possível, e, de fato, há campos imaginários comuns. Eles são comuns, isto é, neles as relações de projeção-identificação podem ser multiformes. Em uma mesma obra eles podem efetuar-se em nível mágico, em nível religioso, em nível estético: a Bíblia, assim como as estátuas da catedral de Reims, provocam nos descrentes projeções--identificações estetizadas. A mitologia grega manteve por mais de dois milênios projeções-identificações estéticas sempre renovadas. Uma peça romântica, como o *Chatterton* de Alfred de Vigny, foi percebida identificativamente pelos jovens poetas, e alguns encontraram aí uma incitação ao suicídio, enquanto os burgueses vulgares percebiam-na projetivamente.

O campo comum imaginário permite conceber que uma obra procedente de condições psicológicas, sociológicas e históricas determinadas possa ter uma irradiação fora de seu meio e de sua época. É o paradoxo da "universalidade das obras-primas".

As obras de arte universais são aquelas que detêm originalmente, ou que acumulam em si, possibilidades infinitas de projeção-identificação.

Assim, uma obra de arte escapa à sua própria sociologia, mas ao mesmo tempo remete à sociologia. A obra de Homero sai da Grécia arcaica, não do céu das essências estéticas, mas para reencarnar-se, metamorfosear-se através dos séculos e das civilizações, inscrevendo-se nos campos comuns imaginários.

A cultura de massa desenvolve seus campos comuns imaginários no espaço: a tendência ao máximo de público leva-a a se adaptar às classes sociais, às idades, às diferentes nações. Mas isso não impede que ela expresse correntes sociais predominantes na civilização ocidental. Para compreender sua especialidade, é preciso considerar ao mesmo tempo seus temas, seu enraizamento histórico e sociológico e sua difusão. Múltiplas diligências, incessante dialética do social ao imaginário, mas que nos permite esclarecer melhor um e outro, um pelo outro.

Trata-se também de saber *hic et nunc* em que medida a cultura de massa procura divertimento e evasão, compensação, expulsão, purificação (catarse), em que medida ela mantém fantasmas obsessionais, em que medida ela fornece modelos de vida dando forma e realce às necessidades que aspiram a se realizar. *Isto é, em que medida a estética invalida e informa a vida prática.*

SEGUNDA PARTE

UMA MITOLOGIA MODERNA

A cultura de massa se desenvolveu em suas características originais a partir da década de 1930, primeiramente nos Estados Unidos. Ela constitui para si uma temática coerente depois da Segunda Guerra Mundial no conjunto dos países ocidentais. A hipótese global que se segue deve ser inevitavelmente colocada: essa temática corresponde aos desenvolvimentos da sociedade americana, em primeiro lugar, e das sociedades ocidentais em seguida.

Esses desenvolvimentos são bem conhecidos: as massas populares urbanas e de uma parte dos campos têm acesso a novos padrões de vida; entram progressivamente no universo do bem-estar, do lazer, do consumo, que era até então o das classes burguesas. As transformações quantitativas (elevação do poder aquisitivo, substituição crescente do trabalho da máquina pelo esforço humano, aumento do tempo de lazer) operam uma lenta metamorfose qualitativa: os problemas da vida individual, privada, os problemas da realização de uma vida pessoal se colocam, de hoje em diante, com insistência, não mais apenas no nível das classes burguesas, mas da nova camada salarial em desenvolvimento.

O trabalho assalariado, no interior dos gigantescos conjuntos burocráticos e industriais é, nos escalões de execução, privado de criatividade, de autonomia e de responsabilidade. Com a crescente mecanização, o trabalho é menos penoso do ponto de vista físico, mas, com a crescente especialização, ele se esvazia de toda e qualquer substância pessoal. É o "trabalho em migalhas" do operário de fábrica, o trabalho abstrato do escriturário. As relativas seguranças adquiridas no trabalho (contratos coletivos, seguros sociais, garantias funcionarizadas, aposentadorias), o desenvolvimento do lazer tendem a diminuir a intensidade afetiva das preocupações ligadas à vida de trabalho. A seiva da vida encontra novas irrigações fora do trabalho; as vivências vão se refugiar no lazer e vão acentuar o movimento geral no sentido da vida privada.

Assim, a modificação das condições de vida sob o efeito das técnicas, a elevação das possibilidades de consumo, a promoção da vida privada correspondem a um novo grau de individualização da existência humana.

A cultura de massa se constitui em função das necessidades individuais que emergem. Ela vai fornecer à vida privada as imagens e os modelos que dão forma a suas aspirações. Algumas dessas aspirações não podem se satisfazer nas grandes cidades civilizadas, burocratizadas; nesse caso, a cultura resgata uma evasão por procuração em direção a um universo onde reinam a aventura, o movimento, a ação sem freio, a liberdade, não a liberdade no sentido político do termo, mas a liberdade no sentido individual, afetivo, íntimo, da realização das necessidades ou instintos inibidos ou proibidos. Mas sobre um outro plano as imagens se aproximam do real, os ideais tornam-se modelos, que incitam a uma certa práxis... Um gigantesco impulso do imaginário em direção ao real tende a propor mitos *de autorrealização,* heróis *modelos, uma ideologia e receitas práticas para a* vida privada. *Se considerarmos que, de hoje em diante, o homem das sociedades ocidentais orientará cada vez mais suas preocupações para o bem-estar e o* standing, *por um lado, e o amor e a felicidade, por outro, a cultura de massa fornece os mitos condutores das aspirações privadas da coletividade. Como disse Leo Bogart em* The age of television *(p. 7), "as* mass-media *divulgaram a consciência popular do que constitui 'uma boa vida'. Produzindo essa boa vida familiar, elas a fizeram parecer possível, tanto quanto desejável, para as grandes massas".*

E é porque a cultura de massa *se torna o grande fornecedor dos* mitos condutores *do lazer, da felicidade, do amor, que nós podemos compreender o movimento que a impulsiona, não só do real para o imaginário, mas também do imaginário para o real. Ela não é só evasão, ela é ao mesmo tempo, e contraditoriamente,* integração.

8

Simpatia e *Happy End*

A partir da década de 1930 delineiam-se nitidamente as linhas de força que orientam o imaginário em direção ao realismo e que estimulam a identificação do espectador ou leitor com o herói.

A imprensa amorosa, introduzida na França por *Confidences* (1937), integra nos quadros realistas os temas sentimentais dos romances de Delly e Max du Veuzit. Ela conserva, certamente, um importante setor melodramático, com mansões, órfãos tristes e tenebrosos, e os cinerromances desenvolvem um imaginário projetivo com luxuosos Cadillacs e herdeiras ricas. Mas uma quantidade dessas narrações se inscreve nos quadros realistas, e, além disso, *Confidences* apresenta seus contos como se fossem histórias vividas, permitindo a confusão do imaginário com o real.

No próprio domínio da imprensa infantil, esse grande reino dos sonhos projetivos, os cavaleiros lendários assumem a condição de aviadores arrojados, as antigas narrações fabulosas se introduzem em parte na nova epopeia de antecipação, o onirismo se mistura intimamente com a técnica; além disso, os fermentos de identificação estão em ação: Tintin é um *super boy* realista que fixa sobre si a identificação do leitor de 10 anos; esse anti-*Grand Meaulnes* não dirige os sonhos da infância para paraísos verdes, para os segredos esquizofrênicos da fantasia interior; pelo contrário, conduz o sonho para o seio do universo realista da aventura policial, científica, exótica, com esse único viático da pequena infância ingênua: o amigo cão que fala...

Mas é no cinema, primeiramente o americano, ocidental a seguir, que por volta de 1930-1940 se dá a evolução verdadeiramente radical e significativa. As intrigas se registram dentro de quadros plausíveis. O cenário confere as aparências da realidade. O ator se torna cada vez mais "natural" até aparecer não mais como um monstro sagrado executando um rito, mas como um sósia exaltado do espectador ao qual este está ligado por semelhanças e, simultaneamente, por uma simpatia profunda.

O herói simpático, tão diferente do herói trágico ou do herói lastimável, e que desabrocha em detrimento deles, é o herói ligado identificativamente ao espectador. Ele pode ser admirado, lastimado, mas deve ser sempre amado. É amado, porque é amável e amante. Esse herói amável-amante-amado se mete na pele dos heróis de filmes, estando aí incluído também o herói cômico: este não é apenas palhaço, isto é, grotesco; também ele se torna simpático, também ele se beneficiará do *happy end*.

A partir da década de 1930, estabelece-se, cada vez mais solidamente, uma correlação entre a corrente realista, o herói simpático e o *happy end*.

O *happy end* é a felicidade dos heróis simpáticos, adquirida de modo quase providencial, depois das provas que, normalmente, deveriam conduzir a um fracasso ou a uma saída trágica.

A contradição que fundamenta toda e qualquer atividade dramática (a luta contra a fatalidade, o conflito com a natureza, a cidade, o outro, ou consigo mesmo), ao invés de se solucionar, como na tragédia, quer com a morte do herói, quer com uma longa prova ou expiação, se resolve com o *happy end*.

A introdução em massa do *happy end* limita o universo da tragédia ao interior do imaginário contemporâneo. Ela rompe com uma tradição milenar, proveniente da tragédia grega, que prossegue com o teatro espanhol do Século de Ouro, o drama elisabetano, a tragédia clássica francesa, o romance de Balzac, Stendhal, Zola, Daudet, o melodrama, o romance naturalista e o romance popular de Eugène Sue a Ponson du Terrail, enfim, o cinema melodramático da época muda. O *happy end* rompe com uma tradição não só ocidental, mas universal, que, aliás, ainda se mantém em parte nos filmes latino--americanos e, em maior escala, nos filmes indianos e egípcios.

Na universal e milenar tradição, o herói, redentor ou mártir, ou ainda redentor *e* mártir, fixa sobre si, às vezes até a morte, a infelicidade e o sofrimento. Ele expia as faltas do outro, o pecado original de sua família, e apazigua, com seu sacrifício, a maldição ou a cólera do destino. A grande tradição precisa não só de castigo dos maus, mas do sacrifício dos inocentes, dos puros, dos generosos.

O sacrifício é a morte ou uma longa vida de provações. Neste último caso, pode haver aí quer apaziguamento ou reconciliação (Édipo), quer reparação final (o pequeno Remi de *Sans famille*, *O conde de Monte Cristo, O corcunda de Notre-Dame*). No filme de *happy end*, se o herói é vítima do mal, padece até a tortura, moral ou física, as provações são de curta duração; dificilmente elas acompanham toda uma vida, como no caso de Jean Valjean, ou toda uma infância, como em *As duas órfãs*. O herói que supera os riscos parece ter-se tornado invulnerável à morte. O filme termina com uma espécie de eterna primavera, em que o amor, algumas vezes acompanhado pelo dinheiro, o poder ou a glória, brilhará para todo o sempre. O *happy end* não é reparação ou apaziguamento, mas irrupção da felicidade. Há vários graus no *happy end*, desde a felicidade total (amor, dinheiro, prestígio) até a esperança da felicidade, onde o casal parte corajosamente pela estrada ao encontro da vida. Raros e marginais são os filmes que acabam com a morte ou, pior ainda (pois a morte sempre tem virtudes tônicas), com o fracasso do herói.

Uma revolução no reino do imaginário se dá com a irrupção em massa do *happy end*. A ideia de felicidade (veremos mais adiante) se torna o núcleo afetivo do novo imaginário. Correlativamente, o *happy end* implica um apego intensificado de identificação com o herói. Ao mesmo tempo que os heróis se aproximam da humanidade quotidiana, que nela imergem, que se impõem seus problemas psicológicos, são cada vez menos oficiantes de um mistério sagrado para se tornarem os *alter egos* do espectador. O elo sentimental e pessoal que se estabelece entre espectador e herói é tal, no novo clima de simpatia, de realismo e de psicologismo, que o espectador não suporta mais que seu *alter ego* seja imolado. Pelo contrário, ele espera o sucesso, o êxito, a prova de que a felicidade é possível. Assim, paradoxalmente, é na medida em que o filme se aproxima da vida real que ele acaba na visão mais irreal, mais mítica: a satisfação dos desejos, a felicidade eternizada.

Assim é que, em um certo sentido, o *happy end* introduz o fim providencial dos contos de fadas no realismo moderno, mas concentrado em um momento de êxito ou finalização. O velho conto terminava com a continuidade pacífica de "eles foram felizes e tiveram muitos filhos". O *happy end eterniza* um beijo que exalta um fortíssimo musical. Aniquila passado e futuro no absoluto do instante supremo. A cultura de massa, no *happy end*, oferece um novo modo estético-realista que substitui a salvação religiosa, na qual o homem, por procuração, realiza sua aspiração na eternidade.

O *happy end* se desenvolveu paralelamente no romance popular moderno (romance policial, romance de aventura), na imprensa amorosa (na qual todas as novelas acabam bem) e, enfim, na corrente maior do cinema, ao passo que persiste no andar inferior da cultura de massa um setor melodramático e épico, e, no andar superior, um setor trágico.[1]

A força constrangedora do *happy end* se manifesta de maneira reveladora na adaptação de obras romanescas para o cinema. A pressão do *happy end* é tão forte que chega ao ponto de metamorfosear o fim dos romances, quando, no entanto, a adaptação deveria proteger o tabu do respeito à obra de arte. É claro que não se ousa modificar o desfecho de obras-primas do passado, como *Anna Karenina* ou *Os irmãos Karamazov* (embora as últimas imagens do filme de

---

1 Veremos mais adiante, que, dentro do quadro do filme de *gangster*, a pressão das censuras impede o *happy end*, e que, de *Scarface* a *O segredo das joias*, se reconstitui então uma verdadeira tragédia moderna.

Richard Brooks insistam fortemente na esperança de fuga de Dimitri e Grouchenka).[2] Mas modifica-se o fim de romances contemporâneos consagrados, como *A ponte do rio Kwai*, de Pierre Boulle, *Os deuses vencidos*, de Irwin Shaw, *Un barrage contre le Pacifique*, de Marguerite Duras.

O romance de Pierre Boulle acaba com um fracasso. Por culpa do coronel inglês, a ponte construída sobre o rio Kwai não explode. Só o trem japonês fica danificado. Pierre Boulle, que fez a adaptação de seu livro para a tela, batalhou longamente para que fosse aceito seu próprio fim. Mas os produtores foram intratáveis. *A ponte deveria ir pelos ares*. O heroísmo do pequeno comando britânico-americano não podia ser em vão. A morte da maior parte dos personagens simpáticos do filme *tinha* que ser compensada, recompensada pela destruição da ponte; o coronel inglês devia mesmo se remir inconscientemente, caindo sobre o detonador. Pierre Boulle teve que se curvar, conservando apenas em parte o sentido final de seu romance, no último plano em que o médico militar britânico, com o rosto desvairado, grita por duas vezes, como no final de um drama shakespeariano, *madness, madness*, antes que a câmara suba do vale para o céu, elevando o sacrifício dos heróis em uma espécie de oferenda cósmica.

O final de *Os deuses vencidos* (*The young lions*) foi totalmente modificado. Coisa estranha, mas corrente, não foi Irwin Shaw, embora roteirista de grande reputação em Hollywood, que adaptou seu próprio romance para a tela, mas, sim, Edward Anhalt.

No final do romance, os dois G.I.'s amigos, Michael e Noah Ackermann, estão na Floresta Negra, nos últimos dias da derrota nazista. Eles superaram todos os perigos. A guerra vai terminar. Por seu lado, Christian, o herói alemão, também sobreviveu. Ele surpreende Michael e Noah. Pela força do hábito, mata Noah. Michael o abaterá. O livro acaba da seguinte maneira: "O americano estava em pé, dominava-o com toda a sua estatura. Christian sorri.

---

2 O romance de Dostoiévski termina com uma conversa entre Aliocha e as crianças.

– Bem-vindo à Alemanha – diz ele em bom inglês.

Ele olhou o americano erguer o fuzil e apertar o gatilho.”

O filme substitui esse fim por um *happy end*. Só o alemão é morto, e a última imagem nos mostra Noah já desmobilizado, de volta a Nova York, saindo de uma abertura de metrô. Ele olha para a janela de seu apartamento e vê sua mulher, que o aguarda com seu bebê nos braços. Sorriso radiante. No crescendo de uma música alegre, a palavra *End* embrulha a felicidade deles em uma eternidade de celofane.

Irwin Shaw, adaptador do romance de Marguerite Duras para a tela, submeteu *Un barrage contre le Pacifique* ao mesmo tratamento infligido a seu próprio romance nas mãos de Edward Anhalt. Em uma plantação isolada na costa vietnamita, uma viúva teima em lutar contra o mar que inunda suas colheitas. Seus dois filhos, Joseph e Suzanne, só sonham com a fuga. Uma vez que a mãe morra, ambos partirão definitivamente. No filme, Suzanne não parte sozinha, mas com o homem que ama (no livro ela era a amante sem amor do filho do vizinho); Joseph ficará na terra familiar; graças à chegada providencial de cimento, ele poderá construir uma barragem indestrutível. A palavra “fim” é inscrita sobre a imagem do ônibus que leva os amantes felizes, enquanto Joseph, ao fundo da estrada amorosa, faz-lhes grandes sinais.

Em compensação, o romance termina com o enterro da mãe, que se baseia em um grande tema cósmico de morte-renascimento (pôr do sol – gritaria de crianças). “Joseph se levantou e os outros fizeram o mesmo. A mulher pôs o carro em movimento e circundou o local. Agosti e Joseph carregaram o caixão.

Já havia caído a noite. Os camponeses ainda estão lá, esperando que eles vão embora, para poderem ir também. Mas as crianças partiram ao mesmo tempo que o sol. Ouvia-se sua suave gritaria sair das choças.”

Nesses três filmes que se situam acima do nível da produção corrente, estabelece-se um compromisso entre o *happy end* e o fim natural, de essência trágica. Em *Os deuses vencidos*, o alemão, Christian Diestl (Marlon Brando), personagem fundamentalmente simpático, morre assim mesmo, quando poderia ter-se rendido aos americanos e ter-se entregado a uma comovente profissão de fé democrática. Mas essa morte é apagada pelo retorno feliz de Noah Ackermann (Montgomery Clift). *Un barrage contre le Pacifique* acaba, ao mesmo tempo, com um *happy end* clássico (amor vencedor), com um semi-*happy end* (o filho continua com sucesso a obra de sua mãe) e com um dilaceramento (o irmão se separa da irmã). O que houve foi a supressão do absurdo da luta selvagem da mãe para salvar sua terra. Assim também, o que foi atenuado em *A ponte do rio Kwai* foi o absurdo radical do esforço inútil.

Isso nos mostra que o *happy end*, por meio de uma relação de identificação espectador-herói simpático, se inscreve em uma concepção articulada da vida. Esforçando-se para expulsar a tragédia, o *happy end* se esforça, ao mesmo tempo, para exorcizar o sentimento do absurdo e da loucura dos empreendimentos humanos, o shakespeariano "*life is a tale, told by an idiot, full of sound and fury, and signifying nothing*".[3]

Uma vez que, desde Kafka e Camus, a literatura dos intelectuais está como que corroída pelo absurdo, a cultura de massa se esforça em aclimatar, aclimar e, finalmente, sufocar o absurdo, dar um sentido à vida por meio da exclusão do contrassenso da morte. O *happy end* é postulado pelo otimismo da felicidade, o otimismo da rentabilidade do esforço (é preciso que todo empreendimento nobre e heroico tenha sua recompensa aqui na Terra). Por outro lado, qualquer intervenção do poder político no meio da cultura postula igualmente um final feliz, porque o poder afirma que tudo é bom na sociedade que ele governa. É por isso que, ao lado do *happy end* privado do filme ocidental, há um *happy end* "político"; na URSS e nas democracias populares, o final "otimista" reinou durante a era stalinista; depois a nova corrente se traduziu pela tragédia de *Kanal* ou de *Quando voam as cegonhas*. De maneira diversa, a ordem estabelecida a Leste e a Oeste quer exorcizar o pessimismo, em relação

---

3 **N.T.:** A vida é um conto, contado por um idiota, cheio de som e fúria e significando nada.

ao mundo *realista*, que é fermento de crítica social ou de desintegração ideológica. *Mas existe uma diferença entre o "fim otimista" em favor do sistema social e o* happy end *em favor do indivíduo privado.* No *happy end* privado, a eliminação ou o evitar do absurdo, a vontade de salvar os heróis dos perigos constituem *negativamente* uma espécie de segurança social ou de garantia contra todos os riscos imaginários, e *positivamente*, uma valorização mitológica da felicidade.

Esses dois aspectos – negativo e positivo – mostram que o *happy end* dá uma forma imaginária sintética às aspirações vividas que adquirem consistência no *Welfare State* e na busca da felicidade privada. A tirania do *happy end* corresponde ao novo *demos*.

9

Os Vasos Comunicantes

Desde o século XIX, o romance-folhetim e o conto foram introduzidos no jornal. Mas é no começo do século XX que o imaginário arrebenta sobre as *mass-media*. Forma-se uma imprensa periódica, exclusivamente romanesca (sentimental, aventurosa ou policial). O cinematográfico se transforma em espetáculo e se dedica principalmente aos filmes de ficção. Depois, o rádio se torna o grande veículo das canções e dos jogos, seguido pela televisão.

Assim, antes do novo curso, o imaginário havia conquistado um lugar real nos domínios que pareciam destinados exclusivamente à informação (imprensa), à representação do real (cinematográfico), à transmissão das comunicações (rádio).

Forma-se então um duplo setor no seio das *mass-media*: existe em todo espetáculo de cinema, ao lado do grande filme romanesco, uma parte de atualidades, até mesmo de documentário; os programas de televisão são distribuídos segundo uma alternância do informativo e do imaginário, do documentário e do espetáculo; a mesma dualidade se dá, de modo diverso, na imprensa (o romanesco é minoritário na imprensa quotidiana, preponderante na imprensa amorosa).

A partir da década de 1930, o novo curso da cultura de massa introduz no meio do setor informativo, com insistência cada vez maior, determinados esquemas e temas que ele faz triunfar no imaginário. Em outras palavras, a cultura de massa extravasa o imaginário e ganha a informação.

Assim, a dramatização tende a preponderar sobre a informação propriamente dita. A imprensa se apropria da espera de Chessman para poder fazer um suspense com a morte; o homem que vive os dias de sua morte é seguido de hora em hora pelo voyeurismo coletivo; uma montagem paralela faz alternar a corrida da morte (o mecanismo implacável do sistema judiciário) e a corrida contra a morte (recursos dos advogados, petições, intervenções da opinião internacional). O *human touch*, o *human interest* tendem a transformar em vedete os personagens mais comoventes, como o casal morto na véspera de seu casamento pela catástrofe de Fréjus.

Fazendo vedete de tudo o que pode ser comovente, sensacional, excepcional, a imprensa de massa faz vedete de tudo o que diz respeito às próprias vedetes: suas conversas, beijos, confidências, disputas são transmitidos por artigos falatórios, *flashes*, como se o leitor fosse o *voyeur* de um grande espetáculo, de um *supershow* permanente cujos deuses seriam os atores. Esse extraordinário consumo da vida privada das vedetes caminha lado a lado com o desenvolvimento do setor privado da informação, que concerne não apenas à vida privada dos personagens públicos, mas também aos fatos variados.

Assim, os temas fundamentais do cinema – a aventura, a proeza, o amor, a vida privada – são igualmente privilegiados junto à informação.

Até a política entra parcialmente no campo da cultura de massa, principalmente nos Estados Unidos; a batalha eleitoral toma cada vez mais a forma de uma competição televisada, em que as qualidades simpáticas do candidato, seu rosto, o sorriso e a beleza de sua mulher se tornam triunfos políticos. A cultura de massa integra em si os grandes políticos, não tanto exaltando suas qualidades supremas de chefe (o que é a mola da propaganda política), mas revelando suas qualidades humanas de pai ou de esposo, seus gostos privados, sua intimidade (por certo que um Hitler, um Stalin, um Franco, assim como, aliás, um bonachão presidente da República Francesa já se fizeram fotografar ou cinematografar com uma meninazinha nos braços. Mas essa pose era tanto paternalista como paterna, confirmando o chefe em seu mito de pai da pátria). Reciprocamente, a propaganda política utiliza de hoje em diante, em seu proveito, certas receitas de popularidade elaboradas pela cultura de massa. Mas, apesar das interferências, as diferenças permanecem: a cultura de massa despolitiza relativamente o político que ela integra em seu seio, no sentido de que ela pode ser indiferente aos temas políticos propriamente ditos, dando a mesma acolhida a um Nixon ou a um Kennedy, quase a mesma acolhida a um Krushev ou a um Eisenhower. Relativamente indiferente aos temas propriamente políticos, a cultura de massa vedetiza por vedetizar, porque ela precisa de vedetes, e é nesse sentido que exalta a grandeza olimpiana das recepções, das visitas oficiais etc., e prospecta todas as dimensões da familiaridade privada do olimpiano político.

Enfim, o novo curso acentua a vedetização dos fatos variados. Os fatos variados não são acontecimentos que informam o andamento do mundo; são, em comparação com a História, atos gratuitos. Mas esses atos afirmam a presença da paixão, da morte e do destino para o leitor que domina as extremas virulências de suas paixões, proíbe seus instintos e se abriga contra os perigos.

No sensacionalismo, as balaustradas da vida normal são rompidas pelo acidente, a catástrofe, o crime, a paixão, o ciúme, o sadismo. O universo do sensacionalismo tem isso em comum com o imaginário (o sonho, o romance, o filme): infringe a ordem das coisas, viola os tabus, compele ao extremo a lógica das paixões. Tem em comum com a tragédia o fato de se sujeitar à implacável fatalidade. É esse universo de sonho vivido, de tragédia vivida e de fatalidade que valoriza os jornais modernos do mundo ocidental.

Por outro lado, o sensacionalismo é tanto mais privilegiado quanto é espetacular: as grandes catástrofes são quase cinematográficas, o crime é quase romanesco, o processo é quase teatral. A imprensa seleciona as situações existenciais carregadas de uma grande intensidade afetiva (as crianças mártires apelam para a afetividade materna, os crimes passionais apelam para a afetividade amorosa, os acidentes apelam para o *pathos* elementar). No fato variado, a situação é privilegiada, e é a partir de situações-chave que os personagens afetivamente significativos são vedetizados. Na informação olimpiana, o personagem vedete é privilegiado e privilegia as situações que, para o comum dos mortais, estariam mergulhadas no anonimato (casamentos, divórcios, partos, acidentes). Evidentemente, o caso ideal, mas raro, é o olimpiano em situação de sensacionalismo (James Dean se mata com o automóvel; a filha de Lana Turner mata o amante de sua mãe).

Enfim, uma certa imprensa secreta incansavelmente uma verdadeira substância romanesca ou dramática camuflada em informação para colocar semanalmente em vedete seus olimpianos: assim, durante mais de um ano, *France-Dimanche* e *Ici-Paris* nos fornecem inúmeros pseudorrechaços nas relações quadrangulares entre Margaret, Elizabeth, Tony, Philip, e nas relações triangulares entre o Xá, Soraya e Farah Diba. Aqui, nós podemos apreender ao vivo uma das diligências essenciais da mitologização.

A informação romanceada e vedetizada, de um lado, e o sensacionalismo, de outro, apelam finalmente para os mesmos processos de projeção-identificação que os filmes, romances, novelas. De fato, os personagens em situação dramática dos fatos variados, as vedetes em situação romanceada da atualidade fornecem uma matéria real, mas da mesma estrutura afetiva do imaginário. O sensacionalismo funciona como tragédia, a vedetização funciona como mitologia. Por certo, a projeção-identificação intervém em todas as relações humanas, desde que estas sejam coloridas de afetividade: nos projetamos e nos identificamos em nossas amizades, nossos amores, nossas admirações, nossos ódios, nossas cóleras etc. E por isso o imaginário se acha comprometido com o tecido quotidiano de nossas vidas; mas o importante aqui é salientar que a irrupção da cultura de massa na informação desenvolve um determinado tipo de relações de projeção e de identificação que vão no sentido do romanesco, da tragédia e da mitologia.

Assim, ao mesmo tempo que a matéria imaginária privilegiada pelo novo curso da cultura de massa é aquela que apresenta as aparências da vida vivida, a matéria informativa privilegiada é aquela que apresenta as estruturas afetivas do imaginário. Ao mesmo tempo que o imaginário se compromete com o realismo (e eu dou a esse termo não o sentido restrito que ele tomou na literatura e no cinema, mas um sentido global que o opõe à magia e ao fantástico), a informação tende a estruturar o acontecimento de modo romanesco ou teatral (cinematográfico, em suma), e desenvolve uma tendência mitologizante.[4]

Esses dois movimentos de sentido inverso (imaginário-realista e informação romanesca ou mitologizante) tendem ao mesmo nível de equilíbrio médio. Não há, no imaginário da cultura de massa, salvo em alguns setores (literatura para crianças, filmes fantásticos), grande desabrochamento mitológico. Inversamente, raras são as informações próprias da cultura de massa não embebidas de substância mitologizante. Há a impregnação recíproca de mito e de realidade.

Essas comunicações entre o real e o imaginário devem ser ligadas a um desenvolvimento mais geral.

O novo curso tende a multiplicar os contatos entre a cultura de massa e seus consumidores. É assim que a imprensa de massa introduz e generaliza a correspondência dos leitores. Estes não são apenas chamados a dar sua opinião, mas a pedir conselho (correio amoroso). O intercâmbio entre a leitora da imprensa feminina e seu jornal circula através de mil traçados alimentados não só pelo correio amoroso, mas também pelas entrevistas, pelo calendário astrológico, pelos conselhos de uso doméstico e de vestuário etc.

É um contato simpático que o novo curso estabelece no rádio e depois na televisão. *Radio-Cité* foi o primeiro que introduziu na França uma comunicação alerta com o ouvinte. Com esse lançamen-

---

4 Um certo tipo de imprensa diária, que o novo curso desenvolveu nos Estados Unidos, na Inglaterra e em diversos países (na França, assinalemos a tentativa do *Paris-Jour*, semifracasso), os *tabloid newspapers*, metamorfoseou literalmente o jornal, que se torna, assim, como diz Leo Bogart, "mais um veículo de divertimento do que um veículo de informação" (*Comics strips and their adult readers*, ref. cit., p. 202).

to, a Europa nº 1 substituiu o locutor por um animador de programa mantendo uma cordial e engraçada conversação. O novo estilo de familiaridade, de amizade, de cumplicidade sucede à solenidade recitante e cerimonial. Ao mesmo tempo, o novo curso desenvolveu maciçamente na rádio grandes jogos-concursos dos quais participa o público. Este tem acesso às salas onde se efetuam os grandes programas de variedades e de jogo, assim como tem acesso ao estúdio do jornal de Europa nº 1. Os amadores de *crochet* radiofônico, os participantes de concursos, esses novos Édipos a quem a esfinge da cultura de massa perpetuamente propõe enigmas são como os delegados do ouvinte, seus *alter egos*.

A televisão tornou tudo isso visível. Ela valorizou o rosto simpático da locutora, não só bonita moça, mas sobretudo doce amiga sorridente. Multiplicou a familiaridade, a grande familiaridade[5] da cultura de massa.

Essa multiplicação das mediações, das comunicações e dos contatos cria e mantém um clima simpático entre a cultura e seu público. A cultura de massa tende a constituir idealmente um gigantesco clube de amigos, uma grande família não hierarquizada.

Nessa oceânica e multiforme simpatia, o novo curso persegue seu ímpeto, além do imaginário, além da informação, propondo conselhos de *saber viver*.

Através dos conselhos de amor e de vida privada (correio amoroso), dos conselhos de higiene (em que se misturam a preocupação estética e a preocupação de saúde, a vitamina e a juventude do corpo, as defesas contra o câncer e as defesas contra a velhice), destaca-se sobretudo um tipo ideal de homem e de mulher, sempre sãos, jovens, belos, sedutores. O método de Gayelord Hauser estabeleceu a síntese entre as preocupações de beleza, saúde e juventude. Outros conselhos hedonistas e práticos se seguem: conselhos de mobiliário e de decoração, conselhos de vestuário e de moda, conselhos de cozinha, conselhos de leitura (baseados não na crítica literária, mas nos

---

5 **N.T.:** O autor ora emprega o tempo *familiarité* (intimidade), ora emprega o termo *familialité* (comunidade).

sucessos do *best-seller* e da publicidade), conselhos astrológicos, conselhos para cada um e para todos... Todos esses conselhos vão cumulativamente para o sentido do prestígio pessoal, do *standing*, do bem-estar.

A esses conselhos aparentemente desinteressados acrescentam-se as incitações interessadas da publicidade onipresente. A publicidade se torna, pois, parte integrante da cultura de massa. Ela diz respeito igualmente à saúde, ao conforto, à facilidade, ao prestígio, à beleza, à sedução... Assim, desde os heróis imaginários até os cartazes publicitários, a cultura de massa carrega uma infinidade de *stimuli*, de incitações, que desenvolvem ou criam invejas, desejos, necessidades.

O estágio no qual os temas imaginários da cultura de massa se prolongam em normas práticas é, precisamente, o estágio no qual se exerce a pressão da indústria e do comércio para derramar os produtos de consumo. É o estágio no qual se dá uma osmose multiforme entre a publicidade e a cultura de massa.

A cultura de massa, como veremos mais precisamente nos capítulos seguintes, desenvolve no imaginário e na informação romanceada os temas da felicidade pessoal, do amor, da sedução. A publicidade propõe os produtos que asseguram bem-estar, conforto, libertação pessoal, *standing*, prestígio, e também sedução. Essa complementaridade concerne ao mesmo tecido humano que é a vida privada. Daí a estreita ligação entre publicidade e cultura de massa. A publicidade apadrinha tão bem a cultura de massa (programas de rádio e de televisão, competições esportivas) quanto é apadrinhada por ela. A cultura de massa é o terreno onde a publicidade obtém sua maior eficácia, e, inversamente, os orçamentos publicitários das grandes firmas criam os programas de rádio, os filmes publicitários, isto é, todo um setor da cultura de massa. A cultura de massa, em certo sentido, é um aspecto publicitário do desenvolvimento consumidor do mundo ocidental. Em outro sentido, a publicidade é um aspecto da cultura de massa, um de seus prolongamentos práticos.

Vamos colocar as coisas ainda de outra maneira: através do imaginário, através da informação romanceada ou vedetizada, através dos contatos e dos conselhos, através da publicidade efetua-se o impulso de temas fundamentais que tendem a se encarnar na vida vivida.

E é uma imagem da vida desejável, o modelo de um estilo de vida que finalmente esboçam, como as peças de um quebra-cabeças, os múltiplos setores e temas da cultura de massa. Essa imagem é ao mesmo tempo hedonista e idealista; ela se constrói, por um lado, com os produtos industriais de consumo e de uso cujo conjunto fornece o bem-estar e o *standing* e, por outro, com a representação das aspirações privadas – o amor, o êxito pessoal e a felicidade.

10

Os Olimpianos

"É provável que, em média, o conhecimento dos americanos a respeito das vidas, dos amores e neuroses dos semideuses e deusas que vivem nas alturas olimpianas de Beverly Hills ultrapasse de muito seus conhecimentos dos negócios cívicos."

B. Rosenberg e D. Manning White

No encontro do ímpeto do imaginário para o real e do real para o imaginário, situam-se as vedetes da grande imprensa, os olimpianos[6] modernos. Esses olimpianos não são apenas os astros de cinema, mas também os campeões, príncipes, reis, *playboys*, exploradores, artistas célebres, Picasso, Cocteau, Dalí, Sagan. O olimpismo de uns nasce do imaginário, isto é, de papéis encarnados nos filmes (astros); o de outros nasce de sua função sagrada (realeza, presidência), de seus trabalhos heroicos (campeões exploradores) ou eróticos (*playboys, distels*). Margaret e B.B., Soraya e Liz Taylor, a princesa e a estrela se encontram no Olimpo da notícia dos jornais, dos coquetéis, recepções, Capri, Canárias e outras moradas encantadas.

---

6 As palavras são de Henri Raymond (cf. artigos citados na Bibliografia, p. 390).

A informação transforma esses olimpos em vedetes da atualidade. Ela eleva à dignidade de acontecimentos históricos acontecimentos destituídos de qualquer significação política, como as ligações de Soraya e Margaret, os casamentos ou divórcios de Marilyn Monroe ou Liz Taylor, os partos de Gina Lollobrigida, Brigitte Bardot, Farah Diba ou Elizabeth da Inglaterra. Neste último caso, por exemplo, a corte da Inglaterra ocupa durante alguns dias o lugar de vedete na imprensa francesa, sob a forma de um mistério sagrado, pondo em cena a rainha Elizabeth, o príncipe Philip, a princesa Margaret e o *entourage* real; esse mistério que nos mergulha no tempo mítico dos nascimentos fabulosos, o *in illo tempore*, situa-se ao mesmo tempo na cronologia da atualidade, e nos mostra que a rainha de flancos augustos participa dos estremecimentos, das angústias e das servidões carnais de todas as mulheres. Uma síntese ideal da projeção e da identificação, na qual a rainha cumpre, ao mesmo tempo, sua sobre-humanidade e sua extrema humanidade, transforma um comunicado em *flash* espetacular.[7]

Esse novo Olimpo é, de fato, o produto mais original do novo curso da cultura de massa. As estrelas de cinema já haviam sido anteriormente promovidas a divindades. O novo curso as humanizou. Multiplicou as relações humanas com o público. Elevou ao estrelato as cortes reais, os *playboys*, e até certos homens políticos. Desde que as estrelas inacessíveis e sublimes do cinema desceram à Terra, desde que as cortes reais se transformaram em Trianons da cultura de massa – isto é, desde o progresso propriamente dito da cultura de massa como tal –, a vida dos olimpianos participa da vida quotidiana dos mortais, seus amores lendários participam dos destinos dos amores mortais, seus sentimentos são experimentados pela humanidade média; esses olimpianos podem até, no futuro, aceitar o aburguesamento de um casamento plebeu, o fotógrafo da princesa britânica, o médico da diva italiana, com a condição de que esse casamento plebeu seja transfigurado pelo amor.

---

7 Cf. Violette Morin, *Naissance d'un enfant royal* (ref. na Bibliografia, p. 391).

Os novos olimpianos são, simultaneamente, magnetizados no imaginário e no real, simultaneamente ideais inimitáveis e modelos imitáveis; sua dupla natureza é análoga à dupla natureza teológica do herói-deus da religião cristã: olimpianas e olimpianos são sobre-humanos no papel que encarnam, humanos na existência privada que levam. A imprensa de massa, ao mesmo tempo que investe os olimpianos de um papel mitológico, mergulha em suas vidas privadas a fim de extrair delas a substância humana que permite a identificação.

Esse processo pode funcionar igualmente para os chefes de Estados. Ike, Kennedy, e, no relaxamento de tensão internacional, Krushev, ao mesmo tempo que guias soberanos, aparecem como amáveis pais de família, esposos amantes, gente boa típica de sua terra. Familiares e inacessíveis, também eles podem ter acesso à dupla natureza dos olimpianos, humana e sobre-humana. Também eles são perseguidos pelos fotógrafos, os entrevistadores, os mexeriqueiros, que fazem força para sugar os sucos de sua intimidade.

Um Olimpo de vedetes domina a cultura de massa, mas se comunica, pela cultura de massa, com a humanidade corrente. Os olimpianos, por meio de sua dupla natureza, divina e humana, efetuam a circulação permanente entre o mundo da projeção e o mundo da identificação. Concentram nessa dupla natureza um complexo virulento de projeção-identificação. Eles realizam os fantasmas que os mortais não podem realizar, mas chamam os mortais para realizar o imaginário. A esse título os olimpianos são os condensadores energéticos da cultura de massa. Sua segunda natureza, por meio da qual cada um pode se comunicar com sua natureza divina, fá-los participar também da vida de cada um. Conjugando a vida quotidiana e a vida olimpiana, os olimpianos se tornam *modelos de cultura* no sentido etnográfico do termo, isto é, modelos de vida. São heróis modelos. Encarnam os mitos de autorrealização da vida privada. De fato, os olimpianos, e sobretudo as estrelas, que se beneficiam da eficácia do espetáculo cinematográfico, isto é, do realismo identificador nos múltiplos gestos e atitudes da vida filmada, são os grandes modelos que trazem a cultura de massa e, sem dúvida, tendem a destronar os antigos modelos (pais, educadores, heróis nacionais).

Já em 1930, os *Payne Fund Studies* verificavam que os jovens americanos encontravam no comportamento dos heróis de filme não apenas incitações ao sonho, mas também modelos de *conduta*. A obra de M. Thorp, os inquéritos de J. P. Mayer na Inglaterra[8] confirmam que gestos, poses, palavras, penteados etc. eram imitados, que a prática cinematográfica do *love making*, dos beijos, carícias e relações amorosas era assimilada por jovens espectadores. A publicidade, apoderando-se das estrelas para fazer delas modelos de beleza (maquiagens de Elizabeth Arden, de Max Factor), confirma explicitamente seu papel exemplar. Pode-se dizer ainda, de modo mais amplo, que os múltiplos modelos de conduta que dizem respeito a gestos, atitudes, modo de andar, beleza se integram em um grande modelo global, o de um estilo de vida baseado na sedução, no amor, no bem-estar. Nesse sentido, as estrelas, em suas vidas de lazer, de jogo, de espetáculo, de amor, de luxo, e na sua busca incessante da felicidade simbolizam os tipos ideais da cultura de massa. Heróis e heroínas da vida privada, os astros e estrelas são a ala ativa da grande corte dos olimpianos, que animam a imagem da "verdadeira vida".

Assim, uma nova alta sociedade, mais mitológica do que as antigas altas sociedades burguesas ou aristocráticas, mas, paradoxalmente, mais próxima da humanidade quotidiana, é constituída pela nova camada olimpiana.

Os olimpianos estão presentes em todos os setores da cultura de massa. Heróis do imaginário cinematográfico, são também os heróis da informação vedetizada. Estão presentes nos pontos de contato entre a cultura de massa e o público: entrevistas, festas de caridade, exibições publicitárias, programas televisados ou radiofônicos. Eles fazem os três universos se comunicarem; o do imaginário, o da informação, o dos conselhos, das incitações e das normas. Concentram neles os poderes mitológicos e os poderes práticos da cultura de massa. Nesse sentido, a sobreindividualidade dos olimpianos é o fermento da individualidade moderna.

* * *

8 Referências citadas na Bibliografia, p. 391 e 392.

Consumida esteticamente, a cultura de massa desenvolve, além da estética, uma práxis e uma mitologia. Isso significa que ela ultrapassa a estética tanto no sentido do real como no sentido do imaginário. Esses dois movimentos, aparentemente contraditórios, são, de fato, inseparáveis. É precisamente por meio dos olimpianos que eles se exercitam com o maior vigor.

Como toda cultura, a cultura de massa produz seus heróis, seus semideuses, embora ela se fundamente naquilo que é exatamente a decomposição do sagrado: o espetáculo, a estética. Mas, precisamente, a mitologização é atrofiada; não há verdadeiros deuses; heróis e semideuses participam da existência empírica, enferma e mortal. Sob a inibidora pressão da realidade informativa e do realismo imaginário, sob a pressão orientadora das necessidades de identificação e das normas da sociedade de consumo, não há grande arrebatamento mitológico, como nas religiões ou nas epopeias, mas um desdobramento no nível da terra. O Olimpo moderno se situa além da estética, mas não ainda na religião.

Como toda cultura, a cultura de massa elabora modelos, normas; mas, para essa cultura estruturada segundo a lei do mercado, não há prescrições impostas, mas imagens ou palavras que fazem apelo à imitação, conselhos, incitações publicitárias. A eficácia dos modelos propostos vem, precisamente, do fato de eles corresponderem às aspirações e necessidades que se desenvolvem realmente.

Como estão longe as antigas lendas, epopeias e contos de fadas, como estão diferentes as religiões que permitem a identificação com o deus imortal, mas no além, como estão ignorados ou enfraquecidos os mitos de participação no Estado, na nação, na pátria, na família... Mas como está próxima, como é atrativa e fascinante a mitologia da felicidade.

11

O Revólver

"Quase todos os nossos desejos são criminosos em essência."

P. Valéry

"O negativo, isto é, a liberdade, isto é, o crime."

Hegel

Hollywood já proclamou sua receita há muito tempo: *a girl and a gun*. Uma moça e um revólver. O erotismo, o amor, a felicidade, de um lado. De outro, a agressão, o homicídio, a aventura. Esses dois temas emaranhados, uns, portadores dos valores femininos, outros, dos valores viris, são, contudo, valores diferentes. Os temas aventurosos e homicidas não podem realizar-se na vida; eles tendem a se distribuir projetivamente. Os temas amorosos interferem nas experiências vividas; eles tendem a se distribuir identificativamente. Os temas "femininos" constituem a polaridade positiva da cultura de massa, os temas "viris", a polaridade negativa.

Por um lado, irrigação da vida quotidiana, e, por outro, irrigação da vida onírica.

Dois sóis gêmeos efetuam uma rotação, um sobre o outro. Um aquece com seus raios os fermentos que se desenvolvem na sociedade, o outro dá uma plenitude imaginária a tudo o que falta na sociedade. As louváveis aventuras cinematográficas respondem à mediocridade das existências reais: os espectadores são as sombras cinzentas dos espectros deslumbrantes que cavalgam as imagens. Há uma plenitude, uma superabundância, uma exuberância devastadora e proliferadora de vida, nos jornais e nas telas, que compensa a hipotensão, a regulação, a pobreza da vida real.

A vida não é apenas mais intensa na cultura de massa. Ela é outra. Nossas vidas quotidianas estão submetidas à lei. Nossos instintos são reprimidos. Nossos desejos são censurados. Nossos medos são camuflados, adormecidos. Mas a vida dos filmes, dos romances, do sensacionalismo é aquela em que a lei é enfrentada, dominada ou ignorada, em que o desejo logo se torna amor vitorioso, em que os instintos se tornam violências, golpes, homicídios, em que os medos se tornam suspenses, angústias. É a vida que conhece a liberdade, não a liberdade política, mas a liberdade antropológica, na qual o homem não está mais à mercê da norma social: a lei.

Essa liberdade propriamente imaginária é aquela que os *sósias* adquirem nas mitologias arcaicas, aquela que os deuses detêm e que os heróis das mitologias históricas conquistam, aquela que privilegia os reis dos contos populares, aquela que aparece de modo ingênuo ou absoluto no ingênuo Tintin ou no infantil Superman. Contudo, no universo realista da cultura de massa, a liberdade não se encarna, a não ser excepcionalmente, fora da condição humana. Ela se exerce em quadros plausíveis, mas esses quadros são *supra*, *extra* ou *infrassociais*, isto é, acima, fora ou abaixo da lei social. É, portanto, nos horizontes geográficos (exotismo) ou históricos (o passado aventuroso ou mesmo o futuro de *science fiction*), ou ainda nos cumes ou submundos da vida vivida, que se desdobra a vida que falta em nossas vidas.

Os reis e os chefes, que estão acima da lei, gozam da supraliberdade. Os ricos, os olimpianos escapam aos constrangimentos da vida quotidiana: deslocam-se de avião, amam, divorciam-se facilmente.

É claro que os olimpianos também estão sujeitos às servidões, e não conseguem escapar a toda e qualquer lei. Por essa razão mesmo eles revelam seu lado humano, aquele que os torna identificáveis. Mas o oxigênio que eles respiram é mais rico, sua facilidade de movimento é maior. Seus caprichos podem, com mais frequência, virar atos. Os olimpianos estão isentos do constrangimento do trabalho e vivem nas liberdades do lazer.

A liberdade extra é, evidentemente, a das viagens no tempo e no espaço: aventuras históricas ou exóticas. Esse outro mundo mais livre é tanto o dos cavaleiros e mosqueteiros como o das selvas, das savanas, das florestas virgens, das terras sem lei. Os heróis desse outro mundo são o aventureiro, o justiceiro, o cavaleiro andante. A característica do *western* é se situar em um tempo épico e genético dos primórdios da civilização, que é ao mesmo tempo um tempo histórico, realista, recente (o fim do século XIX). Ainda não existe o império da lei, mas está prestes a se constituir; o herói do *western* é o Zorro, o justiceiro que age contra uma falsa lei corrupta e prepara a verdadeira lei, ou o xerife que, soberano, instaura, de revólver em punho, a lei que assegurará a liberdade. Essa ambiguidade opera uma verdadeira síntese entre o tema da lei e o tema da liberdade aventurosa. Ela resolve existencialmente o grande conflito entre o homem e o interdito, o indivíduo e a lei, aberto desde o Prometeu de Ésquilo e a Antígona de Sófocles. A isso acrescenta-se o tema do herói fundador – Rômulo moderno – que opera a passagem do caos à ordem. A riqueza mitológica em estado nascente do *western* explica sua ressonância universal. Existem outros filmes de aventura. Mas a aventura "westerniana" é exemplar.

A liberdade *infra* se exerce abaixo das leis, nos "submundos" da sociedade, junto aos vagabundos, ladrões, gangsters. Esse mundo da noite é, talvez, um dos mais significativos da cultura de massa. Porque o homem civilizado, regulamentado, burocratizado, o homem que obedece aos agentes, aos editais de interdição, aos "bata antes de entrar", aos "da parte de quem" se libera projetivamente na imagem daquele que ousa tomar o dinheiro ou a mulher, que ousa matar, que ousa obedecer à sua própria violência.

Ao mesmo tempo, a *gangue* exerce uma fascinação particular, porque responde a estruturas afetivas elementares do espírito humano: baseia-se na participação comunitária do grupo, na solidariedade coletiva, na fidelidade pessoal, na agressividade em relação a tudo o que é estrangeiro, na vindita (vingança em relação ao outro e responsabilidade coletiva dos seus), para a realização dos instintos predadores e depredadores.

A gangue é como o clã arcaico, mas purificada de todo e qualquer sistema tradicional de prescrições e de interdições, é um clã em estado nascente. É o sonho maldito e comunitário do indivíduo ao mesmo tempo reprimido e atomizado, o contrato social da alma obscura dos homens sujeitos às regras abstratas e coercitivas. É por causa disso, aliás, que os jovens, tanto nos subúrbios como nos bairros elegantes, tanto no Leste como no Oeste, tendem naturalmente a constituir "bandos", clãs-gangues elementares, para viver conforme o estado natural da afetividade.

Compreende-se, a partir daí, a fascinação da gangue e o papel dos submundos na cultura de massa. Quer seja o herói o gângster, o policial clássico, o *private eye* revelado por Dashiell Hammett, ou o agente secreto do FBI de Peter Cheney, quer ele lute contra a lei ou pela lei, ou sobretudo quer ele lute pela lei com meios ilegais, os mesmos usados pelo fora da lei (Hammett, Cheney), ele nos fará mergulhar no mundo sem lei – mundo maldito no qual se libertam os *doubles*. Antonin Artaud dizia em *Le théâtre et son double*: "Toda liberdade verdadeira é negra." De fato, toda liberdade verdadeira desemboca na parte maldita, na zona de sombra dos instintos e dos interditos. E foi com sua profundidade habitual que Hegel pôde dizer "a liberdade, isto é, o crime". É aqui que o segundo termo do *slogan* hollywoodiano *a girl and a gun* adquire um sentido completo.

O tema da liberdade se apresenta através das janelas diariamente abertas da tela, do vídeo, do jornal, como evasão onírica ou mítica fora do mundo civilizado, fechado, burocratizado. É a esse título que existe relação profunda entre o tema do rei e o do vagabundo, o tema do fora da lei e o do taitiano, entre o estado natural e a gangue. Ao mesmo tempo, porém, o tema da liberdade se inscreve no grande conflito entre o Homem e o Interdito. Qualquer que seja a saída desse conflito, e mesmo que o homem finalmente seja vencido ou domesticado pela lei, a revolta antropológica contra a regra social – o conflito fundamental do indivíduo e da sociedade – é colocada, e as energias do homem são empregadas nesse combate. Nesse sentido, a cultura de massa continua a grande tradição imaginária de todas as culturas. Mas o que a diferencia das outras culturas é a exteriorização multiforme, maciça e permanente da violência que jorra dos *comics*, da televisão, do cinema, dos jornais (sensacionalismo, acidentes, catástrofes), dos livros (série negra, policial, aventura).[9] Bofetadas, golpes, tumultos, batalhas, guerras, explosões, incêndios, erupções, enchentes assaltam sem cessar os homens pacíficos de nossas cidades, como se o excesso de violência consumido pelo espírito compensasse uma insuficiência de violência vivida. Fazemos em toda segurança a experiência da insegurança, isto é, ainda da liberdade, pois "o homem livre é necessariamente sem segurança", como disse Eric Fromm. Fazemos pacificamente a experiência da guerra. Fazemos passivamente a experiência do homicídio. Fazemos inofensivamente a experiência da morte. É preciso insistir neste último ponto, que nunca é salientado: não é só pela necessidade de fazer a experiência do homicídio que existe a violência, é também pela necessidade de viver a morte – de conhecê-la; é isso o que nos revelam claramente os jogos guerreiros das crianças: estes se contentam não só em matar ficticiamente, mas também em morrer ficticiamente, em cair em um espasmo de agonia...[10] O grande fascínio da morte emerge obscuramente sob o jorro da violência...

À proliferação das violências imaginárias se acrescenta a vedetização das violências que explodem na periferia da vida quotidiana

---

9 Em cada quatro obras de ficção nos Estados Unidos, uma é sobre *murder mystery*. Dos oito aos 16 anos, cada criança americana absorve um mínimo de 18 mil imagens de golpes, ferimentos, estrangulamentos, torturas, só nos *comic books*, segundo G. Legman.

10 A mesma observação vale para o tema de prisão ou dos trabalhos forçados esclarecido pela frase de Rimbaud em *Saison en enfer*: "Ainda bem criança, eu admirava o condenado intratável sobre quem tornam a fechar-se sempre os grilhões."

sob a forma de acidentes, catástrofes, crimes. A imprensa da cultura de massa abre suas colunas para os *fatos variados*, isto é, para os acontecimentos contingentes que só se justificam por seu valor emocional. Enquanto a imprensa do Leste os ignora (o Partido pretende governar uma sociedade harmoniosa, da qual são excluídos crimes e catástrofes), a imprensa capitalista consome de uma só vez as grandes catástrofes como Fréjus, os grandes atos de sadismo, os raptos, os belos crimes passionais. Através do sensacionalismo, através dessas "esquisitices do comportamento humano que refletem a verdadeira natureza do homem" (Durrel, *Mountolive*), através do universo do crime, enfim, o leitor redescobre, vivendo-os e realizando-os, seus sonhos menos conscientes. Sádicos, assassinos, "são a personificação de instintos simplesmente reprimidos pelos outros homens, a encarnação de seus homicídios imaginários, de suas violências sonhadas" (R. Musil, *O homem sem qualidades*, II, p. 445). Os grandes criminosos são, portanto, literalmente, os bodes expiatórios da coletividade.

As estruturas do fato variado são as do imaginário. Mas existe uma diferença fundamental entre o fato variado e o filme. O filme de *happy end* é providencial; ele poupa seus heróis: a morte, como sofrimento, perda irreparável, é escamoteada em benefício da morte agressão, do homicídio que abate os comparsas ou os maus. Em compensação, o fato variado é trágico: a fatalidade se abate sobre vítimas inocentes; a morte se apropria cegamente tanto dos bons como dos maus. Em certo sentido, o sensacionalismo ressuscita a tragédia que desapareceu no imaginário. Como a tragédia, o sensacionalismo vai até o extremo da morte ou da mutilação, com a lógica irreparável da fatalidade. Transcreve as paradas e os jogos do destino.

Contudo, a um segundo exame nota-se que a presença, no sensacionalismo, do horrível, do ilícito, do destino e da morte na vida quotidiana é atenuada pelo modo de consumo jornalístico; o sensacionalismo é consumado não segundo o rito cerimonial da tragédia, mas à mesa, no metrô, com café com leite. Os mortos das notícias sensacionalistas, ainda que bem reais, enquanto os mortos de teatro são simulados, estão afinal mais *longe* do leitor do que os mortos shakespearianos o estão do espectador. As vítimas do sensacionalismo, como da tragédia são *projetivas*, isto é, são ofertadas em sacrifício à infelicidade e à morte. Mas o sacrifício ritual dos grandes dias é outra coisa, como é outra coisa a fornada diária que os frustrados da vida levam à morte. A catarse é como que digerida no quotidiano, isso quer dizer que o grande tema de sacrifício, "eles morrem em meu lugar", se atenua em um "são os outros que morrem, e não eu".

Assim, paradoxalmente, existe menos *identificação* com o herói do fato variado do que com o herói de filmes, menos comunicação humana entre o homem quotidiano e os fatos variados de seu quotidiano do que entre esse homem quotidiano e o cinema.

Isso não impede, entretanto, que, por uma curiosa reviravolta moderna, seja a realidade vivida, e não mais a imaginária, que se torne o fornecedor trágico da cultura. O "ah! que horror" que provocam os acidentes de automóvel, os crimes passionais, o suicídio com gás é o gemido da tragédia terra a terra, que não só se prende ao acaso e às circunstâncias, mas ao destino e à fatalidade. Os mortos do domingo são o tributo pago à festa. A Páscoa, com seus acidentes de estrada estatisticamente transformados em vedete, é também a estação moderna das Parcas.[11]

* * *

Ao redor das antigas aldeias os homens projetavam seus fantasmas: lugares malditos, *anaons*, fogos-fátuos, espíritos; a noite pululava de fantasmas. Ao redor das grandes cidades industriais, a franja projetiva é constituída pelos acidentes e pelos crimes do noticiário sensacionalista. As noites são iluminadas, tranquilizadoras. Os fantasmas em toda parte presentes, dia e noite, modificaram sua natureza: são os inumeráveis *doubles* que aparecem sobre as telas ou vídeos.

Os "cidadãos da idade burguesa" (a expressão é de Musil) vivem uma vida cuja *largura está reduzida à sua faixa central*, segundo a espantosa fórmula de Hans Freyer (*Theorie des gegenwärtigen Zeitalters*. Stuttgart, 1955. p. 60). Todo o resto, acima e abaixo, é

11 **N.T.:** Três deusas que, segundo a mitologia, fiavam, dobravam e cortavam o fio da vida, respectivamente, Cloto, Láquesis e Átopos.

espetáculo e sonho, voyeurismo permanente: a grande política, a atividade criadora, a violência, a liberdade, o crime, a desmedida. E a virulência agressiva das faixas marginais parece crescer, enquanto cresce, na faixa central, a segurança social, o Estado-providência, o conforto pacífico, o bem-estar. As necessidades agressivas que não se atualizam na faixa central são mantidas tanto pelos fatos variados dos jornais quanto pelas aventuras dos filmes e os esportes violentos (boxe, judô) ou de competição. Será que essas necessidades ainda são excitadas ou, pelo contrário, são acalmadas, purificadas? Em que medida existe descarga psíquica, catarses, ou, pelo contrário, permanente recarga agressiva? Será que não há acumulação de fúrias latentes, prontas para jorrar à primeira crise verdadeira da sociedade? Ou antes, pelo contrário, não há dissolução voyeurista, transferência salutar dos impulsos agressivos para fantasmas?

No que me diz respeito, creio que as duas séries contraditórias de hipóteses são igualmente fundamentadas. O espetáculo da violência ao mesmo tempo incita e apazigua: incita parcialmente a adolescência, em que a projeção e a identificação não se distribuem de modo racionalizado, como acontece com os adultos, a buscar exutórios práticos nessa violência, principalmente nos "pequenos bandos" modernos (*beatniks* e transviados etc.), mas, ao mesmo tempo, apazigua parcialmente as necessidades agressivas da adolescência. Por outro lado, há, nas nossas sociedades, um setor crescente de descargas agressivas físicas: é o esporte. Atualmente, pode-se mesmo considerar o esporte como a única saída concreta para o instinto de combate. Em sentido mais amplo, só uma civilização de *jogos* seria capaz de drenar inofensivamente a enorme necessidade de afirmação ofensiva reprimida.

Um problema mais central permanece: há um fundo de violência no ser humano que precede nossa civilização, qualquer civilização, e que não pode ser reduzido definitivamente por nenhum dos modos atualmente conhecidos pela civilização. A civilização é uma fina película que pode solidificar-se e conter o fogo central, mas sem apagá-lo. A civilização do conforto pacífico, da vida sem riscos, da felicidade que quer ignorar a morte será que constitui uma crosta cada vez mais sólida abaixo das energias dementes da espécie? Ainda aqui a resposta é dupla. Se, de fato, a superfície se endurece e torna a se fechar sobre o fogo central, então a pressão interna se decuplica. Que a crosta venha a se romper, e os monstros quebrando suas correntes farão irrupção, não mais sobre as telas e os jornais, mas em cada um de nós. Todas as experiências nos provam que ninguém está definitivamente civilizado: um pequeno-burguês pacífico pode tornar-se, em certas condições, um S.S. ou um carrasco; a guerra das nações civilizadas é, pelo menos, tão odiosa, atroz, implacável, como as guerras das sociedades primitivas. A cultura de massa nos entorpece, nos embebeda com barulhos e fúrias. Mas ela não nos curou de nossas fúrias fundamentais... Ela as distrai, ela as projeta em filmes e notícias sensacionalistas.

12

O "Eros" Quotidiano

"A maior parte dos cosméticos é à base de lanolina... mas os propagandistas comerciais não falam das virtudes reais dessa emulsão. Eles lhe dão algum nome pitoresco ou voluptuoso, falam em termos extáticos e capciosos da beleza feminina e mostram esplêndidas louras nutrindo suas peles com creme de beleza. Os fabricantes de cosméticos, disse um deles, não vendem lanolina, vendem esperança."

Aldous Huxley

Na URSS, na China, o erotismo ainda é inimaginável, isto é, recalcado fora das imagens, no segredo das condutas privadas. No seio do mundo capitalista, a religião freia o prodigioso elã de erotismo (uma *pin-up* publicitária, despida na grande imprensa, torna a vestir-se, um pouco antes de passar em *La Croix* ou *Le Figaro*). É no fluxo da cultura de massa que se desfecha o erotismo: não só os filmes, os *comics*, as revistas, os espetáculos estão cada vez mais apimentados com imagens eróticas, mas quotidianamente pernas levantadas, peitos estufados, cabeleiras escorridas, lábios entreabertos nos convidam a consumir cigarros, dentifrícios, sabões, bebidas gasosas, toda uma gama de mercadorias cuja finalidade não é, propriamente falando, erótica. À exceção dos produtos de subsistência e de aparelhamento, e dos produtos submetidos ao outro desejo físico todo-poderoso, o do estômago (ainda que uma picante Clairette[12] nos convide a consumir o vinho clarete de Postillon, ou que algum afável vaqueiro enfeite as etiquetas de *camembert*), é a mercadoria moderna que tende a se envolver em *sex appeal.*

É que se operou uma espantosa conjunção entre o erotismo feminino e o próprio movimento do capitalismo moderno, que procura estimular o consumo. O dinheiro, sempre insaciável, se dirige ao Eros, sempre subnutrido, para estimular o desejo, o prazer e o gozo, chamados e entregues pelos produtos lançados no mercado. Em sua expansão "vertical", o capitalismo, depois de haver anexado o reino dos sonhos, se esforça por domesticar o Eros. Ele mergulha nas profundezas do onirismo e da libido. Reciprocamente, o Eros entra triunfalmente no circuito econômico, e, dotado do poder industrial, desaba sobre a civilização ocidental.

As mercadorias carregadas de um suplemento erótico são também carregadas de um suplemento mítico: é um erotismo imaginário, isto é, dotado de imagens e de imaginação, que embebe ou auréola esses produtos fabricados; esse erotismo imaginário se adapta, aliás, ao erotismo vivido, que não é somente multiplicação da estimulação epidérmica, mas também multiplicação dos fantasmas libidinosos.

Utilizando o desejo e o sonho como ingredientes e meios no jogo da oferta e da procura, o capitalismo, longe de reduzir a vida humana ao "materialismo", impregnou-a, ao contrário, de um onirismo e de um erotismo difusos.

* * *

O erotismo da mercadoria é, antes de tudo, publicitário, e por isso ele concerne diretamente à cultura de massa, que engloba os

---

12 **N.T.:** O autor compara a moça do anúncio publicitário a uma variedade de uva (Clairette).

mais importantes meios modernos de publicidade (jornais, rádio, televisão). De fato, a virulência erótica se manifesta muito mais nas publicidades do que nas mercadorias mesmo, isto é, muito mais na incitação a consumir do que no consumo (a *pin-up* que mostra suas pernas para Schweppes não se encontra, é claro, nessa garrafa de refrigerante).

A injeção de erotismo na representação de uma mercadoria não erótica (as publicidades que juntam uma atraente imagem feminina a uma geladeira, uma máquina de lavar ou uma soda) tem por função não apenas (ou tanto) provocar diretamente o consumo masculino, mas estetizar, aos olhos das mulheres, a mercadoria de que elas se apropriarão; ela põe em jogo junto ao eventual cliente a magia da identificação sedutora; a mercadoria faz o papel de mulher desejável, para ser desejada pelas mulheres, apelando para seu desejo de serem desejadas pelos homens. Ao mesmo tempo que a *pin-up* se torna símbolo estético da qualidade, indica que, em seu domínio, o produto dispõe das virtudes encantadoras da beldade. Essa "pin-upização" se acrescenta à nova estética da oferta vendaval, por carenagens aerodinâmicas, embalagens de celofane, cores vivas.

Por outro lado, a publicidade opera, para certos produtos, uma revelação quase psicanalítica das latências eróticas que podem despertar seu consumo, e, sobretudo, ela aumenta a voltagem dos objetos já dotados de carga erótica. Assim, o impulso erótico se torna virulento ao extremo nos produtos para a epiderme e as partes sexuais secundárias do corpo: cabeleira, peito, coxas, e também nos produtos para a alma: jornais, revistas, filmes. É certo que sempre existiram produtos de sedução. Mas é o novo curso publicitário que devia transformar os produtos de higiene em produtos de beleza e de sedução. A publicidade de massa revelou o erotismo até então latente (e até recalcado) do produto tipo de higiene, o sabonete, e impregnou-o de erotismo até transformá-lo em produto de sedução ("9 entre 10 estrelas de cinema usam o sabonete Lux"). A publicidade franqueou rapidamente o caminho que vai da limpeza à beleza e da beleza ao *sex appeal*. Xampus, cremes, pastas dentifrícias viram sua finalidade primeira submersa pela finalidade erótica. Colgate, Gibbs não combatem a cárie; eles buscam dente branco, hálito fresco, sorriso encantador – mil beijos. Os produtos de regime, por sua vez, tornaram-se produtos de sedução, acrescentando a valência beleza à valência saúde, uma vez que eles trazem futuro, além da saúde, para o hepático, a esbeltez para o barrigudo.

Os Baudelaire do onirismo publicitário, despertando as úteis correspondências da "pin-upidade", levaram na esteira erotizante os produtos destinados à sensualidade oral, gustativa ou de hálito (bebidas, refrigerantes, bombons, balas, cigarros), por meio de cintilações e sucções.

O erotismo se especializou e se difundiu. Especializou-se nos produtos de finalidade especialmente erótica, cuja publicidade devora as páginas das revistas (maquiagens, adornos, sutiãs, receitas para fortalecer os seios etc.). Difundiu-se no conjunto do consumo imaginário: não há praticamente filmes sem *déshabillés*, não há *comics* sem heroína de decote picante, não há *France-Soir* sem fotografia de estrelas de cinema, não há revista sem *pin-up*. Até o céu entrou em cena quando um avião inscreveu acima de um festival de Veneza a dupla inicial em forma de peitos de Brigitte Bardot.

Desde 1900, uma gigantesca Psique, em milhares de encarnações imaginárias, se despe lentamente: as pernas nos aparecem progressivamente embriagadoras, as cabeleiras desfizeram-se e refizeram-se, as ancas se agitaram. Desde 1950, o *striptease* é feito em torno dos seios: o corpete mal contém uma tumultuosa pressão dos seios. Um *flash* efêmero, por vezes, nos revela a nudez prometida e proibida. É o reino do novo ídolo da cultura de massa: não a deusa nua das religiões antigas, não a madona de corpo dissimulado do cristianismo, mas a mulher seminua, em pudor impudico, a provocadora permanente.

Foi dito, e Lo Duca também o disse, por sua vez, que essas técnicas de erotismo transformavam a mulher em objeto. A mulher-objeto, objeto de divertimento, de prazer e de luxo, seria, de algum modo, a vítima do cinismo desfrutador do homem.

Mas, de fato, o reino da mulher-objeto é a outra face do reino da mulher-sujeito. De modo diferente do das revistas licenciosas e do *striptease* propriamente dito, as imagens eróticas não se destinam principalmente aos homens, mas às mulheres e aos homens conjuntamente e, muitas vezes, às mulheres principalmente. Essas imagens que provocam o desejo masculino ditam à mulher suas condutas sedutoras. Constituem os modelos junto aos quais ela irá buscar seus poderes. As imagens mais fortemente erotizadas são da publicidade dos produtos de beleza que se destinam diretamente às mulheres consumidoras, a fim de lhes propor conquistas e vitórias. É para submeter que a mulher se submete ao ideal de sedução e aos figurinos-modelo do erotismo padronizado.

Além do mais, seria inconcebível que a mulher recaísse na escravidão erótica justo no momento em que ela se emancipa nos demais setores.

O erotismo da cultura de massa é, por si mesmo, ambivalente. Supõe uma certa relação de equilíbrio entre os tabus sexuais e a licença que corrói esses tabus. Só desempenha seu papel de provocação permanente pelo fato de rondar em torno do tabu fundamental sem poder infringi-lo. Ele fermenta, porque a nudez total e o coito sexual permanecem proibidos em imagens e sofrem múltiplas proibições na vida prática. Entre a pressão do tabu (religiosa, social, política) e a pressão libidinosa há um grau *optimum* de erotismo, e há diferentes tipos de erotismo. O erotismo da cultura de massa permanece marcado por suas origens americanas: reação antipuritana, ele sofre, no entanto, a maldição puritana do sexo e se vinga por uma erotização geral do resto do corpo. O grande mistério da sexualidade, abismo tão profundo quanto o crime e a morte, é camuflado pela cultura de massa, que, também aqui, recalca a parte amaldiçoada.

Em um certo sentido, o erotismo repercute na sexualidade, por suas permanentes alusões, e muitas das imagens eróticas são sucedâneos simbólicos do coito.

Em um outro sentido, distribuindo-se a atração sexual pelo conjunto do corpo, o erotismo tira da sexualidade seu poder de concentração. A erotização do rosto, que é um fenômeno de civilização, corresponde a um enfraquecimento da sexualidade genital. Os beijos, carícias distribuídas por todo o corpo perpetuam o erotismo infantil pré-sexual. Qualquer progresso do erotismo conduz a um enfraquecimento da diferenciação sexual, e os progressos da homossexualidade são um aspecto desse enfraquecimento.

Difundindo e espalhando o erotismo em todos os setores da vida quotidiana, a cultura de massa dilui o que anteriormente estava concentrado. Será que a permanente lamparina erótica tende a descarregar a tensão sexual? Parece que uma supererotização caminha lado a lado com o progresso da semifrigidez e da semi-impotência.

* * *

O erotismo libertino do século XVIII excluía a alma e o amor. O erotismo da cultura de massa se esforça para reconciliar a alma e o Eros. No cinema, o erotismo e o imaginário são, reciprocamente, meio e fim um do outro. A indústria de Psique e a indústria de Eros são uma e a mesma indústria. É notável que o filme ocidental faça força para unir conteúdos do amor puro, platônico e cortês à virulência do desejo físico que se satisfaz junto à prostituta. Ele superimpressiona para fazer um único rosto da imagem da mulher-irmã e da mulher-meretriz. O cinema é o cadinho da extraordinária braçagem de alma e de erotismo. Elabora uma nova figura de Eros e Psique, unidos no beijo na boca. E isso corresponde à ordem das coisas: o mundo da cultura de massa não é um mundo privado de alma, mas um mundo enviscado de alma; o mundo da cultura de massa não é um mundo entregue à sexualidade bruta, mas impregnado de erotismo epidérmico.

O capitalismo, baseando-se nessas fontes de lucro, excitou simultânea e correlativamente a alma, o Eros, o amor. O erotismo serve de lançadeira entre os olimpianos, os astros cinematográficos, o cinema, a imprensa, a publicidade, o querer-seduzir, o querer-amar. Incita a todos os consumos e, é claro, também ao consumo amoroso. É o denominador comum entre o universo do amor, o da produção dos valores femininos e o do consumo.

13

A Felicidade

A ideia de felicidade remonta ao zênite das civilizações individualistas. A desagregação dos valores tradicionais e das grandes transcendências se opera em seu benefício. Desde que a luta para sobreviver, o constrangimento ou a necessidade elementar se aliviam, a felicidade se incorpora à própria ideia de viver.

No entanto, os significados da felicidade variam segundo as civilizações. A cultura de massa delineia uma figura particular e complexa da felicidade: projetiva e identificativa simultaneamente. A felicidade é mito, isto é, projeção imaginária de arquétipos de felicidade, mas é ao mesmo tempo ideia-força, busca vivida por milhões de adeptos. Esses dois aspectos estão, em parte, radicalmente dissociados, e, em parte, radicalmente associados.

Estão dissociados na imagem do herói aventuroso: este não espera apenas a felicidade no êxito final (*happy end*); ele a encontra na própria vida de aventuras, livre, arriscada e empreendedora. Existe a felicidade *de ação* de uma vida vivida na intensidade.

Essa felicidade de ação é projetiva, em relação à vida cinzenta e morna dos homens privados de todas as possibilidades de ação criadora ou responsável; está igualmente em oposição a uma outra concepção da felicidade que se desenvolve no seio da civilização, e à qual a cultura de massa, em seu setor prático e informativo, empresta sua colaboração. O ideal imaginário da vida que arrisca tudo se opõe ao ideal prático da segurança contra todos os riscos. O ideal do justiceiro ascético se opõe ao ideal do pai de família satisfeito, o ideal da luta se opõe ao ideal das aventuras do bem-estar, o ideal do estado natural se opõe ao ideal do conforto da técnica.

Assim, podemos constatar uma bipolaridade antagonista – projetiva e identificadora – na própria concepção da felicidade. Mas compromissos são urdidos entre as duas felicidades; esses compromissos surgem tanto no realismo imaginário (em que há heróis não aventurosos) quanto na vida dos olimpianos, menos aventurosa do que a vida do herói de ficção, mais livre que a do comum dos mortais. Além disso, no próprio seio do antagonismo existem caracteres comuns.

O primeiro desses caracteres comuns é o fato de se tratar, tanto na mitologia projetiva como na práxis identificativa, antes de tudo, do *indivíduo privado*. Mesmo no caso dos xerifes, justiceiros, heróis históricos, a tônica é colocada sobre suas vidas e seus sentimentos pessoais, sobre a realização individual que se efetua através de seus atos. Os conflitos tradicionais entre o interesse pessoal e o interesse público, o amor e o dever persistem, mas esses conflitos são consideravelmente reduzidos em relação ao antigo imaginário, e encontram, na maior parte dos casos, uma solução feliz na qual a realização privada não é sacrificada.

À temática fundamental da felicidade *pessoal* se acrescenta a temática não menos fundamental da felicidade no amor. Esse será o objeto do capítulo seguinte. Em outras palavras, a felicidade não é nem comunitária, nem solitária, ela implica ambos os fatores. Esse traço é comum também ao setor projetivo e ao setor identificativo.

Além disso, o tema da felicidade está ligado ao tema do presente. O *happy end* é uma eternização de um momento de ventura em que se encontram enaltecidos um amplexo, um casamento, uma vitória, uma libertação. Ele não se abre na continuidade temporal do “eles foram felizes e tiveram muitos filhos”, mas, sim, dissolve passado e futuro no presente de intensidade feliz. Esse tema projetivo corresponde idealmente ao hedonismo do presente desenvolvido pela civilização contemporânea. Esse hedonismo é de bem-estar, de conforto, de consumo: desenvolve-se em detrimento de uma concepção da existência humana na qual o homem consagra seu presente a conservar os valores do passado e a investir no futuro. "No meio do século XX, a tendência acumulativa cedeu lugar à tendência receptiva, na qual a finalidade é receber, absorver", diz Fromm em *The sane society*. O dinheiro perdeu uma parte de seus atributos de acumulação; não se economiza mais para a segurança (pois as coletividades – Estado, empresas, companhias de seguros – encarregam-se disso), nem para deixar um patrimônio. A tendência é manifesta no salariado moderno, em que a poupança é extremamente reduzida, e, que fique bem claro, nas grandes cidades em que as rendas são despendidas em muito maior parte do que no campo. A frase banal: "Falta-me dinheiro para ser feliz" visa à felicidade presente, ao bem-estar, ao prazer, ao lazer... Trata-se de um dinheiro de *despesa* hedonista.

Sismondi havia notado que a economia que tomava seu impulso no século passado tendia a "produzir as mercadorias mais procuradas, mas não as mais necessárias". O fato de essa procura ter sido determinada pela estrutura global da civilização, na mesma medida em que determinou essa estrutura, não modifica o problema que nos ocupa; a procura consumidora, cujo desenvolvimento aumenta com a produção em série dos bens de uso privado, é uma procura de fruição individual: hedonismo do bem-estar, do conforto, de um lado, e, de outro, fruições do *standing* (o decoro, o ambiente) e do prestígio.

Assim se completam os dois temas da felicidade, um que privilegia o instante ideal na projeção imaginária, outro que estimula um hedonismo de todos os instantes na vida vivida. Esses dois temas podem opor-se. O filme, a canção podem enaltecer o amor e a água fresca, a cabana e o coração, e dizer-nos que o amor é tudo e o resto, nada. A publicidade, ao contrário, pode demonstrar que não há felicidade possível fora do conforto e do *standing*. A felicidade moderna é partilhada pela alternativa entre a prioridade dos valores afetivos e a prioridade dos valores materiais, a prioridade do ser e a prioridade do ter, e ao mesmo tempo faz força para superá-la, para conciliar o ser e o ter. A concepção da felicidade, que é a da cultura de massa, não pode ser reduzida ao hedonismo do bem-estar, pois, pelo contrário, leva alimentos para as grandes fomes da alma, mas pode ser considerada consumidora, no sentido mais amplo do termo, isto é, que incita não só a consumir os produtos, mas a consumir a própria vida.

Os mais intensos apelos de amor – a comunicação das almas – não se desencarnam: são apelos ao consumo do amor. A felicidade moderna implica, em todos os casos, a adesão – a aderência à realidade fenomenal, ao mundo empírico da vida vivida. Nas projeções imaginárias, a felicidade não é um sonho extraterrestre, uma busca de beatitudes contemplativas. A ação, a proeza, o amor são tão terrestres, empíricos, como o bem-estar e o conforto.

A felicidade empírica expulsa ou recalca as mitologias do além, *mas secreta, necessariamente, sua própria mitologia*, votada a mascarar as zonas de sombra em que a felicidade é inexoravelmente posta em questão pela culpabilidade, angústia, sexualidade, fracasso, morte.

É uma mitologia euforizante, e que caminha, aliás, lado a lado com o emprego cada vez mais maciço de euforizantes (álcool e pílulas tranquilizantes). Não há dúvida de que os sentimentos de angústia e de culpabilidade se tornaram cada vez mais divulgados em uma civilização em que o indivíduo atomizado é privado de justificações transcendentes, e não é mais dirigido pelas normas dos ancestrais. E talvez a mitologia euforizante seja, de certo modo, o antídoto para a angústia difusa dos novos tempos. Ela também desempenha um papel de regulação moral para justificar o desejo e o prazer individual. O "eu tenho o direito de ser feliz" daquele que larga sua mulher por uma outra o inocenta, ao mesmo tempo, do mal que acaba de infligir. Os motivadores da publicidade, encabeçados por Ernst Dichter, sabem que é preciso evitar que a culpabilidade venha corromper o desejo ou o prazer: "O problema que se coloca para nós, atualmente, é o de fazer crer ao americano médio que ele segue a moral quando tem desejos."

Nesse sentido, o impulso euforizante pode ser tanto uma contramitologia quanto uma mitologia, um esforço imenso e difuso para reabsorver a mitologia da culpabilidade, que cada um traz obscuramente em si, e que dificilmente encontra suas saídas purgativas no universo do individualismo moderno, tendo em vista, sem dúvida, o enfraquecimento dos ritos purificadores mágico-religiosos (penitência, confissão, sacrifício). Mas, além disso, há de fato mitologia euforizante no recalcamento do fracasso, do envelhecimento, do enfraquecimento, da morte. A cultura de massa tende a atirar para a periferia projetiva os núcleos obscuros da vida mortal. Ela recalca os delírios sexuais e passionais, os fracassos, as tragédias, nessa periferia a que damos o nome de fatos variados, em que cada um se sente não pessoalmente atingido, mas obscuramente libertado. Distribui a morte e o sacrifício imaginários pelos comparsas, bandidos, inimigos, nunca pelos heróis, e mitologiza o centro identificador em que reina o *happy end*. Do mesmo modo, os beijos espiritualizados e o erotismo epidérmico dos filmes ou da publicidade camuflam os aterradores apelos da sexualidade. A cultura de massa foge do fracasso, essa segunda face da vida, pelo alarde de felicidade mitológica. Foge do sentimento de absurdo, da crítica radical, da negação apaixonada.

Não é senão na periferia artística e crítica da cultura de massa que a mitologia euforizante se encontra controvertida: o teatro de Tennessee Williams, ou de Arthur Miller, filmes como *A morte de um caixeiro viajante* ou *L'équipée sauvage*, de Lazlo Benedek, *Give us this day*, de Dmitrick, *No down payment*, de Martin Ritt, os Bergman, Antonioni ou Fellini colocam no centro de sua visão a zona de sombra: o fracasso e a tragédia (é possível, aliás, como examinarei mais adiante, que os temas hoje em dia à margem das dificuldades da felicidade venham a ser temas centrais).

* * *

É certo que toda cultura procura disciplinar ou camuflar os monstros da violência e da sexualidade. Do mesmo modo, toda cultura procura exorcizar a morte, seja integrando o indivíduo em uma ordem que o ultrapassa, seja prometendo-lhe um além pessoal. A cultura de massa, que valoriza o indivíduo particular, que ignora o além, não tem outra coisa a fazer senão recalcar, camuflar, euforizar o fundo trágico ou delirante da existência, e, evidentemente, a morte.

Ora, a morte, sempre absurda do ponto de vista do indivíduo, adquire uma absurdez suplementar nos tempos atuais: “Para o homem civilizado, a morte não pode ter sentido, porque a vida individual do civilizado está mergulhada no progresso e no infinito, e porque, segundo seu sentido imanente, uma tal vida não deveria ter fim” (Max Weber, *Vocation du savant*). Justamente por não ter sentido é que a morte é tão poderosamente recalcada pela mitologia da felicidade. Como esta é poderosa e frágil... como toda fé... A felicidade é, efetivamente, a religião do indivíduo moderno, tão ilusória quanto todas as religiões. Essa religião não tem padres, funciona industrialmente. É a religião da terra na era da técnica, donde sua aparente profanidade, mas todos os mitos recaídos do céu são virulentos... Constituem o que, a rigor, podemos chamar de ideologia da cultura de massa, isto é, a ideologia da felicidade.

* * *

Provavelmente nunca houve, na história da humanidade, um apelo tão maciço e tão intensivo à felicidade, que fosse ao mesmo tempo tão ingênuo e cego... A felicidade, *leitmotiv* de uma civilização, é também o *leitmotiv* da cultura de massa. Esse grande arquétipo maior engloba sincreticamente os temas que examinamos, por vezes contraditórios, muitas vezes complementares. Os olimpianos, em sua intensidade de vida afetiva, sua liberdade de movimento, suas paixões e seus lazeres, são como os grandes modelos projetivos e identificativos da felicidade moderna. Mas eles não encobrem todas as aspirações da felicidade; há as que se expressam acima deles, nas personagens imaginárias dos filmes, soberanos da liberdade ativa, e os que se expressam abaixo, na busca dos seguros contra todos os riscos, das seguranças do *Welfare State*, de um bem-estar que não é nem poder nem riqueza, mas comodidade e tranquilidade. Enquanto isso, o grande tema unificador comum é o da vida privada, do presente empírico, da realidade fenomenal. Não só “materialista”: o amor – essa comunicação com um outro eu-mesmo estranho a mim, essa intensidade afetiva que fundamenta a felicidade – é, provavelmente, o tema mais virulento da cultura de massa.

14

O Amor

O amor tornou-se tema obsessional da cultura de massa; esta o faz aparecer em situações nas quais, normalmente, não deveria estar implicado. O aventureiro, o *cowboy*, o xerife sempre encontram na floresta virgem, na savana, no deserto, nas grandes planícies do Oeste o amor de uma heroína pintada e bela. A imprensa, por sua vez, polariza o *human interest* no tema do amor. A catástrofe de Fréjus nos leva ao amor, através da noivinha que devia casar-se no dia fatal; a morte de Fausto Coppi nos remete a seu amor pela Dama Branca; a viagem de Nikita Krushev à França nos lembra seu amor por Nina. O amor é o próprio fundador da nova mitologia principesca; amor de Margaret por Townsend, depois Tony, amor de Elizabeth por Philip, amor de Soraya e Farah Diba, amor de Paola. O amor mantém a mitologia olimpiana de gente como Brigitte Bardot, Jacques Charrier, Annette Vadim, Sacha Distel, Yves Montand, Marilyn Monroe, Liz Taylor. Os belos crimes passionais viram vedetes logo comentadas e o amor inocenta a esposa abandonada, assim como perdoa o velho ciumento que se vinga. O amor decantado, fotografado, filmado, entrevistado, falsificado, desvendado, saciado parece natural, evidente. É porque ele é o tema central da felicidade moderna.

Houve, certamente, uma presença obsessional do amor nos cartões de amor e no romance cortês, no romance quimérico do século XVII, no teatro burguês do começo do século XX, mas a propriedade da cultura de massa é universalizar, em todos os setores, a obsessão do amor.

Essa universalização transforma o amor no grande arquétipo dominante da cultura de massa: "*Sans amour, on est rien du tout*", diz *La Goualante du pauvre Jean.*[13] "*Amour je te dois les plus beaux jours de ma vie, tout ça m'est égal du moment qu'on s'aime.*"[14] Dalida, Piaf, Brassens, Anka, Sinatra, Dean Martin são os São João Crisóstomo da única boa-nova verdadeira dos tempos modernos que ilustram Liz Taylor, Ava Gardner, Brigitte Bardot, Marilyn Monroe.

O próprio da cultura de massa é libertar uma temática do amor simultaneamente autojustificado e vencedor. A autojustificação do amor remonta ao passado distante: as cortes de amor, fundando o verdadeiro amor fora do casamento, fundavam-no sobre si mesmo e fundavam sobre esse amor a legítima obsessão de toda uma vida; o amor romântico se justificava em seu próprio princípio lírico. Mas o amor cortês não ousava infringir a barreira sexual: sua vitória espiritual condenava o corpo à derrota. O amor romântico era "o barco que se bate contra o rochedo da vida"; o adultério burguês, por sua vez, se batia contra os rochedos mais prosaicos do casamento. Ora, a partir da década de 1930, com o *happy end*, o amor se torna triunfal. Transpõe a barreira sexual para realizar-se na união dos corpos: supera os obstáculos da vida para realizar-se no casal; nos dias que correm, ele se choca menos com o casamento do que o estabelece.

No antigo imaginário, com exceção dos contos de fadas, o amor não chegava, senão raramente, a superar os conflitos fundamentais

---

13 **N.T.:** "Sem amor, não se é nada". Conhecida em português como *Pobres de Paris.*

14 **N.T.:** "Amor, devo-te os mais belos dias de minha vida; tudo me é indiferente, já que nos amamos".

que o opunham à família e à sociedade; chocando-se tragicamente com os grandes tabus, ele próprio se convertia em trágica fatalidade, pondo em jogo a própria ordem da existência: é com *Le Cid* que aparece no imaginário ocidental o primeiro sinal de apaziguamento; o amor escapa ao ciclo infernal da tragédia e pode superar a grande proibição do Pai. Em seguida, o romance popular, tanto quanto o romance burguês, vai continuamente deixar transparecer o recalcamento do amor em todas as barreiras sociais: casamento, família, classe, raça, dever, pátria etc., em um combate duvidoso, em que o amor pode ou se espedaçar ou perfurar ocasionalmente as barragens, mas sem conseguir o desmoronamento completo delas.

Até o surgimento da cultura de massa, o tema do amor burguês se esgotava no conflito triangular entre o marido, o amante e a mulher, e os temas populares do amor se desenrolavam segundo uma espécie de jogo, em que se tratava de transpor obstáculos e armadilhas de todos os tipos (riqueza, pobreza, mulher perversa, sedutor odioso, pais intratáveis, gravidez ilegítima, ciúme, mal-entendidos). Sem que ela tenha destruído esses temas, que sobrevivem, uns no teatro e no romance burguês, outros na imprensa sentimental, mas que se tornaram marginais (uns dizem respeito essencialmente às províncias psíquicas da alma burguesa, os outros, aos sons projetivos das leitoras de menos de 16 anos ou das camadas populares menos favorecidas), a cultura de massa fez o amor atravessar o cabo dos conflitos trágicos ou melodramáticos e o cabo das subordinações. Diversamente dos filmes latino-americanos, asiáticos ou soviéticos, nos quais o amor ou coloca seus problemas no seio do casamento ou deve inclinar-se diante da lei ou do dever, o cinema ocidental, maciça vanguarda imaginária, faz o amor desembocar no mar livre da realização pessoal.

Assim, o amor toma forma no novo curso imaginário. Não é o amor da princesa de Clèves ou de Emma Bovary que se bate contra as instituições; não é o amor integrado (no seio da família) ou o amor desintegrado (cuja saída necessária é a morte: Tristão e Isolda, Romeu e Julieta). É o fundamento tornado necessário e evidente de qualquer vida pessoal.

Para chegar a esse triunfo, o amor imaginário teve que superar suas contradições internas, eliminar seus fermentos desintegradores, mitologizar de maneira nova sua própria aspiração ao infinito. De fato, se o amor não é mais integrado ou desintegrante, é porque ele se tornou *integrador*. Tornou-se integrador porque se tornou sintético, envolvendo em seu seio pulsões e valores contraditórios.

A tradição ocidental do amor colocava, provavelmente como todas as grandes tradições históricas, mas talvez mais nitidamente que todas as outras, a partir do século XIII, a oposição do amor sexual e do amor da alma. Essa oposição não encobria senão parcialmente a oposição entre amor e casamento: ela radicalizava uma dupla polarização entre os temas da alma-irmã e os da posse carnal. Os temas espirituais eram valorizados, os temas sexuais sofriam a maldição pecadora. Essa oposição é reencontrada no romance popular e no cinema dos primeiros decênios: de um lado, a virgem inocente ou o herói casto; de outro, a mulher perversa ou o ignóbil sedutor. A partir da década de 1930, diluem-se uns nos outros os temas virginais e os temas impuros, dá-se a decadência do amor puramente físico em benefício de um tipo sintético de amor, ao mesmo tempo espiritual e carnal, simbolizado pelo beijo na boca, e de um tipo sintético de amantes, tirando partido dos prestígios eróticos da *vamp* ou do sedutor, mas também da pureza de alma do herói e da virgem. A atração sexual e a afinidade das almas se conjugam em um sentimento total.

O beijo na boca não é só o substituto cinematográfico da união dos corpos proibida pelos censores, é também o encontro de Eros e Psique: o sopro, nas mitologias arcaicas, é a sede da alma; por outro lado, é a boca que se fixa sensualmente primeira, ligada à absorção e à assimilação; o beijo na boca é um ato de duplo consumo antropofágico, de absorção da substância carnal e de troca de almas; é comunhão e comunicação da psique no eros...

Do mesmo modo, os novos heróis de cinema trazem em si a totalidade sintética do eros unido à psique, enquanto decaem as virgens e as *vamps*, os cavaleiros galantes e os vis sedutores.

Nesse amor sintético, a mulher tende a aparecer simultaneamente como amante, companheira, alma-irmã, mulher-criança e mulher-

-mãe, e o homem, como protetor e protegido, fraco e forte. A eliminação dos temas familiares ou incestuosos no cinema ocidental implica sua integração latente na relação entre os dois namorados. Em outras palavras, é a totalidade dos laços afetivos, antigamente repartida em múltiplas relações infrafamiliares, que tende a se concentrar no casal.

O casal emerge, pois, no cinema ocidental, como portador do conjunto dos valores afetivos: os pais, as crianças são exilados para fora do horizonte do filme ou devidamente escamoteados; os deveres públicos, o Estado, a pátria, a religião, o partido raramente aparecem, ou aparecem como fatalidades exteriores, quer como problemas podendo ser superados pelo amor; o filme é o encontro de um homem e de uma mulher, sós, estranhos, um ao outro, mas que vão ser ligados em uma necessidade absoluta. A personagem central e essencial do amor é o casal. O casal surge da dissolução da família, mas como fundamento do casamento. A futura família, a do casamento que deixa entrever o *happy end*, não tem sentido senão como consagração do casal. A partir daí, o amor é muito mais que amor. É o fundamento nuclear da existência, segundo a ética do individualismo privado. É a aventura justificadora da vida – é o encontro de seu próprio destino: amar é ser verdadeiramente, é comunicar-se verdadeiramente com o outro, é conhecer a intensidade e a plenitude.

Esse amor é tão "total" quanto o amor romântico, mas essa totalidade é razoável: não é mais essa aspiração infinita que se choca com a realidade do mundo, acabando por se destruir ou destruí-la: a necessidade de eternidade que ele traz em si não está mais em ruptura com um mundo em que tudo é transitório; insere-se no *happy end* como imagem mitológica integrada e euforizante. Em outras palavras, o amor da cultura de massa, se perdeu a virulência desintegradora, como o panteísmo ilimitado do amor romântico, conservou seu valor absoluto e totalizador. Sob esse ponto de vista, *A hora final* é exemplar. Uma vez que a humanidade se destrói sob os efeitos de uma irradiação atômica, os últimos olhares trocados entre Ava Gardner e Gregory Peck demonstram que o amor é o que resiste, em última instância, à destruição, o que pode desafiar o final dos tempos, o que é, de fato, forte como a morte. Nesse filme, em que a pomba do amor voa sobre as águas informes do nada terminal, chega ao fim, de maneira mítica, a história do amor ocidental, isto é, a magnificação suprema do amor profano.

O amor nuclear, sintético, total, tal como o delineia o imaginário da cultura de massa, é de natureza dupla: é profundamente mitológico, porque supera todos os conflitos, escamoteia o incesto, a sexualidade e a morte. É profundamente realista, porque corresponde às realidades vividas do amor moderno: de fato, o amor do casal tende a se tornar o fundamento do casamento; de fato, a virgindade foi desvalorizada; de fato, a maldição que se abatia sobre a sexualidade foi aliviada e efetuam-se osmoses entre o amor espiritual e o amor sexual; de fato, as barreiras de classe, de raça, de família opõem-se a uma resistência enfraquecida ao amor; de fato, o amor se torna um valor cada vez mais central da existência. O cinema apresenta, pois, não tanto uma imagem invertida quanto um reflexo ideal da vida amorosa.

Por outro lado, ele é da mesma natureza do amor real profundamente impregnado de imaginário; o ser amado é o objeto de projeções afetivas que são as mesmas da divinização: o êxtase, a adoração, o fervor têm a mesma natureza que os sentimentos religiosos, mas em escala de um ser mortal. A natureza semi-imaginária do amor vivido permite a irrigação constante do imaginário pelo real, do real pelo imaginário. A tal ponto que foi possível dizer que, sem a literatura, o amor não existiria. Mas, reciprocamente, sem a necessidade de amor, toda uma literatura não existiria. O amor é, portanto, por sua própria natureza, a grande faixa oscilatória entre o imaginário e o real. As osmoses entre o amor imaginário e o amor real são tanto mais múltiplas e interfecundantes quanto o amor da cultura de massa é, de fato, profundamente realista (identificativo) e o amor real é profundamente mitológico (projetivo). Em outras palavras, o amor da cultura de massa busca seus conteúdos na vida e nas necessidades reais (individualismo privado moderno) e lhes fornece seus *modelos*.

Com efeito, é através do tema do amor que se efetuam as influências diretas do cinema; é a partir das condutas amorosas dos filmes que os processos de identificação desembocam nos mometismos práticos. Os primeiros inquéritos sistemáticos de sociologia do cinema em 1930 (*Movies and conduct*, por Herbert Blumer) haviam revelado que o *love making* dos adolescentes (fazer a corte, abraçar) era quase calcado no comportamento amoroso dos filmes. As influências, aliás, distribuem-se por diferentes níveis. De um lado, a indústria da beleza e da sedução se desenvolve à sombra do *star--steptem* (indústria de cosméticos, Max Factor, Elizabeth Arden, maquiladores de Hollywood). De outro, os heróis de filme suscitam a imitação de seus gestos, de seu modo de andar, até mesmo seus tipos de roupa (também abordo esses dois primeiros pontos no capítulo dedicado ao erotismo). Enfim, no plano psicológico, a ideia da necessidade absoluta da aventura amorosa se impõe.

Assim se dá o circuito entre o filme e a vida, entre o imaginário e o real: a necessidade de amor experimentada no decorrer da vida encontra no filme seus modelos, seus guias, seus exemplos; estes passam a aparecer na vida e dão forma ao amor moderno.

Mas o cinema não é toda a cultura de massa: a temática do amor reina diferentemente nas novelas e narrações da imprensa sentimental, nos correios sentimentais, no noticiário sensacionalista e, enfim, nas informações concernentes aos olimpianos. Ora, coisa notável, é o amor imaginário do cinema o grande regulador das múltiplas temáticas amorosas.

A imprensa sentimental, como já disse, permanece em parte no nível melodramático-projetivo do cinema mudo e do antigo romance popular, enquanto a imprensa feminina bovarista (*Elle*, *Marie--France*) está orientada não só para o imaginário realista, mas para a práxis feminina (conselhos de beleza, de higiene, de moda etc.). Os conselhos práticos (principalmente o correio sentimental) são pequeno-burgueses: o interesse do lar, das crianças ou dos pais sobrepuja o amor, e os conselhos virtuosos e sábios fazem força para disciplinar os amores desorientados ou desorientadores.

Por outro lado, os noticiários sensacionalistas vedetizam os excessos do amor, principalmente o crime passional. E provavelmente vemos se delinear uma tendência, tanto na imprensa como nos júris de tribunal criminal, a inocentar o homicídio cometido pela mulher enganada ou pelo amante abandonado, desde que ele se exerça sobre o traidor (processo Chevallier). Mas também vemos que, na realidade do sensacionalismo, nem todos os direitos são reconhecidos para o amor: se uma apaixonada mata o filho para poder seguir o amante, ela se torna infame. Em outras palavras, o amor achincalhado se desculpa, mas o amor achincalhante permanece sempre culpado.

Isso vem confirmar que a cultura de massa confere prioridade ao amor sintético (espiritual e carnal), nuclear e total, mas não ao amor louco. O imaginário cinematográfico está exatamente no eixo da concepção nuclear do amor, enquanto estão distribuídos pela periferia os amores melodramáticos por demais irreais, os "conselhos" sábios demais, as paixões sensacionalistas loucas demais. O conjunto da cultura de massa constitui um sistema complexo que, ao mesmo tempo, provoca e freia os excessos do amor em favor do amor nuclear.

Contudo, desenvolvimentos recentes põem em jogo, senão a própria concepção nuclear, pelo menos o tema do *amor único*. As perturbações na vida amorosa dos olimpianos tendem, paradoxalmente, a desmitologizar o amor de cinema. As inconstâncias, rupturas ou divórcios das Martine Carol, Rita Hayworth, Elizabeth Taylor, Brigitte Bardot, Margaret, Soraya, Vadim etc. racham e desintegram o *happy end* amoroso do cinema. A grande imprensa faz-se de espelho dessa instabilidade proliferante que corresponde à própria realidade do último estágio do amor: pois o amor se torna tanto mais relativo quanto quer se manter no absoluto; desde que o amor "único" se quotidianiza, ele se torna insípido, e iniciamos novamente a busca do amor único. A multiplicidade dos amores únicos em uma vida se torna um câncer interno do amor, que lhe retira a eternidade. Os olimpianos fazem, portanto, o mito do amor entrar de novo na realidade do tempo – e na realidade de nosso tempo. Mas essa nova imersão do mito no real talvez não atinja o núcleo mesmo do amor, pois, enquanto o amor absoluto se racha e enfraquece, ele torna a renascer, e nessa sucessão de mortes-renascimentos surge o verdadeiro absoluto oculto sob esse absoluto: não o amante ou a amante, mas a busca do amor.

Essa busca, em parte dom-juanesca, em parte tristanesca, que procura efetuar a conjugação de Eros e de Psique faz aparecer o movimento complexo e profundo do individualismo moderno, que é de tentar desesperadamente comunicar-se com o outro – semelhante e estranho –, ser reconhecido e reconhecer, perder-se e afirmar-se no olhar de um *alter ego* amoroso, achar em escalada proporcional ao casal os valores afetivos do incesto, da família, da religião, da conquista e da escravidão, viver intensamente a única aventura privada do mundo burocrático – o que efetivamente na linguagem burguesa se chama "aventura".

15

A Promoção dos Valores Femininos

Herdeira da cultura burguesa que concerne, mais que ao homem, à mulher que se alimenta de romances, condicionada por uma civilização em que se atenuam os aspectos mais brutais da condição humana (luta pela vida, competição, violência física), a cultura de massa se dirige naturalmente para a promoção dos valores femininos. Em meio século, nos Estados Unidos, o rosto da *cover-girl* substituiu o rosto do pioneiro puritano e do enérgico homem de negócios.

Podemos ver nisso o reflexo de um traço de evolução bem conhecido: "a feminização" das civilizações que atingiram um certo nível de bem-estar ou de riqueza, esse "desabrochar" que já é "decadência" porque é "amolecimento"?

No seio da cultura de massa, os temas "viris" (agressão, aventura, homicídio) são projetivos. Os temas "femininos" (amor, lar, conforto) são identificativos.

É preciso notar, contudo, que a parte "viril" não é apenas sonhada. Ela encontra saídas aumentadas e novas em um setor lúdico que é o do esporte e dos lazeres. De fato, o esporte é o terreno de virilidade que reabre e desenvolve a cultura de massa. E, dentre os diferentes esportes, é preciso reservar uma atenção particular ao "judô", cuja prática se populariza provavelmente porque ele constitui uma técnica de autoafirmação peremptória.

Provavelmente, também é preciso levar em conta a nova extensão da caça (inclusive das formas caçadoras da pesca – de arremesso, submarina).[15] Embora a caça seja pouco praticada pelos habitantes das grandes aglomerações e ela seja um tema menor na cultura de massa, deve ser considerada não como uma sobrevivência em vias de desaparecimento, mas como tentativa de recuperação dos valores viris.

Mas é no plano do jogo que esporte, judô, caça efetuam a salvaguarda ou o renascimento dos valores viris. Trata-se de uma prática, está certo, mas de uma prática lúdica. A verdadeira práxis cultural concerne aos valores "femininos", amor, conforto, bem-estar.

A cultura de massa é feminino-masculina; isso significa que encontramos nos filmes, na imprensa, nos programas de rádio e televisão tanto conteúdos de interesse masculino como conteúdos de interesse feminino. Talvez o esporte retenha mais o interesse masculino, mas não existem setores especificamente *masculinos* na cultura de massa. A tentativa de um jornal para homens (*Adam*) fica isolada e restrita. Em compensação, um gigantesco setor feminino autônomo – desde os jornais para mocinhas até semanários sentimentais – se desenvolveu na grande imprensa.

Na França, a imprensa feminina alcançou uma tiragem de 10 milhões de exemplares semanais, que sobe para 15 milhões na semana em que saem as revistas mensais. Seis milhões para as revistas femininas (*Marie-Claire*, *Echo de la Mode*, *Elle*, *Femmes d'Aujourd'hui*, *Marie-France*), cinco milhões para a imprensa sentimental (*Nous Deux*, *Confidences*, *Festival*), três milhões para revistas de moda, tricô, figurinos-modelos etc.

Essa imprensa feminina, que emerge em 1937 com *Confidences*, incorpora a si, transformando-os, a literatura sentimental barata e o jornalismo de moda e de figurinos-modelos. Distingue-se da magra imprensa feminista que a precede (o *Journal de la Femme*, de Raymonde Machard). A feminilidade substitui o feminismo. Podemos

---

15 Vale também para a caça às moças: a dragagem, com suas técnicas de abordagem agressivo-corteses.

reportar-nos ao artigo de Ménie Grégoire (*Esprit*, julho de 1959) para a análise dos temas dessa imprensa. Estes são, essencialmente, "o coração", a moda e a beleza, os conselhos práticos, e, enfim, a cultura (cinema, literatura etc.). Enquanto o *coração* monopoliza, praticamente, a imprensa sentimental e a moda monopoliza as revistas de moda, as grandes revistas (*Marie-Claire*, *Elle*, *Femmes d'Aujourd'hui*, *Echo de la Mode*) equilibram esses ingredientes da feminilidade moderna (25 a 40% para o coração, 22 a 30% para a moda e a beleza, 13 a 30% para os conselhos práticos, 6 a 8% para as receitas de cozinha, 12 a 20% para a cultura).

Os dois grandes temas da imprensa feminina, de um lado, a casa, o bem-estar, e de outro, a sedução, o amor, são, de fato, os dois grandes temas identificadores da cultura de massa, mas é na imprensa feminina que esses temas se comunicam estreitamente com a vida prática: conselhos, receitas, figurinos-modelos, bons endereços, correio sentimental orientam e guiam o saber-viver quotidiano.

Através das rubricas práticas da imprensa feminina (e também da imprensa masculino-feminina), não é só o domínio das artes domésticas, é todo o universo novo do bem-estar-conforto que se desenvolve sob controle feminino.

Paralelamente, a arte de sedução adquire uma maior importância no novo saber-viver. Estamos a tal ponto habituados a ver as mulheres pintadas, preocupadas com sua linha, peritas em *toilette* e em moda, que esquecemos o que significa esse *aparato*. A prostituta não faz senão exagerar o apelo sedutor da mulher normal. Esta se faz bela como que para suscitar um "deseje-me" permanente. Essa mulher normal das grandes cidades ocidentais aparece como uma meretriz aos olhos das mulheres de Moscou ou de Gorki. Estas não entraram (ainda não) no circuito do *erotismo quotidiano* que a cultura de massa introduziu em nossos costumes.

A mulher modelo desenvolvida pela cultura de massa tem a aparência da *boneca do amor*. As publicidades, os conselhos estão orientados de modo bastante preciso para os caracteres sexuais secundários (cabelos, peitos, boca, olhos), para os atributos erógenos (roupas de baixo, vestidos, enfeites), para um ideal de beleza delgado, esbelto – quadris, ancas, pernas. A boca perpetuamente sangrenta, o rosto pintado seguindo um ritual são um convite permanente a esse delírio sagrado de amor que embota, evidentemente, a multiplicidade quotidiana do estímulo.

Donde, aliás, uma perpétua busca do novo – novos cosméticos, novos penteados, novas *toilettes* –, que corresponde a uma dupla necessidade: a da reestimulação sedutora e a da afirmação individual (ser diferente das outras).

É o que explica que a moda entre no ciclo de massa. A moda desce dos cumes da alta costura para envolver rapidamente todos os atributos da sedução, certos atributos de *standing* (moda das formas automobilísticas, das formas eletrodomésticas etc.). A moda desce das elites para as massas femininas.

O primeiro motor da moda é, evidentemente, a necessidade de mudança em si mesma da lassidão do *déjà-vu* e da atração do novo. O segundo motor da moda é o desejo de originalidade pessoal por meio da afirmação dos sinais que identificam os pertencentes à elite. Mas esse desejo de originalidade, desde que a moda se espalhou, se transforma em seu contrário; o único, multiplicando-se, vira padrão. E é então que a moda se renova aristocraticamente, enquanto se difunde democraticamente. A cultura de massa desempenha esse papel capital na moda moderna: ela é o instrumento de democratização imediata do aristocratismo; permite ao público imitar, o mais depressa possível, a elite; coloca-se a serviço da aderência identificativa por todos os meios: fotografias dos modelos de alta costura, conselhos práticos para adaptar à moda corrente as *toilettes* dos anos anteriores, receitas para adaptar a confecção ao estilo da alta costura etc. Por sua vez, a alta costura resiste: ela cerca de mistério a preparação das coleções, proíbe os fotógrafos antes da data pública, persegue os imitadores não patenteados... Mas, ao mesmo tempo que resiste, ela se adapta à corrente, na medida em que encontra aí o seu lucro: a publicidade da grande imprensa estende seu raio de ação; as grandes casas tiram lucro ao marcar com sua etiqueta os produtos erotizados de série ou semissérie (perfumes, meias etc.). Assim, a cultura de massa efetua uma dialética de aristocratização e de democratização que funciona em todos os níveis para, finalmente, padronizar no grande público as fruições da superindividualidade aristocrática. E a cultura de massa, no plano da moda feminina, revela sua função própria: dá acesso aos grandes arquétipos "olimpianos", procura os prestígios da alta individualidade e da sedução. Ela permite a identificação mimética. Ao mesmo tempo, mantém uma obsessão consumidora (das roupas, do enfeite, dos objetos de padrão social), cuja importância como estimulante econômico se torna cada vez maior nas sociedades ocidentais.

O lar, o bem-estar, a moda, o erotismo são os setores em que a cultura feminina é essencialmente prática. Em compensação, o imaginário se desdobra no domínio do coração: novelas, romances, fotonovelas, cinerromances etc. Mas aqui é preciso observar que três zonas se delineiam nitidamente no reino do coração: primeiramente, a zona tutelar (correio sentimental, problemas sentimentais, anúncios matrimoniais), em que grandes conselheiras, como Marcelle Segal, Françoise Giroud, Hélène Lazareff, e psicólogos prestigiados, como André Maurois, doutores em Juliette,[16] como Jean Duché, são os mentores da feminilidade.

Há também a zona da realidade romanceada e do realismo romanesco, que engloba romances, novelas, biografias amorosas de personalidades célebres, informações fabuladas a respeito da existência dos olimpianos (o ciclo iraniano dos amores do Xá, o ciclo anglo-saxão de Buckingham, o ciclo brabanção da corte da Bélgica etc.).

Enfim, há a zona dos cinerromances e fotonovelas da imprensa sentimental. Nós reencontramos nesses folhetins em quadrinhos os velhos temas do romance popular do século XIX, com órfãs, castelos, mistérios de nascimento, horríveis mal-entendidos, traidores pérfidos, corações puros. O extraordinário desenvolvimento da imprensa sentimental de 15 anos para cá (cinco milhões de exemplares semanais) parece contradizer nossa hipótese maior; mas é preciso considerar que essa imprensa se divulgou pelas camadas mais populares e mais juvenis do público feminino, adaptando-se aos antigos

16 **N.T.:** Juliette – principal personagem de Jean Duché.

modelos "projetivos" do imaginário amoroso; é, aliás, a imprensa sentimental que está atualmente em regressão, em comparação com as grandes revistas (seis milhões de exemplares) nas quais reinam os modelos identificadores. Ela evolui, além disso, lentamente, no sentido da modernidade identificativa, tendendo a substituir as castelãs, aristocratas e pastoras dos folhetins pelos olimpianos modernos (campeões esportivos, aviadores, cantoras, *starlettes* etc.), ou engenheiros, médicos, diretores de empresas. Enfim, se ela mantém sonhos impossíveis, é por meio desses sonhos impossíveis que ela exalta o amor como valor supremo da existência.

A imprensa feminina apresenta, portanto, o microcosmo dos valores práticos fundamentais da cultura de massa: a afirmação da individualidade privada, o bem-estar, o amor, a felicidade. É porque esses valores fundamentais são, de fato, valores de dominantes femininas. Esse microcosmo é, além disso, o núcleo mais ativo da cultura de massa, com sua incitação intensiva à imitação, ao consumo, à conduta.

Os temas mais importantes da feminilidade se desenvolvem igualmente no conjunto da cultura de massa: a imprensa não feminina não é masculina; ela é feminino-masculina, e engloba todos os temas da imprensa feminina (moda, coração, conselhos práticos, vidas romanceadas etc.). Mas a preponderância de feminilidade se manifesta no fenômeno da *cover-girl*. Um rosto de mulher reina sobre as capas das revistas, sejam elas femininas ou não. São raros os *cover-boys*, tanto na imprensa feminina como nos *Paris-Match*, *Jours de France* etc., da imprensa masculino-feminina.

Só uma explicação é possível. Se o rosto da mulher e não do homem impera na revista feminina, é porque o essencial é o *modelo identificador* da mulher sedutora, e não o objeto a seduzir. Se na grande imprensa periódica a mulher eclipsa igualmente o homem, é porque ela ainda é sujeito identificador para as leitoras, enquanto aparece como objeto de desejo para os leitores. Essa coincidência da mulher-sujeito e da mulher-objeto assegura a hegemonia do rosto feminino. É o reino não só da mulher sujeito-objeto, mas dos valores femininos no seio da cultura. Não há o *modelo identificador masculino que se imponha concorrentemente.*

Não basta verificar a promoção dos valores femininos. É preciso também examinar o arquétipo da mulher moderna. Mulher emancipada, é certo, mas cuja emancipação não atenuou as duas funções, sedutora e doméstica, da mulher burguesa. A emancipação da mulher se dá não só pela promoção social (acesso às carreiras masculinas, aos direitos políticos etc.), mas pela hipererotização e pela transformação das servidões domésticas em controle eletrodoméstico.

O modelo da mulher moderna opera o sincretismo entre três imperativos: seduzir, amar, viver confortavelmente. Há, é certo, uma antinomia entre o lar e o amor; o divórcio ou a aventura amorosa clandestina podem resolver ou conciliar a contradição.

Mas a síntese mais espantosa é a que se opera entre o erotismo e o coração: Nathan Leites e Martha Wolfenstein foram os primeiros a reconhecer em *Gilda*, reencarnada mais tarde pelas grandes estrelas que sucederam Rita Hayworth,[17] um tipo feminino original a que eles deram o nome de *good-bad girl*. A *good-bad girl* tem a aparência de uma vagabunda ou de uma *vamp*, mas o filme nos revela que ela tem uma alma cândida, um coração que só procura o grande amor. De fato, a "virgem" e a *vamp* clássicas desapareceram para dar lugar a diversas variantes da *good-bad girl*, que herda a intensa erotização da *vamp* e a pureza da virgem. Essa imagem cinematográfica é a representação sublimada da mulher moderna: pintada e enfeitada como boneca de amor, mas buscando o grande amor, a ternura e a felicidade.

Talvez se trate aí de uma revolução no domínio da feminilidade. A cultura cristã levou ao extremo a oposição entre o tema da mulher-mãe ou irmã e o tema da sexualidade. A virgem foi o ideal do sentimento amoroso, enquanto a prostituta foi a encarnação da sexualidade. É claro que não cessaram as correspondências secretas, subterrâneas entre esses dois temas antinômicos. O enfraquecimento progressivo dos grandes tabus sexuais devia permitir sua reconciliação, pelo menos aparente, sob o signo da cultura de massa, em um modelo de mulher, do qual Emma Bovary foi a infeliz vítima, que sintetiza as virtudes da virgem e a da prostituta. É a reconciliação

---

17 Cf. M. Wolfestein e N. Leittes, *Movies* (cf. Bibliografia, p. 393).

de Marguerite e de Helena de Troia que é tentada, no quadro da vida pequeno-burguesa: Marguerite encarnada em Helena de Troia, graças a Max Factor e Madame Express, decora seu lar, prepara as refeições, sem parar de sonhar com o grande Fausto.

Ao mesmo tempo, o homem se efemina: fica mais sentimental, mais terno, mais fraco. Ao pai autoritário sucede o pai *maternal*, ao marido-chefe sucede o companheiro, ao amante decidido sucede o leviano. Inversamente, a emancipação masculiniza certas condutas femininas: a autodeterminação sociológica que, adquirida pela mulher, se torna autodeterminação psicológica. Sob as aparências femininas emergem comportamentos autônomos e voluntários.

O cinema americano, também, fez surgir o modelo sublimado da *masculine-feminine girl*, e são ainda Nathan Leites e Martha Wolfestein que lhes separam os caracteres. Eles não exageraram a importância simbólica da cena de *En avoir ou pas*, em que Lauren Bacall pergunta a Humphrey Bogart: "Você tem fogo?". Através desse pequeno ato de emancipação em relação ao fumo, a mulher inaugura seu próprio *love-making*. É ela que abertamente convida o homem ao amor. O cinema multiplicou suas cenas: a mulher toma a iniciativa do beijo ou do "eu te amo". Um modelo da mulher autodeterminada na conduta amorosa encontra seu acabamento atual na heroína de *Hiroshima mon amour*. Essa inversão dos papéis, em que a mulher assume a decisão e o homem, curiosamente, parece estar na defensiva, suscitou bastantes observações psicanalíticas. Essa decadência da virilidade talvez seja profunda.

Assim, não apenas os valores femininos se encarnam e se tornam operantes na sociedade, enquanto os valores viris se evadem nos sonhos ou se realizam nos esportes e nos jogos, mas um modelo de mulher se delineia e se impõe, análoga a essas grandes deusas da Ásia Menor, virgens e prostitutas, acompanhadas por seu macho, seu amante satélite. O homem permanece, também ele, imagem ideal, viril e terno simultaneamente, protetor e protegido, mas não é mais a imagem dominadora. O sexo de nossa civilização está impregnado de foliculina. No fim da aventura do Fausto ocidental, eleva-se o canto do eterno feminino.

16

Juventude

No grupo arcaico, a velhice detém a autoridade da sabedoria; a passagem ao estado adulto se realiza segundo os ritos que asseguram uma verdadeira morte da infância e um nascimento da virilidade. Com o desenvolvimento das civilizações, a autoridade dos velhos se degrada, o acesso à idade adulta é abrandado; não há ruptura dilacerante entre a infância e a idade de homem; o casulo familiar cerca, durante muito tempo, com sua tépida proteção, a formação do indivíduo; o adeus ao reino da mãe não é consumado, a não ser pela morte.

O tipo de homem que se impõe nas sociedades históricas é o homem adulto. Mas esse homem, no mundo contemporâneo, sofre a concorrência, nos momentos de crise, do homem jovem, até mesmo do rapaz. Saint-Just, Robespierre são heróis quase adolescentes da primeira grande revolução dos tempos modernos; posteriormente foram sempre as jovens gerações que estiveram à frente dos movimentos revolucionários: 1830, 1848, 1871 na França, depois o outubro de 1917, o outubro polonês e a revolução húngara de 1956, a insurreição argelina de 1954 etc. Inversamente, os grandes restabelecimentos reacionários se estabelecem sob o signo de imagens paternais, mesmo senis, como Hindenburg na Alemanha, Pétain na França.

Todo impulso juvenil corresponde a uma aceleração da história: porém, mais amplamente, em uma sociedade em rápida evolução, e, sobretudo, em uma civilização em transformação acelerada como a nossa, o essencial não é mais a experiência acumulada, mas a *adesão ao movimento*. A experiência dos velhos se torna lenga-lenga desusada, anacronismo. A "sabedoria dos velhos" se transforma em disparate. Não há mais sabedoria.

O conjunto da sociedade foi arrastado por um movimento de degerontocratização.[18] O "rejuvenescimento dos quadros" (ministros jovens, técnicos, jovens universitários) traduz um movimento geral. Nos Estados Unidos e na URSS, em que cessa a condescendência que se devota ao "rapaz", a idade da promoção social começa aos 30, e esse rejuvenescimento se delineia na França, embora a ordem dos velhotes resista obstinadamente. Essa subida universal dos jovens nas hierarquias corresponde à desvalorização universal da velhice. Não apenas a velhice deixou de ser experiência operante – os anciãos de 1914-1918 não podem ensinar coisa alguma aos combatentes da Resistência; estes, por sua vez, não se fazem mais ouvidos pelos jovens de 1960 –, mas também não pode aderir aos valores que se impõem cada vez mais: o amor, o jogo, o presente. A velhice fica como que desligada, rejeitada para fora do curso real da vida. É o mundo dos "coroas". Antigamente tutelar, é ela que protege, hoje em dia, a retirada dos velhos.

A essa degerontocratização corresponde uma "pedocratização":[19] se 1789 marca o nascer do sol da juvenilidade política, desde 1777 *Os sofrimentos do jovem Werther* anunciam o nascer do sol da juvenilidade cultural. O duplo impulso, político e cultural, se efetua desde então, ora conjuntamente, ora alternativamente. O romantismo é um imenso movimento de fervor e de desencantamento juvenis, que se segue ao desmoronamento do Velho Mundo e anuncia as aspirações do novo homem. O jovem Hegel, o jovem Marx, por seu lado,

---

18 **N.T.:** Gerontocracia – predomínio dos velhos em um grupo social; governo dos anciãos.

19 **N.T.:** Palavra formada com o sufixo grego *pâis, paidós* (criança).

operam a revolução mental do homem que dá adesão ao vir a ser do mundo. Deus Pai agoniza.

Na França, depois do efêmero restabelecimento "petaínico" dos valores senis, deu-se em 1944 a irrupção dos Chaban-Delmas, Kriegel-Valrimont, Mitterrand, Joinville, Hervé, na cúpula política. Após relativa regerontocratização da política, é na cultura de massa que, a partir de 1950, se manifesta o movimento da *nouvelle vague*. Na literatura, com Françoise Sagan e Françoise Mallet-Joris; na canção, com Elvis Presley, Paul Anka, Brenda Lee; na pintura, com Bernard Buffet; na costura, com Yves Saint-Laurent; e sobretudo no cinema, com Vadim, Malle, Truffaut, Chabrol, Godard, opera-se uma promoção da *juvenilidade*.

Podemos mesmo nos perguntar se a oposição das gerações não se torna, em um dado momento, uma das principais oposições da vida social: não há uma diferença maior, na linguagem e na atitude diante da vida, entre o jovem e o velho operário que entre esse jovem operário e o estudante? Estes dois últimos não participam dos mesmos valores fundamentais da cultura de massa, das mesmas aspirações da juventude em relação ao conjunto dos anciãos?

* * *

Pais e filhos, de Tourgueniev, o "Família, eu te odeio" gidiano demarcaram um processo que chega hoje ao começo do fim dos pais. A grande família baseada na autoridade do pai-chefe deu lugar ao lar restrito, baseado no casal. A emancipação da mulher e a promoção generalizada dos valores femininos destronaram o soberano masculino. Este, aliás, aceita seu novo papel. Os novos pais seriam incapazes de impor uma autoridade na qual não acreditam. Não têm mais tabus a fazerem respeitar, virgindade de filhas a salvaguardar, culto dos ancestrais ou ética paterna a transmitir aos meninos. São pais maternais, "companheiros" afetuosos. A criança tem que lutar menos com o pai para tornar-se adulta, mas tem maior dificuldade em identificar-se com seu pai. Há enfraquecimento da imagem paterna.

O pai não fixa mais radicalmente esse complexo patético de projeção e de identificação, esse conflito feito de revolta e de admiração, de recusa em imitar e de imitação, por meio do qual se efetuava a mudança da criança para adulto. O "Família, eu te odeio" perde seu sentido nessa era em que, como diz Vadim, "os meninos e as meninas... não se debatem contra a moral de seus pais ou da sociedade, simplesmente a ignoram" (*Arts*, 12 de março de 1959).

No entanto, segundo a regra humana que deseja que toda corrente provoque sua contracorrente, a ausência de pai é experimentada como vazio, angústia, aborrecimento... Há, provavelmente, um apelo inconsciente no sentido do *pai ideal*, autoritário, mas humano, que faltou às vítimas cada vez mais numerosas de um pai humano demais. E talvez a popularidade de Gabin junto aos jovens traduza um apelo no sentido de um pai ideal imaginário; Gabin patriarca burguês (*Les grandes familles*) ou proletário (*Rue des Prairies*), Gabin comissário (*Maigret*) ou gângster (*Touchez pas au Grisbi*) é sempre o velho duro viril, aquele que dispõe da verdadeira força, mas também aquele que *compreende tudo*.

Por seu lado, a mãe-que-trabalha, a mãe sempre jovem que quer viver durante o maior tempo possível sua vida, perde igualmente, para a criança, algo de sua presença obsessional e oceânica. E, provavelmente, também aí, a falta obscuramente experimentada de uma mãe "total" explica a busca adolescente de uma comunhão, de uma fé, de uma igreja ou de um clã. (A decadência da imagem do pai e da mãe se dá em benefício, de um lado, de grandes autoridades paterno-maternais, como a Nação, que é o Estado-pai e a Pátria-mãe, a Igreja, até mesmo o Partido, e de outro, como veremos, dos modelos da cultura de massa.)

As crianças da nova idade, mimadas por seus pais como nunca foram, não encontram, no entanto, a imagem da Mãe autoridade envolvente e a do Pai autoridade ordenadora. Essas grandes imagens, que reinaram nas religiões e nos mitos, se dissipam no imaginário moderno. O tema principal de Édipo, que mata o pai para assumir seu papel e desposa sua mãe, foi, sem dúvida, a emersão exemplar do problema profundo do homem empenhado na conquista de sua própria identidade. Mas ainda há hoje um Pai soberano a matar para arrancar seu cetro e identificar-se com ele? Foi provavelmente no momento em que a situação edipiana entrava em decadência que o grande Tabu pôde ser, enfim, reconhecido, revelado, profanizado pela psicanálise... Esta fazia soar o toque de finados do mistério sagrado.

A obsessão dos pais marcou o imaginário até estes últimos decênios. Da tragédia antiga ao romance popular, a família é o lugar dos dilaceramentos existenciais (filhos e pais, sogras e genros, vindita); o melodrama encontra seus motores no mistério do nascimento (criança abandonada, roubada), o padrasto e a madrasta.

Mas essa relação imaginária filho-pai e, mais amplamente, filhos-pais segue a seu modo a evolução real a partir do século XVI. Nos séculos XVI-XVII, Hamlet e Le Cid abrem uma brecha na obediência incondicional ao pai. Hamlet hesita em obedecer ao imperativo vingador do pai assassinado. Ele não adere absolutamente à lógica implacável da vindita familiar. Ele está demasiadamente preocupado com seu próprio problema. Nessa hesitação, infiltra-se a modernidade, isto é, a falha na identificação com o pai. Não é senão *in extremis* que Hamlet realiza o ato identificador.

Em *Le Cid*, Rodrigo fica, é certo, fiel à exigência paterna, e recalca a exigência amorosa. Mas Chimena está autorizada pela nova lei, simbolizada pelo rei, a esquecer a vindita. Dessa vez, a modernidade triunfa: acima do pai há, de um lado, o rei (isto é, o dever nacional) e, de outro, o amor.

E, progressivamente, o amor vai se tornar vencedor; por certo, ainda no século XX, haverá melodramas e tragédias familiares nas quais pais e filhos se perdem, se buscam, se dilaceram, e nas quais a lei da família esmaga o amor impotente. Mas, cada vez mais, o amor verá reconhecidos seus direitos supremos. E, sobretudo, com o impulso da cultura de massa, os pais vão apagar-se até desaparecerem do horizonte imaginário.

Os *comics* e os filmes americanos vão impor o reino do herói sem família. Tema heroico por excelência – os heróis mitológicos são órfãos, ou bastardos de deuses, como Prometeu e Hércules. Tema moderno, porém, no sentido de que nada se sabe a respeito dos pais dos heróis, não que haja mistério no nascimento, mas porque essa determinação é pura e simplesmente ignorada. Um homem e uma mulher, sozinhos na vida, se encontram ou enfrentam o destino.

Há na cultura de massa uma zona central com o desaparecimento do tema dos pais. A invisibilidade dos pais é o tema significativo do cinema americano, ainda que ele tenha setores em que a família aparece como tema eufórico (*La Famille Hardy*) ou vaudevillesco (*Do mundo nada se leva*) e que tenha o setor marginal do pai ou da mãe decaída (*Morte de um caixeiro viajante*, *Vidas amargas*, *La fureur de vivre*).

* * *

O velho sábio virou o velhinho aposentado. O homem moderno virou o "coroa". O pai decaído ou amigável desaparece em um fundo acinzentado do imaginário cinematográfico. A mulher está presente em toda parte, mas a mãe envolvente desapareceu.

Os modelos de identificação, as funções tutelares, desertam, por sua vez, da família e do homem maduro para transferir-se para outro lugar: os deuses de carne, os heróis imaginários da cultura de massa apoderam-se de funções tradicionalmente privilegiadas pela família e pelos ancestrais.

O novo modelo é o homem em busca de sua autorrealização, através do amor, do bem-estar, da vida privada. *É o homem e a mulher que não querem envelhecer, que querem ficar sempre jovens para sempre se amarem e sempre desfrutarem do presente.*

* * *

Igualmente, o tema da juventude não concerne apenas aos jovens, mas também àqueles que *envelhecem*. Estes não se preparam para a senescência, pelo contrário, lutam para permanecer jovens.

Na década de 1930, as estrelas quase não ultrapassam 25 anos e os astros, 28-30 anos. Passado esse período, estavam votados à morte cinematográfica.

A partir da guerra, os limites de idade recuaram. Há, hoje em dia, astros e estrelas em atividade que ultrapassam os 50, como Marlène Dietrich, Joan Crawford, Gary Cooper, Clark Gable. Isso não significa que a juventude tenha deixado de ser uma exigência do cinema, significa que a idade do envelhecimento recuou; o galã continua *sempre* galã; cronologicamente, esses atores envelhecem, mas física e psicologicamente, continuam jovens, isto é, ativos, aventurosos, amorosos. Com 50 e até com 60 anos, permanecem viris e belos, musculosos, bronzeados, bem diferentes dos barrigudos cantores de ópera de 60 anos que interpretam *Romeu e Julieta*. Gary Cooper não se transformou em um velho bonito; a rigor, foi o bonito velho que seduziu as moças em flor. Ele morreu jovem.

Há um século, o desabrochar da mulher de 30 anos era já outonal. O homem de 40 vivia sua última aventura, atormentado pelo fim da mocidade. Contudo, o recalcamento do tempo do declínio foi bruscamente acelerado pela indústria do rejuvenescimento. Esta, nascida com a maquiagem hollywoodiana, deixou de ser apenas a arte de camuflar o envelhecimento; ela repara os ultrajes dos anos: cirurgia plástica, massagens, substâncias à base de embriões ou de sucos regeneradores mantêm ou ressuscitam as aparências da juventude, ou chegam mesmo até a rejuvenescer, de fato, os tecidos; pelo mesmo lance, todos os sentimentos que correspondem à juventude permanecem vivazes, particularmente o amor.

Na esteira dos olimpianos, é o rejuvenescimento atualmente que se democratiza: *hammams*, saunas, para os homens; institutos de beleza, para as mulheres. Nasce uma nova arte, a da esteta; ela se expande atualmente pelos bairros, pelas cidadezinhas. Procura simultaneamente juventude e beleza. Essa arte anuncia, talvez, a grande fonte da Juventude que saberá nos transformar em verdadeiros olimpianos...

Enquanto espera, a nova Trindade – amor, beleza, juventude – aureola o novo modelo: o *adulto juvenil* de 30, 40, 50, 60 anos, logo além provavelmente, até as portas da morte, com a angústia da morte que confere uma certa febre ao presente.

* * *

A velhice está desvalorizada. A idade adulta se rejuvenesce. A juventude, por seu lado, não é mais, propriamente falando, a juventude: é a adolescência. *A adolescência surge como classe de idade na civilização do século XX.*

As sociedades arcaicas efetuavam pelos ritos de iniciação a passagem brutal da infância para a idade adulta: seja com 12, 14 ou 16 anos, o iniciado tomava lugar na sociedade dos adultos. Se sempre existiram, em um momento da evolução juvenil, componentes adolescentes que correspondem à puberdade ou à integração social no universo adulto, *a adolescência como tal não aparece senão no momento em que o rito social da iniciação perde sua virtude operadora, perece ou desaparece.* A adolescência é, de fato, a idade da busca individual da iniciação, a passagem atormentada entre uma infância que ainda não acabou e uma maturidade que ainda não foi assumida, uma pré-sociabilidade (aprendizagem, estudos) e uma socialização (trabalho, direitos civis). O esboço do adolescente surge na Antiguidade com o efebo ateniense e, sobretudo, o personagem de Alcibíades, esse "paleobeatnik", esse James Dean ático, que quebrava à noite as estátuas sagradas e embarcava para a aventura siciliana. Mas a inquietude adolescente parece ausente de Dafne e Cloé, como o estará de Romeu e Julieta, crianças que se amam como adultos (os amantes adultos amando-se a si mesmos como crianças). Do mesmo modo, a princesa de Clèves é uma mulher em idade adolescente, não uma adolescente. É preciso esperar o Chérubin do *Mariage de Figaro* e o jovem Werther para que efetivamente tome forma um personagem verdadeiramente novo, incerto, instável, contraditório, não criança de um lado e adulto de outro, mas conjugando em um estado confuso as virtualidades das duas idades. A partir daí, a adolescência vai expressar-se diretamente, levando à poesia sua dimensão moderna. Shelley, Novalis, Rimbaud expressam os segredos da adolescência; desde os *Pensamentos* de Pascal e as *Confissões* de Rousseau, adolescente retardado, nunca a essência contraditória, nunca as verdades profundas da vida humana haviam sido a tal ponto formuladas – obscuramente formuladas como todas as verdades profundas. Esses adolescentes de gênio são calcinados por seu fogo interior ou fulminados pela vida. Sua mensagem nos revela que é, de fato, na adolescência que se acham concentradas todas as verdades que se dispersam durante o encaminhamento do homem.

Na adolescência, a "personalidade" social ainda não está cristalizada: os papéis ainda não se tornaram máscaras endurecidas sobre os rostos, o adolescente está à procura de si mesmo e à procura da condição adulta, donde uma primeira e fundamental contradição entre a busca de autenticidade e a busca de integração na sociedade. A essa dupla busca se une a busca da "verdadeira vida". Nessa busca, tudo é intensificado: o ceticismo e os fervores. A necessidade de verdade é imperativa; os "valores de sinceridade" predominam sobre os "valores de infidelidade". Brigitte Bardot, à sua maneira, exprime essa ética adolescente: à pergunta "que qualidades exige você de um homem na vida?", ela responde: "nunca ser um farsante". As primeiras apalpadelas no universo adulto procuram, contraditoriamente, as satisfações de autoafirmação (ganhar dinheiro, fazer amor) e também a profunda insatisfação de entrar em uma grande maquinaria monótona (casar-se, ter um emprego, galgar escalões) que termina com a aposentadoria e a morte. Os valores de contestação se cristalizam na adolescência: repugnância ou recusa às relações hipócritas e convencionais, aos tabus, recusa extremada ao mundo. É então que ocorre seja a dobra niilista sobre si ou sobre o grupo adolescente, seja a revolta – revolta sem causa ou revolta que assume as cores políticas.

Por volta da metade do século XX, todas essas tendências esparsas individuais tomaram uma consistência sociológica: a constituição de uma classe adolescente ocorre não só na civilização ocidental, mas em escala mundial. Na América, na URSS, na Suécia, na Polônia, na Inglaterra, na França, em Marrocos, vemos uma tendência comum aos grupos de adolescentes a afirmar sua própria moral, arvorar seu uniforme (*blue jeans*, blusões, suéteres), a seguir sua própria moda, a reconhecer-se nos heróis, uns exibidos pelo cinema (James Dean, Belmondo), outros oriundos da imprensa sensacionalista; ao mesmo tempo, uma sensibilidade adolescente se infiltra na cultura de massa (filmes *nouvelle vague*, romances de Sagan).

Os grupos de "cabeludos", transviados, *beatniks* afirmam o niilismo irascível, a revolta, o desprezo, a insociabilidade da adolescência. No outro extremo, a constatação pode virar fermento revolucionário, como foi o caso na Polônia e na Hungria (1956), no Japão ou na

Turquia (1960). A adolescência atual está profundamente desmoralizada pelo tédio burocrático que emana da sociedade adulta, e, mais ainda, talvez, pela inconsistência e hipocrisia dos valores estabelecidos; ela experimenta de modo extremamente vivo a grande questão do sentido da existência humana; ela talvez esteja profundamente marcada por esse sentimento de aniquilamento-suicídio possível da humanidade que fez nascer a bomba atômica. Encontra, contudo, na cultura de massa, um estilo estético-lúdico que se adapta a seu niilismo, uma afirmação de valores privados que corresponde a seu individualismo, e a aventura imaginária, que mantém, sem saciá-la, sua necessidade de aventura. É isso que pode explicar o fato de a adolescência ter podido cavar uma abertura na cultura de massa: James Dean foi o primeiro e o supremo herói da adolescência, encarnando fúria de viver e rebelião sem causa, frenesi e lassidão, aspiração à plenitude e fascinação pelo risco. Sua vida autenticando sua morte, sua morte autenticando sua vida. James Dean foi o Shelley da cultura de massa. Em seu rastro vieram Anthony Perkins, Belmondo. Depois o *rock and roll* foi a causa de uma nova erupção adolescente em escala mundial. Hoje, há um setor da cultura de massa para os heróis e os valores da adolescência. Setor, aliás, confuso, pois esses valores raramente aparecem aí em estado puro, pois a cultura de massa mistura sua concepção estereotipada do amor, seu tema do *happy end*, a apologia do sucesso. Raros são os filmes, como os de James Dean – *Acossado*, *Le petit soldat* (Godard), *O selvagem* (com Brando), *Paris nous appartient* (Rivette), *Les sorciers innocents* (Vajda) –, em que a adolescência impõe seu sentimento da tragédia... O mesmo acontece na canção: Paul Anka e Brenda Lee são pequenos adultos de bolso, mais do que adolescentes.

A cultura de massa tende a integrar os temas dissonantes da adolescência em suas harmonias padronizadas. Tende a instituir um “Olimpo dos menores de 20 anos”, com Prometeus aprisionados em Ganimedes. A cultura de massa arremata a cristalização da nova classe de idade adolescente, fornece-lhes heróis, modelos, panóplias. Ao mesmo tempo, tende a enfraquecer as arestas, a atrofiar as virulências.

* * *

As relações de projeção-identificação entre a adolescência e a cultura de massa funcionam de maneira menos ordenada do que para os adultos: enquanto para os adultos o mundo da gangue, da liberdade, do homicídio são pacíficas evasões projetivas, esses temas podem tornar-se modelos de conduta para os adolescentes; donde certos efeitos da cultura de massa, do cinema em particular, sobre a delinquência juvenil. Essa influência não concerne, evidentemente, senão a uma minoria de adolescentes, condicionados à delinquência por suas determinações sociais ou familiares, e nesse contexto a cultura de massa fornece exemplos, dá o estilo. De modo mais amplo, há afinidade entre, por um lado, o grupo adolescente pré-socializado baseado nas relações afetivas, e por outro, a *gangue*, afinidade entre o apelo à aventura, o grande sopro fora da lei do mundo imaginário e as aspirações à liberdade, ao risco, o obscuro sentimento de que o homicídio é iniciação, o "lafcadismo" natural presentes no adolescente. A cultura de massa se torna, então, ambivalente em relação à idade ambivalente... A adolescência é o fermento vivo da cultura de massa; isso é, ao mesmo tempo, caldo de cultura e caldo caseiro que alimenta e dilui esse fermento.

Enfim, no plano essencial, a ação prática dos grandes temas identificadores da cultura de massa (amor, felicidade, valores privados, individualismo) é mais intensiva na mocidade, a idade plástica por excelência, que em qualquer outra idade. A cultura de massa "acultura" as novas gerações à sociedade moderna. Reciprocamente, a juventude experimenta de modo mais intenso o apelo da modernidade e orienta a cultura de massa nesse sentido. Há, portanto, intensificação, no plano da adolescência, dos conteúdos e dos efeitos da cultura de massa. Os *modelos* dominantes não são mais os da família[20] ou da

20 Mas os espectros do pai e da mãe não são exorcizados. Toda a crise da sociedade "afluente" suscita ou vai suscitar, necessariamente, o recurso dos grandes mitos paterno-maternais, dos grandes chefes, da grande Igreja, ou do grande Partido, da Nação.

escola, mas os da imprensa e do cinema. Inversamente, porém, esses modelos são rejuvenescidos. Há homogeneização na dominante juvenil como há homogeneização na dominante feminina.

Assim, a cultura de massa desagrega os valores gerontocráticos, acentua a desvalorização da velhice, dá forma à promoção dos valores juvenis, assimila uma parte das experiências adolescentes.

Sua máxima é "sejam belos, sejam amorosos, sejam jovens". Historicamente, ela acelera o vir-a-ser, ele mesmo acelerado, de uma civilização. Sociologicamente, ela contribui para o rejuvenescimento da sociedade. Antropologicamente, ela verifica a lei do retardamento contínuo de Bolk, prolongando a infância e a juventude junto ao adulto. Metafisicamente, ela é um protesto ilimitado contra o mal irremediável da velhice.

17

A Cultura Planetária

A imprensa moderna ilustrada, o cinema, o rádio e a televisão estão hoje em dia implantados em todos os países do globo. O sistema das comunicações de massa é um sistema universal.

Os temas culturais que tomaram forma nos Estados Unidos e que constituem o que chamei aqui de cultura de massa estão difundidos nos filmes, na imprensa, no rádio e na televisão das nações ocidentais. Essa expansão ainda vai mais longe. Os filmes de Hollywood se propalam pelos dois terços do planeta. *Comics*, cinerromances têm uma divulgação internacional através das cadeias do tipo *Opera Mundi*. Apesar das diferenças étnicas, o tipo de beleza americano impôs-se no Japão pelo penteado, pela pintura, pelo arredondamento dos olhos, pelas roupas, pelas condutas; apesar do conservantismo cultural, os modelos do filme americano impuseram-se em todo um setor do filme japonês. Apesar das diferenças econômicas, a cultura de massa penetra nos países em vias de desenvolvimento da Ásia e da África. Na URSS, o *jazz* e o *rock and roll* passam por entre as malhas da cortina protetora e seguem as redes do mercado negro juvenil até a Sibéria; por bem ou por mal, a temática do filme stalinista dá lugar aos valores privados, ao amor e aos divertimentos. Mais ainda: o primeiro voo espacial soviético inaugurou, ao mesmo tempo, a vedetização à americana. A fotografia íntima de Titov com sua bonita mulher, a integração de sua vida particular na imagem oferecida às multidões fazem do primeiro cosmonauta o primeiro olimpiano à ocidental do mundo do Leste. Não se pode (ainda?), é claro, anunciar que o novo curso russo se reunirá ao curso cultural ocidental. O que é certo é que as "sumidades" da cultura de massa emigram para a URSS.

Há uma extraordinária força conquistadora na cultura de massa. Por certo, é preciso levar em consideração as resistências. Nações inteiras fecham-lhe as portas, como é o caso da China. Em outras, a religião, o Estado, a família contêm a invasão. As ideologias do "produzir antes de tudo" proíbem-na. Efetivamente, a cultura de massa é, em sua natureza, anacional, aestatal, antiacumuladora. Seus conteúdos essenciais são os das necessidades privadas, afetivas (felicidade, amor), imaginárias (aventuras, liberdades), ou materiais (bem-estar). Mas é precisamente isso que constitui sua força conquistadora. Em toda parte onde o desenvolvimento técnico ou industrial cria novas condições de vida, em toda parte onde se esboroam as antigas culturas tradicionais, emergem as novas necessidades individuais, a procura do bem-estar e da felicidade.

As necessidades de bem-estar e de felicidade, na medida em que se universalizam no século XX, permitem a universalização da cultura de massa. Reciprocamente, a cultura de massa universaliza essas necessidades. Isso significa que a difusão da cultura de massa não resulta apenas da mundialização de uma civilização nova, ela desenvolve essa mundialização. Desperta as necessidades humanas subdesenvolvidas, mas em toda parte virtuais; contribui para a expansão da nova civilização.

A esse título, a cultura de massa é uma parte recebedora, uma aposta e uma determinação no processo de mundialização que provoca o desenvolvimento técnico e econômico.

Efetivamente, em toda parte por onde se espalha, ela tende a destruir as culturas do *hic* e do *nunc*. Ela não destrói todo o folclore, substitui os folclores antigos por um novo folclore cosmopolita: *cover-boys* e *cover-girls*, *rock and roll* e sambas, "tubos" e ídolos da canção, jogos radiofônicos e televisados etc. Esse novo folclore cosmopolita carrega em si fragmentos de folclore regionais, nacionais ou étnicos; é, em um certo sentido, um agregado de folclores que se unem para formar um tronco universalizado: o *jazz* de origem negro-americana, a canção napolitana, os ritmos tropicais (sambas, baiões, chá-chá-chás), a balada iídiche, *Les enfants du Pirée, Mustapha*, tudo isso se encontra nas *jukeboxes* da Europa, da América, da Ásia, da África, da Oceania. No cinema, as lendas bíblico-cristãs no gênero *Ben-Hur*, as cavalgadas de capa e espada, os *westerns*, as aventuras no mato, as revoltas de cipaios constituem o tesouro lendário em que a dominante hollywoodiana, isto é, branco-americana, não deve ocultar-nos as contribuições europeias, negras, indianas. Da mesma forma, o folclore esportivo mundial que fixou suas regras no século anglo-saxão (rúgbi, futebol, tênis, atletismo) restabelece contato com jogos arcaicos ou tradicionais.

Além do mais, aparecem obras sincretistas propriamente cosmopolitas em sua concepção: "a serviço do russo Tolstoi, uma atriz sueca dirigida por um encenador americano transtorna o Ocidente, a Índia e o Japão", dizia Malraux; e desde Anna Karenina de Hollywood interpretada por Garbo, a tendência para esse cinema sincrético se acentua, por meio de coproduções e superproduções, nas quais *Miguel Strogoff*, rodado na Iugoslávia, é interpretado pelo alemão Curd Jurgens, em que Rocco, o Calabrês, é o francês Alain Delon.

Enfim, uma linguagem não mais sincrética, porém universal no que tem de imediatamente concreta, também se propala: a linguagem das imagens – fotografias, filmes, *comics*, publicidade, cartazes.

Esse cosmopolitismo tem uma dupla natureza: de um lado, uma natureza antropológica, isto é, um tronco comum ao homem de todas as civilizações; esse tronco comum não é somente essa linguagem de imagens própria do cinema, da imprensa periódica, da televisão, da publicidade; são também as paixões primeiras ou fundamentais, é a potência de estimulação dos processos de projeção e identificação que reconstituem "essa mentalidade mística e concreta" da qual fala Vendryès. Cito a frase inteira frequentemente lembrada por G. Cohen-Séat: "Será que essa mentalidade mística e concreta que quase foi eliminada de nossas grandes línguas comuns não virá a ser suficientemente poderosa para refazer nossas línguas à sua imagem e impor-lhes seus hábitos?"

De fato, a cultura de massa apela para as disposições afetivas de um homem imaginário universal, próximo da criança e do arcaico, mas sempre presente no *homo faber* moderno. De fato, um dos fundamentos do cosmopolitismo da cultura de massa é a universalidade dos processos do "trono arcaico", do cérebro humano e a universalidade do homem imaginário.

O cosmopolitismo da cultura de massa é também, e ao mesmo tempo, a promoção de um homem moderno que se universaliza, o homem que aspira a uma vida melhor, o homem que procura sua felicidade pessoal e que afirma os valores da nova civilização. A cultura de massa une intimamente em si os dois universais, o universal da afetividade elementar e o universal da modernidade. *Esses dois universais apoiam-se um no outro, e nesse duplo movimento acentua-se a força de difusão mundial da cultura de massa.*

É assim que ela penetra na África e na Ásia e desenvolve as necessidades que já estão desenvolvidas na área ocidental. A cultura de massa leva modelos culturais a todos os domínios – relações amorosas, beleza, vestuário, sedução, erotismo, saber viver, alojamento –, modelos afetivos e práticos de personalidade, e estes se aclimatam por serem o aspecto cultural do grande ímpeto mundializante da civilização tecnicista e por parecerem anunciar uma salvação terra a terra.

Podemos interrogar-nos sobre o seguinte: nas sociedades ocidentais, foram as transformações econômicas, principalmente o progresso industrial, que transformaram as mentalidades. No Terceiro Mundo, a indústria ultraligeira, a das comunicações (rádio, cinema antes de qualquer outro), começa a revolucionar as mentalidades antes mesmo que a sociedade seja transformada. Nos países ocidentais, o alfabetismo foi difundido antes da cultura audiovisual. No Terceiro Mundo, o processo é, com frequência, invertido. A cultura audiovisual se propaga por imensas zonas ainda analfabetas.

Antes que as infraestruturas das sociedades tradicionais sejam reviradas, o dinamismo mundial das *comunicações* de todas as espécies (desde o transporte por navio e avião até as telecomunicações, passando pelo rádio, pela imprensa e pelo cinema) desempenha o papel motor. Naville e Lefebvre, cada um a seu modo, acentuaram o papel cada vez mais importante das redes – verdadeiro sistema nervoso planetário em vias de desenvolvimento ultrarrápido e comandando o desenvolvimento global. "O universo das comunicações dominará o das produções como uma sociedade dominando a sociedade" (Naville).[21]

Na realidade, *em seu campo*, a cultura de massa não tem verdadeiro concorrente. Ela tem por inimigos os sistemas que querem – provisoriamente – subordinar o consumo à produção, como o sistema chinês. Ela se choca com os sistemas e ideologias que se recusam a ver a finalidade humana no individualismo ou em uma vida terrestre. Ela é contrária às filosofias da inquietude e do ascetismo. Contradiz o comunismo. Mas a moral socialista ou comunista não pôde em lugar algum implantar-se realmente como moral vivida na vida quotidiana; o comunismo é uma superestrutura ideológica que, nos países que se dizem comunistas, oculta as relações sociais reais, assim como o amor cristão, em um Estado teocrático, oculta as relações sociais cínicas; a fraternidade humana, o amor pelo outro, a comunhão, enfim, a superação do egoísmo, o desabrochar da vida pessoal na vida coletiva não são ainda senão mitos: a única cultura no nível das realidades atuais é a cultura de massa. E é por corresponder ao real *atual* (inclusive às necessidades imaginárias do real) que ela é viva e conquistadora. É por estar na escala da mundialização atual que ela é cosmopolita. Constitui um erro, um estranho mito, não ver na cultura de massa senão uma mistificação, um ópio inoculado na humanidade, do exterior, pelo grande capital.

Em verdade e paradoxalmente, bem no momento em que parece fazer triunfar os valores do americanismo ou do individualismo burguês sobre o globo, a cultura de massa contribui para solapar a dominação burguesa e a predominância americana.

---

21 "Vers l'automatisme social" (*Revue Française de Sociologie*, 3 (I), p. 275-285, julho-setembro de 1960).

Nos países latino-americanos, asiáticos, africanos, os processos de desenvolvimento de uma burguesia como classe dominante estão profundamente debilitados; uma grande classe média na qual se apoiaria essa burguesia ainda não pôde desenvolver-se; as massas populares ou são guiadas, ou apoiadas por grandes forças mundiais (URSS, China) que fornecem modelos de organização táticos, estratégicos e mitos diretores; grandes exploradores minerais ou industriais estão nas mãos do capital internacional; as burguesias nacionais não chegam a se afirmar soberanamente tanto no tocante às massas quanto no tocante aos grandes monopólios. Não quero entrar na análise; o essencial aqui é que, havendo colocado o problema da debilidade sociológica da burguesia e das classes médias do mundo "subdesenvolvido" ou em "vias de desenvolvimento", é preciso observar que *a cultura de massa aumenta essa debilidade*, corroendo por dentro as estruturas mentais que haviam assegurado o vigor conquistador das classes médias e das burguesias ocidentais. Estas haviam levado a cabo seu crescimento histórico sob o signo de uma ética da empresa, da coesão familiar, do *investimento* privado, ele mesmo ligado a uma moral da não fruição imediata (o "puritanismo" burguês idealmente delineado por Max Weber). Ora, com a cultura de massa, os modelos da fruição imediata do lazer, do conforto, do bem-estar, do individualismo privado do consumo tornam-se os grandes modelos das classes médias e da burguesia. Essas classes estão, desde então, como que desenraizadas, histórica, social e nacionalmente. Uma importante fração dos *intelectuais* sofre desse desenraizamento e dessa debilidade. Procuram a salvação junto ao povo; no plano artístico, lançam-se às descobertas das fontes autóctones folclóricas (populistas ou neopopulistas da América Latina, com Amado, Astúrias); no plano político, esses intelectuais vão constituir os quadros dos movimentos anti-imperialistas, anticapitalistas, antiamericanos.

Contribuindo para sua debilitação e sua heterogeneização, a cultura de massa é, por assim dizer, o ópio sociológico da classe média e da burguesia do Terceiro Mundo.

Além disso, ela é como que o álcool das massas populares. Em primeiro lugar, destrói radical e extensivamente, mais do que todas as propagandas políticas, os valores tradicionais, os modelos hereditários; ela mantém, é certo, sonhos projetivos, mas ao mesmo tempo transforma alguns sonhos projetivos em aspirações. A aspiração ao bem-estar, à vida individual toma forma ao mesmo tempo que a insatisfação, a reivindicação, a revolta. O consumo imaginário provoca um aumento da *procura consumidora real*, mas, enquanto as classes favorecidas se lançam sobre o consumo, a demanda que cresce nas massas populares permanece bloqueada. Essa atenção entre, de um lado, a grande demanda, e, de outro, a realidade, que não oferece quase nada, pode imobilizar-se em uma espécie de catalepsia de espectador, como acontece com esses camponeses dos Abruzos subnutridos, que vão todas as tardes ao cinema evadir-se ficticiamente da vida.

Certamente, a cultura de massa mantém os sonhos de uma vida à americana em uma grande parte da juventude popular urbana. Mas esses sonhos não têm saída senão em alguns mimetismos (o uso do blusão, a Coca-Cola, o *rock and roll*). De fato, os partidos políticos pré-americanos não podem beneficiar-se desses elementos favoráveis à americanização da vida. Em compensação, e o paradoxo é apenas aparente, são os movimentos revolucionários antiamericanos que, indo contra as correntes de superfície, utilizam a corrente de fundo suscitada pela cultura de massa. Com efeito, esses movimentos revolucionários impunham a bandeira do bem-estar, do consumo, da garantia do emprego, da libertação individual e coletiva. Nesse contexto, os partidos comunistas podem tornar-se os verdadeiros beneficiários da ação da cultura de massa, desagregadora dos valores tradicionais e criadora de novas necessidades.

Mas essas novas necessidades não vão ser satisfeitas pelos sistemas de aparelho ditos comunistas. Pelo contrário, o aparelho acelerará a industrialização, isto é, aumentará a acumulação do capital para a produção, e não a repartição (que, aliás, seria insatisfatória) para o consumo. O sistema de aparelho empregará também meios maciços de coerção para abafar a reivindicação consumidora (regime policial, supressão do direito de greve, supressão dos partidos políticos, arregimentação do sindicalismo). Em decorrência disso, não podendo responder às necessidades imediatas das massas, o sistema cessará de beneficiar-se com sua adesão; a não ser que tenha êxito em persuadi-las de que o imperialismo estrangeiro é o único responsável pelas privações. Mas também isso só durará algum tempo: as novas aspirações, as novas necessidades continuarão a fermentar. Fermentarão tanto mais quanto o regime de aparelho se orientará, mais cedo ou mais tarde, no sentido do desenvolvimento do consumo na URSS depois da era stalinista. Isso significa que a cultura de massa no Terceiro Mundo favorece uma dupla mitificação, a dos valores ocidentais e a da realização das necessidades imediatas pelo aparelho dito comunista. Isso significa, igualmente, que, após ter favorecido, em uma primeira fase, o desenvolvimento político antiamericano, antiburguês, anticapitalista, a cultura de massa favorecerá em profundidade, em uma segunda fase, o desenvolvimento dos valores e dos modelos do individualismo, do bem-estar e do consumo. Só um cataclisma generalizado, uma nova guerra mundial, isto é, uma perturbação profunda no dever planetário (que não está excluída) poderia dar um fim a esse processo que veria, a seu termo, o triunfo do americanismo e o desastre da América.

18

O Espírito do Tempo

A Interrogação

A cultura de massa coloca um problema básico.

Não é o problema de seu valor artístico. Opor Debussy a Louis Armstrong é insuficiente, ridículo.

Não se trata do problema de seu valor humanista. Opor Montaigne a Dean Martin, Sócrates a Jerry Lewis é asneira.

Não é o problema da alienação, palavra esvaziada de qualquer sentido, se abranger tudo o que é imaginário, sonho, divertimento, pois então a alienação seria e continuaria a ser não só consubstancial, mas necessária ao ser humano; palavra esvaziada de qualquer sentido, se só abranger a área do capitalismo, sendo lícito que em todos os demais setores a vida quotidiana sofra alienações econômicas, políticas, ideológicas, culturais; palavra esvaziada de qualquer sentido, enfim, se considerarmos apenas a cultura de massa, e não seu fundamento.

Assim como Marx remetia a crítica da Sagrada Família à crítica da família terrestre, a crítica da mitologia olimpiana deve ser remetida à crítica da estupidez industrial. Ora, se considerarmos que essa crítica não pode ser reduzida à crítica do capitalismo, uma vez que, certamente nascida do desenvolvimento capitalista, ela responde às realidades mais complexas e profundas, como o demonstra a atração já exercida por ela na URSS e nas democracias populares, a crítica desemboca em um problema multidimensional e global: o do curso seguido pela vida na área técnico-industrial-consumidora mais avançada do globo e que será seguido, necessariamente, em toda sociedade de consumo, seja qual for a ideologia oficial.

Mitologia da Terra

A cultura de massa é um embrião de religião da salvação terrestre, mas falta-lhe a promessa da imortalidade, o sagrado e o divino, para realizar-se como religião. Os valores individuais por ela exaltados – amor, felicidade, autorrealização – são precários e transitórios; o indivíduo terrestre e mortal, fundamento da cultura de massa, é ele próprio o que há de mais precário e transitório; essa cultura está comprometida com a história em movimento, seu ritmo é o da atualidade, seu modo de participação é lúdico-estético, seu modo de consumo é profano, sua relação com o mundo é realista.

Tampouco os olimpianos da cultura de massa são verdadeiros deuses; os próprios heróis de ficção são mortais como nós. O desenvolvimento dos mitos é atrofiado; não existe mito da criação do mundo, não existe cosmogonia, Revelação ou Tábua da Lei. A luta maniqueísta do Bem e do Mal desenrola-se ardorosamente, mas sem Mazda e Ahriman, Deus e o Diabo. A Fatalidade e a Providência estão sempre presentes, mas são forças ocultas, e não presenças personalizadas.

A contradição – a vitalidade e a fraqueza – da cultura de massa é a de desenvolver processos religiosos sobre o que há de mais profano, processos mitológicos sobre o que há de mais empírico. E inversamente: processos empíricos e profanos sobre a ideia-mãe das religiões modernas – a salvação individual.

Assim, apesar de sua fragilidade institucional, apesar de sua impotência em concretizar-se como religião da salvação terrestre, apesar do realismo que, além do mais, lhe é necessário, apesar de seu miserável e transitório fundamento, a cultura de massa desenvolve a mitologia do indivíduo do século XX. Inversamente: apesar dessa mitologia, ela permanece profana e terra a terra.

A cultura de massa, incapaz de cristalizar-se verdadeiramente como religião da vida privada, é também incapaz de alcançar além da esfera privada. Assim como não pode institucionalizar-se em religião, também não pode basear-se no poder temporal e dispor de aparelho coercitivo. Não pode dispor de escola, partido, exército ou Estado. Baseia-se apenas no mercado, no consumo, na libidinagem. Não tem bandeiras, a não ser fotografias de *pin-up* e de estrelas, como não tem ritos ou cultos, a não ser as assinaturas de autógrafos e os aplausos do público.

O imperialismo da cultura de massa goza de todo o rigor moderno do privado e do terrestre, mas está sujeito a todas as suas insuficiências. De fato, ele destituiu parcialmente a família, a escola, a pátria de seu papel formador, na medida em que os "modelos" do pai, do educador, dos grandes homens foram vencidos pelos novos modelos de cultura que lhes fazem concorrência. De fato, ele extrai da salvação religiosa uma parte de sua substância, propondo a possibilidade da felicidade terra a terra. Mas esse imperialismo encontra suas barreiras e seus limites. Estados e Religiões freiam, por meio de suas censuras, uma libido que seria naturalmente desenfreada. E, sobretudo, a Religião, o Estado, a Nação, o Partido vivem de realidades humanas que a cultura de massa pode, em parte, estancar, mas não apreender. A Religião dispõe das pastagens do além; seu poder se verifica em situações em que a cultura de massa se anula: nas portas da angústia e da morte. Os Estados, Nações, Partidos baseiam-se em participações coletivas ou em estruturas sociais ignoradas pela cultura de massa.

Assim, embora ela conquiste seu campo de ação corroendo ou reprimindo as outras culturas, a cultura de massa não pode fazer submergir ou desagregar a Religião ou o Estado.

O cheio e o oco

Uma parte do grande comércio entre o homem e seus sósias, comércio por cujo intermédio se forma sua consciência de indivíduo, sua personalidade, ao mesmo tempo que se mantêm relações compensadoras com o imaginário, uma parte desse grande comércio se faz através da cultura de massa.

Na cultura de massa, a união entre o imaginário e o real é muito mais íntima do que nos mitos religiosos ou feéricos. O imaginário não se projeta no céu, fixa-se na terra. Os deuses – estrelas, olimpianos –, os demônios – criminosos, assassinos – estão entre nós, são de nossa origem, são como nós, mortais. A cultura de massa é realista.

Essa proximidade entre o polo real e o polo imaginário permite incessantes eletrólises. O que constitui a originalidade, a especificidade da cultura de massa é a direção de uma parte do consumo imaginário, pela orientação dos processos de identificação, para as realizações. Nas sociedades ocidentais, esse desenvolvimento do consumo imaginário provoca um aumento da procura real, das necessidades reais (elas mesmas cada vez mais embebidas do imaginário, como as necessidades de padrão social, luxo, prestígio); o crescimento econômico caminha em um sentido que teria parecido incrível há um século: realizar o imaginário. Ainda há mais: é a própria vida, pelo menos em um certo nível médio e entre dois limiares variáveis, que se consome mais sob o efeito da cultura de massa. As participações imaginárias e as participações na vida real, longe de se excluírem, se compatibilizam. Os jovens "ativistas" de cinema, de rádio, de revistas são também os mais ativos em sua vida pessoal e suas relações de camaradagem.[22]

Mas a vida não pode consumir tudo, e a sociedade consumidora não pode e não poderá dar tudo. Ela retira mesmo quando dá. Não pode dar ao mesmo tempo a segurança e o risco; retira a aventura quando dá os chinelos.[23] Retira a carne quando dá a imagem. A

---

22 Lazarsfeld, ref. cit. na Bibliografia.

23 **N.T.:** No sentido de aposentadoria.

cultura de massa procura deter ficticiamente tudo o que não pode ser consumido praticamente. É, assim, a aventura das vidas sem aventuras, a privação das vidas confortáveis, o conforto das vidas desprovidas, o crime do honrado pai de família, a nobreza dos seres sem nobreza, a crueldade das almas sensíveis, a sensibilidade dos insensíveis...

Ela torna fictícia uma parte da vida de seus consumidores. Ela "fantasmaliza" o espectador, projeta seu espírito na pluralidade dos universos figurados ou imaginários, faz sua alma emigrar para os inúmeros sósias que vivem para ele.

Assim sendo, a cultura de massa trabalha em duas direções inversas. De um lado, esses sósias vivem em nosso lugar, livres, soberanos; eles nos servem de consolo para a vida que nos falta, nos servem de distração para a vida que nos é dada; de outro, incitam-nos à imitação, dão o exemplo da busca da felicidade. Por um lado, as necessidades insatisfeitas irrigam os grandes desabrochamentos imaginários da ação e da aventura; por outro, as plenitudes imaginárias da felicidade e do amor irrigam a vida empírica. Por um lado, a cultura de massa alimenta a vida; por outro, atrofia-a.

Esse duplo movimento, hipnótico e prático, *integra* provavelmente um grande número de indivíduos na corrente das sociedades ocidentais, uma vez que acalma ou purifica as necessidades impraticáveis, mantém ou excita as necessidades praticáveis e, finalmente, adapta o homem aos processos dominantes. Mas é preciso conceber também a outra eventualidade, em que a cultura de massa bloqueia, reciprocamente, o real e o imaginário em uma espécie de sonambulismo permanente ou de psicose obsessiva. Assim ocorre com todos aqueles que são materialmente pobres demais ou oniricamente (espiritualmente) ricos demais, sem condições de adaptar uma parte de seus sonhos à realidade e uma parte de sua realidade a seus sonhos. Por um lado, casos individuais e também casos coletivos de populações miseráveis fascinadas pelo cinema e pela televisão, neles indo buscar as beatitudes sucedâneas do ópio moderno, *embora* vivam e *porque* vivem fora dos circuitos consumidores e dos padrões individualistas.

Por outro lado, é preciso conceber que possa haver inversão perturbadora dos processos de projeção e de identificação, principalmente junto a esses adolescentes que querem viver a vida de gangue e desprezam as felicidades de *happy end*. Nesse sentido, a cultura de massa se torna não mais agente de adaptação, mas fermento de inadaptação; o duro, o viril, o arrojado, o fora da lei tornam-se os "modelos"; a cultura de massa favorece incontestavelmente as "rebeliões sem causa" juvenis que entram em erupção em todos os pontos do globo, inclusive e sobretudo nas sociedades mais bem "integradas". (Não vou aderir aqui ao conceito universal dos conformismos para atirar uma pedra filisteia nessas revoltas adolescentes; notarei apenas que elas são superestimadas em sua extensão e subestimadas em sua profundidade. Extensão: não concernem senão a um período passageiro logo recuperado pela adaptação adulta; profundidade: trazem em si a contestação mais radical do modo de existência nas sociedades modernas e revelam um problema de fundo, em parte porque denunciam a miséria humana sobre a qual se fundam as sociedades que se dizem as mais ricas – econômica ou ideologicamente –, em parte porque não podem achar outro fundamento senão o abismo niilista onde se desmoronam as grandes transcendências.)

Em outras palavras, a cultura de massa se adapta aos já adaptados e adapta os adaptáveis; isto é, integra a vida social em que os desenvolvimentos econômicos e sociais lhe fornecem seus humos; a revolta adolescente não consegue resistir muito tempo e deve sofrer a integração na nova e grande camada consumidora que adere ao novo modo de vida. Portanto, é bem no nível médio das sociedades ocidentais que funciona sua dialética circular, dando vida por procuração imaginária às necessidades da vida, mas atiçando em troca essas necessidades no sentido da aspiração ao bem-estar e à felicidade. Em qualquer lugar essa dialética é perturbada ou perturbadora.

Mas, perturbada ou perturbadora, ela introduz e divulga, fora de seu quadro funcional, isto é, no conjunto do planeta, os grandes modelos da nova vida.

Assim, ela toma o partido dos cheios e dos ocos da civilização que a produziu, das forças e das fraquezas de sua expansão no mundo.

A ALMA DA TÉCNICA

A natureza e o papel da cultura de massa não se resolvem apenas nas relações projeção-identificação, real-imaginário, cheios-ocos que respondem ao novo curso da civilização ocidental. Oriunda do desenvolvimento técnico, industrial, capitalista das sociedades burguesas mais evoluídas, ela dialetiza as relações entre os conteúdos da civilização burguesa e o sistema técnico-industrial-capitalista, levando à atualização das virtualidades inerentes à técnica, à indústria, ao capitalismo, como suscitando correntes induzidas no seio dos processos globais.

A técnica transforma as relações entre os homens e as relações entre o homem e o mundo; ela objetiva, racionaliza, despersonaliza. Tudo parece dever reduzir-se a cifras. Há uma coisificação tecnicista que é preciso distinguir da "reificação" mítica, em que se investe a necessidade de possessão, como há uma alienação propriamente moderna nascida da quantificação e da abstração.

A cultura de massa é o produto das técnicas modernas; ela traz sua parte de abstração, substituindo as imagens pelos corpos, mas é ao mesmo tempo uma reação contra o universo das relações abstratas. Ela opõe ao real abstrato e coisificado a desforra imaginária da qualidade e do concreto. Ela humaniza, pela técnica, contra a técnica, povoando o mundo técnico de presenças – vozes, músicas, imagens. Assim como os arcaicos estavam cercados de fantasmas, espíritos, sósias onipresentes, também nós, civilizados do século XX, vivemos em um universo em que a técnica ressuscita essa magia antiga.

Igualmente graças à técnica, os fins de semana motorizados e as férias permitem reencontrar a natureza perdida; os esportes permitem reencontrar o corpo natural; a colheita, a caça, a pesca nos permitem reencontrar os gestos da humanidade primitiva; os jogos nos permitem reencontrar nossas almas infantis.

A recuperação do passado perdido por um excesso lúdico da vida tecnicizada, própria do lazer moderno, vai no mesmo sentido que a cultura de massa. Esta dá um empurrão que reintroduz a qualidade e o concreto (a felicidade, o amor) na vida real; multiplica as relações afetivas, estimula sem cessar a vida pessoal. Nesse sentido, a cultura de massa pode ser concebida como uma contra-alienação (ficando bem claro que uma alienação expulsa outra). Ela nos introduz não tanto em uma vida tecnicista quanto em um como viver não tecnicamente em um mundo tecnicizado.

Essa corrente de contratécnica une-se, de fato, à corrente profunda da técnica, que implica, como diz com insistência Kostas Axelos, a afirmação complementar e antagonista do sujeito e do objeto, do *ego* e da *res*.[24] A afirmação da objetividade técnica corresponde a uma afirmação do homem-sujeito. Uma civilização que reduz tudo a objeto ao fazer isso aumenta necessariamente a parte subjetiva daqueles que se apropriam dos, dominam ou consomem os objetos. Quanto mais o mundo se torna objetivo, mais o homem se torna subjetivo. Essa observação não deve ser esquematizada, pois, de fato, através do desenvolvimento da civilização tecnicista, inúmeros fragmentos da vida humana são captados pela objetivação (horários, salários, preços, organização, racionalização, abstração, quantificação, coisificação). Mas também é da lógica desse desenvolvimento que um suplemento de subjetividade possa reequilibrar um suplemento de objetividade, que, por exemplo, uma objetivação da vida de trabalho possa suscitar uma subjetivação da vida extratrabalho.

Daí essa contradição dialética que se apodera, simultaneamente, dos homens e dos objetos do universo tecnicizado. Os homens sofrem em seu próprio ser os processos de objetivação, mas, ao mesmo tempo, subjetivizam sua vida pessoal individualizando-se mais. Os objetos tornam-se coisas, utensílios, instrumentos, mas ao mesmo tempo ficam impregnados de valores subjetivos, afetivos, estéticos. Assim, a dupla natureza da cultura de massa, tecnicista e contratecnicista, abstrata e concreta, objetivadora e subjetivadora, industrial e individualista, encontra seu fundamento no próprio fundamento da técnica.

Essa dualidade mais importante é reencontrada, sob diversas formas, nos níveis industriais e capitalistas. Os moralistas completa-

24 Kostas Axelos, *Marx, penseur de la techinique*. Éditions de Minuit, 1961.

mente ingênuos da primeira metade do século não podiam perceber nem conceber que os padrões industriais de consumo pudessem ser, ao mesmo tempo, comprimidos vitaminados de alma e pastilhas de personalização. Não podiam conceber o individualismo maciço. Do mesmo modo, era dificilmente perceptível e concebível que o capitalismo, orientado para o lucro material, pudesse, nessa mesma busca, divulgando e explorando os continentes imaginários, estimular a vida subjetiva.

Certamente, técnica, indústria, capitalismo levam em si uma civilização realista, que inscreve os grandes ímpetos subjetivos na busca terrestre. Mas esse realismo torna a impregnar, com maior razão, o mundo empírico da alma. Ele orienta o afluxo subjetivo sobre o indivíduo vivo e mortal.

O INDIVÍDUO PRIVADO

O desenvolvimento técnico-industrial-capitalista encarrega-se do individualismo burguês. Integra-o transformando-o. Transforma-o generalizando-o a partir dos padrões de consumo.

A era do consumo está nascendo, ainda está estreitamente localizada. Corresponde a um tipo de desenvolvimento nascente, ainda estreitamente localizado, e, além disso, precário, se pensamos nos grandes antagonismos que trabalham o mundo. A cultura de massa cria raízes na fase consumidora das sociedades técnico-industrial-capitalista-burguesas. Corresponde a uma vida em que a fome deixou de constituir problema, em que o peso das necessidades primitivas se atenua, em que o homem consumidor emerge.

Esse é um ser libidinoso, em relação ao pequeno-burguês do passado, sempre freado pela preocupação de economizar, pela moral, pela religião. Os grandes ferrolhos inibidores ainda subsistem, mas em toda parte o desejo de satisfazer aos desejos infiltra-se na vida. O capitalismo é o grande agente da libidinagem moderna, conferindo maior importância, em primeiro lugar, ao lucro, em segundo, ao consumo, e, sem cessar, ao dinheiro. Este quer cada vez menos ser enterrado, investido, e, cada vez mais, ser consumido. A cultura de massa intervém no movimento. Sabe transformar os desejos em sonhos e os sonhos em desejos. Ela zomba do Eros polimorfo e é ela mesma uma face do Eros polimorfo. Mas, como vimos anteriormente, ela orienta o Eros, não apenas para a excitação dos sentidos, mas também para a saciedade das almas. Acasalando e tornando a acasalar Eros a Psique incessantemente, ela orienta seus estímulos para a subjetividade do indivíduo privado que busca suas próprias satisfações.

O homem consumidor não é apenas o homem que consome cada vez mais. É o indivíduo que se desinteressa do investimento. Na sociedade tradicional, se a subsistência estava assegurada, a vida individual ficava empenhada no trabalho de acumulação doméstica. "Nos meados do século XX, a tendência acumulativa deu lugar à tendência receptiva, na qual a finalidade é absorver", segundo a fórmula de Fromm. As vendas a crédito, as seguranças sociais, as garantias funcionárias, os seguros de todos os tipos, as aposentadorias tendem a descarregar o indivíduo da antiga acumulação familiar, da preocupação de economizar. O Estado, as grandes empresas efetuam, nos *Welfare State* ou nas sociedades de bem-estar, as funções de investimento.

Esse fosso que separa o soma individual do *phylum* social se prolonga sobre um outro terreno. Os conteúdos humanos ficam secos nos grandes sistemas técnico-burocráticos. O mundo da produção e da organização torna-se abstrato e gelado, entregue aos técnicos, à elite do poder e à lógica do poder. E, na medida em que as grandes organizações ignoram ou esmagam o homem concreto, é no consumo, no lazer, na vida privada que este pode encontrar ou reencontrar interesse, competência e prazer.

Então, uma grande dualidade tende a operar-se entre, por um lado, o homem consumidor, e, por outro, o Estado investidor; por um lado, o indivíduo privado, e, por outro, o universo burocratizado; por um lado, o ser atomizado, e por outro, os grandes aparelhos. O indivíduo, desde o momento em que pode ser aliviado da preocupação de sua proteção, de sua velhice e do futuro de seus filhos, desde o momento em que se acha automatizado em seu trabalho e fraco diante dos grandes poderes, desde o momento em que se abrem as possibilidades de consumo e de lazer, *procurará consumir mais sua própria vida.*

O indivíduo privado que quer consumir sua própria vida tende a valorizar o presente. Fica, além disso, cada vez mais privado de passado; este não lhe fornece mais sabedoria e norma de vida; os antigos valores, as grandes transcendências são esmagados por um devir acelerado.

Esse homem cada vez mais privado de passado está cada vez mais privado de futuro. Aliviado das preocupações acumulativas, não ousa encarar um futuro incrível. Os tradicionais perigos de guerra transformam-se em uma grande ameaça apocalíptica. As perspectivas de progresso transformaram-se em visões de ficção científica.

E assim, enquanto o Estado estabelece as relações com o passado e o futuro, o indivíduo agarra-se à grande justificação da vida presente: desfrutar e realizar-se.

A cultura de massa responde essencialmente a esse "hiperindividualismo" privado. Mais ainda: contribui para enfraquecer todos os corpos intermediários – desde a família até a classe social – para constituir um aglomerado de indivíduos – a massa – aos pés da supermáquina social.

Desvia-se de tudo o que diz respeito ao Poder, ao Estado, à Organização, ao Trabalho, às outras paixões coletivas que não lúdicas. Ignora frequentemente a família, nunca o casal.

O indivíduo em vias de desenraizamento em relação ao passado e que não investe em nada além de sua própria vida poderia reconhecer nos heróis de filmes a imagem exaltada de sua própria condição: heróis sem passado, sem futuro além do *happy end*, e que respondem ao apelo de "realizem-se".

Os padrões da indústria cultural – mitos ou modelos, mitos e modelos – exprimem o refluxo e o afluxo cultural no setor privado. Dirigem-se sempre ao indivíduo privado. São os mitos-modelos da realização privada, da felicidade privada.

Esse individualismo é o herdeiro do individualismo pequeno-burguês, mas as determinações técnico-industrial-capitalista-consumidoras, como o dinamismo próprio da cultura de massa, inocularam-lhe aditivos, refizeram-no e vitaminaram-no.

Em um sentido, a cultura de massa fornece ao egoísmo pequeno-burguês os modelos do prestígio, do padrão, do autocontentamento, como fornece à mediocridade quotidiana sua compensação imaginária. Em outro sentido, a corrente lúdico-estética remodela parcialmente a consciência utilitária pequeno-burguesa; a corrente libidinoso-erótica entreabre as pesadas portas dos gozos proibidos; a corrente juvenil traz suas aluviões para a vida adulta e incita a viver. A conjugação das tendências libidinosas, consumidoras, lúdico-estéticas, juvenis rejuvenesce o individualismo pequeno-burguês como um soro de rejuvenescimento.

Na verdade, ela infantiliza e rejuvenesce ao mesmo tempo. Há regressão infantil na concepção de uma vida imediata, atomizada que se desvia do que constitui, verdadeiramente, um problema: a vida em sociedade e a vida na história, a fraqueza e a força do homem. Mas há também a acentuação de um movimento próprio do desenvolvimento da espécie humana e que é a juvenilização.

O ESPÍRITO DO TEMPO

O novo individualismo, que emerge do individualismo pequeno-burguês, diferencia-se do hedonismo clássico. Este, voltado unicamente ao gozo do instante, ignorava evidentemente o que talvez seja a contribuição mais nova da cultura de massa: *a participação do presente do mundo.*

A câmara, o microfone que captam e transmitem o instantâneo são como os instrumentos predestinados de uma cultura que adere à realidade imediata. Em princípio, portanto, câmara e microfone são também destinados ao registro e à conservação, isto é, à memória coletiva. Mas essa função foi atrofiada pelo desenvolvimento prodigioso da função imediata, sob a pressão de uma civilização do presente que, por sua vez, se acha sobredeterminada pela câmara e pelo microfone.

A cultura de massa privilegia o presente em uma imensa extensão que desposa e estimula a atualidade.

Tende a destruir o *in illo tempore* dos mitos para substituí-lo por um "chegou essa semana". O enxerto mitológico na atualidade mantém a epopeia quotidiana dos olimpianos modernos. Há dois séculos, um conto teria dito: "Um imperador da Pérsia estava triste porque sua esposa não tinha filhos. Repudiou, pois, a esposa que amava, e seus emissários procuraram pelo mundo aquela que poderia dar-lhe um herdeiro". *France-Dimanche* e *Ici-Paris* não têm apenas suportes reais para fazer floreios sobre esse tema (o xá do Irã existe, efetivamente, e repudiou Soraya para casar com Farah Diba, que lhe deu um filho); eles têm necessidade de inserir esse episódio na atualidade, de mergulhar o mito no presente fenomenal.

Paralelamente, a perpétua incitação a consumir e a mudar (publicidade, modas, vogas e ondas), o perpétuo fluxo dos *flashes* e do sensacional conjugam-se em um ritmo acelerado em que tudo se usa muito depressa, tudo se substitui muito depressa, canções, filmes, geladeiras, amores, carros. Um incessante esvaziamento opera-se pela renovação das modas, vogas e ondas. Um filme, uma canção duram o tempo de uma estação, as revistas esgotam-se em uma semana; o jornal, na mesma hora. Ao tempo dito eterno da arte, sucede o tempo fulgurante dos sucessos e dos *flashes*, o fluxo torrencial das atualidades. Um presente sempre novo é irrigado pela cultura de massa. Presente estranho, por ser, ao mesmo tempo, vivido e não vivido; é vivido mentalmente enquanto os corpos sofrem a reputação e a similitude da vida quotidiana (levantamo-nos à mesma hora, comemos à mesma hora etc.); os olimpianos é que vivem plenamente. Mas esse presente, ventilado nos olhos e ouvidos da humanidade quotidiana, funciona como respiradouro para o espírito. O tempo acelerado e acelerador que leva seus passageiros decuplica a aderência ao presente em movimento.

A adesão e a aderência ao presente fazem da cultura de massa a cultura de um mundo em transformação sucessiva; mas, cultura no devir, ela não é cultura do devir. Ela permite ao homem aceitar, mas não assumir sua natureza transitória e evolutiva. Cultura do hoje eterno e cambiante, ela oferece uma sucessão não estruturada de momentos presentes (J. Gabel, *La fausse conscience*, manuscrito

p. 174). Contribui para esse novo conformismo chamado "contemporaneidade" por Whyte Jr., que faz do presente o quadro absoluto de referência. Atomiza o tempo assim como o indivíduo... Mas não há mais que cegueira, fuga ou divertimento na adesão ao presente. Os grandes valores transcendentes foram gastos pelo devir acelerado de uma civilização projetada no tempo irreversível. Os valores baseados no consumo da vida presente sucedem-se. O sentimento de que é preciso buscar a verdade e o sentido nas aparências fenomenais torna-se dominante. O *sendo* torna-se a realidade essencial.

A cultura de massa tende a reconduzir o espírito ao presente. Simultaneamente, opera uma prodigiosa circulação dos espíritos em direção aos alhures. Os alhures imaginários sempre cercaram as sociedades e as existências mais fechadas. Mas nossa civilização revela, a seu modo, e de modo particularmente *extensivo*, esse caráter fundamental que faz do homem "um ser das distâncias", cujo espírito sempre vaga pelos horizontes de sua vida.

Rostos ausentes dos que se entregaram ao trabalho mecânico, à tarefa parcelada. Olhares perdidos dos que estão no metrô, no ônibus. E, na mesa familiar, o jornal ou a televisão ainda alhures... Fixados não no céu dos mitos religiosos, mas vagando pelos universos paralelos semelhantes à cultura de massa, ou mesmo nestes.

Não são somente os alhures da liberdade, da aventura, do submundo, dos sonhos despertados, são também os alhures da atualidade planetária. É a televisão que realiza a extrema ubiquidade dos alhures na extrema imobilidade do aqui. Um condensado múltiplo do cosmo oferece-se diariamente ao telespectador de chinelos.

O alhures não é absorvido pelo aqui nem o aqui pelo alhures. Forma-se uma dialética do aqui-alhures e do alhures-aqui que se integra na dialética maior da cultura de massa: ao mesmo tempo que uma prodigiosa força científica deporta o espírito para os alhures, a força de gravitação do individualismo consumidor torna a chamar os *sputniks* mentais.

Não há, portanto, dissolução da presença individual nos alhures, mas há, através e à custa de um esconde-esconde fantasmático com as atualidades planetárias, uma mobilização do espírito *que tece um campo espacial cada vez mais amplo e constante do alhures-aqui e do aqui-alhures, isto é, uma nova relação com o espaço e o mundo.* A essência comunicante e comunicativa da cultura de massa alterna, reata, mediatiza. O exotismo torna-se familiar, o desconhecido torna-se cada vez menos estranho... Talvez, inversamente, quanto mais o estranho se torna familiar, mais o familiar se torna desconhecido...

Assim, a cultura de massa nos introduz em uma relação desenraizada, móvel, errante, no tocante ao tempo e ao espaço. Ainda aqui, verificamos uma compensação mental para a vida fixada nos horários monótonos da organização quotidiana. Mas há algo mais que uma compensação: há uma participação no *Zeitgeist*, Espírito do Tempo simultaneamente superficial, fútil, épico, ardente. A cultura de massa não se apoia no ombro do *Zeitgeist*, está agarrada às suas abas.

Há, nessa nova relação com o espaço e o tempo, uma espécie de participação infra-hegeliana no ser em devir do mundo; mas há, ao mesmo tempo, uma espécie de sentimento infrasterneriano da unidade da existência individual.

Mas há uma angústia que deve, necessariamente, assaltar o ser humano, o qual, quando se torna tudo, sabe ao mesmo tempo que não é nada. A cultura de massa recalca essa angústia tanto nos divertimentos cósmicos como no mito da felicidade ou na procura da segurança.

Na realidade, a angústia sai por todos os poros da cultura de massa, mas, precisamente, sai expulsa por movimentos, agitações, trepidações, imagens de golpes, armadilhas, ataques, homicídios...

Também quase não se encontra, na cultura de massa, a interrogação interior do homem em luta consigo mesmo, com a vida, com a morte, com o grande mistério do universo. Não há revolta antropológica, não há Édipo ou Esfinge, nem mergulho vertiginoso no tufo da existência, porque tudo se desenvolve na horizontalidade, na superfície dos acontecimentos, reais e imaginários, e no movimento. E a contribuição inesquecível da cultura de massa encontra-se em tudo o que é movimento: o *western*, o filme e o romance policial, melhor ainda, criminal, o grande frenesi cômico e cósmico, a ficção científica, as danças e ritmos afro-americanos, a reportagem radiofônica, o sensacionalismo, o *flash*. Criações feitas não para os silêncios meditativos, mas para a adesão ao grande ritmo frenético e exteriorizado do "Espírito do Tempo".

Tristes fantasmas da transcendência, os críticos amargos do Espírito do Tempo são mais cegos que os cegos de que são contendores; ignoram que o que morreu não foi propriamente Deus, cuja presença está fora do mundo, foi o Ser.

Mesmo que a primazia do atual sobre o permanente, do superficial sobre o essencial destrua toda uma concepção da cultura (mas o que permaneceria e onde estava a essência?), isso não impede que a cultura de massa nos faça aderir ao próprio tipo de existência histórica que é o nosso. Mesmo que as teleparticipações planetárias ocasionem a desaparição de antigas participações, isso não impede que a cultura de massa nos conduza no sentido da aventura humana, hoje em dia cosmopolita. A cultura de massa, que corresponde ao homem de um certo estado da técnica, da indústria, do capitalismo, da democracia, do consumo, também coloca esse homem em relação com o espaço-tempo do século.

Esse homem está fechado no mais estreito particularismo individual, mas seu espírito caseiro está aberto para os horizontes planetários. Está sujeito a um duplo ritmo fundamental, identificativo e projetivo, centrípeto e centrífugo, reativo e fantasmalizante, que toma uma amplitude inaudita na afirmação acentuada da vida pessoal e na pulsação extensiva do novo espaço-tempo.

Assim se exprime, através da cultura de massa, a dupla e contraditória necessidade antropológica, que revela e desvia toda cultura: a afirmação individual e a participação cósmica.

Curso futuro?

A cultura de massa, que contribui para a evolução do mundo, é evolutiva por natureza. Evolui na superfície segundo o ritmo frenético das atualidades, *flashes*, modas, vogas, ondas; evolui em profundidade segundo os desenvolvimentos técnicos e sociais: estão em movimento as técnicas que estimulam a procura e a procura que estimula as técnicas no mercado do consumo cultural. A cultura de massa adere a muito mais processos evolutivos e muito mais aos processos evolutivos que as culturas impostas pela autoridade ou tradição, como as culturas escolares, nacionais ou religiosas.

Não se pode, portanto, essencializar o que está em evolução. A grande imprensa e o cinema começaram seu desenvolvimento há 50 anos; o rádio, há 30; a televisão, há 10. O novo curso toma forma a partir de 1930; a promoção dos valores juvenis se acentua pela *nouvelle vague* adolescente dos anos 1950-1960. Haverá novos desenvolvimentos, tanto nas técnicas de comunicação como na própria comunicação.

Esses desenvolvimentos, estreitamente dependentes do curso histórico de uma civilização, podem ser perturbados na medida em que o próprio curso é perturbado. Uma regressão generalizada do consumo e, bem entendido, uma guerra mundial podem fazer parar o ímpeto da cultura de massa, modificar suas funções ou deslocar sua arquitetura temática. Na realidade, a cultura de massa é tão frágil quanto conquistadora, frágil na medida em que ela depende das contradições da crise mundial, conquistadora na medida em que se baseia nos processos dominantes da era técnica...

Se colocamos entre parênteses a hipótese de uma regressão do progresso técnico-industrial-consumidor, nos Estados Unidos e na Europa Ocidental, podemos tentar encarar o futuro próximo.

Certos sintomas de modificações já aparecem no próprio seio do novo curso. Os circuitos internacionais de cinema independente e os cineclubes, os clubes do livro e do disco, os "terceiros programas" do tipo BBC, os ensaios de televisão "cultural" como no Chile ou na França parecem pressagiar a constituição de uma nova esfera que se destacará da órbita da cultura de massa para gravitar em torno da "alta cultura".

Outras modificações dizem respeito ao coração da cultura de massa. Uma doença cai sobre o Olimpo. Por certo, o Olimpo não perdeu nada de sua vitalidade. Essa doença não é a morte que elimina os grandes olimpianos do cinema, como Tyrone Power, Clark Gable, Gary Cooper, sem que eles sejam substituídos por titãs à sua altura; o movimento que reconduz os olimpianos a uma toesa média continua. O mal está situado em um outro nível. O Olimpo não está decaído, está corroído: há uma crise de felicidade no Olimpo. Martine, Marilyn, Liz, Rita, Brigitte não encontram a felicidade. Margaret sofreu, Elizabeth e Soraya sofrem. Instabilidade, depressões, até mesmo tentativas de suicídio revelam, hoje em dia, mais as dificuldades do que as possibilidades da felicidade. A mitologia do Olimpo está corroída pela realidade interna, isto é, a vida vivida dos olimpianos. É certo que a cultura de massa pode camuflar, como já o fez, os "desequilíbrios" cuja revelação seria inquietante para o comum dos mortais (homossexualidade, droga, orgias etc.). Mas não pode deixar de iluminar com seus *flashes* os divórcios de Rita Hayworth, a separação Xá-Soraya, o exílio doloroso de Martine Carol no Taiti, as sonoterapias de Marilyn, a tristeza de Vadim abandonado, o fracasso do casamento de Françoise Sagan, os infinitos desesperos de Brigitte. E a cultura de massa já dirige seus projetores para as amarguras da *dolce vita*. Antonioni, Bergman, que falam da dificuldade de viver, não são mais corpos inteiramente estranhos.

Constitui-se uma curiosa antonomia entre as infelicidades vividas do Olimpo e o *happy end*. Será que o *happy end* poderá manter seu reinado triunfal se o Olimpo deixa de ser feliz idealmente? Será que o mal que afeta o Olimpo é o precursor de um mal mais profundo que afetará o individualismo moderno (mas quando?) em seu próprio ser? Será que não veremos emergirem novas dificuldades de viver que deverão ser não mais escamoteadas na mitologia euforizante, mas enfrentadas?

As frestas já estão aparecendo.

De um lado, uma vida menos escravizada às necessidades materiais e às probabilidades naturais; de outro, uma vida escravizada às futilidades. De um lado, uma vida melhor; de outro, uma insatisfação latente. De um lado, um trabalho menos penoso; de outro, um trabalho destituído de interesse. De um lado, uma família menos opressiva; de outro, uma solidão mais opressiva. De um lado, uma sociedade protetora e um Estado assistencial; de outro, a morte sempre irredutível e mais absurda do que nunca. De um lado, o aumento das relações de pessoa a pessoa; de outro, a instabilidade dessas relações. De um lado, o amor mais livre; de outro, a precariedade dos amores. De um lado, a emancipação da mulher; de outro, as novas neuroses da mulher. De um lado, menos desigualdade; de outro, mais egoísmo.

Irão essas frestas aprofundar-se em fendas? Até que limites será desejada, depois suportada, uma existência assim voltada ao atual e ao superficial, à mitologia da felicidade e à filosofia de segurança, à vida em estufa, mas sem raízes, ao grande divertimento e ao gozo parcelar? Até onde a realização do individualismo moderno se efetuará sem desagregação?

Em que medida a evolução futura da cultura de massa dissimulará esses problemas, ou, ao contrário, se tornará confrontação com as novas dificuldades de viver? Em que medida as dificuldades da felicidade sucederão à euforia da felicidade como tema central?

Mas abstenhamo-nos de isolar ou de hipostasiar esse problema. O que pretendi indicar, quando a humanidade, em sua massa planetária, sofrendo a fome e a dominação, ainda está bem aquém do bem-estar, da felicidade e do novo individualismo, é que já não podemos encarar o além do bem-estar, da felicidade, do novo individualismo. Estamos em um tempo de desigualdade extraordinária de desenvolvimento, onde aparecem os aquém e os além dos problemas, isto é, também, seu movimento, sua evolução.

Podemos perceber que toda positividade nova que se estabelece no mundo desencadeia uma nova negatividade, que todo cheio provoca um oco, que toda saciedade chama uma angústia, que a marcha do homem se realiza na dialética da satisfação e da insatisfação, que os progressos deslocam a finitude e a particularidade do ser humano sem reduzi-las.

Mas, ao mesmo tempo, podemos perceber que, se não há resposta mágica para as contradições da existência, estas estão em movimento, e esse movimento pode criar respostas, também em movimento.

* * *

Podemos, enfim, perceber o seguinte: há, na cultura de massa, *outra coisa*, um aquém e um além, que a prende ao devir profundo da humanidade, algo escondido, como uma semente sob o caroço dos mitos do indivíduo privado. Há, moldada, fundida, aglutinada sob a fixação individualista, a espera e a busca milenar de mais bondade, mais piedade, mais amor e mais liberdade. Há, nas grandes férias e na grande Vacância, a velhíssima pergunta que procura obscuramente sua resposta: que pode, que deve fazer um homem de sua vida, uma vez que ele desemboque fora da necessidade? Há, no homem que parece esconder-se como um eremita, sob os estranhos objetos de sua propriedade, a cega aspiração à comunicação com o outro. Há, no pequeno-burguês televisual, uma relação, precisamente pelo vídeo, com o cosmonauta que navega pelos espaços, e é, por mais tênue que seja, uma relação com a pulsação do mundo, com o Espírito do Tempo...

Que será desses fermentos, desses sucos, na medida em que o homem se tornar cada vez mais preso pela prodigiosa aventura técnica que lhe abre não só os horizontes cósmicos, mas as possibilidades de uma transformação interna radical, de uma mutação inaudita? Há demasiadas variáveis emaranhadas, demasiadas incertezas, uma tensão pré-apocalíptica grande demais para que ousemos prever. Mas, talvez, sob nossos olhos e por fragmentos desconjuntados, já se delineie o esboço simiesco – o *cosmopithekos* – de um ser (dotado de mais consciência e de mais amor?) que poderia encarar o devir e assumir uma condição cósmica.

NECROSE

TERCEIRA PARTE

SOCIOLOGIA DO PRESENTE E SOCIOLOGIA DA CULTURA

1

A Crise

(Sociologia da crise e crise da sociologia)

Sociologia crítica e sociologia criticada

Da mesma maneira que a sociedade de que ela era o olhar (o espelho?), a sociologia foi atingida pelo Maio de 1968 em plena expansão, crescimento, desenvolvimento. Ela, aparentemente, não mostrava nenhum sinal de crise: a palavra sociologia era cada vez mais invocada, com respeito ao fetichismo, em vastos setores da opinião pública, e para corroborar a mais insignificante asserção sobre a máquina de lavar, o biquíni erotizado ou a chatice das H.L.M.,[1] a consultora sentimental do *France Soir* ou o Senhor Express apelavam para o conselho dos sociólogos. Ao mesmo tempo que a sociologia se tornava um mito social, o emprego do "perito-sociólogo" era cada vez mais intensamente estimulado e legitimado nas engrenagens do Planejamento, da Administração, da Empresa. O econo-

---

1 **N.T.:** *Habitations à loyer modéré*, à letra, "moradias de aluguel módico", conjuntos habitacionais construídos com incentivos governamentais e destinados a famílias numerosas de renda média.

mista, perplexo diante dos resíduos que não integram suas equações, como o técnico ávido de eficácia humana, voltava-se para o sociólogo. O questionário de opinião por amostragem representativa suscitava cada vez menos o cepticismo zombeteiro para impor-se como um estetoscópio universal.

E, no entanto, na Universidade de Nanterre, desde que tomou corpo o movimento de revolta, as ciências humanas, e em especial a sociologia, são ao mesmo tempo fonte de contestação e contestadas na fonte.[2] Os estudantes revolucionários vão à sociologia, que critica ao mesmo tempo a sociedade e a sociologia oficial, isto é, as obras de Wright Mills, Riesman, Marcuse, Lefebvre e, em profundidade, vê-se um novo renascimento da fênix marxista, que se afirma como a verdadeira sociologia. Ao mesmo tempo, em psicologia social, Rogers, Lewin, Moreno trazem sua carga explosiva a favor da democracia, da espontaneidade, da criatividade dos grupos.[3]

Com mais ou menos violência, mais ou menos discriminação, a sociologia triunfante, oficial é denunciada. Suas técnicas fazem dela um instrumento de manipulação pelos poderes; suas teorias são ideologicamente camufladas: o próprio empirismo parcelado aparece menos como uma necessidade da investigação do que como uma filosofia estreita, tímida e intimidada, destinada a seccionar em um quebra-cabeças a imagem da vida social.

Assim, em 1967-1968 alcança acentuada virulência um debate já epidêmico sobre a natureza e o papel da sociologia. A última erupção, na França, foi suscitada pelo jdanovismo[4] staliniano e pelo

---

2 Cf. o "Pourquoi des sociologues?" ["Por que sociólogos?"] de Cohn-Bedit, Duteuil, Gérard Granautier, divulgado em Nanterre no princípio de abril e publicado em *Esprit* de 5 de maio de 1968, p. 877-882.

3 Merecem ser lidas, *in Epistemon*, estas ideias que abalaram a França (Nanterre, novembro de 1967-junho de 1968). Paris: Fayard, 1968, as passagens dedicadas, nas páginas 32 e seguintes, à "dinâmica dos grupos generalizados" e ao "seminário selvagem" que estourou na França em maio de 1968.

4 **N.T.:** Do nome de Andrei A. Jdanov, auxiliar de Stalin falecido em 1968, que teve papel importante na política exterior, na luta contra os "desvios burgueses", e estrangeiros em geral, nas letras e nas artes.

aparelho político-cultural do partido comunista, denunciando então a sociologia oficial, norte-americana, imperialista e policial.

Mas, em 1967, o conflito já não opõe os mais rígidos militantes culturais do partido comunista ao conjunto dos sociólogos, nem o dogmatismo staliniano ao empirismo investigador. Do lado dos assaltantes já não existe o marxismo ortodoxo, porém marxismos ortodoxos, marxismos heterodoxos, correntes libertárias, algumas das quais são nutridas pelas teorias não diretivas da psicologia social. Por outro lado, a sociologia atacada a partir de 1951 se oficializou, se instalou e se integrou.

A Sociologia da Sociologia em Maio de 1968

Tentar a sociologia do Maio de 1968 coloca em causa tanto a sociologia dominante quanto o marxismo dogmático. De fato, só se pode tentar compreender Maio de 1968 se se levar em consideração outras técnicas de pesquisa que não o questionário por amostragem que domina (dominava?) a sociologia e que, incapaz de cavar por baixo da crosta superficial das opiniões, era incapaz de prever o que estava latente ou brotava, ou de ver e conceber o dinamismo e as rupturas. Só se pode tentar compreender o Maio de 1968 se se procura ficar acima e além do saber disciplinar parcelado, tentando reunir um corpo teórico de hipóteses para abarcar e estruturar o fenômeno.

Por outro lado, somos obrigados a pôr em dúvida a imagem de uma sociedade industrial que, uma vez dado o grande *take-off*,[5] vagaria em direção aos céus de uma funcionalidade e de uma racionalidade sem contradições, sem crises e sem ideologias. O Maio de 1968 não decide, mas reabre a questão. Efetivamente, a partir de então, toda uma gama de hipóteses se abre, desde a hipótese mínima, de acordo com a qual o Maio de 1968 seria uma crise de atraso e de bloqueio ao desenvolvimento da sociedade industrial e não o fruto desse desenvolvimento, e a hipótese máxima, que vê no Maio

---

5 **N.T.:** Em inglês, no original.

de 1968 uma irrupção premonitória, à vista de todos, da doença incurável dessa sociedade.

Além disso, não se trata apenas de saber se a sociedade industrial segrega rupturas e insatisfações, trata-se de saber se esta noção de sociedade industrial tem algum sentido, isto é, valor operatório ou heurístico, uma vez que abordamos um fenômeno concreto, isto é, como no caso presente, uma crise.

Em resumo, a sociologia dominante, nem nas suas técnicas nem nos seus conceitos, nem nas suas hipóteses, parece pronta a apreender a crise de Maio.

– Mas, pelo amor de Deus, responderiam seus defensores, esta crise tem que ver com a História, e não com a sociologia.

E, efetivamente, encontramo-nos no núcleo do problema. Há sociólogos que admitem que a crise não é do domínio da sua disciplina, e há outros que não podem conceber uma sociologia que se desligaria deliberadamente da possibilidade que a crise oferece de se tentar penetrar mais a fundo no conhecimento da sociedade, em teoria e de fato, no seu princípio e na sua contemporaneidade, aqueles, afinal, que não podem conceber que a sociologia esteja totalmente atrofiada – *como ela o está simultaneamente, correlativamente – na direção da teoria, do fenômeno, do acontecimento*. Porque, ao contrário do que parece a algumas pessoas hipnotizadas pela polêmica da estrutura e da antiestrutura, da diacronia e da sincronia, a atenção dedicada ao fenômeno, ao acontecimento, à crise conduz não ao enfraquecimento, mas ao reforço da exigência teórica.

É este o sentido do marxismo, que pretende ser uma teoria geral apta para captar o acontecimento significativo para enriquecer e confirmar a teoria (como se deu com o *18 Brumário de Luís-Napoleão Bonaparte*), mas parece-nos que a cartilha marxista que é atualmente divulgada não pode assimilar o acontecimento porque não dispõe de uma força de autorrevisão e de autocorreção que possa, diante de um acontecimento tão pouco ortodoxo, dominar o temor do "revisionismo". A sociologia da sociedade industrial, bem como a cartilha marxista, tem grande dificuldade em integrar a categoria "juventude" e a categoria "mulher" em seus esquemas e não procuram esclarecê-las de nenhuma maneira. O marxismo "aberto" de tipo marcusiano faz, *finalmente*, uma análise unidimensional da sociedade capitalista rica, subestimando a força da contracorrente e do negativo. Enfim, podemos perguntar-nos se o marxismo de ortodoxia renovada de tipo althusseriano se situa ao nível das infraestruturas ou ao nível do imaginário e se, em matéria de prática teórica, ele é estúpido ou leviano.

Princípios de uma sociologia do presente

1 – Uma sociologia que pretende estar atenta ao acontecimento e à crise e ser contemporânea deles deve, para começar, ser fenomenológica. Este termo não é empregado aqui para invocar Hegel ou Husserl, mas conduz: *a)* ao fenômeno concebido como dado relativamente isolável, não a partir de uma disciplina, mas de uma emergência empírica, como, por exemplo, e por excelência, um acontecimento ou uma série de acontecimentos em cadeia; *b)* ao *logos*, isto é, à teoria concebida, também ela, para além da coação disciplinar.

O fenômeno adere, pois, à realidade empírica e ao mesmo tempo invoca o pensamento teórico. A crescente necessidade de multidisciplinariedade e de interdisciplinariedade traduz timidamente a necessidade de uma abordagem adaptada ao fenômeno, e não mais de uma adaptação do real à disciplina. Por mais raquítica que seja, a noção de sociedade industrial traduz a necessidade de uma fenomenologia.

2 – O acontecimento, que significa a irrupção ao mesmo tempo do vivido, do acidente, da irreversibilidade, do singular concreto no tecido da vida social, é o monstro da sociologia. Efetivamente, é necessário um esforço científico gigantesco para liquidar, expulsar, contornar, esvaziar o acontecimento, de modo que se possa alcançar o reino formalizado e matematizado das relações e estruturas. Mas pode-se, igualmente, e concomitantemente, caminhar cientificamente pelos caminhos de uma sociologia clínica que considere que: *a)* o campo histórico-mundial (inclusive a pré-história e a etnografia) é o único campo experimental possível para a ciência do homem social; *b)* uma teoria pode ser elaborada, não apenas a partir de

regularidades estatísticas, mas de fenômenos e situações extremas, paroxísticas, "patológicas", que desempenham um papel revelador.

Pode-se dizer que o marxismo, o freudismo e mesmo, potencialmente, o estruturalismo[6] são métodos-teorias de duas vertentes, uma das quais está orientada para o aspecto diagnóstico-clínico da pesquisa (investigação e reflexão). É esta vertente que atualmente está esquecida. É sobre esta vertente que é também legítimo trabalhar e que é necessário trabalhar, se se quiser considerar o Maio de 1968.

3 – O acontecimento, do ponto de vista sociológico, é tudo aquilo que não se inscreve nas regularidades estatísticas. Assim, um crime ou um suicídio não é um acontecimento, na medida em que se inscreve em uma regularidade estatística, mas uma onda de crimes, uma epidemia de suicídios podem ser considerados acontecimentos, da mesma forma que o assassinato do presidente Kennedy ou o suicídio de Marilyn Monroe.

O acontecimento é a novidade, isto é, a informação, no sentido em que a informação é o elemento novo de uma mensagem. O acontecimento-informação é por princípio desestruturante (e a grande imprensa de informação fornece, diariamente, leitura sobre um mundo desestruturado e entregue ao barulho e à fúria),[7] e a este propósito é a informação que perturba os sistemas racionalizadores que se esforçam por manter uma relação de inteligibilidade entre o espírito do receptor e o mundo. Donde o caráter metodologicamente sadio do acontecimento, na medida em que dá origem a uma ou várias questões, e em tais condições abala a estrutura racionalizadora. O caráter questionador do acontecimento põe em movimento o ceticismo crítico. De fato, é com muito mais frequência sob o impacto de acontecimentos históricos, grandes ou pequenos, que voltamos a

6 Cuja virtualidade dinâmica começou a exprimir-se na gramática generativa [ou *gerativa transformacional* do estruturalismo linguístico norte-americano – **N.T.**] e, ocasionalmente – sobretudo em Foucault – nas ciências humanas.

7 **N.T.:** O autor aqui utiliza uma frase de Shakespeare sem aspas porque, para o leitor francês de nível médio, é quase uma frase feita: "A vida (...) é uma história contada por um idiota, cheia de *barulho e de fúria* que nada significa". *Vide* p. 58 e 62.

questionar nossos sistemas explicativos, ruidosos, eufóricos. O uso autocrítico do acontecimento é, em profundidade, muito mais científico do que o uso do computador.

4 – O acontecimento é acidente, isto é, perturbador-modificador. Põe em ação uma dialética evolutiva-involutiva: por um lado, desencadeia um processo de reabsorção que, se o acontecimento for perturbador demais, desencadeia mecanismos de regressão, fazendo ressurgir um fundo arcaico protetor e/ou exorcizador (assim, a morte, que é sempre um acontecimento para os próximos, desencadeia os ritos mágicos dos funerais e do luto); por outro lado – e com a ajuda, muitas vezes, dos processos evolutivos desencadeados –, o acontecimento suscita um processo de inovação que vai integrar e difundir a mudança na sociedade.

A esse título, o acontecimento é duplamente rico porque permite estudar os processos de evolução-involução que desencadeia e porque, quando não se trata de um cataclismo natural, é também desencadeado pela dialética de evolução-involução que trama o futuro das sociedades.

5 – As crises constituem fontes de extrema riqueza para uma sociologia que não concentra todos os seus recursos nas médias estatísticas, nas amostras representativas ou nos modelos estruturais da linguística:

a) As crises são concentrados explosivos, instáveis, ricos de fenômenos involutivos-evolutivos, que em certo grau se tornam revolucionários.

b) A hipótese de que a crise é um revelador significante de realidades latentes e subterrâneas, invisíveis em tempo dito normal, é heurística com relação à hipótese contrária que consideraria a crise epifenomenal.

c) Esta hipótese está diretamente ligada ao postulado científico de Marx e de Freud, que confere a primazia à parte submersa, invisível (latente, inconsciente nos dois casos, infraestrutural) no homem e na vida social.

d) A crise é, em princípio, um fenômeno conflitual, e merece ainda mais interesse se se adotar o postulado marxista-freudiano segundo o qual o caráter conflitual é um caráter sociológico e antropológico essencial.

e) Finalmente, a crise reúne, de modo turvo e perturbador, repulsivo e atraente, o caráter acidental (contingente, circunstancial), o caráter de necessidade (ativando as realidades mais profundas, as menos conscientes, as mais determinantes) e o caráter conflitual. Captar a crise sob seus três auspícios significa, portanto, levar-nos ao processo histórico-social como processo estruturante-desestruturante, às antropologias fundadas no desequilíbrio permanente que são tanto a de Marx quanto a de Freud, apesar das tentativas escolásticas de normalizá-Ias. Isto nos coloca, igualmente, no próprio centro semialeatório, semipolarizado dos fenômenos humanos.

É aqui que entramos necessariamente em oposição a uma sociologia mecanística, normalizadora, que eliminaria a perturbação e o desequilíbrio.

6 – A oposição prossegue nos planos das técnicas e métodos de pesquisa. O questionário por amostragem, no caso, não pode passar de um meio eventual de confirmação em certos níveis superficiais. A pesquisa viva, quente apresenta múltiplos problemas: pleno emprego da observação, participação-intervenção[8] e, também, essencialmente, o problema do observador com relação ao fenômeno observado.

Maio de 1968: a relação observador-observado

Ainda aqui, convém repetir mais uma vez que a relação com o objeto da pesquisa apresenta para o pesquisador um problema de permanente autocrítica. Sua tendência natural é esquecer a relatividade fundamental dessa relação, esquecer que o olhar do pesquisador é modificado pelo fenômeno observado e que a pessoa do sociólogo se situa em um campo sociológico determinado. Esperamos liquidar os problemas de rigor e de objetividade apelando para pro-

8 Alguns destes problemas foram indicados no nosso apêndice: "Do método: uma medida multidimensional", em *Commune en France:* la métamorphose de Plodémet. Paris: Fayard, 1967. p. 79-87.

cessos técnicos de confirmação, expulsando as questões candentes ou capitais, transferindo, ao cabo de contas, à filosofia e à política as grandes dificuldades teóricas, sem, todavia, nos perguntarmos se o "pensamento pesquisador e suas técnicas" já não estão inconscientemente "corrompidas". Assim, nada de mais inquietante para nós do que estes sociólogos que cortam, excluem, integram, com arrogância, em nome da ciência, ignorando que o monopólio da ciência e a clara distinção do que é a ciência e do que não o é são típicos de um dogmatismo anticientífico. A pretensão do "marxismo-leninismo" althusseriano de monopolizar a ciência e de rejeitar como ideologia o que está fora da doutrina só se equipara à do grande promotor de sondagens de opinião, que repele como ideologia tudo o que introduz a dúvida e a crítica na sociologia oficial.

No terreno da sociologia – isto é, a que se ocupa da contemporaneidade e da dialética observador-fenômeno observado – não há receita de objetividade; o único recurso é a permanente tomada de consciência da relação observador-fenômeno, isto é, a autocrítica permanente. Ainda aqui, sabe-se que a palavra autocrítica pode ser desviada dos seus fins e utilizada para calar a crítica.

Ora, o Maio de 1968 apresenta de maneira muito profunda e complexa, para quem queira estudar a crise, o problema da relação observador-fenômeno. O sociólogo não pode desempenhar o papel de observador de Sírius nem envolver-se em um manto diafoiresco[9] e persuadir-se imediatamente de que se situa no terreno da objetividade, ao passo que o acontecimento o encurralou, revoltou, apavorou ou exaltou. Mesmo se ele circunscrever seu estudo a determinado aspecto limitado ou menor, quem nos diz que esta escolha não é intencionalmente destinada a fazer sobressair uma moralidade dissimulada, a desfechar uma patada ou uma barretada?

O problema é tanto mais grave – mais rico – quanto o sociólogo aqui é juiz e parte, é *ator*. Estudantes de sociologia acusaram professores, professores foram ofendidos ou insultados, professores de

---

9 **N.T.:** Neologismo baseado em *Diaforus*, nome de dois médicos ridículos do *Doente Imaginário*, peça de Molière.

sociologia quiseram liquidar pela força os "agitadores" estudantes, houve combates entre diversas sociologias, a crise da sociologia é um problema-chave apresentado pela crise, solidariedades de ideologia, de camaradagem, de casta entrecruzam-se com rivalidades, com conflitos, com rompimento de pessoa a pessoa. Para qualquer pessoa que não queira ignorar que os sociólogos constituem não uma assembleia desencarnada de espíritos, mas uma sociedade, profundamente comprometida na instituição universitária por uma parte, na administração ou na gerência técnico-burocrático de outra parte, está fora de dúvida que o Maio de 1968 fez vir a furo abscessos latentes, exasperou lutas de classes, de castas, de grupos, de tribos. Seria admirável, angelical que os estudos sociológicos sobre o Maio de 1968 falassem de tudo, menos disso! E isto é realmente admirável: os primeiros estudos, apreciações, parecem descer do Olimpo, do Trono celeste...

É impossível esquecer que, no fabuloso abalo social nascido de uma discórdia e de um conflito feroz no seio da sociologia, nesta cadeia de acontecimentos em que o frenesi de alguns jovens sociólogos é como o de um Sansão – que, sacudindo a coluna sociológica, quase derrubou o Templo e a Cidade –, o sociólogo viu que era homem, e não mago, padre, perito... Desmascarou-se como homem em seus medos, suas raivas, seus êxtases. Pôde dar-se conta de que qualquer conhecimento sociológico, na hora do fogo, era, como qualquer informação, uma quota de ação a serviço de um ou (e) de outro campo: foi o caso tanto das sondagens de opinião do IFOP,[10] em um sentido, quanto dos meus artigos em *Le Monde*, no outro.

Nessas condições, o meio dos sociólogos foi palco de fenômenos de alergia, de entusiasmo, de perplexidade, de discórdias. Cada um desses fenômenos subjetivos é potencialmente útil ou prejudicial à elucidação: a alergia e o entusiasmo funcionam como uma lupa de aumento para tal ou qual aspecto da crise, mas ao mesmo tempo tendem a ocultar outros aspectos. A alergia é, sem dúvida, a reação mais prejudicial cientificamente: é a do sociólogo que, revoltado

---

10 **N.T.:** Instituto Francês de Opinião Pública.

com manifestações que lhe pareceram sandices, puerilidades, infâmias, viu apenas a espuma do fenômeno. O perigo de entusiasmo que, ao contrário, tende a sobrestimar o fenômeno viu-se contra-atacado a partir de junho pelo grande refluxo.

Perplexidade, hesitações, discórdias são propícias à interrogação e à dúvida, isto é, à elucidação científica. Mas estes sentimentos podem da mesma maneira conduzir à timidez intelectual e favorecer a pressão das intimidações objetivas que inibem os esforços da consciência.

É por serem ressentidas todas estas pressões e perturbações externas que os fenômenos de autojustificação são multiformes e devem ser afastados. Cada um quer provar-se e provar aos outros que é profundamente objetivo e que, de resto, os acontecimentos não fazem mais que confirmar seu pensamento.

Existe uma posição privilegiada, a partir da qual seria menos difícil a compreensão? Eu estaria inclinado a responder: sim, a posição marginal, isto é, a de sociólogos que, não necessariamente por debilidade intelectual ou deficiência mental, não estivessem comprometidos com o sistema oficial, no qual o critério se mede pelos créditos, no qual a bússola está desesperadamente fixada em um *cursus honorum*[11] que vai da Faculdade ao cemitério passando pelo *Collège de France*.[12]

Entretanto, o que importa afirmar principalmente é que, se provavelmente existem situações mais favoráveis que outras para tais estudos, *não há "práxis" privilegiada que segregue por si só a verdade sociológica*. O importante para todos é praticar uma autoanálise e autocrítica permanentes que permitam utilizar as pulsões e as perturbações afetivas ao serviço da pesquisa, isto é, servir-se das próprias

---

11 **N.T.:** Em latim, no original.

12 Estou extraordinariamente convencido das virtudes existenciais e intelectuais da marginalidade. Mas para mim é evidente que esta asserção é uma defesa muito marcadamente *pro domo* para não justificar sua exposição ao fogo da crítica externa. E não posso deixar de notar que, aventando a necessidade de autocrítica e atacando o coquetismo da autojustificação, faço exatamente autojustificação e crítica de outrem. Mas, ao mesmo tempo, demonstro a realidade, a profundidade e a dificuldade do problema levantado.

alergias, dos próprios entusiasmos, das próprias perplexidades, o que só pode ser feito com a condição de contrabalançar a alergia e o entusiasmo com a dúvida e transformar a perplexidade em interrogação ativa. Estes princípios podem parecer "morais", inclusive e sobretudo quando nos esforçamos por evitar a pose da "alma bondosa", do "grande coração" e do "espírito elevado", mas trata-se, de fato, de princípios metodológicos elementares. A corroboração científica não é apenas um processo externo relativo ao objeto, é um processo interno do sujeito-pesquisador a respeito de si mesmo.

Além disso, é uma necessidade metodológica, sobretudo no estudo sociológico de uma crise, examinar a determinação variável do tempo. O mês de julho, no qual escrevo, mês da crítica, do refluxo e da decomposição da onda de Maio, já permite este recuo – distanciamento – que, juntamente com a experiência vivida do fenômeno, permite esta dualidade ótima para qualquer sociólogo atual: a combinação de uma extrema participação (psicológica, afetiva, prática) e de um extremo alheamento, o que comumente se entende por "cabeça fria e coração quente". Mas, mesmo aí não há nenhuma situação que segregue automaticamente uma verdade, e, finalmente, a autocrítica e a autorregulação, a recusa de ceder às intimidações que vêm do interior e do exterior permite a qualquer pessoa tentar a elucidação, qualquer que seja o momento e qualquer que tenha sido sua situação na crise.

No que me toca, não quero fazer uma confissão aqui, mas não posso furtar-me a um autoexame mínimo. Devo admitir a espantosa felicidade física que tomou conta de mim durante a Comuna estudantil. Tudo isso sem dúvida me levou, no momento, mas ainda me leva, a reconhecer, nos problemas que ela apresenta, os problemas que eu próprio já me propunha, a ver nessa crise um anúncio de tempos novos, uma data capital... E é aqui que se coloca a questão da crítica (autocrítica) que acarreta o perigo de fazer vacilar a minha empresa. Será que os grandes problemas que me preocupavam, minhas grandes opções intelectuais (crise e superação do marxismo, crise e superação da civilização burguesa, pesquisa de uma nova política, papel da juventude como revelador do mal espalhado na sociedade etc.) correspondem de fato às emergências e explosões de Maio, ou será que eu não introduzo, inconscientemente, em mim mesmo, um fórceps para retirar o meu próprio bebê desta gravidez nervosa? É esta a suspeita que deve ocorrer à leitura destes textos, nos quais formulei uma descrição-interpretação da crise.[13]

A delimitação do acontecimento

O que aconteceu em Maio de 1968? De certo ponto de vista o acontecimento é muito bem conhecido por todos os que não apenas o viveram como testemunhas próximas ou apaixonadas ou como atores ansiosos por se situarem, mas cotidianamente seguiram o curso da crise com a ajuda do rádio, dos jornais, e hoje, retrospectivamente, com a ajuda de coleções de recortes, testemunhos e relatos publicados em abundância neste mês de julho. Mas este conhecimento é, por outro lado, deformado e insuficiente. Um fenômeno de vedetização concentrou os holofotes sobre personagens-piloto (Cohn-Bendit, Geismar, Sauvageot, Séguy, Pompidou, Mendès France) e lugares-piloto: Sorbonne e Nanterre para os estudantes, Renault Billancourt e Flins para os operários. Uma vez mais, Paris foi a vedete em detrimento da província, cujas agitações mais profundas são mal conhecidas (sobretudo neste movimento descentralizado de fato e talvez descentralizador por essência). Os estudantes ficaram em evidência em detrimento dos pós-estudantes (uma geração de antigos estudantes militantes da guerra da Argélia que se tornaram assistentes ou que foram para a reserva) e dos alunos de curso secundário, alguns deles fornecendo quadros experientes e outros, tropas entusiasmadas ao movimento da Comuna estudantil. Os operários ficaram em evidência em detrimento dos outros assalariados, e, entre os operários, por um lado se destacaram os quadros sindicais

---

13 A Comuna estudantil, em *Le Monde* de 17, 18, 19, 20 e 21 de maio de 1968, Uma revolução sem fisionomia, em *Le Monde* de 5 e 6 de junho de 1968. Estes textos foram reaproveitados em *Mai 68:* La Brèche, por J.-M. Coundray, C. Lefort, E. Morin (Fayard, junho de 1968).

– cegetistas[14] em especial – e por outro lado, os jovens operários combativos. Será preciso esperar que sejam preenchidas pelo menos as maiores lacunas antes que se ouse considerar a crise como tal? Aqui se apresenta a necessidade de uma primeira escolha, e a nossa decisão a favor de um exame imediato, dados o caráter extremamente nítido dos dinamismos, o encadeamento evidente de fenômenos e, digamos assim, os caracteres ideais da crise de Maio.

Com efeito, esta crise é perfeita na sua teatralidade: inicia-se em 3 de maio, após longo e subterrâneo prólogo, segue um processo contínuo marcado por etapas decisivas (noite das barricadas de 10/11 de maio, manifestação de 13 de maio, ocupação de fábricas a partir de 14 de maio, até à generalização das greves em 22 de maio, manifestações de camponeses em 24 de maio, rejeição dos acordos de Grenelle em 27 de maio, declaração radiodifundida do general De Gaulle e manifestação na Avenida dos Champs-Elysées em 30 de maio). A volta à normalidade segue, igualmente, um processo que cobre um mês, menos contínuo, marcado de sobressaltos, mas que termina depois do segundo turno das eleições. É uma espécie de peça clássica em dois atos de igual duração, cada um dos quais com um processo próprio, um de desestruturação e de desenvolvimento de um dinamismo radicalmente novo na sociedade francesa, e o outro de reestruturação e de reabsorção da crise. Duas realidades absolutamente heterogêneas são reveladas pelo duplo processo: um, resultante do encontro de "diástases" revolucionárias e de vasto movimento juvenil espontâneo, revela a virulência de fermentos absolutamente invisíveis na vida social normal, e o outro reconstitui o tecido social por repolarização generalizada em torno do poder. No primeiro ato, os partidos políticos e o poder do Estado quase desaparecem. No segundo, reaparecem e triunfam. Este classicismo francês que Marx aclamou na Revolução de 1989 reaparece aqui sob outras modalidades, isto é, a crise se apresenta estruturada por si mesma não apenas de acordo com os dois atos, mas por esquemas múltiplos de oposição,

---

14 **N.T.:** Da CGT, *Confédération Générale du Travail*, Confederação Geral dos Trabalhadores.

e são esquemas que por si próprios se impõem à análise, estando claro aqui que a análise tem necessidade de unir em díptico maio e junho para conceber a problemática de conjunto.

Que crise?

Mas, se esta crise é clássica, teatral, que significa ela? É uma crise de natureza radical, isto é, concerne à nossa sociedade em suas raízes, ou trata-se, ao contrário, de contracorrentes de superfície que traduzem problemas de adaptação-modernização?

Parece necessário escolher, no caso, entre duas orientações: a de um diagnóstico "leve" ou a de um diagnóstico "pesado".

É curioso que a maioria dos observadores do momento, e muitos ainda hoje, optam pelo diagnóstico pesado ou quase (denegrindo ou exaltando) o de uma revolução, ao passo que uma pequena minoria, na qual se inclui Olivier Burgelin aqui mesmo, prefere o diagnóstico leve.

Pode-se, de fato, optar pelo diagnóstico leve se se considerar que a conjugação do movimento estudantil com o movimento operários-assalariados foi antes um fenômeno de conjuntura do que de conjugação, se se põe a ênfase nas orientações divergentes de um e de outro, e se, da mesma forma, se define o movimento operários-assalariados como reivindicador e o movimento estudantil, a despeito das suas palavras revolucionárias, como um movimento que na verdade visa à reforma da Universidade. Nessas condições, a crise aparece como uma série de acidentes em cadeia cuja natureza contingente se torna clara pelo seu rápido desaparecimento-reabsorção, uma espécie de doença do crescimento que a sociedade francesa sofre em diversas etapas de sua evolução.

O diagnóstico pesado se fundaria sobre a desestruturação social extremamente profunda e rápida que foi levada a cabo em poucos dias, com a espantosa virulência dos dinamismos que se desencadearam em 3 de maio; interpretaria a revolta estudantil considerando a violência das suas confrontações verbais e físicas como um indicador da sua radicalidade, e a virulência das revoltas estudantis que, alhures no mundo, ocorrem nos *campi* modelares e nas universidades modernas da mesma forma que nas universidades anacrônicas; interpretaria a greve social como algo que tivesse irrompido bem no fundo e que, inconsciente, não saciada ou pressionada, finalmente se reduziu à reivindicação salarial...

A nosso ver o diagnóstico leve não é inteiramente incompatível com o diagnóstico pesado. Não é raro que um movimento de reformas venha acompanhado de um ímpeto revolucionário e que um ímpeto revolucionário resulte de fato em uma reforma. Pode-se pensar que o movimento estudantil se eletrolisou, por uma parte, em uma reestruturação reformadora dos poderes na Universidade, ou mesmo em uma reforma geral na relação entre juventude e maturidade no seio da sociedade e, por outra parte em uma contestação radical desta sociedade.[15] Da mesma maneira, ver-se-ia na crise social geral um fenômeno misto, amalgamado, ambivalente, indo da contestação desintegradora à reivindicação integradora e que não pode assumir contornos definidos.[16]

Por outra parte, o caráter acidental da crise, que, numa primeira etapa, nos afasta do diagnóstico pesado, a ele conduz em uma segunda. É bem verdade que a crise não era nem fatal nem mesmo provável, e desenvolveu-se pelo encontro de fatores que poderiam ter continuado separados; não surgiu nem de dificuldades políticas nem de dificuldades econômicas (não havia recessão, porém expansão). Mas pode-se pensar que o acidente, difundindo-se da periferia de Nanterre para o centro da sociedade, da Universidade para a empresa, desempenhou precisamente o papel de uma explosão que faz brotar à superfície as camadas ocultas da realidade. Mesmo se se negar à revolta estudantil qualquer significação profunda para o próprio ser da nossa sociedade, pode-se admitir que a brecha aberta

15 Donde a hipótese da "dupla consciência estudantil", uma individualista – burguesa – centrada na carreira pessoal, e a outra coletiva – revoltada – esforçando-se por recusar a carreira e a vida burguesa (*Mai 68:* La Brèche, p. 24-25).

16 Cf. *Une révolution sans visage* (*Mai 68:* La Brèche, p. 63-67), onde se apresenta, igualmente, a hipótese de uma dupla consciência operária, uma voltada para a integração na sociedade "de consumo" e a outra contestando as relações de produção que pesam sobre o trabalho.

debaixo de uma linha de flutuação e bem próximo de um centro nervoso fez saltar alguma coisa no baixo-ventre e bateu de alguma forma a cabeça. A deflagração, trazendo o tétano ao Estado e à autoridade a partir de uma revolta antigerantocrática e antipaternalista dos estudantes, que, generalizando-se, afetou a essência paternal-patronal do poder, revelou a existência e a virulência do que Hegel chama o negativo, isto é, esta força de transformação escondida sob cada pilar da ordem social. Digamos, ademais, que é na medida em que algo jorrou das profundezas que esta coisa não pôde encarnar-se na superfície, mas nela se espalhou, que é, em suma, na medida da sua superficialidade e da sua acidentalidade que a crise foi profunda. Digamos, ainda, em outras palavras, que, se o choque circunstancial provocou uma brecha no dique que comprime e contém o que é reprimido, o que é obscuro, e mantém esse gigantesco lago artificial da sociedade estabilizada que se transforma sem cessar em trabalho e obediência, a torrente subitamente liberou uma parte da energia congelada na massa, uma parte da violência congelada na paz; despertou, revelou algo de fundamental cujo mistério, evidentemente, ainda está por desvendar: será a pulsão arcaica que sempre reprimiu qualquer autoridade? Será uma necessidade moderna, nova, que pela primeira vez teve oportunidade de surgir? Serão ambas ao mesmo tempo, como supus?

De qualquer maneira, a tese que une estreitamente o acidental e o fundamental é central aqui porque, efetivamente, se trata do postulado de toda sociologia circunstancial, para a qual o estudo do acontecimento não é o estudo do anedótico, mas a via de acesso clínico ao que é escondido pelas regularidades sociais, a "marcha normal" da sociedade. Não afastamos a hipótese de que um acontecimento-acidente possa modificar o curso de uma civilização, como se deu com o 17 de Outubro, acontecimento-choque na gigantesca crise que constituiu a Primeira Guerra Mundial. Isto significa que não se pode afastar a possibilidade de que, em maio-junho de 1968, tenha ocorrido uma derrocada do regime, ou mesmo uma revolução, mas esta revolução certamente não teria tomado a direção emancipadora sonhada pelo movimento estudantil.

A ambivalência da crise torna difícil o diagnóstico: por um lado é um imenso abalo, e pode-se falar de revolução, e por outro lado é talvez quase nada, é o parto difícil de uma reforma da Universidade, um grande expurgo que limpa a sociedade "industrial", que retomará ainda melhor seu curso no futuro... Se nos inclinamos para o diagnóstico pesado, a dificuldade é precisar a natureza da crise: é antes de tudo uma decaída, uma desestruturação devida à fragilidade das sociedades que ficaram mecanizadas demais e derruídas pela degradação dos valores transcendentais de ordem, nação, comunidade, em proveito do individualismo? (Tal hipótese, aliás, não é exclusiva.) É uma crise clássica do capitalismo? A hipótese é difícil de defender nesta primavera em que não havia nem crise econômica nem conflitos sociais virulentos, antes que o movimento estudantil desencadeasse uma luta de classes, de resto ambígua. Será uma neocrise do neocapitalismo? A hipótese é plausível, mas exigiria uma definição do *neo* de crise, e de capitalismo. Neste sentido, poder-se-ia perguntar: será uma crise da sociedade burguesa? Conviria examinar se as reivindicações mais agressivas de autogestão se manifestaram nos setores mais avançados de tecnoburocratização. Tratar-se-ia, então, não tanto de uma crise econômica quanto de uma crise da vida e da civilização burguesas. O que leva a generalizar e a dar outro sentido à pergunta, indagando: será a crise da civilização? Aqui, a questão é uma encruzilhada que pode dar para a saída freudiana, doença própria de qualquer civilização, cujo progresso acentua a repressão geral das pulsões e cria um sentimento geral de culpabilidade,[17] para a saída cristã ou filosófica (sociedade niilista, na qual os valores se degradaram), para a saída planetária: será por isso mesmo um dos sintomas de uma crise da humanidade no século XX? Crise de agonia? De novo nascimento?[18]

---

17 *Malaise dans la civilisation*, Denoêl, 1934.

18 Febre mórbida de uma civilização que se decompõe ou crise salutar de uma humanidade que se banha nas águas da juventude?. P.-H Simon, *Le Monde*, 25 de julho de 1968.

Paradoxalmente, é na medida em que a crise de Maio não terminou em revolução social ou política, na medida em que ela ficou em suspenso, evasiva, respondendo a cada uma das nossas perguntas como um "pode ser que sim, pode ser que não", é nesta medida que se pode atribuir-lhe todos os extremos.

A ambiguidade e a obscuridade da crise aumentam se, ademais, nela se diagnosticar não exatamente a crise fundamental da nossa sociedade (que pôde reparar rapidamente suas lesões), mas o anúncio de uma crise fundamental cujo processo ainda não se pode prever. Neste sentido, o Maio de 1968 conteria a estranheza sibilina das profecias.

Assim, pode-se agora precisar nossa hipótese central: a Crise de Maio é de um alcance extremamente profundo, mas de uma profundidade a um tempo arcaica e anunciadora. Este caráter duplo permite que nos demos conta, ao mesmo tempo, do aspecto leve e do aspecto pesado da crise. Esta não se resolve com uma reforma da Universidade, que é seu aspecto mais certo, porém, também seu aspecto menor. Não se resolve, tampouco, com uma tentativa de revolução proletária segundo a teoria proclamada pela maioria dos grupos-diástase. Aí está seu aspecto metafórico. Ela revela, retrospectivamente, em direção à Arkhé,[19] muitos problemas permanentes apresentados por qualquer sociedade. Ela anuncia, para o futuro, o papel em ascensão da Universidade, da juventude, da *intelligentsia*, cuja "tríplice aliança" talvez permita ultrapassar a sociedade burguesa.

Isso nos levaria a considerar, sem pensar em termos de crise, que é fundamental para uma sociologia contemporânea concentrar suas interrogações em três setores: Universidade, juventude, *intelligentsia*, e especialmente nos estudantes, nos quais se encontram os fermentos críticos da juventude e os da *intelligentsia* insatisfeita. Claro que tal exame vai além dos limites do presente artigo, e devemos limitar-nos a formular quatro tipos de problemas:

1) Pode-se, efetivamente, supor que a juventude e a *intelligentsia* (literária, artística) constituem camadas hipersensíveis a estados de inquietação, sejam em vias de formação, sejam difusos, latentes,

---

19 **N.T.:** V. p. 285.

reprimidos no seio da sociedade, e que os seus protestos demonstram carências, aspirações, necessidades que depois aparecerão cada vez mais nitidamente? Neste caso, seria preciso uma teorização da "extralucidez" destas camadas, sem dúvida: *a)* a partir da divisão habituar-se/não se habituar, que separa mais as gerações do que as corporações; *b)* a partir da marginalidade fundamental da situação juvenil, sobretudo estudantil.[20]

2) Seria preciso perguntar em que medida há complementaridade entre a agressividade das minorias revolucionárias estudantis e a agressividade e a contestação que se infundiram no setor juvenil da cultura de massas, por ocasião da cristalização de uma quase-cultura adolescente, a partir de heróis de cinema "rebeldes" (James Dean, Marlon Brando), de uma dança-música de liberação expressiva (*rock, jerk*), em seguida, de um trovadorismo de revolta (Bob Dylan, Joan Baez), e na França todo esse fenômeno aparentemente misterioso e ameaçador chamado *yé-yé-yé* pela sociedade adulta.

3) Seria preciso perguntar se esta cultura adolescente meio engajada na cultura de massas, meio integrada e desintegrante, e também a cultura marginal *beatnik* e *hippie*, as revoltas estudantis no mundo e o Maio Juvenil francês em que tudo isso parece ter-se confundido não constituem outros tantos marcos-etapa na constituição de um novo grupo etário e de um novo tipo, diferentes do "grupo etário" das civilizações tradicionais ou da classe social das civilizações modernas.[21]

4) Seria preciso, enfim, que nos interrogássemos sobre a internacionalidade das revoltas estudantis e interpretássemos o Maio de 1968, não tanto e apenas no quadro francês, mas no quadro de movimentos quase-planetários.

---

20 Poder-se-ia completar a tese de Mannhein sobre "a *intelligentsia* sem raízes" pela nova juvenialidade sem raízes.

21 Cf. nossos estudos: capítulo *Jeunesse in Esprit du temps*, p. 210 e segs. (Grasset, 1962), Salut les copains, *Le Monde* de 6-7 de junho de 1963, Introduction à une politique de l'homme (*Le Seuil*, 1965), p. 213-220. Les adolescents. In: *Commune en France* (Fayard, 1967), p. 139-161. Notes méthodologiques pour l'interprétation des révoltes étudiantes. *Convegno europeo, protesta e partecipazione nella gioventù in Europa*, Milano de 29-31 de março (mimeografado).

Tudo isso exige da sociologia uma verdadeira crise de consciência para chegar à consciência da crise. A tendência dominante não é reduzir qualquer fenômeno ao sistema local, isto é, a incapacidade de compreender o que emerge de grandes correntes internacionais, do "espírito do tempo"? Da mesma forma, não se viu um grupo de sociólogos, em uma manifestação *urbi et orbi*, assegurar com arrogância que não havia problema da juventude, mas apenas problema da Universidade, ao passo que outros afirmavam que não havia problema da sociedade, mas da juventude, e ainda outros não viam problemas, porém lamentáveis desordens?...

A revolução simulada e dissimulada

Curiosa crise, então, de natureza revolucionária, mas que não é revolução, espécie de revolução (em seu dinamismo) sem revolução (em suas consequências).

Pode-se, ainda, perguntar aqui se o aspecto revolucionário não foi simplesmente o aspecto lúdico de uma realidade reformadora, o que nos conduz ao debate de interpretação já encontrado no caminho. De qualquer maneira houve um aspecto lúdico que apresenta seus problemas: o Maio de 1968 não foi *também* uma gigantesca festa da juventude, de erupção súbita em uma sociedade burguesa que havia sufocado as manifestações de alegria sob a alternância trabalho-lazer, de uma necessidade cada vez maior de carnaval, *carnaval-potlatch*[22] selvagem de destruição-criação?... Precisamos seguir esta hipótese de festa e associá-la à hipótese iniciática, na qual as CRS[23] de capacete, ridiculamente cobertas com máscara contra gases, desempenharam com perfeição o papel de Espíritos-Mascarados da Floresta-Sagrada, contra os quais o jovem deve empenhar-se em combate mortal se quiser tornar-se adulto... Houve algo de

---

22 **N.T.:** *Potlatch*: espécie de doação ou destruição de caráter sagrado que constitui, para o doador, um desafio no sentido de uma doação equivalente.

23 **N.T.:** Compagnies Républicaines de Sécurité, "Companhias Republicanas de Segurança", unidades policiais criadas em 1945.

intenso e de impetuoso, de patético e de feliz, onde a um tempo se misturavam o jogo e o rito, e que é preciso explicar para compreender até que ponto, para os que a viveram, a Comuna estudantil foi um "êxtase da História".

Aprofundemos a noção de jogo e de rito. Nesta França de rico passado revolucionário, na qual as gerações anteriores haviam vivido o Junho de 1936, o antifascismo, a resistência, as barricadas da libertação de Paris e onde, depois da descolonização argelina, não há mais engajamento revolucionário concreto, nesta França que está entrando em um helvetismo cotidiano, em uma vida social parada, ao passo que o mundo explode em toda parte e os negros das cidades norte-americanas, Castro, Guevara, a Frente Nacional de Libertação do Vietnã brandiam, de armas na mão, entre guerras e guerrilhas, o estandarte da revolução, nesta juventude imersa nos filmes-epopeia sobre a Revolução de Outubro, no filme-testemunho sobre a Guerra da Espanha, nas nuvens de imagens revolucionárias, alguns estudantes brincaram de revolução começando a brincar de violência (a única autenticidade revolucionária "irrecuperável" em uma sociedade da recuperação cultural generalizada em que o próprio cocô é saudado como patético protesto brincaram com ela como, em magia simpática, se faz a mímica do ato para realizá-lo, e é toda uma memória histórica, toda uma memória imaginária que se reencontraram mobilizadas para esta reencarnação *hic et nunc*[24] da revolução. Este jogo-mímica se estendeu; toda uma juventude, depois de 3 de maio, não foi desencorajada, mas exaltada pela Palavra revolucionária. Este jogo-mímica foi bastante grave, violento, sério[25] para efetivamente provar uma verdadeira experiência revolucionária, uma possibilidade de mudança, algo entre o sonho e a realidade, ou antes que participa de um e de outra. De certo modo, querendo viver a história cósmica das revoluções (e eram verdadeiramente retalhos de fetiches do Cosmos que estavam presentes na Sorbonne com o retrato

---

24 **N.T.:** Em latim, no original.

25 Uma espécie de brincadeira exatamente contrária à da impostura, J. M. Domenach, O Antigo e o Novo. *Esprit*, 1968, nº 6-7, p. 1.025.

de Mao, o de Trotski, a bandeira vietnamita e, claro, as bandeiras vermelhas e negras) o movimento revolucionário estudantil a invocou em uma prodigiosa cerimônia vodu na qual todos os espíritos da revolução se encarnaram no espaço de Censier e da Sorbonne, que se tornara encantado.

E essa histeria revolucionária que, como toda histeria, faz surgirem modificações orgânicas, esta simulação sincera de todas as revoluções, que se pode considerar quer um simulacro, quer uma repetição geral, merece uma compreensão complexa e um aprofundamento que em outra parte tentaremos fazer.

Não é apenas do ponto de vista estudantil que o movimento passou da simulação ao ato (sem que o ato pudesse, contudo, criar raízes, o que faz com que o movimento fique *quase entre a simulação e o ato*), é toda a crise que pode ser considerada uma simulação de revolução, com a condição, entretanto, de passar do sentido clínico da palavra simulação no sentido cibernético, isto é, de considerar o Maio de 1968 uma simulação funcionando como experimentação para o campo sociológico das revoluções passadas, presentes e sem dúvida futuras; com efeito, todos os mecanismos e processos revolucionários foram praticados, mas finalmente em circuito isolado, sem incidências perturbadoras, sem que se tenha dado o salto na morte como acontece quase invariavelmente em tais confrontações (Maio-Junho causaram menos de cinco mortes, ao passo que um fim de semana tranquilo custa de 50 a 100).

Essas circunstâncias fazem dessa quase-revolução um objeto privilegiado para o estudo das revoluções. Os historiadores das revoluções, e principalmente os da Revolução Francesa, como François Furet, sentiram-no bem. O caráter "clássico", "ideal" e "teatral" de Maio-Junho de 1968 prodigalizou-nos os movimentos de multidão, as irrupções e erupções que mudam o destino de um dia, as cenas insurrecionais. Porém, mais fortemente ainda, pudemos ver e viver um processo de desestruturação em cadeia, iniciado com um núcleo de 10 estudantes que se espalhou por toda a sociedade ao mesmo tempo em que se punha em ação, a 3 de maio, um dinamismo quase revolucionário, dando forma em toda parte a um segundo poder ao lado do poder legal, uma sociedade provisória, libertária, na qual já trabalhavam embriões heterogêneos de revolução cultural, de democracia popular, de castrismo. Vimos realizar-se a reconquista do poder a partir de uma fabulosa restauração radiofônica solitária, que logo condensou todos os temores difusos, seguida imediatamente de um vasto movimento de multidão, e reconquistar, por etapas, o controle de todo o corpo social, até o ato decisivo das eleições.

Assim, o Maio de 1968 é uma simulação de revolução não somente porque seus atores tinham uma mímica operatória das revoluções passadas ou exóticas (de resto, toda revolução, toda superação sempre imita uma teatralidade passada no momento de entrar no *no man's land*[26] do futuro), mas também porque esta simulação de revolução conduziu com pureza ideal o processo revolucionário, ao mesmo tempo em que nutria, sob formas embrionárias e de simples veleidades, inúmeras e contraditórias virtualidades.

Maio microcosmo

O Maio de 1968 nos introduziu a uma teoria da revolução que nos levou ela própria a um conhecimento da natureza social que não pode revelar-se senão na consideração do par ordem-crise. Pelos mesmos caminhos, poder-se-ia reexaminar a teoria do poder, que foi atingida no seu princípio espiritual (de sacralidade, magia, intimidação) e ir mais adiante nas pesquisas teóricas formalizantes em matéria política. Ao mesmo tempo em que o seu caráter de simulação lhe dá esta abertura teórica espantosa, o Maio de 1968 nos introduziu a teoria fenomenológica do mundo contemporâneo, ao estudo da França, mais amplamente das sociedades chamadas "industriais avançadas", à perspectiva ou profecia da sociedade pós-industrial", e aqui direi pós-burguesa, à problemática da juventude, que doravante se comunica tanto com o fundo de cada sociedade como com as correntes planetárias, à concepção de um mundo do século XX, não mais mecanisticamente definido a partir da noção de sociedade

---

26 **N.T.:** Em inglês, no original.

industrial, mas submetido a crises, sobressaltos violentos, e talvez, quem sabe, a uma crise geral, que seria a da humanidade. A revolta estudantil internacional, de que a Comuna estudantil francesa foi notável eflorescência, e a greve-festa libertária-reivindicativa francesa, cujo detonador foi a revolta estudantil internacional, anunciam-nos em sua mensagem uma parte do enigma que nos propõe a esfinge do século XX.

2

O Acontecimento

(O retorno do sem retorno)

Não há ciência do singular, não há ciência do acontecimento – eis aí um dos pontos mais certos de uma cartilha teórica ainda dominante.

I. O RETORNO DO ACONTECIMENTO

O acontecimento foi expulso na medida em que foi identificado com a singularidade, a contingência, o acidente, a irredutibilidade, o vivido (interrogaremos mais adiante o próprio sentido desta palavra acontecimento). Foi expulso não apenas das ciências físico-químicas, mas também da sociologia, que tende a arrumar-se em torno de leis, modelos, estruturas, sistemas. Tende, mesmo, a ser expulso da História que é, cada vez mais, o estudo de processos que obedecem a lógicas sistemáticas ou estruturais e cada vez menos uma cascata de sequências circunstanciais.

Mas, segundo um paradoxo que frequentemente se encontra na história das ideias, é no momento em que uma tese atinge as províncias mais afastadas do seu lugar de origem, é nesse mesmo momento que se opera uma revolução, precisamente no lugar de origem, que invalida radicalmente a tese.

É no momento em que as ciências humanas se modelam segundo um esquema mecanístico, estatístico e causalista proveniente da física, é nesse momento que a própria física se transforma radicalmente e apresenta o problema da história e do acontecimento.

Physis e cosmos

Quando a noção do cosmos, isto é, de um universo uno e singular, já estava afastada porque inútil, não apenas da física, mas da astronomia, assistimos neste domínio, há alguns anos, à reintrodução necessária à central do cosmos. Já nem se trata de nos reportarmos à disputa doutrinal entre os partidários de um universo sem começo nem fim, que obedece a princípios cuja fórmula unitária se pode encontrar sem, entretanto, por isso, postular a unicidade e, de outra parte, os partidários de um universo criado. De fato, há alguns anos os fenômenos captados pela astronomia de observação, e sobretudo a distância dos raios espectrais dos quasares na direção do vermelho por efeito Doppler, reforçaram cada vez mais não apenas a tese da expansão do universo, mas a tese de um acontecimento originário, velho de aproximadamente seis bilhões de anos, do qual procedeu a dispersão explosiva que se denomina universo, e a partir do qual se desenvolve em cascata uma história evolutiva. A partir de então parece que não apenas a *physis* entra no *cosmos*, mas que o cosmos é um fenômeno, ou, melhor dito, um processo singular que se desenvolve no tempo (criando o tempo?).

Digamos de outra maneira: o cosmos parece ao mesmo tempo universo e acontecimento. É universo (físico) constituído por traços constantes regulares, repetitivos, e é acontecimento por seu caráter singular e fenomenal: neste último sentido, o universo é um acontecimento que evolui há seis bilhões de anos.

Por apresentar esse caráter, o *tempo* aparece não apenas como indissoluvelmente ligado ao espaço, como o havia demonstrado a teoria einsteiniana, mas como indissoluvelmente ligado ao advento-acontecimento do mundo.

Além disso, a origem do universo, a partir de um estado anterior (irradiação? unidade originária?), não pode ser concebida, aos nossos olhos, senão como o acontecimento em estado puro porque nem logicamente concebível nem estatisticamente pensável.

É notável que o caráter circunstancial[27] do mundo não impeça de forma alguma que ele obedeça a relações necessárias, mas estas relações necessárias não excluem absolutamente acidentes e acontecimentos, como as explosões de estrelas ou os choques de galáxias.

Por outro lado, a ideia de que o cosmos seja um processo é de importância capital. O curso cosmológico justifica o segundo princípio da termodinâmica que, no quadro da antiga física dos fenômenos reversíveis, parecia anomalia.

De resto, parece que "a matéria tem uma história"[28] isto é, que a matéria, por alguns aspectos, *é* também história. Pode-se aventar a hipótese de que as primeiras partículas, ao mesmo tempo em que a energia se dissipava por irradiação, se juntaram em núcleos, já que, "primeiros passos na direção da qualidade e da organização", se formaram átomos e surgiram propriedades individuais.[29] Cumpre dizer que é "a escala quântica de energia que... propõe e nos impõe uma hipótese de evolução".[30] Esta hipótese microfísica vem associar-se à hipótese astromacrofísica.

---

27 **N.T.:** O autor usa aqui, como em muitas outras passagens, o adjetivo *événementiel*, corrente em francês mas para o qual não há correspondente em português derivado de *acontecimento* ou de *evento* (*acontecimental* seria forçar demais a introdução de um neologismo estranho, e *eventual* tem outro sentido). Dada a importância do vocábulo *événement* ("acontecimento") neste livro, o tradutor é obrigado a pedir a atenção do leitor para a discrepância a que foi levado não traduzindo seu derivado à letra e buscando em "circunstancial" a melhor aproximação que lhe ocorre. É insatisfatória, sem dúvida, porém, com esta nota se procura, ao justificar a solução – adotada quando não cabe "do acontecimento" –, alertar o leitor não especializado para a conotação de "circunstancial" em tais passagens.

28 Jean Ullmo, Les Concepts physiques. In: Piaget, *Logique et connaissance*. La Pléiade, 1967.

29 *Ibidem*, p. 686.

30 *Ibidem*, p. 685.

Assim, a natureza singular e evolutiva do mundo se torna cada vez mais plausível.

A natureza singular e evolutiva do mundo é inseparável de sua natureza acidental e circunstancial. O cosmos não se torna o que deveria ser, à maneira hegeliana, por desenvolvimento autogerador de um princípio que obedece a uma lógica dialética interna (a do antagonismo ou do negativo, ainda que nem tudo nesta tese possa ser refutado). Mas evolui na medida em que é:

a) uma sucessão de acontecimentos, a começar pelo seu aparecimento físico-espaço-temporal;

b) um feixe de processos ramificados com associações, combinações, entrechoques e explosões;

c) um futuro constituído por metamorfoses, isto é, para além do dado original que se modifica em seu deslocamento através e por encontros e rupturas (donde a possibilidade de desenvolvimentos).

Se considerarmos agora a ordem microfísica, parece hoje que não podemos mais distinguir a noção de elemento, isto é, a partícula-unidade de base dos fenômenos físicos, da noção de acontecimento. O elemento de base, de fato, manifesta certos caracteres circunstanciais: a atualização (sob certas condições de observação ou de operação), o caráter descontínuo, a indeterminabilidade e a improbabilidade. Há, portanto, em certo grau microfísico, analogia ou coincidência entre elemento e acontecimento.

Assim, ao nível astronômico-cósmico, ao nível da história física e ao nível da observação microfísica, vê-se que os caracteres próprios e propícios ao acontecimento – atualização, improbabilidade, descontinuidade, acidentalidade – se impõem à teoria científica.

É errôneo, portanto, opor uma evolução biológica a um estatismo físico. De fato, há uma história micro-macro-físico-cósmica em que já aparece o princípio de evolução através "de uma criação sucessiva de ordem sempre aumentada, de objetos sempre mais complexos, e por isso mesmo improváveis".[31]

---

31 Ullmo, *Logique et connaissance*, p. 696.

A Vida

A evolução não é, portanto, uma teoria, uma ideologia: é um fenômeno que é preciso compreender e não escamotear. Ora, os problemas cruciais que a evolução apresenta surgem, de maneira espantosa, com as associações núcleo-proteicas ativas chamadas vida.

É muito plausível que um princípio de heterogeneização esteja em atividade no cosmos, e que a vida na Terra seja uma das manifestações casuais deste princípio, em condições determinadas. Não está, por outro lado, de forma alguma excluído que organizações heterogeneizantes de tipo desconhecido, mas que não seriam assimiláveis ao que chamamos vida, possam existir em outros planetas, ou mesmo na Terra. Mas o que chamamos vida, isto é, uma organização núcleo-proteica que dispõe de um poder de autorreprodução e se determina segundo um duplo movimento gerador e fenomenal, parece ter sido um acontecimento da mais alta improbabilidade. Como diz Jacques Monod (*O Acaso e a Necessidade*, p. 160): "A vida apareceu na Terra: qual era, antes do *acontecimento*, a probabilidade de que assim se passasse? Não se exclui a hipótese... de que um acontecimento decisivo só se tenha produzido uma vez. O que significaria que a sua probabilidade, *a priori*, era quase nula". Com efeito, a unicidade do Código genético, a identidade através de todos os seres vivos componentes proteicos e nucleicos, tudo isto parece indicar-nos que estes seres vivos descendem de um único e casual antepassado. E, a partir do momento em que a vida apareceu, manifestou-se simultaneamente como acidente-acontecimento de uma parte e como sistema-estrutura de outra parte. Enquanto a tendência habitual é a de se dissociarem estes dois conceitos antagônicos, acontecimento e sistema, de nossa parte devemos, ao contrário, tentar conceber de que maneira eles estão indissoluvelmente ligados.

De qualquer maneira, tudo o que é biológico está circunstancializado:

1º) A evolução a partir do primeiro unicelular até a gama infinita das espécies vegetais ou animais é composta de uma multidão de cadeias circunstanciais improváveis, a partir das quais se constituíram, nos casos favoráveis, organizações cada vez mais complexas e cada vez mais bem integradas.

a) O aparecimento de um elemento ou traço novo sempre teve um caráter improvável, porque é determinado por uma mutação genética. A mutação é um acidente que aparece no momento em que se copia a mensagem hereditária e que o modifica, isto é, modifica o sistema vivo que ele determinará. A mutação é provocada, seja pelas radiações exteriores, seja pelo caráter inevitavelmente aleatório da indeterminação quântica. Ela não pode aparecer senão como acidente. Ora, vemos aqui que, em certos casos, raríssimos, é verdade, a mutação, isto é, o acidente, é recuperada pelo sistema, num sentido que melhora ou progride, e faz aparecer um novo órgão ou uma nova propriedade.

b) Apenas no plano da mutação, a evolução depende do acontecimento. A "seleção natural" (ou ao menos os fatores de eliminação e de sobrevida das espécies) se manifesta com certo grau de circunstancialidade. Não são tanto condições estáticas que operam a seleção. São condições eventualmente dinâmicas (os encontros e interações entre sistemas móveis), e algumas aleatórias, como o clima, do qual uma pequena mudança modifica fauna e flora.

O meio não é um quadro estável, mas um lugar de surgimento de acontecimentos. Lamarck já notava "o poder que têm as circunstâncias de modificar todas as opções da natureza". O meio é o lugar dos encontros e interações circunstanciais de onde procederão o desaparecimento ou a promoção das espécies.

c) A partir de agora a biologia esclarece a natureza da evolução. A evolução não é nem estatisticamente provável segundo as causalidades físicas, nem autogerativa segundo um princípio interno. Ao contrário os mecanismos físicos conduzem à entropia, e o princípio interno entregue a si mesmo mantém pura e simplesmente a invariância. Ora a evolução depende de acontecimentos-acidentes interiores-exteriores e constitui em cada etapa um fenômeno improvável. Ela elabora diferenças, individualismo, novidade. A autogeração da vida (evolução das espécies) só se tornou possível pela heteroestimulação do acidente-acontecimento.

d) Enfim, é preciso constatar que o acontecimento não opera apenas no plano das espécies, mas também no dos indivíduos. O ser vivo fará emergir, no curso da evolução, uma duplicidade que a princípio só se manifestava através da duplicação dos primeiros unicelulares. Esta duplicidade se deve ao fato de que o ser vivo é um ser genofenotipado. Segundo este duplo aspecto, é necessário considerar que o acontecimento-acidente opera não apenas ao nível do genótipo, mas também ao nível do fenótipo: a existência fenomenal é uma sucessão de acontecimentos: o *learning*,[32] o aprendizado são os frutos, não apenas de uma educação parental, mas também dos encontros entre o indivíduo e o ambiente. Os traços mais singulares resultam desses encontros.

2º) E aqui chegamos talvez à zona teórica que será, sem dúvida, desbastada nos anos futuros em que a vida aparece em seus caracteres a um tempo organizacionais e circunstanciais. Podemos dizer que a organização biótica (a vida) é não apenas um sistema metabólico que assegura em suas trocas com o ambiente a manutenção da sua constância interior; não apenas um sistema cibernético dotado de *feedback*,[33] ou possibilidade retroativa de autocorreção; a vida é também, mais profundamente, um sistema circunstancializado, isto é, apta a enfrentar o acontecimento (acidente, casualidade, acaso).

a) A organização biótica está apta a reagir ao acontecimento exterior que ameaça alterá-la, apta a preservar, reencontrar sua homeostase (*feedback*). Está apta a modificar os caminhos que escolhera para alcançar os fins indicados em seu programa (*equifinality*).[34] Está apta a modificar-se em função dos acontecimentos que surgem no plano fenomenal (*learning*). Está apta, no plano genotípico, a reestruturar-se respondendo aos acidentes-acontecimentos que alteram a mensagem genética (mutações).

b) Assim, a organização biótica é comandada antagonicamente por estruturas de conservação (*feedback*, homeostase, invariância ge-

32 **N.T.:** Em inglês, no original.

33 **N.T.:** Em inglês, no original.

34 **N.T.:** Em inglês, no original.

nética), e por aptidões automodificadoras. Pode ser concebida como uma dialética entre a determinação e a indeterminação virtual que se abre geneticamente na mutação e, fenotipicamente, no *learning*.[35]

c) A indeterminação fenotípica, isto é, a aptidão para responder aos acontecimentos, aumenta com o desenvolvimento do cérebro. Como diz J. P. Changeux:[36] "O que parece muito característico dos vertebrados superiores é a propriedade de escapar ao determinismo genético absoluto que leva aos comportamentos estereotipados, é a propriedade de possuírem, ao nascer, certas estruturas cerebrais não determinadas que, mais adiante, são especificadas por um *encontro* (grifo meu) as mais das vezes imposto, às vezes fortuito, com o ambiente físico, social e cultural".

d) Seria preciso considerar mais intimamente o problema das alternativas e das "escolhas", que se apresentam ao nível dos seres vivos. Fuga/agressão, regressão/progressão são, por exemplo, duas respostas possíveis ao acontecimento perturbador. Na medida em que as duas respostas são possíveis no mesmo sistema, pode-se perguntar se a organização biótica não dispõe de um duplo dispositivo antagônico acoplado que desencadearia a possibilidade alternativa, cada vez que o desconhecido, o acaso, o acontecimento se apresentassem. E se, efetivamente, existe esta aptidão do sistema para elaborar alternativas, escolhas, isto é, incertezas, então se pode dizer que a vida contém em si, organizacionalmente, o próprio *acaso*. Podemos perguntar-nos se a única maneira que um sistema tem de poder responder ao acaso não será integrar *em si o acaso*.

A "decisão", a "escolha", em uma situação em que respostas possíveis oferecem, ambas, oportunidade e risco, são elas mesmas *elementos-acontecimentos aleatórios*.

A decisão é, de qualquer maneira, o acontecimento interior próprio ao sistema biótico. É a escolha que resolve *in actu*[37] a perma-

35 **N.T.:** Em inglês, no original.

36 L'Inné et l'Acquis dans la structure du cerveau. In: *La Recherche*, 3, p. 271, julho-agosto de 1970.

37 **N.T.:** Em latim, no original.

nente contradição proposta pelo dispositivo acoplado. E há aqui, a nosso ver, necessidade de unir, modificando-as, a tese dialética da unidade dos contrários de Hegel, que é como que um embrião da teoria do duplo dispositivo acoplado, a tese do antagonismo lógico--estrutural de Lupasco e também as teorias que concernem aos jogos e à decisão.

Nesse sentido, já vemos ligações possíveis com a teoria de Gregory Bateson sobre o *double bind*,[38] o duplo obstáculo, a dupla imobilização que caracterizam o espírito do esquizofrênico, que em cada situação ressente de maneira poderosa duas injunções contraditórias e se vê paralisado. Assim, o esquizofrênico seria o homem "normal" porque estaria na ortodoxia biótica. Anormal no sentido apenas em que não poderia superar a contradição. Em compensação, o homem chamado "normal", em nossa sociedade, é o homem unidimensional ou, antes, unívoco, que elimina o antagonismo, a ambiguidade, a contradição para evitar o drama da escolha.

De qualquer maneira, a vida se nos apresenta não apenas como fenômeno circunstancializado, mas também como sistema circunstancializado em que surge o acaso. A relação ecológica entre a organização biótica, sistema aberto, e o meio que engloba outras organizações bióticas é uma relação em que acontecimentos e sistemas estão em permanente inter-relação. A relação ecológica é a fundamental, na qual existe conexão entre acontecimento e sistema. Acrescentarei mesmo, de minha parte, que a profunda historicidade da vida, da sociedade, do homem reside em um laço indissolúvel entre o sistema de um lado e o acaso-acontecimento de outra parte. Tudo se passa como se todo sistema biótico, nascido do encontro entre sistemas físico-químicos complexos, fosse constituído para o acaso para a casualidade, para brincar com os acontecimentos. (Donde a importância antropobiótica do ludismo): vê-se que o jogo é um aprendizado, não apenas de tal ou qual técnica de tal ou qual aptidão, de tal ou qual engenho. O jogo é um aprendizado da própria natureza da vida que é o jogo com o acaso, com a casualidade.

---

38 **N.T.:** Em inglês, no original.

3º) O acontecimento está ausente do desenvolvimento que parece mais bem programado, isto é, o desenvolvimento embriogenético? Quase nada se sabe do progresso mesmo de multiplicação-diferenciação celular, que parte do ovo para chegar a uma organização complexa, às vezes de bilhões de células. Mas pode-se perguntar se tal desenvolvimento (autogerado) não é constituído por desencadeamentos, provocações, controles e regulações de acidentes-acontecimentos. Um desenvolvimento é a ruptura da homeostase celular, a ruptura do sistema cibernético, é a organização de uma multiplicidade de catástrofes de que o sistema tirará *partido* para proliferar, diferenciar, constituir uma unidade superior. Assim, haveria um paralelo surpreendente entre a evolução biológica, que se aproveita dos acidentes catastróficos que são as mutações, para criar (às vezes) sistemas mais complexos e mais ricos, e o desenvolvimento de qualquer ser vivo, que *reconstitui* de certa maneira a evolução passada da espécie, isto é, os acontecimentos-catástrofes, mas desta vez guiando-os. O que desencadeou o progresso do ser superior é desta vez desencadeado por este, em seu processo de reprodução.

4º) Assim, a biologia moderna é o que nos introduz de todos os lados à noção de sistema *aleatório* ou *circunstancializado*.

Com o aparecimento do homem, as sequências circunstanciais se encadeiam.

Antropologia

O aparecimento do homem é por si mesmo um acontecimento. Dizer que uma grande muralha estrutural separa a Natureza da Cultura é, implicitamente, dizer que grande acontecimento os separa. Este acontecimento sem dúvida se decompõe em encadeamentos de acontecimentos, nos quais operou uma dialética genético-cultural marcada pelo aparecimento, entre outras coisas, da ferramenta e da linguagem. É possível, e mesmo plausível, que o homem, ao invés de ter surgido de forma plural em diversos pontos do globo tenha nascido uma só vez, isto é, que a origem da humanidade, como a da vida, seja um acontecimento único. O citogeneticista Jacques Ruffie desenvolveu a este propósito a hipótese de uma mutação no antropoide, cujo cariótipo após a fusão de dois cromossomos acrocêntricos, teria passado de 48 a 47 cromossomos, e a partir da qual, pela ação de uniões incestuosas, teriam provindo, em meio a uma descendência de 48 e 47 cromossomos, alguns descendentes de 46 cromossomos, os quais, se apresentassem uma aptidão nova com relação ao tipo ancestral, teriam se beneficiado de uma "pressão de seleção".

A História e as Sociedades

Com o homem a evolução se transformará em História. Isto não significa apenas que a evolução cessará de ser física para tornar-se psicossociocultural. Quer dizer, também, que os *acontecimentos* vão multiplicar-se e intervir de maneira nova no seio dos sistemas sociais.

As leis genéticas de Mendel, as determinações seletivas de Darwin têm caráter estatístico: operam, não sobre indivíduos, mas sobre populações. O que decide da sobrevida de uma população, para a seleção natural, é a aptidão de uma população para assegurar uma taxa de reprodução superior a uma taxa de mortalidade, em determinadas condições ecológicas. Ora, a esfera de aplicação da estatística a uma seleção autointitulada natural dos grupos sociais (nações, Estados, impérios) é desprovida de bases quantitativas. Só há determinações estatísticas possíveis sobre populações de *indivíduos*, isto é, sobre os fenômenos intrassocietais. Estes certamente desempenhavam seu papel nas relações interssocietais e na própria História. Mas a vida e a morte das etnias, nações, impérios escapam à lei estatística. Donde o papel crucial do acontecimento na História: enquanto a sobrevida de uma espécie não depende de um ou de alguns combates duvidosos, a sorte de uma sociedade pode despender de alguns acontecimentos felizes e infelizes, sobretudo das guerras, cujos desenrolar e resultado sempre comportam, salvo em casos de clamorosa desigualdade na relação de forças, algo de aleatório.

A segunda grande diferença entre História das sociedades e evolução biológica prende-se à própria natureza dos sistemas sociais que, ao contrário do sistema núcleo-proteico, estão aptos a incorporar ao seio do seu capital gerador ou informativo (a *Cultura* no sentido antropo-sociológico do termo) elementos adquiridos no curso da experiência fenomenal. Assim, as sociedades podem modificar-se, e não apenas por mutações bruscas, mas por evoluções (dialética entre o gerativo e o fenomenal), que elas podem encontrar em evolução permanente: implicitamente, *acontecimentos* de todas as espécies, desde a invenção técnica, a descoberta científica, o encontro de duas civilizações, o humor de um tirano, podem desempenhar um papel modificador no seio do próprio sistema social.

A História, a partir do momento em que se impõe como uma dimensão constitutiva permanente da humanidade, impõe-se ao mesmo tempo como uma das ciências principais.

É a ciência mais apta a apreender a dialética do sistema e do acontecimento. Em seu primeiro tempo a História foi, antes de tudo, uma descrição das cascatas circunstanciais, e procurou interpretar tudo em função do acontecimento. Depois, no curso do último século, e hoje, sobretudo, a História "circunstancial" foi progressivamente rechaçada e refutada em proveito de uma evolução sistemática, que se esforça por determinar os dinamismos autogeradores no seio das sociedades.

Tal tendência, se levada ao extremo, corre o perigo de provocar a autodestruição da própria História, destruindo o acontecimento. Se o acontecimento não é mais que um elemento necessário no seio de um processo autogerado, a História desabafa no hegelianismo, isto é, na redução do histórico ao lógico, enquanto o lógico se desenha, se esboça, se fragmenta, morre, renasce *no* histórico. A História compreensiva é aquela para a qual o *barulho e a fúria*[39] desempenham um papel *organizacional* não porque o barulho seria a máscara de uma informação oculta, mas porque ele contribui para constituir e modificar o discurso histórico.

O grande problema antropológico-histórico é conceber a História como uma combinação entre processos autogerativos e processos heterogerativos (nos quais o barulho, o acontecimento, o acidente contribuem de maneira decisiva para a evolução).

---

39 **N.T.:** V. nota da p. 186.

Formular a existência de um processo autogerativo é supor que os sistemas sociais se desenvolvem por si próprios e não apenas segundo mecanismos de "crescimento", mas também segundo antagonismos internos ou contraditórios, que desempenharão um papel motor no desenvolvimento, provocando "catástrofes" mais ou menos controladas (conflitos sociais, luta de classes, crises). Ou, em outras palavras, os sistemas sociais, pelo menos os sistemas sociais complexos, seriam *geradores de acontecimentos*. Esses processos autogerativos estariam a meio caminho entre o desenvolvimento embriogenético (no qual as catástrofes são *provocadas* e *controladas*, isto é, *programadas*) e os desenvolvimentos científicos entregues aos encontros aleatórios entre sistemas e acontecimentos (mutações).

Pode-se, dentro de certos limites, isolar uma autonomia relativa dos processos autogerativos, o que fortalece, como se verá mais adiante, a concepção de Karl Marx, que ainda é o teórico mais rico de autogeratividade histórica.[40] Mas, na escala *planetária* e antropo-histórica, não há processo autogerativo. Em escala contemporânea não há desenvolvimento autônomo de uma sociedade, mas dialética generalizada dos processos autogerativos e heterogerativos. Precisamos encontrar sua unidade teórica em uma teoria sistemo-circunstuncial que cabe edificar transdisciplinarmente, para além da sociologia e da História atuais.

A reação anticircunstancial e a verdade estruturalista

Mas, enquanto isso, há uma terrível pressão para a recusa do acontecimento. Vítimas de um ponto de vista mecânico-físico hoje superado na física moderna, vítimas de um funcionalismo hoje superado na biologia moderna, as ciências humanas, e sobretudo sociais, esforçam-se por expulsar o acontecimento. A etnologia e a sociologia reprimem a História, cada uma de seu lado, e essa História se esforça por exorcismar o acontecimento. Assiste-se ainda

40 Porque ele não viu apenas mecanismos à base dos desenvolvimentos, mas também antagonismos.

hoje aos efeitos de uma tentativa profunda e múltipla de expulsar o acontecimento das ciências humanas, a fim de se ganhar um diploma de cientificidade. Ora, a verdadeira ciência moderna só poderá começar com o reconhecimento do acontecimento. É verdade que ninguém nega a realidade do acontecimento, mas este é conduzido para a contingência individual e para a vida privada. Esta repulsa ao acontecimento, na verdade, tende a dissolver não apenas a noção de História (reduzida ao conceito dispersivo de diacronia), mas a própria noção de evolução, e isto, não apenas no estrutural, mas até no cálculo estatístico que lhe disputa o império das ciências humanas e para o qual o que pode haver, no máximo, é o crescimento. Nas lutas perigosas em que se empenham teorias histórico-evolutivas e teorias estruturais-sistêmicas, e que hoje em dia são marcadas pela vitória relativa do estrutural, este último, em seu excesso mesmo, traz escondida a chave da sua superação.

Com efeito, a intuição profunda do estruturalismo é *que não há estruturas evolutivas*. As estruturas, efetivamente, são apenas conservadoras, protetoras de invariâncias. De fato, são os acontecimentos internos provenientes de "contradições" no seio de sistemas complexos e muito frouxamente estruturados, e os acontecimentos externos provenientes dos encontros fenomenais que fazem *evoluir os sistemas*, e, finalmente, na dialética sistemo-circunstancial, provocam a modificação das estruturas.

Entre o genetismo e o estruturalismo

Mas ainda estamos longe de apreender esta dialética que situaria a teoria além do genetismo e do estruturalismo. Enquanto o estruturalismo rechaça o acontecimento para fora da ciência, o historicismo genético se assimila como elemento e o desintegra. A teoria sociológica, por sua vez, não chega a superar os modelos mecânico-físico ou parabiológico (como o funcionalismo). A dominação da estatística faz dominar a probabilidade, isto é, a regulação e as médias no seio das populações.

Embora forçada a enfrentar a mudança, já que ela quer apreender a sociedade moderna que se transforma rapidamente, a sociologia não chega a teorizar a evolução. Para esta sociologia, tudo o que é improvável se torna aberrante, tudo o que é aberrante se torna anônimo, ao passo que a evolução é apenas uma sucessão de aberrações que atualizam as improbabilidades. Ela se encontra, assim, atrasada com relação a uma ciência como a economia, que deve ter reconhecido o problema das crises e hoje reconhece a existência de limiares de acontecimentos no seio do desenvolvimento (os *take off*). Mais do que isso, a economia avançada deve imaginar cada vez mais que o desenvolvimento não é apenas um processo geral, mas também um *fenômeno singular* que depende de um complexo de circunstâncias históricas situadas e datadas. "Os desenvolvimentos são originais, ou não o são", diz Jacques Austruy (*Le Monde*, 8 de maio de 1970). O sociologismo, que não chega a conceber as estruturas, fica, porém, cego ao desenvolvimento. Ora o desenvolvimento é, como dizíamos, algo muito mais do que um mecanismo autogerativo. Seria preciso, além disso perguntar se as nossas sociedades em plena evolução, isto é, em permanente mudança, não são, ao mesmo tempo, necessariamente, sociedades em "crises", sociedades "catastróficas" que utilizam, bem e/ou mal, com erro e/ou sucesso, com regressões e/ou progressões, as forças desestruturantes em jogo, para se reestruturarem de outro modo. Uma sociedade que evolui é uma sociedade que se destrói para se recuperar, e é, portanto, uma sociedade em que se multiplicam os acontecimentos. Hoje a sociologia é a única ciência que desdenha o acontecimento, ao passo que as nossas sociedades modernas estão submetidas a uma dialética permanente e objetada do circunstancial e do organizacional. A sociologia propõe modelos econocráticos ou tecnológicos da sociedade moderna, ao passo que o século XX superexcitou – e não rechaçou – os caracteres shakespearianos de uma História feita de barulhos sem sentido e de fúria com duas guerras mundiais e uma série ininterrupta de crises e de caos.

Marx e Freud

Se considerarmos as duas grandes doutrinas transdisciplinares como as ciências humanas, a de Marx e a de Freud, veremos que não apenas a evolução autogeradora nelas desempenha um papel capital, mas também que o acontecimento pode encontrar seu lugar nos dois sistemas. Se, em Marx, a noção de luta de classes se acopla de maneira inextirpável à noção de desenvolvimento das forças de produção, isto significa que a evolução não se deve apenas a uma lógica econômica-técnica, desenvolvendo-se autogerativamente de si própria: ela comporta relações ativas, isto é, conflituosas, entre figuras que são atores histórico-sociais: as classes. Parece que o desenvolvimento histórico é o produto de antagonismos, de "contradições" (e esta palavra nascida de uma lógica idealista exprime muito bem o caráter *heterogêneo* dos sistemas sociais complexos), e é o choque contraditório dos antagonismos que se torna *gerador*. A noção mesma de luta de classes, se pesquisarmos um pouco mais, revela um aspecto aleatório como toda luta, e conduz a acontecimentos como essas batalhas decisivas que são as revoluções ou contrarrevoluções. As revoluções – "locomotivas da História" – são acontecimentos-chave, e em suas obras históricas como *O 18 Brumário* Marx estudou a luta de classes estrategicamente, isto é, no plano das decisões. É com esse expediente que se pode fazer a ligação que, do contrário, faltaria completamente, entre, por um lado, uma teoria fundada sobre determinismos absolutamente rigorosos, e por outro lado uma prática que exige decisões extremamente ousadas. Como, na verdade, conciliar a ousadia das decisões de tipo leniniano, isto é, as teses de Abril de 1917, na verdade a decisão da revolução de Outubro de 1917, com a concepção de um mecanismo de forças econômico-sociais? Parece que é desenvolvendo as virtualidades circunstanciais e aleatórias insertas na noção de luta de classes que se pode fazer essa ligação teórica.

No que concerne a Freud, damo-nos conta de que a busca de elucidação antropológica tende, como em Rousseau, a buscar um acontecimento original do qual proviria toda a sistemática humana e social. Em *Totem e Tabu*, Freud considera a hipótese do assassinato do pai pelo filho como fundamento de toda a sociedade humana pela instituição conjunta da lei, da proibição do incesto e do culto. Com muita justeza Freud sente muito bem que há, em toda a evolução, talvez desde a criação do mundo, uma relação entre um traumatismo e remodificação estruturante geral de um sistema. Se se considera agora o freudismo por outro prisma, isto é, não mais a partir da busca de uma teoria das origens do vínculo social, mas do lado da teoria dos indivíduos, isto é, das personalidades no seio de um mundo socializado, vê-se que a formação da personalidade tem origem no encontro entre um desenvolvimento autogerativo e o ambiente. Põe-se em relevo o papel capital dos traumas. Ora, os traumas são precisamente alguns dos choques que provêm do encontro entre este desenvolvimento autogerado e o mundo exterior, representado pelos principais atores que intervêm no processo gerativo, isto é, o pai, a mãe, os irmãos, as irmãs e outras figuras substitutivas. Acontecimentos decisivos marcam a constituição, a formação de uma personalidade. Uma personalidade não é apenas um desenvolvimento autogerado a partir, por um lado de uma informação genética, e por outro lado de uma informação sociocultural. Além disso, notemos que a conjugação de temas conflituosos, uns provenientes da informação genética (hereditariedade), outros da informação sociológica (cultura), é por si mesma potencialmente geradora de conflitos. E estes conflitos já constituem acontecimentos internos invisíveis. Assim, o desenvolvimento é uma cadeia cujos elos são associados por uma dialética entre acontecimentos internos (que resultam dos conflitos internos) e acontecimentos externos. É nestes entrechoques perturbadores que aparecem os traumas fixadores que desempenharão um papel capital na constituição da personalidade. É com muito fundamento que a terapêutica freudiana pede não apenas que se elucide a causa original do mal de que sofre todo o organismo, isto é, que se reencontre o trauma esquecido (oculto), mas pede também um novo acontecimento ao mesmo tempo traumático e destraumatizante, que seja a um tempo a repetição e a expulsão do *acontecimento* que desregulou o complexo psicossomático.

Assim, pode-se aventar que a personalidade se forma e se modifica em função de três séries de fatores:

a) hereditariedade genética;

b) herança cultural (em simbiose e antagonismo com a anterior);

c) acontecimentos e eventualidades.

Conviria examinar como o acoplamento antagônico ou heterogêneo da hereditariedade genética e da herança cultural, fonte permanente de acontecimentos internos, permite ao acontecimento-eventualidade desempenhar um papel na formação do sistema biocultural que um indivíduo humano constitui.

Essas ligeiras indicações nos mostram que as teorias de Marx e de Freud deixam um lugar, às vezes vazio, às vezes ocupado, para o acontecimento. Mas tanto o marxismo como o freudismo contemporâneos têm procurado, derivando para o dogmatismo e a vulgarização, rechaçar o problema de acontecimento que as geniais teorias de Marx e de Freud continham em seus fundamentos. Sob a influência do determinismo economístico, do congelamento stalinista e, em último lugar, do estruturalismo althusseriano a circunstancialidade, ou mesmo o circunstancializado foram expulsos dos marxismos ortodoxos.

Quanto à psicanálise, renunciou a considerar o problema da origem antropológica e uma nova cartilha tende a considerar o processo edipiano como um mecanismo em que o acontecimento se torna elemento. Ainda aqui nos damos conta da degradação dos sistemas explicativos pela redução do acontecimento ao elemento, ao passo que devemos ficar na ambiguidade, isto é, na dualidade na qual o mesmo traço fenomenal é, ao mesmo tempo, elemento constitutivo e acontecimento.

II. A NOÇÃO DE ACONTECIMENTO

A noção de acontecimento foi utilizada, no que ficou dito, para designar o que é improvável, acidental, aleatório, singular, concreto, histórico... ou, em outras palavras, esta noção aparentemente simples, elementar, conduz a outras noções, contém-nas, é, de fato, uma noção complexa. Não podemos nem queremos propor sua análise. Limitamo-nos a indicar algumas linhas de torça.

A noção de acontecimento é relativa

1. *a)* A noção de *elemento* depende de uma ontologia espacial. A noção de *acontecimento* depende de uma ontologia temporal.

Ora, qualquer elemento pode ser considerado um acontecimento na medida em que se considera situado na irreversibilidade temporal, como uma manifestação ou atualização, isto é, em função do seu aparecimento e do seu desaparecimento, como em função da sua singularidade. O tempo marca todas as coisas com um coeficiente de *circunstancialidade*.

b) Em outras palavras, há sempre ambivalência entre acontecimento e elemento. Se não há elemento "puro" (isto é, se qualquer elemento está associado ao tempo), não há tampouco acontecimento "puro" (ele se inscreve em um sistema) e a noção de acontecimento é relativa.

c) Em outras palavras, novamente a natureza acidental aleatória, improvável, singular, concreta, histórica do acontecimento depende do *sistema* segundo o qual ele é considerado. O mesmo fenômeno é acontecimento em um sistema elemento em outro. Exemplo: os mortos do fim de semana automobilístico são elementos previsíveis, prováveis, de um sistema estatístico-demográfico que obedece a leis estritas. Mas cada um destes mortos, para os membros da família, é um acidente inesperado, um infortúnio, uma catástrofe concreta.

2. Os acontecimentos de caráter modificador são os que resultam de *encontros*, interações entre, por um lado, um princípio de ordem ou um sistema organizado, e de outra parte um outro princípio de ordem, ou outro sistema organizado, ou qualquer perturbação de origem. Destruições, mudanças, associações, simbioses, mutações, regressões, progressões, desenvolvimentos podem ser a consequência de tais *acontecimentos*.

Rumo a uma ciência do futuro

a) São, evidentemente, as constituições de unidades ou organizações novas, as associações, as mudanças, e sobretudo as regressões e as progressões que constituem o aspecto mais original do problema apresentado pelo acontecimento. É a *tendência organizadora de um grande conjunto complexo a eventualmente aproveitar-se para criar uma unidade superior (e não poder fazê-lo sem acidente)* que constitui o fenômeno perturbador, crucial, capital cuja teoria precisamos tentar formular.

b) Tal teorização, que se delineia a partir das ideias lançadas por von Foerster,[41] formuladas, de outra parte, por Bateson[42] e retomadas por Henri Atlan,[43] permite conceber pela primeira vez a possibilidade de uma ciência do devir. Com efeito, na medida em que as estruturas não evoluem, em que os sistemas só se modificam sob estímulo do acontecimento, em que a mudança é indissociável de uma relação sistema-acontecimento, em que, portanto, não há mais separação entre estruturas ou sistemas, de uma parte, e de outra acontecimentos (isto é, "barulho", improbabilidade, individualidade, contingência), então é possível teorizar a História. O *barulho e a fúria* shakespperianos são muito justamente os *fatores* de acontecimentos sem os quais não pode haver História, isto é, modificação nem evolução dos sistemas, aparecimento de novas formas, enriquecimento da informação (cultura).

c) Neste sentido, os mais complexos sistemas são *estruturas de acolhida* cada vez mais *sensíveis* ao acontecimento. A sociedade humana é o organismo, até o dia em que a sensibilidade ao acontecimento estiver mais aberta; ela já não é limitada apenas ao aparelho fenomenal, mas também concerne ao sistema informacional-gerativo, isto é, à cultura. Enquanto nos seres vivos o sistema informacional-gerativo (ADN, informação genética) só é sensível à mutação, isto é, ao acidente quântico, a cultura das sociedades humanas modernas, sensível a qualquer acontecimento em princípio, está em permanente evolução.

d) Os sistemas mais sensíveis ao acontecimento são talvez sistemas que comportam em seu seio uma bipolaridade antagônica, ou

---

41 Em um texto fundamental, On Self Organizing Systems and their Environments. In: YOVITS, Cameron. *Self Organizing Systems.* Nova York: Pergamon Press, 1962.

42 "Tudo o que não é nem informação nem, redundância nem forma, nem coerção é barulho: *a única fonte possível de novos padrões*".

43 Papel positivo do barulho em teoria de informação aplicada a uma definição da organização biológica. *Annuaire physique, biologique et médical,* p. 15-33, 1970.

mesmo duplo *circuito acoplado* que contém e segrega o aleatório, o acontecimento sob a forma de possibilidade alternativa, escolha entre duas ou várias soluções possíveis, que dependem elas próprias da intervenção de acontecimentos-fatores aleatórios internos ou externos. Neste caso, a decisão é o acontecimento que vem do interior.

e) A evolução (física, biológica, humana) pode ser considerada não apenas o produto das dialéticas entre princípios de organização e processos desordenados, mas também da dialética entre sistemas e acontecimentos que, a partir do momento em que se constituem os sistemas que se nutrem de energia (sistemas vivos), faz surgir as possibilidades de regressões e de desenvolvimentos.

f) Uma ciência do devir teria que explorar a necessária relação entre os fenômenos autogerados (que se desenvolvem segundo uma lógica interna, desencadeia os acontecimentos que asseguram o desenvolvimento) e os fenômenos heterogerados que têm necessidade de incitamentos circunstanciais-acidentais para desenvolver-se.

Enquanto a dialética de Hegel integra o heterogerativo (que ele chama o negativo) no autogerativo e considera o *acontecimento* um elemento do necessário processo autogerativo precisamos conceber a dialética, mas não como maneira de reduzir o heterogerado (este agressivo denominado "negativo" por Hegel) em autogerado, nem como a dissolução dos sistemas autogerativos na desordem dos encontros.

g) A evolução não é mais uma teoria, é um fenômeno de natureza cósmica, física, biológica, antropológica. Não é apenas progressão (desenvolvimento), mas também regressão e destruição. A *teoria* da evolução, isto é, do devir, está apenas nos primeiros passos. A teoria da *evolução* é uma teoria da improbabilidade, na medida em que os *acontecimentos* aí desempenham um papel indispensável de fato. "Todos os acontecimentos são indispensáveis" (J. Monod). A evolução física já era "uma criação sucessiva sempre aumentada de objetos sempre mais complexos e por isso mesmo mais improváveis" (Jean Ullmo). "Na medida em que tenha uma direção, um processo estatístico é um movimento no sentido da média – e é isto exatamente que a evolução não é" (J. Bronowsky).

CONCLUSÃO

I. A rejeição do acontecimento era talvez necessária para os primeiros desenvolvimentos da racionalidade científica. Mas pode corresponder também a uma preocupação de racionalização quase mórbida, que afasta a eventualidade porque a eventualidade é o risco e o desconhecido.

II. Este racionalismo mórbido é, em certo sentido, o próprio idealismo, isto é, uma concepção em que as estruturas do espírito compreendem um mundo transparente sem encontrar os resíduos irredutíveis ou refratários. E o idealismo histórico de Hegel faz com que o mundo obedeça a um processo autogerado que coincide totalmente com o desenvolvimento da dialética espiritual, ou seja, o real coincide com o racional.

O materialismo teve o sentido de uma opacidade, de uma irredutibilidade de uma inapreensibilidade que resistem ao espírito, precedem-no, superam-no, ou mesmo o movem. Mas este aspecto ontológico irredutível viu-se fixado espacialmente na noção de matéria, ao passo que esta irredutibilidade, que é efetivamente a atualização, é também o circunstancial. É precisamente esta irredutibilidade que foi encontrada pela microfísica moderna, aparentemente idealista porque ela dissolve a noção de matéria, mas anti-idealista de fato, na medida em que o elemento e o acontecimento se tornam duas noções ambíguas complementares. É o materialismo que se despejou no idealismo quando quis fazer coincidir o real com a necessidade lógica, encontrando a Lei do Logos. O materialismo não viu que o real estava ligado ao circunstancial, isto é, à eventualidade.

Assim, racionalismo idealista e marxismo escolástico são da mesma corrente da realidade e ocupam ambos a corrente circunstancial.

Após haver sido posto em estado de ilegalidade científica e racional, o acontecimento nos força a rever seu processo. Foi necessário experiência, isto é, a experimentação microfísica, as descobertas da biologia moderna para reabilitar o acontecimento, que continua ilegal apenas nas ciências sociais, que são as menos avançadas.

III. Apenas a noção de sistema é um centro distribuidor cosmo--físico-bioantropológico. Há também a noção de acontecimento, que interessa a todas as ciências e a questão limite de todas as ciências. É, ao mesmo tempo, o problema filosófico mesmo da improbabilidade ou contingência do ser.

IV. Sistema e acontecimento não deveriam, enfim, ser concebidos de maneira acoplada? A teoria dos sistemas que dispõem de uma informação organizadora geratriz (auto-organizados, autoprogramados, autogerados, automodificadores etc.) tem necessidade de integrar o acontecimento acidente-eventualidade na sua teoria. Já se pode entrever a possibilidade de uma teoria dos sistemas circunstancializados anacatastrofizáveís?[44] Tal teoria permitiria considerar, enfim, uma teoria do devir.

---

44 **N.T.:** Neologismo certamente formado com *catástrofe* mais o prefixo grego que, além de vários outros sentidos, tem o de *repetição, de novo* é o que se entende aqui.

3

A Ideia

(A pista noológica)

Este texto, "Para uma noologia", é a retranscrição de uma intervenção oral no quadro de um colóquio sobre "a literatura na cultura de hoje". Na maneira de dizer própria à expressão oral, os exemplos parecem precipitadamente evocados: mitologias, literaturas, religiões, ideologias parecem sair a trouxe-mouxe de um chapéu de prestidigitador.

Este texto é, portanto, duas vezes vulnerável: porque é uma alocução sujeita ao efeito do tempo e porque dá exemplos. A passagem ao exemplo é sempre o ato de pôr à prova os princípios teóricos e metodológicos: é, aliás, sempre difícil dar um nome a esse ato de pôr à prova: de que maneira vêm os exemplos "engrenar-se" em uma problemática teórica? Trata-se de uma aplicação, de uma ilustração, de uma formalização? A nova problemática "noológica" é balbuciante, está apenas nos seus princípios. A "esfera noológica" define aqui um novo campo de estudo que faz um reexame da cultura no sentido etnossociológico (ideologias, religiões, crenças, literaturas), no sentido antropológico (dispositivo mental filogeneticamente determinado) e, enfim, formula a questão biológica (produção e regras do cérebro, química das ideias). Como colocar a especificidade e a autonomia da esfera noológica com referência à problemática marxista infraestrutura-superestrutura? Como é que a esfera noológica constitui uma "emergência" com relação ao ecossistema social?

Uma questão apresenta um problema mais especial ao nível deste texto: se a esfera noológica pode ser considerada um sistema aberto para a sociedade considerada como ecossistema de uma parte e para os cérebros humanos a partir dos quais ela prolifera, como se define, então, a dupla reação ecológica com o cérebro e a sociedade?

Aqui essas questões se colocam através dos exemplos que levam a querer saber mais sobre elas.

I. N.

Por mais heterogêneo que ele seja nos seus elementos o domínio da cultura constitui um fenômeno que se pode chamar noológico. Este termo tem um antecedente um tanto especial; foi Teilhard de Chardin quem falou de noosfera para designar a esfera dos fenômenos espirituais. Foi em seguida retomado por autores inteiramente estranhos ao teilhardismo, como, por exemplo, Jacques Monod. A noção de noologia conduz, então, às produções e às regras do cérebro ou do espírito humano e permite evitar as conotações seculares do termo espiritual.

Sistema – ecossistema: dependência e autonomia da esfera noológica

Apresento o fato de acordo com o que pode ser matéria de discussão: os fenômenos noológicos ou culturais devem ser considerados fenômenos que constituem um sistema aberto em uma realidade social e humana que se pode considerar como seu ecossistema.[45] Tentemos definir estes termos bárbaros: um sistema aberto é um sistema que não pode manter-se, perpetuar-se se não for alimentado pelo seu ambiente, isto é, se não extrair daí energia, matéria, infor-

45 Os termos serão mais precisamente definidos na quinta parte, capítulo IV.

mação, organização. Assim, os seres vivos dependem do seu ecossistema e a consciência ecológica é talvez apenas a descoberta de que o nosso ambiente não é simplesmente um fornecedor bruto de alimentação, de petróleo, de carvão, de energia, mas que ele próprio já é uma organização que contribui para o desenvolvimento da nossa própria organização.

Poder-se-ia definir a consciência ecológica como a passagem de uma definição simples a uma definição complexa da noção de dependência. A ideia de sistema aberto é, pois, uma ideia muito importante, e constitui a contribuição mais interessante da teoria dos sistemas; significa que um sistema aberto não pode encontrar em si a justificação total da sua própria organização; há sempre um elemento incapaz de ser solucionado porque depende do exterior ou do ecossistema.

A noção de emergência

Esta noção de sistema aberto, embora necessária, não é, porém, suficiente. Seria preciso aventar aqui uma segunda noção que me parece também muito necessária, embora não responda a tudo: a noção de emergência. Um sistema qualquer que seja, apresenta uma dupla característica fundamental; pode-se considerar o conjunto que ele constitui, a totalidade, como algo mais que a soma dos diversos elementos que a compõem; o fato foi constatado há muito tempo: o conjunto tem qualidades, propriedades desconhecidas ao nível das partes tomadas isoladamente, e a estas qualidades que aparecem, que emergem, chamemo-las emergências. Por outro lado, é preciso deixar bem claro que estas emergências, estes aparecimentos de um *mais* se traduzem também por um *menos*; cumpre entender com isso que qualidades e propriedades de que as partes dispõem estão atrofiadas, inibidas, reprimidas sob as pressões organizacionais do sistema. Este traço que se pode notar em qualquer sistema, físico ou outro, torna-se cada vez mais interessante, à medida que nos aproximamos dos fenômenos mais complexos, como os fenômenos humanos e os fenômenos sociais.

Tomemos, por exemplo, um dos termos que mais utilizamos: consciência. Que vem a ser esta ideia de consciência? A consciência não é absolutamente nada de radical, de primeiro, ela não pode ser localizável; não é nem uma essência nem uma substância, mas o produto de interações, de interferências entre atividades cerebrais múltiplas, e este produto se constitui como emergência, como aparição global.

Que ocorre quando aparece uma emergência em um sistema? Ocorre um fenômeno de *feedback*, porque a emergência é dotada de certa autonomia e retroage sobre o conjunto para se autoconservar. Ou, em outras palavras, do ponto de vista da lógica dos fenômenos sociais, devemos sempre tentar conceber este tipo de relações complexas e não mais nos satisfazermos com o tipo de relações puramente hierárquicas e mecanísticas que definem a infraestrutura e a superestrutura. Estas duas noções devem, a partir de agora, ser libertadas de todas as conotações que faziam do "*infra*" uma realidade profunda e digna de atenção, e do "*supra*" um epifenômeno ilusório e superficial.

A "vida" das ideias

A concepção corrente é considerar a sociedade um sistema e os fenômenos ideológicos seus produtos. É preciso, ao contrário, pensar na sociedade como um ecossistema da esfera noológica. É certo que este ecossistema social alimenta, condiciona e coorganiza os fenômenos culturais e ideológicos. Mas há certa especificidade-autonomia noológica que até agora só se podia apresentar em termos idealistas.

O paradoxo é que não há nada mais concreto e fundamental do que esta "vida" do cérebro ainda mal determinada. Como funcionam os mecanismos nervosos, cerebrais, que leis regem os fenômenos de conhecimento e de comunicação? É utópico procurar conceber uma lógica da complexidade "noológica" que leva em conta, ao mesmo tempo, esta "vida" do cérebro e alguns determinismos socioeconômicos?

Cada vez mais nos damos conta de que é preciso desfazer essa noção de "vida". Husserl já notava que a vida não tinha apenas um sentido fisiológico, já que se falava da vida do espírito, da vida das ideias. A comparação, aqui, é mais que uma simples metáfora: a vida pode, com efeito, ser definida como um tipo de atividades autorreguladas, capaz de se autorreproduzir e que persegue determinados fins.

A emergência literária

Consideremos a literatura ao mesmo tempo como emergência e como sistema aberto: de uma parte, a literatura não existe em estado de substância, de *realidade originária*; em seguida, enquanto conceito, ela não possui definição precisa; é muito difícil saber quando se entra na não literatura, em que momento um autor, um texto não faz mais parte da literatura; em que momento uma proclamação de Bonaparte ao exército da Itália se torna um trecho de antologia literária, em que momento um fragmento do Código Civil se torna uma incitação literária para Stendhal. Ou, em outras palavras, a definição da literatura encontra problemas de fronteira: a fronteira é estabelecida por uma atividade sociopsicológica que desempenha um papel de polícia, de poder: é a crítica, cuja função é escolher e recusar, os conflitos no interior do mundo da crítica nos deixam entrever que estas fronteiras não são "naturais", que a atividade crítica mascara a realidade, isto é, a dificuldade de definir o que é literário e o que não o é; só a arrogância dos críticos pode dizer onde começam as terras infames, a *no man's land* da extraliteratura. A ideia da literatura como emergência implica que haja uma parte imersa e que esta parte é extraordinariamente complexa e rica; este substrato imerso, pode-se chamá-lo "infraestrutura", ou, ainda, "infratextura", ou "contextura"; ora, há uns 20 anos, a emergência literária (que não é a soma dos seus condicionamentos) é atormentada pelo que a suporta, pelo que a produz, pelo que a provoca: há, perdoem-me a expressão, a "infra-con-textura" semiolinguística e um certo número de conceitos novos, emanados da linguística, que vêm propor-se para fornecer uma armadura, a "verdadeira" armadura da literatura. Neste domínio, a introdução da noção de texto é original e interessante porque afeta os problemas da linguagem, como a outros tipos de realidades antropológicas.

Se se concebe que o texto é um lugar para a produção de sentido, chega-se a uma segunda infraestrutura: a que, sob a influência direta ou indireta do marxismo, tenta aplicar à literatura categorias globais do tipo *produção* ou do tipo *práxico*. Este tipo de explicação deve evitar o reducionismo que perde tanto a complexidade da emergência como a complexidade do ecossistema. De nada serve desreificar a literatura, se não for para melhor reificar o conceito complexo, difícil e central de produção.

Chegamos, assim, a outro conceito muito irritante que é o da *criatividade*: o problema da criatividade deve ser inteiramente redefinido. É preciso, com Chomsky, considerar a criatividade não como uma virtude própria do "grande criador", mas como um fenômeno extremamente banal. A criação aparecia até agora como qualquer coisa de raro, de inaudito, de insondável, e a reviravolta chomskiana é que qualquer palavra é algo de criativo: há certo número de regras da língua que são transformacionais, e a partir das quais cada um cria um discurso.

A criatividade não está mais compreendida, então, no sentido elitista, rebuscado, restrito, soberbo, mas como uma potencialidade espalhada no gênero humano, em função das suas aptidões cerebrais. Então, o problema sociológico é o da *rarefação da potencialidade criadora no seio de uma pequena camada, a dos autores*. Consequência da divisão do trabalho em Marx, este problema nos conduz, com muita evidência, à organização da sociedade; quais são as condições que fazem com que o que se chama talento, aptidão, desabroche mais ou menos aqui, e alhures, se encontre atrofiado?

Como resolver esses problemas levando em conta precisamente a noção de emergência? Sociologicamente, a literatura não é mecanicamente determinada, mas multidimensionalmente condicionada; não é um "produto" necessário, mas conduz, através da noção de autor, a fatores de acaso e de incerteza.

Deuses e mitos vivos

Consideremos as religiões, as magias e as crenças que são os elementos fundamentais do que se chama cultura em sentido lato. É evidente que os deuses "existem" para todos os grupos que creem nesses deuses. Quando assistis a uma cerimônia de vodu ou de candomblé, não podeis deixar de ficar impressionados pelo fato de que os deuses chegam, se encarnam, estão presentes, falam, e creio que, em toda religião vivida, a existência do deus é incontestável. Apenas acontece que – e aqui está a diferença deste ponto de vista com relação ao do crente de uma religião determinada – esses deuses só existem na medida em que grupos sociais, seres humanos creem neles, porque, se estes seres não existem mais, os deuses desaparecem e morrem. Há uma grande quantidade de deuses que não existem mais.

A relação do deus com a comunidade de fiéis é, ao que pensamos, uma relação típica de sistema a ecossistema. Não apenas a sociedade, são os cérebros humanos, coletiva e individualmente, que são os ecossistemas dos deuses.

A relação ecossistêmica é uma relação muito estrita e ainda mais rica do que a do terreno com a planta porque é a um tempo uma relação de simbiose e de parasitismo mútuo. Temos relações muito curiosas com os deuses porque os parasitamos, isto é, exigimos deles quantidades enormes de serviços, e eles próprios nos parasitam porque exigem cultos, sacrifícios, preces etc.

Estamos na mesma relação de parasitismo e de simbiose, com o universo imaginário das mitologias. Embora possamos determinar as raízes, as fontes psicossociais do mito, isto não impede que os mitos existam com uma vida aparentada à dos deuses, e Lévi-Strauss teve profundo senso de sua realidade quando disse: “Os homens não pensam os mitos, são os próprios mitos que ‘se pensam’”.

Como falar, também, das ideologias em uma perspectiva noológica? As ideologias são sistemas muito mais abstratos do que as mitologias porque não há personagens, aventuras, deuses (além dos cultos da personalidade que funcionam, então, mitológica ou religiosamente). As ideologias são cadeias de ideias organizadas de maneira interdependente e complementar, em resumo, uma ideologia é um sistema de ideias que tem sua vida própria, dotada de homeostase, eventualmente de agressividade, capaz ele produzir-se e de desenvolver-se. Um sistema ideológico também vive. Uma relação fundamental ambígua nos liga a um sistema ideológico; é verdade que utilizamos nossas ideologias como máscaras para camuflar diante dos outros e de nós mesmos nossos interesses e nossos verdadeiros problemas, mas podemos também tornar-nos escravos das nossas ideologias.

Mitologias, ideologias, deuses são realidades que têm a pele muito dura, bem mais coriácea do que a nossa e do que as das nossas nações e Estados. Mas o mundo da cultura, o mundo noológico não é composto unicamente destes sistemas tão fortes e duravelmente vivos. Ao lado desses seres quase infatigáveis, temos os efêmeros, como estas borboletas de um instante, fantasmas, sonhos; sem interrupção proliferam as formas fugazes da vida cerebral e noológica.

Ignorâncias e perguntas

Nada sabemos ainda da maneira como as ideias se reúnem quase quimicamente entre si e se repelem: estou persuadido de que há uma química elementar das ideias com fenômenos de atração e de repulsa. Nada sabemos ainda da maneira como sequências e cadeias de conceitos se formam para se tornarem sistemas ideológicos. Não sabemos como um sistema de ideias se torna um fenômeno de catálise, de aceleração, de amplificação sociológica. De que maneira, em um dado momento, em certas condições sócio-históricas, tal ideologia que seria como um vírus (como o da gripe, por exemplo) se encontra em estado de latência e depois bruscamente se espalha epidêmica, rápida e amplamente. Como compreender este problema importante que é a evolução das ideias? Um dos grandes méritos do livro de Thomas Kuhn, *La structure des révolutions scientifiques*, é mostrar que a história das ciências, por exemplo, não é de forma alguma a acumulação de conhecimentos, que ela é uma série de revoluções de paradigmas, isto é, do sistema de axiomas que deve transformar-se em outro sistema inteiramente diferente, em um metassistema, para poder interpretar corretamente fatos inexplicáveis no antigo sistema. A evolução das ideias jamais é um fenômeno linear. Durante certo tempo, ideias que possuem uma força de "contaminação" encontram-se bloqueadas, confinadas, depois, quando as condições do ecossistema (da sociedade) se modificam, bruscamente estas ideias se difundem e podem, então, modificar certos aspectos da realidade. O fenômeno de Maio de 1968 é, de certo modo, um exemplo: como um certo número de ideologias políticas que não existiam senão em alguns pequenos grupos muito restritos, reduzidos a algumas unidades e mesmo a algumas pessoas (ideias trotskistas, ideias maoístas ou ideias fourier-libertárias), puderam difundir-se a grande velocidade a favor da crise. O rumor apresenta, igualmente, estas mesmas perguntas. É certo que esses acontecimentos podem ser interpretados de maneiras bem diferentes, mas cumpre perguntar em que condições de crise o sistema das ideias pode autorreproduzir-se de modo muito mais rápido do que nos tempos normais. Estas perguntas nos repetem, uma vez mais, que é preciso renovar o método.

4

A Cultura

(Para uma culturanálise)

A palavra armadilha

Cultura: falsa evidência, palavra que parece uma, estável firme, e, no entanto, é a palavra armadilha, vazia, sonífera, minada, dúbia, traiçoeira. Palavra mito que tem a pretensão de conter em si completa salvação: verdade, sabedoria, bem-viver, liberdade, criatividade...

Mas, dir-se-á, essa palavra é também científica. Não existe uma antropologia cultural? E, diz-se, uma sociologia da cultura? Melhor: não se teria, em um grande laboratório, conseguido medir o desenvolvimento cultural?

De fato, a noção de cultura não é menos obscura, incerta e múltipla nas ciências do homem do que no vocabulário corrente:

a) Há um sentido antropológico em que cultura se opõe a natureza e engloba, portanto, tudo o que não depende do comportamento inato, como é próprio do homem dispor de instintos muito precariamente programados, a cultura, isto é, tudo o que depende da organização, da estruturação, da programação social, confunde-se, finalmente, com tudo o que é propriamente humano.

b) Outra definição antropológica faria depender da cultura tudo o que é dotado de sentido – a começar pela linguagem. Com tanta amplitude quanto na primeira definição, a cultura cobre todas as atividades humanas, mas pode tirar o que há de melhor no seu aspecto semântico e intelectual.

c) Há um sentido etnográfico em que a cultura se oporia ao tecnológico e reagruparia crenças, ritos, normas, valores, modelos de comportamento (termos heteróclitos tirados de diversos vocabulários e estocados, à falta de coisa melhor, no bazar cultural).

d) O sentido sociológico da palavra cultura é ainda mais residual: recuperando os detritos não assimiláveis pelas disciplinas econômicas, demográficas, sociológicas etc. envolve o domínio psicoafetivo, a personalidade, a "sensibilidade" e suas aderências culturais, às vezes até se reduz ao que aqui chamaremos de cultura ilustrada, isto é:

e) A concepção que centra a cultura nas humanidades clássicas e no gosto literário-artístico. Esta concepção, ao contrário das anteriores, é valorizadíssima: o culto se opõe, em conceito social e eticamente, ao inculto.

A palavra cultura oscila entre, de uma parte, um sentido total e um sentido residual, e, de outra parte, um sentido antropo-sócio-etnográfico e um sentido ético-estético.

De fato, na conservação e na polêmica passamos sem que disso nos demos conta, do sentido amplo ao restrito, do sentido neutro ao valorizado. Assim, opomos cultura de massas a cultura ilustrada, deixando de acomodar o sentido da palavra cultura quando se passa de um termo a outro, o que permite, por exemplo, confrontar Sylvie Vartan com Sócrates e Fernandel com Paul Valéry, as mais das vezes em detrimento dos primeiros. É confrontar uma cultura de massas, de natureza etnossociológica, e uma cultura ilustrada, normativa-aristocratizante; não é possível conceber uma política da cultura se não nos damos conta, logo no princípio, de que estas duas noções não são do mesmo nível.

Nessas condições surge uma indagação: a noção de cultura tem alguma pertinência apesar destas heterogeneidades, destes equívocos? Examinando-se a questão de modo mais aberto, há algum sentido nesta cultura que unifica suas acepções tão diferentes? Haveria um sentido de cultura que, fugindo à definição totalizante e à definição residual entre as quais ela oscila, explicasse uma e outra.

Duas abordagens, dois métodos, duas filosofias podem explicar de uma vez o caráter global (ou geral) da cultura.

A primeira, já de certa forma o percebemos, aproxima o cultural do semântico e vai procurar o código e a estrutura dos sistemas culturais, inspirando-se nos modelos da linguística estrutural.

Segundo o outro método, são os aspectos existenciais que se encontram no núcleo da cultura. Esta abordagem foi renovada de maneira notável por Michel de Certeau.[46] A cultura não deve ser considerada nem como um conceito e nem como um princípio indicativo, mas como a maneira como se vive um problema global. Nesse nível há uma coincidência com o que Jacques Berque enfaticamente realçou a propósito da "revolução cultural" de Maio: "O que hoje se chama *cultura* é apenas a totalização de processos, de diferentes estágios, de diferentes categorias, de diferentes níveis que assumem, todos eles, na verdade, um sentido inteiramente subjetivo e até estético e até imaginário..."[47] Michel de Certeau vai mais longe neste sentido: a cultura seria o limite e o âmago que nenhuma pesquisa seria capaz de explicar; esta noção cobriria, em suma, a realidade mais rica de todas, que "o nosso pobre saber ocidental" (Certeau) seria incapaz de compreender.

Assim, vê-se que, das duas grandes correntes do pensamento contemporâneo, uma reduz a cultura a estruturas organizadoras e a outra a reconduz a um plasma existencial. Cada uma, entretanto, põe a ênfase em uma dimensão essencial da cultura, mas sua oposição repulsiva desloca a problemática da cultura. Se é preciso encontrar um sentido na noção da cultura, é sem dúvida o que ligaria a obscuridade existencial à forma estruturante.

---

46 Michel de Certeau, *La prise de la parole*. Paris: Desclée de Brouwer, 1968.
47 *L'Homme et la Société* nº 8, p. 31, abril-junho de 1968.

O sistema cultural

Precisamos, então, considerar a cultura como um sistema que faz comunicar – em forma dialética – uma experiência existencial e um saber constituído.

Tratar-se-ia de um sistema indissociável em que o saber, estoque cultural, seria registrado e codificado, assimilável apenas pelos detentores do código, os membros de uma dada cultura (linguagem e sistema dos signos e símbolos extralinguísticos); o saber seria, ao mesmo tempo, constitutivamente ligado a padrões-modelos (*patterns*)[48] que permitem organizar, canalizar as relações existenciais, práticas e/ou imaginárias. Assim a relação com a experiência é bivectorizada: de uma parte, o sistema cultural extrai da existência a experiência que permite assimilar e eventualmente estocar; de outra parte, fornece a existência, os quadros e estruturas que assegurarão, dissociando ou misturando a prática e o imaginário, seja a conduta operacional, seja a participação, a fruição, o êxtase.

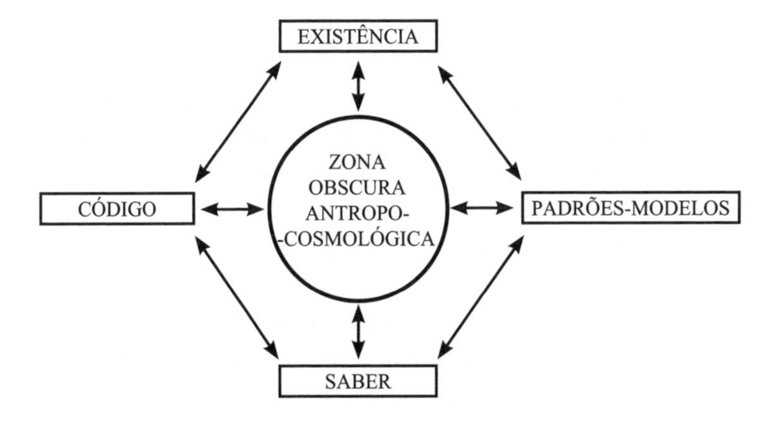

Esta concepção permite conceber a relação homem-sociedade-mundo que uma cultura mantém e define através dos retransmissores polarizadores e transformadores, o código e o *pattern*, que consti-

48 **N.T.:** Em inglês, no original.

tuem, separadamente, complexos subsistemas no interior do sistema (subsistemas que as teorias parceladas adotam como sistema inteiro).

Além disso, essa concepção permite englobar de maneira coerente o que era residualmente e a trouxe-mouxe catalogado nas concepções etnossociológicas da cultura: a personalidade (de base ou não), a sensibilidade, os mitos, as ideias-força, os tabus e os mandamentos etc.

Enfim, tal concepção tem a grande vantagem de poder aplicar-se a todas as noções de cultura, desde a mais global (cultura oposta à natureza) até a mais estreita (cultura ilustrada). Uma cultura, mesmo estreita e limitada, engloba, em seu campo particular, uma parte da relação homem-sociedade-mundo. O que diferencia as noções de cultura entre si é a amplitude do sistema, a extensão do saber, do campo da experiência existencial, das normas e modelos que o ponto de vista antropológico ou etnográfico, ou sociológico, ou culturalista, nela divisa. Assim, a cultura da antropologia cultural engloba todo o saber, todo o campo de experiência, todos os códigos, todas as normas-modelo em um sistema global oposto ao sistema instintual ou natural. Em contrapartida, a cultura ilustrada só contém o saber das humanidades, letras e artes, um código refinado, um sistema de normas-modelo que se derramam tanto sobre o imaginário quanto sobre um código de bem-viver. É claro que as culturas se diferenciam, não apenas pela amplitude do campo, mas pelo código, pela infinita diversidade dos modelos, e, mais profundamente, pelas formas de distribuição e de comunicação entre o real e o imaginário, o mítico e o prático.

Acrescentemos aqui duas notações essenciais:

a) Concebemos a cultura como um sistema metabolizante, isto é, que assegura as mudanças (variáveis e diferenciadas segundo as culturas) entre os indivíduos, entre o indivíduo e a sociedade, entre a sociedade e o cosmos etc.

b) Este sistema deve estar articulado ao sistema social em seu conjunto. Pode-se conceber o sistema social global como sistema cultural oposto ao sistema natural; pode-se, igualmente, conceber a cultura como realidade econômica, social, ideológica etc., e religá-la, assim, às outras dimensões sociais. Vê-se, ao mesmo tempo, que a cultura não é nem uma superestrutura nem uma infraestrutura, mas o circuito metabólico que associa o infraestrutural ao superestrutural.

Munidos dessa concepção da cultura é que poderemos aventurar-nos à culturanálise rudimentar, mas necessária e preliminar, da nossa sociedade. Ao contrário das sociedades arcaicas em que magia e religião estabelecem uma unidade cultural sincrética dos saberes e das experiências (e em que se pode talvez distinguir uma personalidade de base), as sociedades históricas, e a nossa, de forma singular, vêm justapor-se e imbricar-se, até no mesmo indivíduo, os sistemas culturais. Nossa sociedade é policultural: há a cultura das humanidades, nutriz da cultura ilustrada, a cultura nacional, que alimenta e exalta a identificação com a nação, as culturas religiosas, as culturas políticas, a cultura de massas. Cada uma destas culturas, ademais, é atravessada por correntes antagônicas. Lenine observou com muita justeza: "Há duas culturas em cada cultura nacional". Veremos que há um dualismo profundo na cultura ilustrada como na cultura de massas. *Assim, a cultura, na nossa sociedade, é o sistema simbiótico-antagônico de múltiplas culturas, nenhuma delas homogênea.*

A cultura ilustrada

Precisamos agora enfrentar os dois dragões culturais que nos barram a entrada dos problemas: a cultura ilustrada e a cultura de massas.

A cultura ilustrada sempre foi ao mesmo tempo segunda, secundária e essencial na História da nossa sociedade. Segunda no sentido em que a hierarquia cultural a situa depois da cultura religiosa ou nacional, secundária no sentido em que é uma cultura vivida no plano estético, e não portadora de verdades imperiosas como as da fé ou da ciência. De fato, a cultura ilustrada parece ser o ornamento, o antídoto, a máscara na sociedade aristocrática, burguesa, empreendedora, técnica, guerreira. E, no entanto, ela é ao mesmo tempo essencial: é esta cultura que se proporcionava nos colégios aos filhos das famílias das elites dominantes, e que a partir de agora se quer espalhar como se ela devesse ter alguma função secreta e maravilhosa no plano mais íntimo da personalidade.

A cultura ilustrada constitui um sistema cujos traços distintivos tentaremos destacar.

O campo de conhecimento de que se constitui é o das humanidades com raízes greco-latinas: tem um caráter literário-artístico. São conhecimentos profanos-leigos: pode ou completar o conhecimento religioso com noções profanas ou tornar-se uma base da laicidade, substituindo a teologia pelas humanidades. Estas humanidades constituem, de fato, um saber humanístico (e se interessam, antes de tudo, pela sorte do homem no mundo), húmus dos diversos humanismos. Se o saber greco-latino cai progressivamente em obsolescência, é substituído por um saber ensaísta, ao mesmo tempo parafilosófico e paracientífico, mas não especializado, isto é, que se propõe, como o das antigas humanidades, prover à cultura geral de um "homem fino".

O código constitutivo desse saber é de natureza simultaneamente cognitiva e estética. Conhecer bem suas humanidades não é apenas conhecer o que dizem sobre a natureza humana, Montaigne, Pascal, La Rochefoucauld etc., é também apreciar sua arte de dizer e de poder exprimir-se segundo os estatutos de uma língua literária sutilmente idêntica à língua normal e diferente dela. Assim, a posse do código estético-cognitivo dá um fundamento duplo e sutil ao elitismo (esoterismo e aristocratismo), mais ou menos grande, mais ou menos refinado, mais ou menos fechado que é próprio da cultura ilustrada. O caráter estético do código permite associar sua posse ao gosto e à qualidade pessoal do seu detentor. O uso monopolístico aparece aos seus beneficiários da *intelligentsia* ou das classes superiores não como um privilégio sociológico, mas como um dom pessoal.

Os padrões-modelos dessa cultura se conjugam para formar a imagem ideal do homem culto, que passa do quadro aristocrático ao do individualismo burguês. Trata-se, não somente de esquemas estéticos de gosto e de esquemas cognitivos humanísticos, mas de *patterns* culturais no sentido pleno do termo, que determinam e orientam a formação, a estruturação e a expressão das percepções, dos sentimentos – sobretudo o amor –, em uma palavra e globalmente, da sensibilidade e da personalidade. Ao mesmo tempo, esta cultura ilustrada assegura e organiza uma larga e profunda estetização da vida; ela se abre aos prazeres da análise-gozo na relação vivida com outrem e com o mundo; ela afirma que a relação com o Belo é uma verdade profunda da existência, e a obra de arte é a depositária, sob forma embrionária e residual, do que desabrocha como coisa sagrada na religião.

Assim, a cultura ilustrada é plenamente uma cultura, no sentido em que opera uma dialética comunicante, estruturante e orientadora entre um saber e uma participação no mundo; mas ela está limitada tanto pelo campo social de sua extensão – limitado a uma elite – como pelo seu papel parcial junto a esta elite, cujos membros de fato obedecem, do momento em que se trata dos seus interesses ou das suas paixões, a outros incitamentos culturais ou pulsionais. À menor disputa com um crítico ou com sua mulher, o escritor refinado volta a ser um carroceiro ou um motorista.

A cultura ilustrada aparece como uma espécie de supercultura, uma quintessência, o suco mais sutil que a sociedade pode produzir. E isso tem dado como resultado, até as crises recentes, sua extrema valorização aos olhos tanto dos seus possuidores como daqueles que não a têm. Ela parece, de fato, conter a um tempo uma universalidade essencial (uma verdade superior e geral sobre o homem no mundo,[49] um refinamento essencial (dada sua natureza artístico-literária), e, por isso mesmo, a espiritualidade que é a máscara, a falta, o ornamento, a necessidade de uma civilização da força, do poder e da riqueza.

Essa extrema valorização é ao mesmo tempo causa e consequência do extremo elitismo da cultura ilustrada. É preciso um aprendizado mais ou menos longo e qualidades mais ou menos sutis para que uma pessoa possa apropriar-se do código, cujos arcanos mais profundos estão reservados apenas aos doutíssimos mandarins ou nos gênios da expressão. Assim, vemos muito nitidamente: 1) uma distinção global e brutal que opõe os cultos aos bárbaros (beócios, pessoas de formação rústica, filisteus, novos-ricos, homens de fortuna

---

49 Ela constituía, para o "homem fino", em seu humanismo que reúne e sintetiza todo o saber, uma verdadeira cultura antropocosmológica que a apresentava as verdades ontológicas e normativas sobre a natureza humana e as interrogações necessárias e suficientes sobre a natureza do mundo.

suspeita, porteiros de edifício etc.), aos quais é proibido o acesso aos templos culturais; 2) uma hierarquização contínua no seio da cultura, desde os mais baixos escalões até aos mais elevados, que mantêm sua margem de superioridade com uma renovação constante da zona esotérica do código (com a vanguarda, a arte viva, a cultura viva etc.). São mais ou menos os mesmos processos da moda, na qual a elite detém, na renovação das formas, uma frente de alguns meses sobre a multidão, que assimilará as novas formas no momento em que a elite houver adotado outras. Ademais, o culto da originalidade e da unicidade (hipertrofiada sobretudo no domínio da pintura, no qual, entre dois quadros idênticos, o original vale uma fortuna e a cópia um preço de objeto manufaturado) permite a uma elite restrita apropriar-se dos objetos originais e frequentar os artistas.

Na verdade, há dois elitismos que disputam e partilham a cultura ilustrada: o da intelligentsia *criadora-crítica (que cria os valores e as hierarquias), o das classes privilegiadas que se apropriam da fortuna cultural.*

A relação entre os dois elitismos é extremamente ambivalente. O elitismo burguês se apropria, através da cultura, não apenas da espiritualidade, mas também do aristocratismo, no sentido em que, colonizando mecenalmente a cultura, assume a função dos príncipes ou dos senhores. Reciprocamente, a burguesia traz à cultura não somente o fundamento individualista que permitirá a admiração dos talentos originais e a cultura do gênio, mas também o fundamento econômico que identifica valor e raridade.

O elitismo burguês coloniza a instituição cultural e nem há muita necessidade de efetuar gigantescas pesquisas nos concertos, museus, galerias de quadros, para perceber que as classes populares ali não se encontram, a "colonização cultural se faz evidentemente, por assimilação do código cuja apropriação se torna um teste e um perigo social: já que ser culto é pertencer à elite, as classes superiores, acossadas pelas camadas em ascensão para as quais a cultura é o sinal da elevação social, preservam seu elitismo levando-o às últimas trincheiras do esnobismo e da moda.

Dito isso, não se pode reduzir a cultura ilustrada tão somente à apropriação elitista de um código. No núcleo da cultura ilustrada há a inteligência que reivindica a propriedade cultural porque ela assegura sua criatividade.

A *intelligentsia*

A noção de *intelligentsia* é ela própria muito pouco teorizada, é uma zona de areias movediças sociológicas. O que é compreensível, pois a *intelligentsia* é uma camada (?) social particularmente ambígua. Os que a caracterizam pela origem social dos seus membros lhe retiram qualquer configuração que ela pudesse adquirir por sua experiência própria e esquecem que o trânfuga se define tanto pelo rompimento que o separa como pelo laço que o une à sua classe originária.

A *intelligentsia* está ligada por suas raízes às classes burguesas, mas uma fração da *intelligentsia* pode muito bem opor-se à classe originária, ou mesmo combatê-la e procurar um novo enraizamento no princípio de uma nova sociedade sem classes, que ela serviria na medida em que esta sociedade a libertasse. Isto posto, pode-se compreender melhor o problema do desenraizamento-enraizamento da *intelligentsia* considerando sua experiência, sua *práxis*, produção própria: é a classe que, nas sociedades modernas, produz e sustenta, renova, não apenas a cultura ilustrada, mas também as ideologias religiosas, nacionais, sociais, isto é, uma parte importante das outras culturas; sob este aspecto ela é a um tempo alienada, autônoma e incerta com relação às outras classes sociais. A cultura ilustrada, que para as classes superiores é um enfeite, um luxo, um lazer, para a *intelligentsia* é sua substância e sua experiência. Donde provém uma fonte ao mesmo tempo de entendimento, de transigência, de mal-entendido ou de conflito. Quando o conflito explode, a *intelligentsia*, como se verá, vai buscar no povo, nos revoltados, na revolução a nova Arca da Aliança que emancipará a cultura e fará desabrochar sua universalidade. A *intelligentsia* é uma classe que se vê intelectualmente superior e economicamente dependente. Dependente do mecenato na época aristocrático-monárquica, depende ela hoje, cada vez mais, do sistema de produção capitalista e tecnoburocrático. Há simbiose e conflito entre a criação, que depende dos artistas, escritores etc., e a produção (edição, jornal, sociedades cinematográficas, estações de rádio e de televisão). A *intelligentsia* não é a senhora dos seus meios de produção, e, portanto, há nela uma dupla virtualidade de revolta: por uma parte, contra as classes dominantes que a domesticam ao mesmo tempo em que a adulam, assimilando suas obras, mas rejeitando as enzimas; por outro lado, contra os proprietários dos meios de produção e de difusão culturais.

A secreção da cultura, que é a tarefa própria da *intelligentsia*, não se limita à criação de obras de arte e à elaboração ideológica; ou antes, através de obras de arte de ensaios ideológicos, a *intelligentsia* persegue um papel original herdado dos feiticeiros e dos grandes sacerdotes mas que, ao mesmo tempo, nasceu da crítica da feitiçaria e da cultura religiosa. Ela segrega a cultura segregando, de uma parte, os fermentos religiosos ou neorreligiosos que unem o homem à sociedade e ao mundo; de outra parte, os fermentos críticos, racionalistas, céticos, ou mesmo niilistas, que corroem os sistemas religiosos, as ordens estabelecidas, inclusive a pseudo-ordem do mundo: esta classe de Janus é uma classe dividida, como comprovam as oposições banais entre intelectuais de direita e de esquerda, intelectuais católicos ou comunistas, puros artistas engajados etc. A unidade, nestas divisões e cisões, é a pesquisa ontológica existencial que ora aparece como pesquisa da beleza, ora como pesquisa da verdade, sendo a verdade muito mais do que um atributo de certos objetos privilegiados mas a pesquisa de um segredo ontológico de harmonia e de verdade. A *intelligentsia* é profundamente engajada através de sua missão sociológica, clerical, em uma busca antropológica. Nesta busca das "profundezas", que traduz a necessidade religiosa ou infrarreligiosa de uma sociedade em parte apenas laicizada, o artista, o pensador e sobretudo o poeta, são levados – cada vez mais – a reencontrar um fundo arcaico e assumem papéis de feiticeiro, de vedor de águas, de médium e de pitonisa.

Assim, a cultura, se tem, por um lado, um aspecto muito sofisticado ligado ao seu elitismo (virtuosidade no uso do código ou formalismo), tem, ao mesmo tempo, um aspecto muito arcaico, ligado à pesquisa do contato existencial com as verdades antropocósmicas profundas.

No que concerne ao campo propriamente dito da "cultura ilustrada", isto é, da literatura e das artes, é no seio da *intelligentsia* que se assegura a *criação*. Desde o fim da era clássica, a cultura se engajou resolutamente no caminho da criação permanente. A criação não é apenas a liberdade e a arte das variações em torno da norma (norma formal da linguagem, norma dos arquétipos ou estereótipos etc.), não é apenas a singularidade de uma linguagem com relação a uma língua, é uma relação desestruturante-reestruturante Linguagem-Língua. A criação significa que a Linguagem desestrutura o código para reestruturá-lo de maneira nova, que a retórica não é mais a regra à qual se subordinam as "obras geniais", mas a regra que mata-ressuscita-renova sem cessar – a sucessão das obras geniais. A noção de gênio aqui é muito reveladora, não apenas por sua referência à magia e às forças obscuras, mas por seu sentido sobrenaturalmente, divinamente criador. Donde a estranha sorte – reconhecida como quase necessária – das obras geniais: elas são a princípio malditas, porque incompreensíveis: efetivamente, os últimos quadros de Turner, os últimos *Quatuors* de Beethoven, as primeiras *Illuminations* de Rimbaud são mensagens que o código preexistente não permite decifrar; são manifestações capazes de causar a maior perplexidade; é lentamente, graças às pacientes exegeses e mediações dos críticos, que se reconstitui o contato com o código, com a língua, mas a partir de então a obra-prima não é somente integrada, pois modifica o código e torna-se, por sua vez, seu princípio e fonte. É por isso que as obras de arte revolucionadoras da arte aparecem a princípio como antiarte aos olhos dos contemporâneos escandalizados, mas em seguida se tornam fontes canônicas da arte. No limite, poder-se-ia dizer que toda obra de arte é antiarte, porque ela escapa, por algum aspecto novo à jurisdição do código.

Assim, vê-se bem o papel essencial, e não apenas mitológico (como muitas vezes acontece, o mito encobre uma realidade) da criação na cultura ilustrada; ela a faz evoluir por sucessão de "obras imortais" que a mantêm em aparente eternidade. A criação permite assegurar de maneira gloriosa a adaptação à História, isto é, a aculturação das novas experiências. Enfim, o mito da criação permite conciliar o duplo elitismo – o da *intelligentsia* que vê coroados como quase-deuses, heróis fabulosos, seus gênios criadores; o das classes superiores que, transformando-se em mecenas e apropriando-se das obras originais, se justificam, enobrecem-se e espiritualizam-se.

A necessidade de originalidade – isto é, de criação em todos os graus, desde a pequena inovação de forma até ao aparecimento de artes novas –, longe de ser contrariada, aumentou, como notou Moles, no mundo tecnoburocrático moderno. A cultura tem cada vez mais a função de segregar a originalidade de que cada vez mais tem necessidade um mundo vitalmente conformista que tende mecanicamente a recair na repetição burocrática. (Donde o culto ingênuo da novidade que se tornou o novo conformismo.)

Assim, a cultura ilustrada é bem mais um sistema segundo o esquema esboçado acima. É um sistema submetido a princípios equilibradores-desequilibradores, que tende, por sua própria natureza (inclusive sua relação específica com a sociedade moderna), a perdurar e a renovar-se. O sistema deve conceber-se segundo uma analogia biológica: tem necessidade de quase-enzimas para se renovar, e é a "criação" que desempenha este papel enzimático. A enzima é inerente e indispensável ao sistema, mas ao mesmo tempo o ameaça. De fato, e cada vez mais claramente a partir do século XVIII, a enzima (a criação, a originalidade, a novidade etc.) vem das fronteiras anônimas ou marginais da ordem social e a criatividade apresenta, no seio mesmo da cultura, um caráter de negatividade, no sentido hegeliano a princípio, e depois no literal. É a partir de Rousseau e do romantismo que aparece o laço entre a poesia (*poïesis* = criação) e o desequilíbrio, a loucura; Rousseau, Hölderlin são grandes símbolos: da mesma maneira, a contribuição revolucionante da adolescência, esta *no man's land* em que ainda não se cristalizou nem endureceu a sociedade adulta explode com Novalis, Shelley, Rimbaud. Autodidatas irrompem como criadores culturais com Rousseau e, mais tarde, os escritores norte-americanos.

A cultura não é apenas Código, é Linguagem e Existência, ou antes, o Código é também o que permite à Linguagem comunicar-se com a Existência. Assim, pode-se conceber o sistema cultural sob o ângulo de uma dualidade ou de uma contradição principal que repercute em todos os níveis. Esta dualidade repousa na dupla natureza do código, que pode ser apropriada e torna-se um instrumento de prestígio, mas que também é, quase tecnicamente, o mediador para a relação existencial, a participação, ou mesmo o êxtase. O código detém o segredo das fórmulas encantatórias que operam no estado propriamente cultural, isto é, um gozo estético-cognitivo-antropológico.

A dualidade parte, igualmente, da coexistência complementar-antagônica com relação ao código, de uma parte, entre os criadores-exegetas-reprodutores conservadores do Tesouro (autores, críticos); de outra parte, os usuários-mecenas-consumidores privilegiados e os produtores capitalistas ou estatais. Donde o antagonismo especificamente cultural entre a marginalidade e a oficialidade (o "artista" e o "burguês", a vanguarda e o bombeiro etc.) que é o antagonismo entre a enzima (indivíduo isolado, pequeno grupo ou escola artístico-literária, iniciador etc.) e a instituição, a estrutura cultural.

Assim, pode-se polarizar, por um lado, um fenômeno minoritário enzimático, evolucionante-revolucionante, que é o da relação existencial, da pesquisa da verdade, do ser, do êxtase, e também o da negatividade e da criatividade (duas faces do mesmo fenômeno). Por outro lado, pode-se polarizar um fenômeno majoritário, estatístico, institucional, no qual operam as apropriações, o uso social do código (prestígio, posição social, aristocratismo etc.).

O sistema cultural é precisamente a relação dialética entre estes dois polos. Esta não opõe os criadores e os consumidores, ao contrário: há um laço entre os criadores e os "verdadeiros" consumidores das suas obras, os que dela extraem fruições profundas e que recompensam os criadores com o seu amor e a sua admiração. Ela opera no interior do "consumo" e da criação. Há, no seio do consumo, heterogeneidade, para não dizer oposição, entre aqueles para os quais a cultura é uma experiência e aqueles para os quais ela é um enfeite; entre a mulher bovarista, que gostaria de viver como nos romances, e o tenta, e o colecionador de peças originais; entre o adolescente, que se excita com a descoberta de obras que o revelam a si mesmo, e o adulto, que degusta a leitura sem poder, doravante, sentir qualquer modificação, a não ser imaginariamente...

Há dualidade, também, nos artistas, não apenas entre os acadêmicos e os marginais, porém igualmente entre os virtuoses que exercem sua arte brincando com o código com a mais extrema sutileza e os vulcânicos que desestruturam as regras e no fim se veem à margem da arte...

Essas oposições, essas contradições constituem a dialética viva (e um dia mortal) da cultura ilustrada; a dinâmica da marginalidade e da oficialidade, da desintegração e da integração é a dinâmica sociocultural... (a verdadeira): a antiarte torna-se arte e a arte torna-se não arte; a novidade torna-se modelo (provisoriamente) eterno a que os críticos darão a interpretação de peritos e a linguagem secreta sua pérola preciosa que os críticos depositarão no tesouro. No curso desta dinâmica, os processos de desestruturação são também processos de reestruturação e a desestruturação-reestruturação desemboca, de modo ambíguo, na revolução e na recuperação. Assim, o cinema e o desenho animado, estas antiartes na origem, revolucionam as artes no momento mesmo em que, recuperados, eles se tornam a sétima e a nona artes.

Mais amplamente, a negatividade cultural (anomia, loucura, autodidatismo, crítica radical) se torna positividade. O conformismo tem necessidade de integrar o não conformismo; vê-se mesmo que a revolta pode tornar-se um jogo esnobe, inofensivo, que a dilaceração vivida por Van Gogh, Rimbaud, Artaud se torna ornamental. A recuperação por desmontagem, escamoteação ou integração é, na verdade, um processo vital do sistema cultural. Digamos, mesmo: a partir do momento em que há sistema, há recuperação. Foi o que sentiu, de maneira exaltada e histérica, mas verdadeiramente extralúcida, o Maio de 1968. Mas a recuperação, processo vital do sistema, não esgota a natureza do processo nem anula a contradição fundamental do sistema: em seu seio fica uma radioatividade criadora, negadora, existencial, uma contradição entre a potencialidade da cultura e o privilégio de elite que ela constitui e remata. Há uma luta de classes latente e às vezes virulenta entre a *intelligentsia* e os seus opressores/admiradores com quem ela mantém relações ambiguamente hipócritas.

Há igualmente contradição entre "Luzes" e "Trevas", a "Razão" e a "*Arkhé*",[50] contradição que, em determinado momento, aparece como uma bipolarização cultural. De uma parte, a cultura se torna o tesouro das grandes ideias humanistas-racionalistas que encontram seu primeiro grande desabrochar no século das Luzes. De outra parte, mantém um contato semi ou pós-mágico com o mundo, alimenta-se nas fontes arcaicas que são o sonho, o fantasma, a infância, busca uma verdade ontológica mergulhada ou camuflada sob o tecido artificial do mundo moderno; torna-se, então, ao mesmo tempo que a cabeça que procura o progresso, a do retorno e do recurso à *arkhé*.

O caráter funcional e o caráter disfuncional do sistema (da cultura ilustrada) são, em certo ponto dialético, inseparáveis; a cultura procura suas fontes de satisfação (estética, filosófica etc.) nas fontes de insatisfação da sociedade (nos guetos, nos anômicos, nos "desequilibrados").

Assim, a cultura ilustrada oscila entre dois polos, dois princípios, um integrador e que aprende a sociologia estatística, economística atual, o outro "desintegrador" ou criador, enzimático, que até hoje somente os mitos sobre a arte e o gênio explicam. Segundo a intenção, segundo o tempo, o lugar, pode-se julgar um deles mais importante do que o outro. Queremos indicar aqui que eles constituem, juntos, o princípio dialético, não apenas de constituição, mas também de evolução, da cultura ilustrada. Poderemos, nestas condições, descobrir o que ignoram as políticas culturais eufóricas: que a *dinâmica sociocultural tende à crise cultural.*

---

50 **N.T.:** V. p. 285.

5

A Crise Cultural

A crise da cultura ilustrada

A crise clássica do século de Luís XIV, sob sua aparência de unidade acabada, já continha em si a dualidade própria da cultura ilustrada moderna. No plano da arte, a arquitetura das unidades e das regras apresentava um mundo ordenado e teatral como Versalhes, mas já era claro que esta ordem mantinha prisioneiro o *underground* delirante e caótico das paixões. A *intelligentsia* se encontrava a um tempo domesticada e protegida pelo rei Mecenas, e o mesmo estatuto subjugava e libertava a linguagem de Molière. Os elementos de integração eram manifestos, mas os elementos de desintegração são latentes e entrarão em ação no século XVIII.

A partir daí há a explosão. Na arte, as paixões brotam, o caos emerge e é o turbilhão do romantismo. A *intelligentsia* procura alcançar sua principal reivindicação social, *a soberania da linguagem*. Da linguagem libertada, libertadora, nascem tanto a crítica radical de Voltaire-Diderot quanto o novo contrato social de Rousseau. É, a partir de então, a irrupção ativa da enzima marginal, periférica (adolescente, delirante) no próprio seio da criatividade cultural. A partir de então, e durante todo o século XIX, constitui-se o sistema dinâmico de formação de uma vanguarda, em luta contra o academismo e depois desintegrando o antigo academismo para formar um novo. Os gênios-enzima são, em um primeiro estágio, e muitas vezes até morrerem, "malditos". Desta imolação, verdadeiro sacrifício humano pericrítico, a cultura tira um efeito redentor e renovador, e o imolado se torna um gênio-deus para quem doravante se monta o culto.

Contudo, desde o fim do século XIX, e na primeira metade do século XX, vê-se aparecerem elementos de crise no seio mesmo da rotação dialética do sistema.

Assim, a crise do belo começa com o romantismo; ela estimula o sistema na medida em que o "belo" é expulso por um "feito" que se torna um "belo" novo, mas atinge-o e o lesa a partir do momento em que o modelo "belo" é substituído por outros modelos, como a autenticidade, e hoje a "pesquisa". Todavia, o sistema, propondo estes neomodelos, demonstra sua vitalidade. Da mesma forma, a crítica, enfraquecida pela perda do belo cuja interpretação e o patrocínio ela assegurava, reforça-se tornando-se típica, e torna seus oráculos, a partir de revelações, inacessíveis ao profano. A crise na verdade só começa quando não há mais modelo de substituição, isto é, quando rebenta a primeira onda que não traz em si mesma um contramodelo, o movimento dado. A crise da arte começa com Rimbaud e o surrealismo. A arte superior à vida, a arte reino encantado e mágico, paraíso da cultura ilustrada, aparece como um universo artificial e vão. O estético e a própria vida se adiantam à arte, ali onde trabalham a vanguarda negadora e a contracorrente da cultura. Vai-se buscar a grande admiração no acaso (surrealismo), no cotidiano antes sórdido, no subproduto da cultura de massas (*pop-art*). Claro que aí também entram em jogo os processos de recuperação, que utilizam a crise para refertilizar o sistema: o cinema se torna a sétima arte, a história em quadrinhos, a nona, a noção de arte se expande, o antiobjeto se torna objeto como a antiliteratura se torna literatura.

As manifestações de agressão contra o belo, a arte etc. não atacam apenas o academismo integrado; alguns atacam, e até muito explicitamente, não somente o sistema cultural, mas o sistema social com o qual ele vive em simbiose. Vê-se emergir a crise da *intelligentsia* em sua relação sociológica e antropológica: a *intelligentsia* – ou, antes, sua ala descontente-avançada – ressente profundamente sua frustração com relação à sociedade: enquanto ela segrega a ideologia, é defraudada das grandes responsabilidades e cada vez mais vassalizada.

A *intelligentsia*, no curso do século XX, continua ainda dependente da relação mecenal, e, ademais, fica presa a uma nova dependência: a economia de produção, com o desenvolvimento da indústria cultural, coloca-a sob a dependência do produtor capitalista ou burocrata; a economia de consumo lança-a em disputa com a cultura de massas; há conflito entre as aspirações democratizantes, pelas quais a *intelligentsia* de esquerda desejaria abrir a cultura a todos, e a caricatura que representa, aos seus olhos, a cultura de massas; há um conflito entre suas tendências elitistas-aristocratizantes e esta mesma massificação. O artista se sente ameaçado diversamente, e ao mesmo tempo pelo uso burguês da cultura, pela produção capitalista, pela democratização cultural, pela burocratização cultural. Mais profundamente ainda, o artista ou o intelectual ressentem as carências das sociedades modernas, o movimento sísmico de um mundo levado para o caos. A vontade de ruptura se afirma, não mais apenas nestas margens em que vivia a boêmia e onde vivem agora microssociedades isoladas ou dissidentes, mas à espera ou em busca *de outro sistema global, de uma anticultura radical que seja a verdadeira cultura.*

Paralela e correlativamente, os fundamentos aparentemente universais da cultura ilustrada são questionados. Marx fora o primeiro a discernir a ambivalência da cultura ilustrada que, embora seja uma cultura de classe, traz em si uma universalidade potencial. Assim, interrogava-se ele, com muita justeza, sobre a irradiação universal da cultura grega e achava que Balzac, monarquista e clerical, podia ser superior ao progressista Eugène Sue. Marx era culturalmente otimista: via que uma sociedade de classes, embora fundada sobre a bárbara exploração do homem pelo homem, podia procriar uma cultura de valor universal. Walter Benjamin retoma esta ambivalência, mas de maneira pessimista: o que ele vê é a barbárie escondida mas presente sob as formas universais, delicadas e comoventes da cultura: "Não existe um testemunho de cultura que não o seja ao mesmo tempo de barbárie". O "patrimônio cultural" é o espólio dos vencedores: "Deve sua existência, não apenas ao esforço dos grandes gênios que o moldaram, mas à servidão anônima dos seus contemporâneos". O stalinismo adota o patrimônio cultural do passado, mas rejeita a ambivalência cultural do presente. Lukacs oferece à cultura clássica seu passaporte de "realismo" e atira às feras a literatura de crise, a literatura moderna que precisamente traduz a crise da cultura.

A partir do momento em que todas essas crises crescem e convergem, a dualidade do sistema cultural se agrava. Constitui-se um polo meio *off* meio *in*,[51] no qual o prefixo anti (antiliteratura, antirromance, antimemórias) exprime muito bem a agressividade antagônica. Ocorre uma dupla traição dos clérigos, não a verdadeiramente benigna denunciada pelo bom Julien Benda,[52] mas uma tentativa de punhalada lorenzacciana[53] e de haraquiri cultural. De uma parte, procura-se na política revolucionária (ou que tal se crê), a fonte e o guia da verdadeira cultura, que somente a revolução realizará. De outra parte, as pessoas se atiram no universo primordial, caótico, não aplicado das pulsões, do sonho, da improvisação, ou mesmo da cultura de massas (*pop-art*).

E é o assalto contra a cultura ilustrada! O mais temível: parte do interior. O combate contra a barbárie da cultura mistura-se ao que se faz por uma cultura da barbárie, isto é, das forças elementares expulsas das estufas quentes (da cultura refinada). A irrupção das forças existenciais põe em causa o humanismo, fundamento das humanidades, fundamento dos fundamentos. Sade, o revólver surrealista, e Artaud conduzem o assalto ao mesmo tempo que os revolucionários. É o assalto contra a propriedade e a apropriação burguesa, contra o erro ontológico de uma cultura separada da verdadeira realidade e da

---

51 **N.T.:** Em inglês, no original.

52 **N.T.:** Em seu livro *La Trahison des clercs*, que chegou a ser considerado um marco na defesa da tradição intelectual contra as tendências da literatura moderna.

53 **N.T.:** Alusão à peça *Lorenzaccio* (1834), na qual Alfred de Musset se baseia no assassínio do duque Alexandre de Médicis por seu primo Lorenzo.

verdadeira vida. É uma espantosa conjunção (que, de resto, o autor destas linhas vive permanentemente) entre o ódio à cultura no sentido em que esta é a "inversão da vida" e o amor à cultura, no sentido em que esta é, não apenas o refinamento e a concentração da vida, mas em que ela parece possuir a força de alterar a vida, ainda que apenas na imaginação. O estudo de A. Willener permite-nos apreender tudo que tinha de explosivo a contrassociedade de pequenos grupos marginais, situacionistas, *free jazz*[54] etc.[55]

Foi em Maio de 1968, efetivamente, que se conjugaram todos os assaltos culturais-anticulturais – a agressividade estética contra a arte e a agressividade ética contra a cultura. Esta revolta assume, por uma parte, um aspecto ideológico bem conhecido e, de outra parte, um aspecto existencial de revolução cultural:

– O aspecto ideológico, superficial e dogmático se fixa e se desgarra no pópulo-jdanovismo de arte de partido que pretende estar a serviço do povo, ou então se exprime através de fórmulas ativistas da arte militante.

– O aspecto existencial em que a arte desaparece como essência separada, em que a cultura desaparece como sistema separado da sociedade e do indivíduo, em que um estado de graça inaudito desabrocha, em que o dique da repressão interna se combina com uma harmonia anárquica, além da ordem e da desordem no espaço encantado das universidades ocupadas, é precisamente o da revolução cultural. É então que emerge o mito de uma cultura antropológica, no qual o código seria universal, imediatamente comunicável a todos, em que o saber seria descompartimentalizado (não mais fonte de técnicas, mas de verdades existenciais, desmitificada: não mais burguês, porém, universal), em que os modelos seriam modelos de desabrochamento individualista-comunitário, em que a cultura asseguraria uma comunicação intensa e extática com a existência.

---

54 **N.T.:** Em inglês, no original.

55 *L'image-action de la société, la politisation culturelle.*

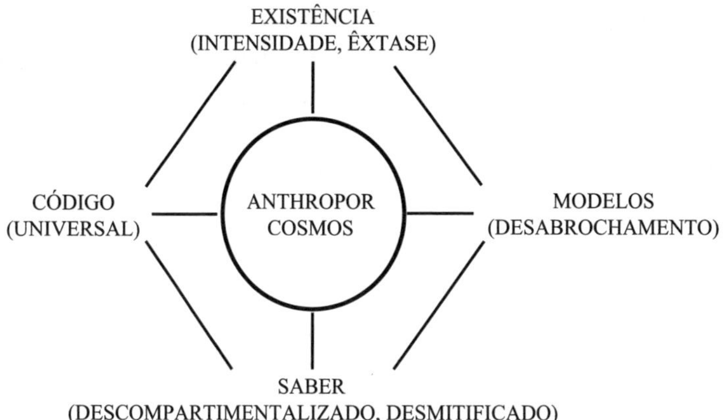

Assim, a contestação da cultura, nascida da crise da cultura e pondo em crise maior a cultura, conduz, logicamente, aos desígnios de uma cultura antropológica (não mais superficialmente limitada à arte, mas relacionada com as profundezas da existência e da relação de todos). É a aspiração a uma sociedade antropocultural em que anticultura e cultura seriam, a um tempo, mutuamente negadas e extaticamente reconciliadas. É a destruição da cultura ilustrada, mas para reconstruir uma antropo-sociocultura a partir da sua seiva, a partir das enzimas... É precisamente a revolução cultural.

O momento da revolução cultural (Maio de 1968) é somente um momento de êxtase no processo de crise-recuperação da cultura. Voltamos à crise endêmica e à neorrecuperação.

A recuperação se efetua em função da natureza cíclica virulência-latência que é a da ação enzimática no seio da cultura. Ela se faz, igualmente, a partir do caráter doravante institucional[56] da integração da novidade na cultura ilustrada; neste sentido, a integração do não conformismo se torna uma necessidade vital do neoconformismo. Por outro lado, a cultura ilustrada aceita a problemática de crise que se torna um dos seus sinais de originalidade e de superioridade;

56 Harold Rosenberg, *The tradition of the new* (La tradition du nouveau). Tradução francesa. Ed. de Minuit, 1962.

ela pode recuperar como expressão e arte a revolta e a contestação; a natureza estético-lúdica da cultura ilustrada, que, em princípio, permite recuperar tudo, torna-se um traço cada vez mais importante em detrimento do humanismo das "humanidades".

Ao mesmo tempo, a cultura ilustrada se dissocia da derradeira ilhota conservadora, acuada na cidadela dos academismos tradicionais e ainda resiste às graçolas. Ela se dirige para as terras ex-bárbaras da cultura de massas e as coloniza, as ilustra: o cinema de arte se torna uma instituição cultural com a sua crítica, suas salas especializadas etc. O "terceiro setor" se instala no rádio, enquanto espera a hora de se implantar na televisão.

Por outro lado, novas manhas permitem à *intelligentsia* e aos homens cultos resistir à democratização cultural que se opera através da extensão da escolaridade secundária e da difusão pelos meios de comunicação de massa. Com efeito, o acesso ao *status* burguês, que é um dos traços do processo atual, se efetua com a aquisição de rudimentos de cultura ilustrada. A elite não pode diferençar-se senão acentuando o seu refinamento, ou mesmo procurando seus sinais de refinamento no que o vulgo não saberia conceber, no seio mesmo desta cultura rústico-plebeia que ele há pouco rejeitou para poder ascender à cultura burguês-urbana.

Ao mesmo tempo, a cultura ilustrada segue uma das suas correntes profundas, que é buscar a *arkhé*[57] através das artes "primitivas", ingênuas e pós-primitivas, pós-ingênuas, bem como através dos objetos neoarcaicos do estilo greenwicho-tropezo-germano-pratino. Há uma equivalência artística entre os *blue-jeans*, as blusas ou túnicas de tricô antigos, os veludos, os velhos baús com os quais a elite, ao mesmo tempo que se diferencia da massa, se alimenta na *arkhé*. As altas esferas da cultura ilustrada se elevam ao esoterismo neorrefinado e neoarcaico, ao passo que as baixas zonas desta cultura começam a ser invadidas. O esnobismo, o gozo ostentatório de um código esotérico, e a moda, que ao mesmo tempo assegura a aristocratização e a democratização, dão à elite, durante alguns meses,

57 **N.T.:** V. p. 285.

o monopólio do que será democratizado segundo um processo hierarquizado. O privilégio cultural é doravante ligado, não apenas à posse de um código esotérico, mas à posse esotérica de um código em evolução rápida.

Assim, pode-se ver a reconstituição, de maneira ao mesmo tempo análoga à antiga e diferente dela, de um novo sistema da cultura ilustrada. O antigo sistema mantinha uma segregação muito forte entre a cultura ilustrada e o universo (bárbaro, beócio) exterior, embora conservado em seu seio uma hierarquia competitiva pela luta entre vanguarda e academia, e pelo jogo dos esnobismos e das modas. O novo sistema está em osmose com o meio exterior, a um tempo estendendo suas categorias fora das artes tradicionais e aceitando ou suportando a irrupção do bárbaro em seu meio; mas estabelece uma hierarquia multiestratificada em que esnobismos e modas desempenham um papel importante de diferenciação. No antigo sistema, o código esotérico era relativamente estável, havia o culto do único-original, e a cultura conferia uma espiritualidade que felizmente encobria, nos usuários, o materialismo burguês. Nos sistemas novos, o código não é mais estável, tendendo, antes, a voltar a ser esotérico, mais pelo mistério que cerca sua instabilidade do que pela necessidade de um longo aprendizado; o culto do original está ligado, não apenas ao único, mas ao novo; a espiritualidade dá lugar à autenticidade.

A cultura ilustrada nos aparece, pois, como um sistema complexo, contraditório, evolutivo. Historicamente oscila entre estes dois polos: ela é, de uma parte, o arremate de uma civilização e, de outra parte, sua contestação. Ela é, em nossa época, uma e outra coisa, e é esta ambivalência que assusta tanto o pensamento quanto a ação.

O empobrecimento teórico

É por isso que as abordagens desta cultura são pobres, isto é, unilaterais, incapazes de conceber a complexidade e as ambivalências do sistema. As antigas concepções se fundavam sobre a ação e a obra dos grandes gênios criadores e punham a ênfase nos caracteres excepcionais e sagrados da cultura. Elas endossavam, em suma, os caracteres mágicos da cultura, mas sem compreendê-los; sentiam intensamente que não se pode compreender a cultura desdenhando seus caracteres enzimáticos, mas preferiam mitificá-los a reconhecê-los.

A tendência dos sociólogos é cometer o erro inverso e reduzir a cultura, seja às dimensões sociais, seja a uma das suas dimensões. Umas aniquilam ou ignoram a enzima, e às vezes até ignoram a existência e a relativa autonomia do sistema cultural, não vendo nas obras da cultura senão o reflexo das "visões do mundo" próprias das classes sociais. As outras só veem da cultura o código, e do código apenas os problemas ligados à sua apropriação.

Ora, se é necessário ver a rigidez do sistema, é preciso ver-lhe também a mobilidade e as contradições, a bipolaridade antagônica, a dinâmica sociocultural. Cumpre não ignorar a *intelligentsia*, isto é, a categoria que segrega a cultura, nem seu papel histórico-social específico, relativamente autônomo e dependente, ambivalente. Cumpre não ignorar o aspecto enzimático na criação nem na aquisição cultural. Cumpre não desdenhar o fato, estatisticamente desdenhável, mas teoricamente capital, de que se pode ter acesso ao código como o fazem os autodidatas culturais, pela emoção e a fruição.

Aqui volta o problema duplamente mitológico do "dom". Há o dom que não passa da aptidão adquirida em um círculo familial ilustrado e que seria camuflado por uma graça pessoal. Mas há, também, o que rompeu com o seio familial, seja pela "ruína" do dom, seja por aquisição autodidática. Donde o duplo problema: *a)* Por que a família Bach é excepcional, isto é, por que os "talentos artístico, literário ou filosófico são tão pouco transmissíveis?"; *b)* Por que os Jean-Jacques Rousseau, os Whitman e, de modo mais amplo, as vocações que fazem passar determinada criança das classes pouco ilustradas à *intelligentsia*?

As fortes propensões às ideias, à literatura, às artes não viriam ele uma superexcitação psicoafetiva, que nas situações conflictuais, sofridas de maneira precoce e precocemente sublimadas no quadro familial ou social? Não se deve, então, interrogar psicanaliticamente, sociologicamente a família na qual as relações filho-pai se tornam cada vez menos fortemente uma relação de identificação, em que as relações filhos-pais, tornadas cada vez mais ambivalentes na sociedade contemporânea, desviam a cultura ilustrada dos filhos educados nesse meio ou orientam para essa cultura filhos de pais não ilustrados?

Citemos três autodidatas, dois operários, um jovem imigrante sefardita, comerciante estrangeiro, que, fora da escola, ascenderam, por sua própria experiência, à cultura e adquiriram tal aptidão para dominar a língua que chegaram a escritores. Estas exceções à regra, estes casos aberrantes têm uma importância teórica capital porque, demonstrando a possibilidade de acesso ao código fora do aprendizado familial ou escolar, demonstram à sua maneira a dualidade profunda e consubstancial dos usos do código e a dualidade da cultura, que sobe aos pináculos sociais como valor de prestígio, mas é concebida, vivida como valor existencial nas zonas marginais da *intelligentsia*, e na própria classe marginal em que vão confluir anônimos, desajustados, incertos, atormentados que provieram das camadas superiores e médias da sociedade. O privilégio do jovem "burguês" é que ele pode trair sua classe por meio da cultura, ao passo que a anomia do jovem camponês, não encontrando oportunidades culturais, só tem como saída a militância política, religiosa, ou a neurose, a infelicidade sem sublimação.

Os casos minoritários pelos quais se pode ascender da existência ao código, pelos quais a experiência marginal é fonte de atividade ou participação cultural, se por um lado escapam às estatísticas-rolos compressores que ignoram tudo o que é fermento na sociedade, por outra parte nos revelam aqui o aspecto enzimático da vida cultural. Podemos, de resto, perguntar-nos se não há um "dom" universal que seria sufocado, não apenas pela miséria econômica, mas também pela vida burguesa, e *o uso burguês da cultura*, que esvazia esta de qualquer virulência enzimática. Neste sentido, Mozart é assassinado no berço tanto quanto os P-DG[58] quanto nas HLM,[59] e sobretudo nas

58 **N.T.:** Abreviação familiar e algo pejorativa com que se alude ao *Président directeur general*, designação mais ou menos equivalente, no Brasil, à de Diretor-Presidente de uma empresa.

59 **N.T.:** V. p. XLIX.

favelas. Apenas sobreviveriam, como artistas, os que, educados no conflito e na injúria, encontram na cultura o meio de exprimir ou de sublimar seu problema. Compreender-se-ia o laço que existe entre o aspecto enzimático da cultura e as formas múltiplas de marginalidade ou de anomia (órfãos, filhos de pais em desavença ou separados, bastardos socioculturais, filhos de imigrantes, jovens judeus cuja família, transplantada dos guetos, mal fala francês, homossexuais ou desajustados sexuais). E aqui aparece a função de recuperação da escola, análoga, em outro plano totalmente diferente, à recuperação cultural: a escola recupera parte dos elementos enzimáticos que se formam nas camadas marginais e nas camadas populares, a fim de cultivá-los para as carreiras da *intelligentsia* ou da administração. O sistema é bastante flexível para selecionar ao mesmo tempo o grande trabalhador e o indivíduo brilhante, mas continua disciplinar, ritualístico e formal demais para construir um verdadeiro caldo de cultura para todos os desviados. Uma boa parte destes não pode suportar o sistema escolar e, quando não é expulsa é triturada, ilustra-se por via autodidata à margem, por leituras e experiências pessoais.

Assim, seria errôneo confundir o "bem dotado" marginal, o irregular e, de modo geral, o intelectual, com o "herdeiro" que se beneficia do privilégio econômico, das relações dos pais, herda o uso e a propriedade dos bens culturais. Correr-se-ia o risco de abalar com inabilidade – ou com excesso de habilidade – o fermento crítico da sociedade moderna, e não o pilar burguês desta sociedade. Correr-se-ia o risco de desenvolver o aspecto tecnoburocrático da sociedade, e não a democratização e a igualitarização.

Do ponto de vista de uma política cultural, correr-se-ia o risco de cair em dois erros contraditórios:

– Ou bem a cultura ilustrada está identificada com a sua função burguesa, não possui qualquer valor intrínseco e deve ser rejeitada ao mesmo tempo que a sociedade burguesa. O que é errôneo, pois vimos que a cultura é dupla em sua unidade, ao mesmo tempo que realiza a cultura burguesa, ela a desintegra, e a anticultura provém de uma corrente essencial da cultura.

– Ou a cultura ilustrada é um bem supremo, que a burguesia indevidamente arrebatou e que se trata de restituir ao povo inteiro, e, neste sentido, o erro é, não somente, unidimensionalizar a cultura, mas não questioná-la.

Cultura de massas e desenvolvimento cultural

Será suficiente dizer que ela é pobre? O diagnóstico de pobreza é ele próprio, para começar, um diagnóstico pobre.

A cultura de massas tem de ambíguo o fato de que oscila entre a cultura ilustrada da qual seria uma variante miserável, vulgarizada, comercializada, e a cultura no sentido etnossociológico.

Ela tem esse traço comum com a cultura ilustrada: a relação estético-espectatorial. A cultura de massas, como a cultura ilustrada, comporta uma parte mitológico-onírica que se apresenta não sob forma de crença religiosa ou de fé patriótica, mas de ficções, espetáculos, divertimentos.

Esse traço comum permite, efetivamente, as perguntas: uma parte da cultura ilustrada se derrama, vulgarizada ou não, na cultura de massas, ao passo que meios de expressão desenvolvidos pela cultura de massas (filmes, histórias em quadrinhos) são recuperados como artes pela cultura ilustrada.

Mas o gosto não é hierarquizado e policiado no seio da cultura de massas, e sobretudo a cultura de massas se define não com relação a uma elite privilegiada, mas ao conjunto da sociedade, englobando também, de fato, esta elite privilegiada: *é a cultura do indivíduo privado na sociedade burguês-tecno-industrial moderna*. Já indiquei alhures[60] que a cultura de massas provém, a um tempo, da economia de mercado, do desenvolvimento tecnológico, da comunicação multiplicada a distância, e constituiu-se com o desenvolvimento de uma quase-indústria cultural. O sistema cultural assim constituído apresenta traços originais com relação, sobretudo, à cultura ilustrada.

---

60 *L'Esprit du temps*, Grasset, tomo I (**N.T.:** V. p. 3).

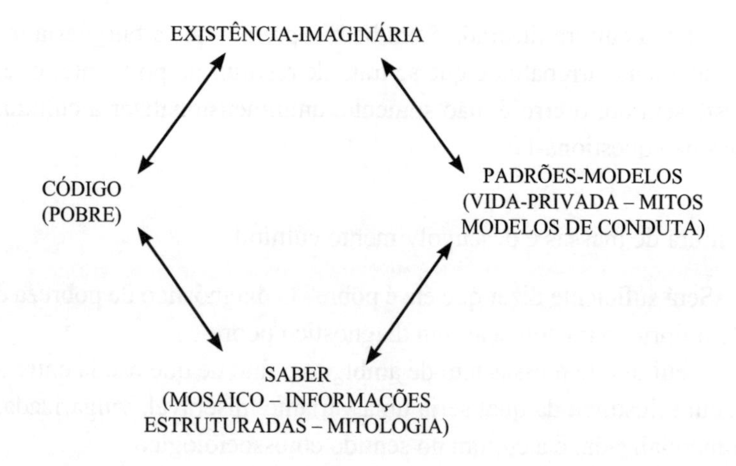

O saber sobre o qual se funda a cultura de massas é aparentemente um "mosaico" segundo a fórmula de Abraham Moles, quer dizer, é constituído por um agregado de informações não ligadas entre si, ao contrário da cultura ilustrada da era clássica, que era constituída por um saber pouco abundante, mas cujos elementos eram fortemente ligados uns aos outros. Mas, olhando de perto, vemos que este saber é subestruturalmente organizado de forma mitológica (a infinita sucessão dos fatos diversos, por exemplo, se ordena em função dos grandes tabus e dos grandes tropismos imaginários). O código é pobre, porque se trata, para a indústria cultural, de comunicar-se com o público mais vasto possível. Os padrões-modelos formulam ideais da vida privada individual e orientam para o exutório imaginário as pulsões agressivas-aventurosas proibidas na vida real. A relação existencial está situada sob o signo da felicidade, do amor, do conforto, do prazer, da posição social.

A cultura de massas, nesse sentido, pode ser concebida como um aspecto capital da extensão ou da democratização da cultura urbana burguesa, e, de resto, desenvolveu, se na e pela destruição das culturas rústicas-plebeias.

Aqui, vamos desembocar no problema do desenvolvimento cultural. Se este desenvolvimento visa a estender quantitativamente o setor de influência da cultura ilustrada, isto restringe singularmente a política e o desenvolvimento culturais, e implica uma atividade de censura, uma espécie de jdanovismo humanista frouxo que apresenta sob um eufemismo a fórmula "liberalismo qualitativo"; isto mantém o dogma, embora bem reduzido, e atacado por dentro, da salvação cultural.

É, entretanto, em outro plano que precisamos criticar o tema do desenvolvimento cultural (antes de adotá-lo...). No novo sistema burocrático-etático, com uma injeção de populismo dumazedieriano, a cultura se tornou uma produção que, como as produções tecnoeconômicas, progride graças aos critérios, aos equipamentos, aos edifícios. Créditos! Casas da cultura! Equipamentos socioculturais! Tais são as novas panaceias que permitem escapar ao exame em profundidade de um problema tão temível em sua obscuridade e em sua ambivalência.

Claro que a cultura não pode escapar totalmente às determinações tecnoburocráticas da época, como não pode escapar senão parcialmente às determinações econômicas. Mas, da mesma maneira como o aspecto antieconômico da cultura é, culturalmente falando, mais importante do que o seu aspecto econômico, da mesma forma a cultura se define antes como antídoto do que como produto natural da civilização tecnoburocrática. É, pois, uma simbiose parasitária-antagônica a que se constitui hoje em dia entre a cultura e seu amigo-inimigo protetor-sufocador que lhe dá vida e a asfixia: o Estado-providencial, os grandes poderes constituídos.

O Estado-providencial, as camadas dirigentes tecnocráticas hoje têm necessidade de considerar em seus programas de desenvolvimento material um desenvolvimento perfumado de espiritualidade que seria o da cultura. Mas pode-se por isso conceber, com os investimentos adequados, uma taxa anual de crescimento cultural? A amplitude mesma desta estupidez nos abre de forma flagrante os problemas fundamentais: que é um desenvolvimento cultural, na medida em que não se explicitou o que é a cultura, isto é, em que não se examinaram todos os problemas que atravessamos e que nos levam de encontro à contradição e à crise da cultura ilustrada? Que é um desenvolvimento artístico? Literário?

Filosófico? Os sucessores de Kant, Marx, Rimbaud, Chaplin são-lhes necessariamente superiores? Descobre-se, sem sacrifício, que a evolução cultural não é a de uma progressão contínua (no domínio da "qualidade" artística ou intelectual), mas a de um devir ferido, feito aos saltos, com rupturas e regressões. Há uma dialética progressivo-regressiva entre os grandes criadores e os epígonos que lhes sucederam e que, assimilando sua obra, a reduzem, a simplificam, a unidimensionalizam etc. É que o desenvolvimento da cultura está ligado ao do aparecimento, do desabrochar da atividade ou da sufocação das enzimas, e que não basta desenvolver uma infraestrutura institucional...

E caímos de novo no equívoco da palavra cultura, nos problemas apresentados pela cultura ilustrada e pela cultura de massas e, além disso, na necessidade de imaginar o que poderia significar o termo desenvolvimento cultural, de examinar se há algum significado sem um desenvolvimento multidimensional do ser humano, isto é, do problema mais geral de qualquer filosofia e de qualquer política.

O diagnóstico cultural

Não basta tentar elucidar a noção de cultura, a cultura ilustrada e a cultura de massas para estar em condições de apresentar os princípios de uma política cultural. É necessário, também, proceder a uma culturanálise, isto é, diagnosticar a situação cultural da nossa sociedade, conceber a maneira como funciona sociologicamente qualquer sistema cultural.

O diagnóstico aqui será extremamente sumário. Será, não panorâmico, porém centrado sobre alguns fenômenos notáveis.

A crise das humanidades

Já se observou acima que a crise das humanidades dá o tom a qualquer política cultural. A maior parte das políticas culturais ignoram (querem ignorar) esta crise, que questiona até a possibilidade, isto é, o fundamento de qualquer política cultural.

A crise das humanidades se situa a princípio no plano do saber. A predominância da informação sobre o conhecimento e do conhecimento sobre o pensamento desintegrou o saber; as ciências contribuíram enormemente para essa desintegração, especializando ao extremo, isto é, compartimentalizando ao extremo, o saber. A ciência não pôde criar um saber sobre as ruínas do antigo saber humanista-ensaísta-literário, mas apenas um conjunto de conhecimentos operacionais. Ao mesmo tempo, os progressos do saber científico têm sido desontologizantes: eles desintegram o *ser* do mundo e o *ser* do homem sobre o qual se fundavam as verdades. A ciência, em virtude de seu caráter relacionante e relativo-relativista, mina em profundidade as bases mesmas das humanidades. Enfim, a ciência, desenvolvendo a objetividade, desenvolve de fato uma dualidade permanente entre o subjetivo (o homem pessoa que sente, que vive, age e pensa) e o objetivo (o mundo observado e manipulado). Ao mesmo tempo em que isola e desintegra o homem, a ciência, por contraefeito, obriga-o a procurar recursos mágicos ou religiosos para continuar a crer ou a viver de outra maneira que não por impulso e hábito. Assim, se as ciências desintegram efetivamente as antigas humanidades e o humanismo implícito ou explícito que lhes servia de fundamento, fracassam completamente em constituir novas humanidades.

O apelo ao saber pluridisciplinar não passa de um paliativo muito fraco, não apenas para a crise do ensino, mas para a crise das humanidades. *O problema fundamental para qualquer política da cultura é, portanto, o da constituição de novas humanidades*. Compreende-se que, diante deste problema gigantesco, todos fujam e prefiram falar de outra coisa.

Pelo menos, eis-nos chegados ao seguinte: não se pode escapar à crise das humanidades, e as premissas de uma política cultural consistem em enfrentar esta crise, ainda que em pensamento. Esta crise já dilacera a cultura ilustrada, como indicamos, desintegra a arte, ataca a própria noção de cultura; já aflora também, podemos crer, na cultura de massas e, ademais, atravessa em profundidade toda a nossa sociedade.

O apelo neoarcaico

Por outro lado, o tema de uma volta à natureza, que havia aparecido com Rousseau como reação a uma sociedade urbano-artificial, encontra-se relançado como contracorrente provocada pela corrente, não mais apenas urbanizante-aburguesante, mas também tecnoburocrática. Desencadeia-se gigantesco movimento de pesquisa da *arkhé*,[61] isto é, dos princípios fundamentais autênticos, que englobam as mil variantes de retornos simbólicos-reais à natureza (férias, fins de semana, produtos naturais, vida rústica, objetos artesanais). Esta corrente se mistura à corrente de desenvolvimento tecnicista e a contradiz, a inclina, e sem dúvida também provoca uma onda de choque, um *bang cultural* que abala toda a nossa civilização.

A alternância cultural

A divisão entre *techné* e *arkhé* determina uma espécie de dualidade na qual se inscreve o novo desenvolvimento da vida burguesa; é a oposição entre a vida de trabalho, submetida à *techné* e à determinação urbana, e a vida de repouso-lazer-férias, colocada sob o signo da *arkhé*, com um desabrochar ao mesmo tempo individual e comunitário. Na realidade, trata-se de uma alternância ternária que se desenvolve, fundada em três polos de vida: o primeiro polo é o trabalho, submetido para a maioria ao hiperparcelamento, à racionalização, à tecnoburocratização, à disciplina autoritária, e, mesmo para os que se beneficiam das vantagens do comando (gerentes etc.), a fadiga física ou intelectual; o segundo polo é o apartamento ou a casa de campo, querência-refúgio do indivíduo, do casal, que se fecha à agressão do mundo exterior, que se tranca e onde se instala o conforto, mas que se abre completamente para o mundo por meio da televisão, cuja tela-membrana fixa as guerras e os horrores do mundo, ou melhor, transforma-os em espetáculo; o terceiro polo é o dos fins de semana (para aqueles que têm a possibilidade da resi-

61 **N.T.:** V. p. 202, 264 e 273.

dência secundária) e das férias em que se instaura provisoriamente o reino de uma utopia concreta: nos fins de semana, imitação de vida rústica-arcaica, nos sítios com vigas aparentes, com churrasqueiras e banheiros, imitação de vida comunitária com amigos, desabrochar de vida pessoal; são, sobretudo, as férias que assumem a figura de uma utopia concreta, realizada por uma sociedade provisória, como as aldeias de férias do Clube Méditerranée, os valores de liberdade e de comunidade sufocados na vida cotidiana.

O ressurgimento comunitário

Com o Clube Méditerranée surge, ao nível da organização neocapitalista dos lazeres, uma espécie de comunismo cultural (desabrochar da individualidade na comunidade em uma sociedade sem hierarquia de classe, fraternal-igualitária, que escapa à tirania do dinheiro). Esta utopia ferial se institui em alternância com uma vida estritamente metida às determinações tecnoburguesas. Se confrontarmos este indício de ressurgimento de uma necessidade comunista com outros indícios que vêm de contrassociedade. Que já florescem no contingente norte-americano (aglomerações *hippies* ou *beatniks*, Greenwich Village, San Francisco), se examinarmos o mito do comunismo cada vez mais virulento na *intelligentsia* de esquerda do Ocidente que se apodera de Cuba, por exemplo, para dela fazer a ilha da utopia concreta, sucedâneo intelectual-revolucionário das ilhas do Clube Méditerranée, então poderemos aventar o diagnóstico segundo o qual o comunismo, sob a forma de alternância ferial ou de uma exigência de alternativa revolucionária, aparece como uma exigência deste século, nutrida pelas ciências da civilização burguesa, nutrida também, sem dúvida, pela crise cultural generalizada, O desenvolvimento desta corrente comunista, juntamente com a corrente neoarcaica da qual em certo sentido ele é irmão, leva-nos a refletir sobre um grande "*bang* cultural" que colocará em causa, de modo muito profundo, os fundamentos da nossa vida social.

QUARTA PARTE

A METAMORFOSE CULTURAL

1

A Metamorfose da Cultura de Massas

A crise da felicidade

A partir de 1955, certos caracteres da cultura de massas se alteram; entra-se em um terceiro período. O cinema cessa de ser a base da cultura de massas, que perde sua unidade e se torna policêntrica. A indústria cultural não visa mais unicamente aos meios de comunicação de massa, tornando-se também uma indústria do lazer e das férias. A mitologia eufórica do indivíduo privado dá lugar, por um lado, à construção de utopias concretas como os clubes de férias, nos quais podem desabrochar virtualidades abafadas na vida cotidiana urbana dedicada ao trabalho e às obrigações, e, de outra parte, à problemática da vida privada em que a cultura de massas apresenta os problemas do casal, da sexualidade, da solidão etc.

Com efeito, a mitologia da cultura de massas começa a degradar-se por volta dos anos 1960.

A princípio, a crise de frequência ao cinema provoca, a um tempo, uma crise e uma reformulação do sistema de produção-criação-distribuição. De uma parte, o sistema tenta prolongar-se em gigantescas superproduções em tela grande, em cores, encenação magnífica, grandes vedetes, utilizando maciça publicidade. De outra parte, uma fração jovem da *intelligentsia* criadora, apoiando-se na ala aventurosa dos pequenos produtores ou no mecenato estético do Estado, consegue realizar filmes de orçamento reduzido, sem astros, mas nos quais os autores poderão exprimir-se de maneira mais livre com relação aos estereótipos ou arquétipos da indústria cultural. Estes filmes rompem com o *happy end*[1] e se estendem, não mais sobre o sucesso social e amoroso, mas sobre as dificuldades da vida social e amorosa. Ao mesmo tempo, o Olimpo dos astros, que se estende aos *playboys*, príncipes e princesas, milionários e heróis da *dolce vita*[2] internacional, este Olimpo que não cessou de ser iluminado por todos os holofotes dos meios de comunicação de massa começa também a revelar uma crise de felicidade. São os tormentos de Elizabeth Taylor, a tentativa de suicídio de Brigitte Bardot, e, sobretudo, o suicídio da superestrela, imagem feliz da feminilidade erótica em pleno viço, Marilyn Monroe (1962). Paralelamente, os filmes de Antonioni e de Fellini (*La Dolce Vita*, depois *A Aventura*, *A Noite*, *O Deserto Vermelho*) popularizam a crise dos ricos privilegiados da sociedade moderna, que levam uma vida livre de dificuldades: a sucessão de festas, de aventuras amorosas, de viagens aparece não mais como a realização da própria felicidade, não mais como uma vida de grandes férias eufóricas, mas como uma vida de tristes férias, atormentada pela solidão e pela neurose. A crise dos olímpicos desequilibra todo o edifício ideológico da cultura de massas. Os olímpicos eram os deuses-modelo que mostravam a via da salvação, e tornam-se a encarnação vanguardista do mal que mina o individualismo gozador da civilização moderna. Vemos surgir os novos astros, heróis da inquietude ou do mal de viver (Marlon Brando, Paul Newman). A infelicidade dos olímpicos se torna nova fonte de rentabilidade, e toda uma nova imprensa especializada sustenta doravante as sagas lacrimosas das Soraya e outros destinos entregues ao vazio.

---

1 **N.T.:** Em inglês, no original.
2 **N.T.:** Em italiano, no original.

A partir de então, os problemas do mal-estar, da inquietude são abundantemente apresentados na grande imprensa ou na televisão. Evidentemente eles se circunscrevem ao casal, ao divórcio, à contracepção, às doenças, mas transformam parcialmente a mitologia da felicidade em problemática da felicidade. A função integradora euforizante da cultura de massas era essencialmente assegurada pela mitologia do Olimpo associada à felicidade. A crise do Olimpo e da felicidade perturba esta função integradora, a qual se transporta para um plano novo: a utopia concreta de massa substitui a utopia olímpica.

A utopia concreta

A utopia concreta significa que ilhotas de harmonia e euforia seriam arrumadas na grande sociedade tecnológica, racionalizada, moderna, na qual as pressões pesadas da vida cotidiana poderiam ser reprimidas e eliminadas. Dois tipos de ilhotas tendem, com efeito, a constituir-se com os novos desenvolvimentos da civilização burguesa moderna e a desenvolver-se nas camadas mais altas da população: a casa, as férias. Uma vida alternada tende, com efeito, a tornar-se o novo modelo de vida. A vida de trabalho continua a fazer-se sempre mais parcelada, sempre mais carregada de pressões, mutilando a personalidade, exceto nas profissões de comando ou nas carreiras liberais, mas, mesmo nestes casos, a fadiga e a estafa dos gerentes criam a necessidade de oásis de pausa e de recuperação.

A casa, transformada em local em que sofremos fortes assédios de natureza psicoafetiva e no qual se situa a microeconomia pessoal, é o lugar em que o indivíduo moderno quer retomar sua raiz: ele aspira a tornar-se seu proprietário, não apenas por motivos estritamente econômicos, mas para aí organizar sua *querência* inalienável. Dota-a de robôs-escravos, de criados elétricos e precisa fazer dela um pequeno paraíso de conforto, de bem-estar, de *status*, lindamente decorado e arrumado. A casa se fecha sobre si mesma, mas abre-se sobre o mundo, graças à televisão, que assume novo vínculo com o mundo, real e imaginário; a partir de então a agressão e a violência se transmudam em representação. O carro também permite "sair" e explorar o espaço exterior, mas, ainda aqui, é o espetáculo da "balada", do turismo, que autoriza a fruição das substâncias estéticas e gastronômicas e que facilita a comunicação entre as ilhotas domésticas amigas. Assim, a casa, a televisão e o automóvel constituem a nova tríade que põe em ordem a microutopia concreta e asseguram ao mesmo tempo sua autarcia e suas comunicações. É sobre este microuniverso que se concentram, doravante, as energias práticas da cultura de massas. A televisão, a imprensa, o rádio a ela trazem não apenas as informações, os divertimentos, os espetáculos, mas os conselhos, os incitamentos de toda ordem relativos à arrumação da residência. A publicidade assegura a mediação entre a indústria de grande consumo e a casa, mantém vivo o tema obsessivo da vida doméstica, fundada sobre o bem-estar e a multiplicação dos objetos, que são também sinais, símbolos e instrumentos do bem-estar.

A problemática da vida privada

Mas o lar se torna também a sede de uma crise latente: crise do casal, crise do amor e do erotismo, crise da relação pais-filhos. Assim, a indústria cultural dirige seus pseudópodos para uma utopia mais intensa, embora provisória – a dos lazeres, dos fins de semana e, sobretudo, das férias, nas quais se propõe realizar, com todo o conforto moderno, o estado de natureza idílica, livre, rousseauísta, que é a nostalgia recorrente de uma civilização técnico-burguês-urbana cada vez mais afastada das fontes biológicas. Certos clubes de férias já oferecem a numerosas categorias de assalariados as novas ilhas de utopia nas quais, por uma importância módica, as pessoas se libertarão do universo monetário (o dinheiro é banido da microssociedade ferial e substituído por colares de pérolas plásticas) nas quais serão eliminadas as pressões e escórias da vida cotidiana, nas quais serão realizados os valores fraternalistas e libertários sufocados e negados na vida cotidiana, nas quais cada indivíduo poderá exibir suas aspirações, nas quais o espectro do trabalho e o espectro do mundo em crise serão exorcismados.

Assim, a cultura de massas se metamorfoseia, se "policentriza", mas porque corresponde cada vez mais à sociedade que a produz. Ela é, efetivamente, o produto do mercado em que se encontram as potências do capitalismo industrial moderno e da civilização burguesa. Em um sentido, o consumo cultural corresponde bem ao que dizia Marx: "O produtor cria o consumidor. (...) Não cria apenas o objeto para a pessoa, mas uma pessoa para o objeto". Mas, como implicitamente observava Marx, a pessoa, o homem consumidor, não é integralmente criada pelo produtor. É o produto de uma longa e complexa dialética histórica que desenvolve o individualismo moderno no quadro burguês. Ao mesmo tempo que o sistema industrial traz a este individualismo a ideologia eufórica e os espetáculos de evasão para integrá-lo, este individualismo, principalmente pela intermeditação da *intelligentsia* engajada, mas insatisfeita no ciclo de produção da indústria cultural, apresenta seus problemas e também os de sua própria crise. Vê-se, no plano da subcultura adolescente, que se desenvolveu especialmente a partir de 1955, que há um conflito dialético entre os fermentos críticos ou de desintegração e as enzimas de integração.

A cultura de massas, enfim, cessa de ser um universo fechado que se opõe radicalmente à cultura artística tradicional. Seu novo policentrismo, seus deslocamentos parciais aceleram o movimento de conquista tecnológica que levou uma vanguarda cultural a utilizar meios de expressão novos como o cinema; o universo dos grandes meios de comunicação de massa cessa, do ponto de vista estético, de ser o monopólio da indústria cultural *stricto sensu*: as cadeias culturais do rádio, o novo impulso da canção artístico-poética (Ferré, Grassens, Brel, Barbara etc.), os novos circuitos de cinema de arte demonstram uma dialética mais flexível entre produção e criação, uma intervenção mais direta e às vezes mais agressiva da *intelligentsia*. Ainda mais nitidamente que no começo desta análise, precisamos guardar-nos de identificar inteiramente cultura de massas e meios de comunicação de massa. A cultura de massas certamente nasceu dos meios de comunicação de massa e nos meios de comunicação de massas, mas para desenvolver uma indústria capitalista e expandir a cultura burguesa moderna. A cultura de massas hoje se estende para fora do estrito campo dos meios de comunicação de massa e envolve o vasto universo do consumo e dos lazeres, da mesma forma como alimenta o microuniverso do lar. Ela jamais reinou como soberana absoluta sobre os meios de comunicação de massa, pois tem que deixar que tomem parte o Estado e as culturas política, escolar, religiosa. Hoje ela deve ceder uma parte – bem pequena, é verdade – do terreno dos meios de comunicação de massa à *intelligentsia*, deixando não apenas um setor de elite à "alta cultura" tradicional, mas também um setor de metamorfoses, de buscas às novas artes audiovisuais, e talvez um terreno de formação ao que poderia tornar-se uma "terceira cultura".

2

A “Nova Gnose”

“Há apenas uma dezena de anos, a magia parecia não passar de um resíduo rural de curandeiros e cartomantes, um delírio inofensivo de seitas ocultistas na periferia ou no *underground* das civilizações urbanas. Ela havia sido reprimida a um tempo pela teologia católica, pelo racionalismo leigo, pelo empirismo científico. Mas a ascensão ao zênite radiofônico de Madame Soleil não se encaixa no desenvolvimento contínuo, desde 1930, de uma astrologia de massas? A astrologia não se difunde tanto nos meios cultos quanto nos meios juvenis? Não se vê, sobretudo de uns 10 anos para cá, a difusão do que se poderia chamar uma “nova gnose”, um conjunto de crenças que têm como denominador comum um “volta às origens” mágica, estranha e hostil à tradição positivista-cientista ocidental? É a nova aurora dos mágicos? A volta dos feiticeiros? Que é a astrologia? Precisamos interrogar o homem que interroga os astros”.

As ciências ocultas e a “névoa das superstições”

Do século XVIII ao princípio do século XX, a astrologia, a alquimia, a quiromancia, a vidência, a telepatia, privadas do direito de cidadania racional e científica, ou se dispersam sobre a civilização como uma vaga névoa de superstições, ou então, sob forma doutrinária, se concentram no *underground-ghetto* do ocultismo.

Por um lado, de fato, essas diversas magias, privadas de *corpus* doutrinal, são superstições às quais se ligam os espíritos "incultos", "ignaros", "atrasados", "fracos", e parecem os derradeiros miasmas deixados por longos séculos de obscurantismo. Há, também, como que uma vasta e impalpável bruma que cobre o âmago das almas, que de repente se condensa no terror, na angústia, na crise, nas histórias que se contam na vigília da noite, depois se dissipa à luz do dia, com a calma, com a lucidez. Há, ainda, os ectoplasmas, sem consequência segundo se crê, da poesia, do sonho...

Por outra parte, essas magias se refugiam e se reúnem em seitas doutrinárias que também têm a pretensão de possuir os segredos das verdadeiras ciências, cultivam o mistério e a sacralidade de uma grande verdade esquecida. Por mais heterogêneas que sejam, estas "ciências ocultas" restabelecem, se as juntamos, um sistema mágico total: a vidência permite superar o obstáculo do tempo; a telepatia, o do espaço; o espiritismo permite comunicar com o além; e a quiromancia e a astrologia permitem ler, segundo dois códigos diferentes, a mesma grande mensagem cosmológica. Assim, todas estas ciências constituem juntas uma unidade sincrética que Papus engloba muito bem sob o nome de ocultismo.

O ocultismo parecia voltado a um definhamento irremediável aos olhos do observador racionalista do século XIX. De fato, hoje vemos que ele constitui um caldo de cultura. A partir de 1848, na Inglaterra, alguns anos mais tarde na França, a tão velha crença nos fantasmas renasceu, já não nas zonas rurais atrasadas, mas nas próprias casas da cidade – e estendeu-se rapidamente. O espiritismo se espalhou pela grande brecha que a ciência conquistadora e a religião em retrocesso, longe de fechar, abriam ainda mais: a brecha da morte. Efetivamente, a civilização científico-técnico-capitalista-burguês-urbana é, ao mesmo tempo, a civilização do desenvolvimento do indivíduo, e nem todos os progressos do individualismo podiam, sobretudo com o refluxo da imortalidade cristã, deixar de aumentar e aprofundar a insuportável dor causada pela morte dos parentes, a angústia da própria morte, a busca de uma sobrevida no além. E, último em chegar e ressuscitando o primeiro remédio para a morte, o espiritismo inaugurou o retorno do arcaísmo ao seio da modernidade.

A morte é apenas um dos lugares em que se estabelece uma nova ligação entre o arcaísmo (a magia) e a subjetividade moderna. Esta subjetividade já exprimira sua visão e sua aspiração na poesia romântica e falava de vidência, de bruxaria, de alquimia, de micro-macrocosmo, de magia. Com efeito, o romantismo não era apenas uma reação da *intelligentsia* ao mundo burguês, prosaico, positivo: demonstrava o aumento da subjetividade em contraponto com o progresso da objetividade. A civilização ocidental, dissociando o ser humano do mundo objetivo, pôs em ação uma dialética permanente que podia tomar a forma de uma dualidade dramática.

Assim, a brecha pela qual a magia volta é aberta pelo desenvolvimento mesmo da civilização. O desenvolvimento do indivíduo apresenta, cada vez com maior inquietude ou virulência, o problema da subjetividade em um universo que é cada vez mais concebido objetivamente pela ciência, *porque não há ciência da pessoa*, não há ciência do futuro da pessoa. Ora, as parapsicologias, às quais cumpre associar a psicoastrologia e a quirologia, pretendem constituir a ciência da pessoa; a vidência, a astrologia preditiva, a quiromancia, o espiritismo pretendem constituir a ciência do futuro da pessoa.

Mas o ocultismo não pode ser recebido ou concebido como ciência, exceto para alguns espíritos marginais, pois há enormes resistências culturais. Aos olhos tanto das religiões oficiais como do racionalismo cientista, as crenças ocultas não passam de absurdos desprovidos de fundamento racional e de provas materiais. Era necessário esperar que arrefecesse o vigor do racionalismo militante, que arrefecesse a esperança de que a ciência pudesse por si mesma trazer as soluções fundamentais para os assuntos humanos. Era necessário que o desenvolvimento civilizacional do individualismo, ainda nos primórdios, limitado às classes mais bem situadas, se estendesse e se aprofundasse. Era necessário, também, o progresso da grande imprensa comercial, da cultura de massas para que os meios de comunicação de massa, verdadeiros radares e dragas das zonas obscuras do consumo psíquico, assegurassem o desenvolvimento da astrologia de massa.

Com efeito, é a grande imprensa que de repente condensa e utiliza a "névoa de superstições" e cria rubricas astrológicas. Para isso retira os astrólogos do *underground*.

Assim, o que foi separado e desconjuntado pelo século de Luís XIV e pelo século das Luzes volta a reunir-se e a reencontrar-se no século dos meios de comunicação de massa. A astrologia de massa adquire seu impulso.

A integração na modernidade

A abertura se verifica na década de 1930 e, a partir desse momento, a astrologia se desenvolve, embora em contradição com a filosofia científico-racional-empírica do mundo moderno, e igualmente com as religiões e as ideologias políticas: é que ela responde, à sua maneira e em seu nível, ao desenvolvimento individualista do mundo moderno.

De resto, a nova astrologia estabelece uma acomodação com o espírito positivo: ela se desocultiza, se desesoteriza, deixa na sombra seu fundamento antropocosmológico (que só ressurgirá depois de 1960, com a "nova gnose"). Uma ala nova da astrologia, a partir de Choisnard, pretende até reconciliar-se com a ciência: refere-se não mais ao grande segredo do passado, porém aos dados eletromagnéticos, aos campos de força galática, às verificações ou pretensas verificações experimentais ou estatísticas.[3]

De outra parte, a astrologia se desocultiza adaptando-se ao mercado cultural que nutre maciçamente a individualidade moderna. Ela se democratiza, na medida em que se padroniza, segundo a lógi-

---

3 Todas as magias, todos os mitos, todas as religiões ameaçadas pela ciência se vestem, no século XX, com o manto da ciência. A palavra ciência se torna a derradeira máscara ideológica de qualquer dogmatista, e a astrologia igualmente entra nesse jogo.

ca do consumo de massas. Ela se oferece a todos e a cada um, o que, de resto, está longe de impedir o desenvolvimento de uma astrologia de elite, reservada à riqueza e à cultura.

Enfim, e sobretudo, a astrologia moderna se dedica ao indivíduo, ao mesmo tempo na sua práxis exterior e na sua vida interior, isto é, ao átomo social e à pessoa.

O indivíduo tornou-se átomo social, no sentido em que a civilização urbana moderna abre à autodeterminação pessoal esferas que outrora eram regidas pelo costume, pelo parentesco, pela vizinhança (amizades, amores, casamento, trabalho). Ele deve enfrentar de maneira múltipla o problema da escolha, da decisão, do aleatório, da previsão. Ou mesmo ao nível gerencial, os cálculos, as previsões científicas, a teoria dos jogos (que só vale para os jogadores "racionais" e ignora, pois, "a irracionalidade" da pessoa) não podem abarcar as milhares de interferências que tecem o devir. O átomo social não pode, portanto, dispor de uma ciência da ação e de uma ciência do futuro; pode apenas jogar mais ou menos "fetichistamente" na perplexidade da indeterminação. É nesta perplexidade que a astrologia-recurso e a astrologia-socorro lhe trazem uma ajuda previsional, decisional, antialeatória. E é em todos os problemas do "Que fazer?" – desde os desajustes econômicos, familiais e morais até os desajustes de direção e gerência –, que aumenta a atração da astrologia.

Mas o verdadeiro terreno da astronomia moderna é a pessoa. Lembremos: a ciência proporciona meios de ação à pessoa mas não pode criá-la. A pessoa não passa do resíduo irracional da objetividade científica:[4] de fato, em toda parte onde intervém, a subjetividade traz a irracionalidade, o aleatório, a incerteza. Ora, a astrologia moderna posa precisamente como ciência da pessoa e da relação intersubjetiva: é o que se chamou, neste estudo, psicoastrologia e astrologia relacional, cujos desenvolvimentos são tão notáveis, ao

---

4 Estes problemas foram admiravelmente formulados e aprofundados no plano epistemológico por Gotthard Gunther. Cybernetic Ontology and Transjunctional Operations. In: YOVIT, JACOBI, GOLDSTEIN (eds.). *Self-Organizing Systems*. Washington DC: Spartun Books, 1962.

mesmo tempo na astrologia de massa e na astrologia ilustrada. De fato, a astropsicologia assume o lugar de uma ciência da personalidade que ainda não existe, ou pelo menos que a psicanálise apenas esboça. De resto, da mesma forma que a psicanálise, a astrologia mergulha nas profundezas da *psyché*, proporcionando-lhe seu código simbólico, seus modelos sistêmicos e estruturais. Mais ainda que a psicanálise, ela oferece à pessoa, para que esta se reconheça, um discurso metafórico que ao mesmo tempo fala a linguagem de um saber e sua própria linguagem subjetiva. Ela traz à pessoa uma resposta à obscuridade misteriosa da sua própria identidade. E, continuando onde a psicanálise se detém, reconhece e define para ela sua própria singularidade, iniciando-a na informação gerativa seu *Karma*, seu ADN astral –, que contém as potencialidades e os fermentos do seu destino.[5]

Assim, a astrologia é subjetivamente fascinante. Mas, se a subjetividade pode ser fascinada pela astrologia, a astrologia é prisioneira da subjetividade. Ora, o indivíduo é a sede de uma dupla consciência. De uma parte uma consciência empírico-racional, e de outra uma consciência mágica. O pensamento arcaico era uma combinação estreita desta dupla consciência. Nos tempos modernos, há, ao contrário, dualidade e concorrência. A crença moderna na astrologia é, ao mesmo tempo, alimentada pela consciência subjetiva e minada pela consciência objetiva. Ela corresponde a algo de profundo que, vindo à superfície, tende a cobrir-se de constrangimento ou de vergonha, a dispersar-se.

---

5 De resto, o homem edipiano procura ao mesmo tempo livrar-se da hereditariedade genética e descobrir o mistério da sua identidade. Ora, é precisamente o que oferece a astrologia moderna, com o seu algoritmo zodiacal e seu ADN estelar. Assim, a astrologia, já tão próxima da psicanálise nos traços destacados acima, responde à própria busca expressa pelo mito de Édipo. Por este motivo ela é responsável por uma psicanálise existencial: Por que a astrologia esquece a hereditariedade – isto é, os pais – se quer conhecer a individualidade? Por que ignora ela a herança cultural – isto é, a sociedade – ao passo que visa a orientar o indivíduo na subjetividade? A pessoa se sente, se vê, se quer única irredutível à família como a sociedade: não pode ser filha de ninguém, a não ser do céu.

Assim, a astrologia só pode voltar à consciência moderna por uma chicana entre subjetividade e objetividade. Mas foi justamente nesse jogo duplo, jogando com a ciência para justificar sua mágica e fazendo jogar sua mágica para camuflar sua "nesciência", que ela pôde penetrar e espalhar-se no campo social e cultural.

A corrente astrológica atravessa a extensão do campo social e, neste sentido, não há astrologia implantada principalmente em uma classe social. Entretanto, a astrologia está polarizada segundo as grandes desigualdades sociais.

Assim, pode-se falar de uma astrologia burguesa e de uma astrologia de *intelligentsia* com relação à astrologia de massa. *Grosso modo*, a astrologia de elite (burguesa, de *intelligentsia*) e a astrologia de massa constituem os dois níveis hierarquizados de uma astrologia de civilização burguesa.

A astrologia de massa, todavia, não se estende de modo indiferenciado sobre a maioria da população. São sobretudo as camadas sociais desligadas das crenças tradicionais, mas fragilmente ideologizadas, fragilmente "policizadas",[6] que entraram com disposição nos novos meios urbanos, em vias de acesso aos novos padrões de individualidade, que são mais sensíveis à astrologia. Assim, os habitantes da cidade são muito mais fortemente "astrologizados" do que os dos meios rurais e, entre aqueles, as mulheres e os jovens.

Culturalmente, embora tenha encontrado resistências muito fortes na "alta cultura", a astrologia dispõe ali, doravante, de cabeças-de-ponte (astrologia ilustrada). Mas foi na cultura de massas que ela se difundiu de maneira extremamente ampla e rápida, a partir da década de 1930.

Foi na cultura de massas que se operou uma integração decisiva. A cultura de massas, até 1960-1965 mais ou menos, difundiu o mito e a promessa da felicidade individual. Pôs fora a preocupação, o fracasso, a infelicidade, e todos os seus produtos de consumo psíquico foram dotados de um caráter euforizante. Desenvolvendo a astrologia

---

6 Isto é, que ignoram as estruturas, o funcionamento, a economia da *polis*. Cf., a respeito, *La Rumeur d'Orleans*. Paris: Ed. du Seuil, 1970.

de massas, a cultura de massas nela inoculou a euforização. O horóscopo diário, assim como a previsão de Madame Soleil, afasta qualquer eventualidade catastrófica como qualquer problema insolúvel, ignora o desastre e a morte e alimenta de modo contínuo, se não a grande esperança, pelo menos as pequenas. Neste sentido, a astrologia de massa foi e continua a ser, ainda hoje, um fator de integração na civilização burguesa. Ela não apenas tende a atomizar os problemas coletivos e sociais em problemas de destino pessoal, mas também alimenta as esperanças e resignações de que tem necessidade nossa civilização.

Astrologia da crise

Mas seria um erro ater-se a estes aspectos integradores. Certo número de sintomas nos indica que a astrologia, sob outros aspectos e outros auspícios, intervém na crise cultural ou civilizacional que parece dever atingir nossa sociedade.

O individualismo burguês, além de um certo princípio de realização, começou a sentir a insatisfação, a solidão, a angústia. A grande cidade, antes libertadora, impõe pressões de que fogem, nos fins de semana, aqueles que podem. A racionalização tecnológica unidimensionalizou uma existência que a organização burocrática mantém ainda mais fechada. O bem-estar, para aqueles que o adquiriram, não é mais uma promessa infalível de felicidade. A ciência e a razão não são mais portadoras providenciais de libertação e de progresso. As pressões sociais não são mais aceitas como fatalidades inexoráveis, mas as liberdades adquiridas trazem também a inquietude e o impulso de mudar. O saber científico reduziu a migalhas as mitologias que unem o homem ao mundo e que abriram um vazio sem poder mesmo propor uma inteligibilidade geral. Início de crise? Inquietude civilizacional? Pesquisa?

Assim também a cultura de massas traduz ela mesma a nova situação. A euforização recua, enquanto progride a problematização. À mitologia da felicidade sucede o problema da felicidade. Ao amor-solução sucede o amor-problema. O envelhecimento não é mais apenas mascarado e disfarçado, exprimindo sua inquietude; o sexo e a relação pais-filhos, o casamento, o casal apresentam suas perplexidades. Fora do âmbito da cultura de massas, na vida cotidiana, o retorno à rusticidade, à natureza, à identidade, às fontes, que pareciam correntes reguladoras ou corretoras, tornam-se contracorrentes que vão confluir em uma busca da *arkhé*, princípio primordial, secreto, há tanto perdido. O neomodernismo assume cada vez mais a figura de neoarcaísmo, que às vezes atinge uma força de rompimento, como no fenômeno *hippie* ou nas comunas californianas. E, nestes vastos movimentos apenas esboçados, informes, vê-se surgir no *no man's land* cultural, exumando-se enfim do ocultismo como de uma crisálida, o rosto de uma "nova gnose".

A revista *Planète* foi, no princípio da década de 1960, ao mesmo tempo o aparecimento e a expressão da "nova gnose", na qual se encontram lado a lado o zen, Huxley, Krishnamurti, os "extraterrestres", Teilhard de Chardin. Na "nova gnose" se reúnem e se misturam, de maneira sincrética, temas saídos das crenças ou das filosofias mais diversas, não apenas as concepções até então atiradas no antigo *underground* da cultura ocidental, mas também germes do Extremo Oriente, panteísmos ou pancientismos evolucionistas que anunciam um homem do futuro, informações ou sugestões colhidas nas fronteiras da ciência e que evocam a antimatéria ou os astros invisíveis. Todas estas contribuições são imersas em um banho de religiosidade, de mistério, de misticismo difuso, e seu traço comum é *não separar a pessoa do cosmos*.

A "nova gnose" constitui doravante uma cultura paralela, difundindo-se no abismo que há entre a "alta cultura" e a cultura de massas, agindo sobre uma e outra. Mas este abismo também coincide com o outro abismo, mais profundo, mais radical talvez, no seio da civilização.

Uma depressão cultural foi escavada e, nesta depressão, a pessoa parece querer engolir o individualismo burguês que até então a nutrira. Algo se partiu na filosofia do Ocidente. Onde? Em que nível de profundidade se situa a depressão em que se precipitam confusamente os sonhos do passado e os do futuro, a "nova gnose" e as pregações revolucionárias?

A "nova gnose" agita ela própria as nostalgias de uma verdade perdida, a profecia apocalíptica, as esperanças de um mundo novo. Também está presente nas tentativas de revolução existencial ou cultural que aparecem aqui e acolá. De resto, já o surrealismo, prelúdio de revolução cultural, empolgara a arcaica magia e a profética revolução. Mas sua tempestade, durante a era triunfal da modernidade burguesa, ficara encerrada no copo d'água da literatura. Hoje, com o fenômeno *hippie* e, mais amplamente, com o que se chama "contracultura", a "nova gnose" está incluída, muitas vezes de maneira virulenta e operativa, na exigência revolucionária de mudar de vida. E a astrologia, na sua base antropocosmológica, participa do anúncio messiânico dos novos tempos: a era salvadora de Aquário – que abre um novo ciclo às filhas do limo.[7]

A crença subjetiva

Assim, o desenvolvimento da astrologia, desde a metade do século e até hoje, é favorecido tanto pela modernidade quanto pela crise da modernidade. Na modernidade integra-se seu desenvolvimento individualista, que desempenha ele próprio um papel culturalmente integrador, fechando as brechas anxiogênicas. Na crise da modernidade insere-se seu aspecto até então imerso, que é o mais arcaico e o mais fundamental: a antropocosmologia, que liga a pessoa atomizada a um cosmos vivo.

A década de 1970 começou. A modernidade continua seu desenvolvimento e, no entanto, está ao mesmo tempo em crise. A astrologia continua a desempenhar seu papel integrador, mas desempenha um papel desintegrador na crise cultural e civilizacional. Salvo modificação brutal no curso histórico da nossa sociedade – e a hipótese não está de nenhuma maneira excluída –, pode-se diagnosticar que a corrente astrológica não está prestes a arrefecer.

---

7 **N.T.:** Metáfora baseada na fábula de La Fontaine, *O Sol e as Rãs*, na qual estas são chamadas "filhas do limo", que precisavam do Sol para "assistência e proteção".

A astrologia moderna, em conclusão, não pode ser considerada moda superficial ou superstição de ignorância. Não é, tampouco, uma nova religião, um mito devastador, o essencial da inserção astrológica se situa em uma zona oscilante de crença, meio cética, meio lúcida, muitas vezes intermitente. É sua maneira de infiltrar-se através das defesas culturais positivistas-racionalistas, mas é também sua maneira de contê-la.

Esta "crença oscilante" diz respeito a algo que está no mais profundo e no mais vivo da pessoa. Está aí sua força, donde sua extraordinária difusão em todas as camadas da sociedade, nos diversos setores da cultura. Mas é também sua fraqueza: sua carência *objetiva*. Embora o seu império esteja diminuído, reinam sobre numerosos setores da vida as verdades terra a terra e a concepção positivista-empírico-racional do mundo; o espírito crítico, muito embotado quando se trata de detectar a fábula ou a magia na política, ficou relativamente vigilante nessa ameia de batalha. Deste ponto de vista, a astrologia sempre sofre de uma inconsistência empírica: as justezas das suas análises são demasiado delicadas ou ambivalentes, seus erros de previsão numerosos demais; ela sofre igualmente de um absurdo lógico. Para que a astrologia seja logicamente fundada, seria necessário supor que o ser humano, que dispõe de duas informações gerativas, uma inscrita no ADN, a outra, no sistema cultural da sua sociedade, dispõe de uma terceira informação gerativa, que seria inscrita no céu zodiacal do seu nascimento e que, na constituição da personalidade individual, reduziria a um papel puramente superficial o alcance das duas outras informações.

Isso não é absolutamente impossível, mas evidentemente não é crível. A crença, mais uma vez, parte do que é o enigma primeiro e a perturbação permanente de qualquer ciência objetiva: a pessoa. Se a ciência atual não explica a pessoa, se a astrologia é uma falsa ciência, então precisamos buscar a *scienza nuova*.[8]

---

8 **N.T.:** Em italiano, no original.

QUINTA PARTE

A BRECHA CULTURAL

1

Tendências e Contratendências

"O homem consumidor não é apenas o homem que consome cada vez mais. É o indivíduo que se desinteressa do investimento." A cultura de massas nos introduz a uma relação desenraizada, móvel, errante com relação ao tempo e ao espaço... As fendas já aparecem. Por um lado, uma vida menos escrava das necessidades materiais e dos acasos naturais, por outro lado uma vida que se torna escrava de futilidades. De uma parte uma vida melhor, de outra, uma insatisfação latente. De uma parte um trabalho menos penoso, de outra, um trabalho desprovido de interesse. De uma parte uma família menos opressiva, de outra, uma solidão mais opressiva. De uma parte uma sociedade protetora e um Estado assistencial, de outra, a morte sempre irredutível e mais absurda do que nunca. De uma parte, o aumento das relações de pessoa a pessoa, de outra, a instabilidade destas relações. De uma parte o amor livre, de outra a precariedade dos amores. De uma parte a emancipação da mulher, de outra, as novas neuroses da mulher... Estas fendas se aprofundarão em brechas? Até que limites será desejada, e em seguida suportada, uma existência de tal forma devotada ao atual e ao superficial, à mitologia da felicidade e à filosofia da segurança, *à vida em estufa mas sem raízes*, ao grande divertimento e ao gozo parcelado?? Até onde a realização do individualismo moderno se operará sem desagregação?"

Interrogações no fim do tomo I de *L'Esprit du temps*.

Do desvio à tendência

Nem todo desvio traz em si a inovação, a mudança, a evolução; só traz uma virtualidade cismogenética se encontra condições de extensão, de desenvolvimento; é preciso que ele prolifere, que resista aos *feedbacks negativos*, franqueie os portões (*gates*), provoque uma ressonância, um estímulo (*feedback positivo*), em resumo, que nasça uma tendência a partir de micromeios ou microfenômenos (ou mesmo a partir do indivíduo e do acidente). O desenvolvimento de uma tendência é um fenômeno extremamente importante, mas extremamente complexo: a tendência é, por uma parte, um *feedback positivo*, um desvio que cresce por si mesmo; mas seu desenvolvimento é contido, combatido, freado pelos *feedbacks negativos*, do contrário ela seria epidemia, descontrole (*run-away*).

Quando se consideram as tendências nas sociedades modernas (*hyper-complexes*), vê-se que as noções de *feedback negativo e positivo* se tornam insuficientes, pois é, a partir de certo momento, uma dialética incerta do negativo e do positivo que comanda a tendência. Quando esta se torna poderosa, dominante, então se constitui uma contratendência que, por uma parte, tem um aspecto de uma reequilibração induzida por um *feedback negativo* de grau profundo, isto é, de uma volta ao antigo e, por outra parte a face da novidade e da ruptura, com relação à tendência dominante que faz as vezes de norma. É que, nas sociedades modernas em evolução permanente, a norma é constituída por tendências dominantes – a tendência à industrialização, a tendência à urbanização – às quais se oporão, não mais tendências "reacionárias" clássicas, porém contratendências ambíguas orientadas para o futuro e para o passado (neonaturismo, neoarcaísmo, neotribalismo, veremos mais adiante). O que se pode chamar de regulação, em nossas sociedades, é feito do jogo complexo entre tendências e contratendências, do seu *desregramento mútuo que se torna, em certo sentido, correção mútua.*

Assim, nas sociedades em evolução rápida a cismogênese de ontem se torna a ortodoxia de hoje, da qual diverge uma nova cismogênese, e assim sucessivamente.

Quando uma tendência se torna dominante e hegemônica, torna-se consubstancial ao sistema. A tendência que o desenvolvimento industrial representava em uma sociedade rural se torna, por aumento, consolidação e enraizamento, o traço constitutivo das "sociedades industriais". A tendência se torna traço constitutivo quando seu caráter fenomenal se inscreve no dispositivo gerativo. A partir de então a morfogênese está realizada.

Hipercomplexidade e evolução

Se hipercomplexidade e mudança se confundem, é porque a sociedade hipercomplexa é extremamente propícia ao aparecimento de afastamentos-desvios, de cismogêneses e morfogêneses, de tendências e contratendências, em resumo, que ela fervilha de acontecimentos, isto é, de novidades virtuais.

A sociedade moderna não é sensível apenas aos acontecimentos externos, que vêm do ecossistema ou das outras sociedades, portanto, apta a assimilar e a desenvolver as novidades estrangeiras. Ela por si mesma suscita os acontecimentos e desvios em virtude do caráter extremamente frouxo da integração dos elementos que a constituem. Ela alimenta uma instabilidade permanente que faz com que o jogo das complementaridades sociais seja, ao mesmo tempo, um jogo de antagonismos, que o jogo das diferenças seja, ao mesmo tempo, um jogo de oposições, que os seus ritmos oscilatórios, sobretudo as depressões econômicas, criem eles próprios, quando são agravados por uma conjuntura desfavorável, verdadeiros desvios sociológicos (crises). Ela fica fragilmente integrada culturalmente; a implacabilidade das normas e dos tabus nela arrefeceu; as zonas de anomia, de marginalidade, de originalidade são mais ou menos toleradas e constituem por si mesmas zonas de desvios sociológicos, propícios à cismogênese e à morfogênese. O desvio não se situa apenas nos micromeios periféricos; pode, também, situar-se na zona de decisão, no poder mesmo, cujos detentores podem, em certas condições, fazendo opções novas, permitir-se efetuar desvios, isto é, alterações motrizes e morfogenéticas.

Cumpre não esquecer que todo indivíduo é um desvio de certa forma, isto é, por seus traços singulares. É verdade que a maior parte destes desvios são depurados estatisticamente, e seus conteúdos, inibidos em seus papéis sociais e profissionais de tal maneira que não são operantes senão em um quadro proxêmico restrito. Mas a sociedade moderna, sendo mais tolerante a respeito das alterações e originalidades, inclusive artísticas, intelectuais e científicas, se abre ao mesmo tempo ao "ruído", às casualidades, aos acontecimentos, aos desvios. É sempre de um ou de alguns indivíduos que parte uma conduta, uma ideia, uma invenção nova. A autonomia individual é, pois, uma condição, não apenas da novidade e da invenção, mas dos começos de morfogênese e de cismogênese, das novas tendências e contratendências, até o momento em que o esnobismo, e em seguida o conformismo, passarão a contribuir para o seu desenvolvimento.

Tudo isso nos mostra como a virtualidade novadora ou modificadora da individualidade pode ser integrada na teoria da mudança social. A diferença individual, o desvio individual não são apenas variações aleatórias que um olhar ao nível das populações permita depurar; são os lugares e origens da novidade. É o lugar em que se opera a *order from noise principle* de von Foerster, princípio segundo o qual um acidente aleatório pode contribuir para a formação de uma ordem nova, de uma forma nova, de uma complexidade nova porque põe em movimento as forças sistêmicas de desorganização-reorganização.

2

A Crise Juvenil

Da subcultura adolescente
à revolução cultural

I. A QUESTÃO DA ADOLESCÊNCIA

O movimento contracultural se define, não apenas em oposição às pressões-servidões do meio urbano (o "*métro-boulot-dodo*"),[1] mas em oposições às pressões organizacionais profundas (sejam batizadas de capitalistas, burocráticas, tecnocráticas, econocráticas, aqui pouco nos importa) da complexidade societal (hierarquização, especialização, inibição, repressão). A este título, o movimento é cultural no sentido mesmo em que concerne aos fundamentos organizacionais da sociedade e da vida humana, cultura entendida como dispositivo gerativo do sistema social e das normas de vida individuais. A este título, igualmente, o movimento aparece em sua ambiguidade con-

1 **N.T.:** Referência jocosa familiar à rotina da vida, cujo pitoresco só pode ser plenamente sentido na língua francesa, pela rima entre estas palavras da linguagem coloquial: "tomar o metrô, trabalhar, dormir".

tratendencial notável: de uma parte, pode-se nele ver um movimento de regressão para uma indeterminação pré-organizacional que se exprime por um neotribalismo comunitário ou um anarquismo sem entraves; mas, de outra parte, e *ao mesmo tempo*, pode-se nele ver uma aspiração à hipercomplexidade, isto é, uma organização em que a hierarquia, a especialização, a centralização se apagam em proveito da interconexão, das polivalências, do policentrismo.

Cada vez mais nitidamente, a questão da adolescência se apresenta através de uma problemática cultural e política; à fremente curiosidade (que historicamente se pode datar de Maio de 1968) do sociólogo que quer observar a juventude se mistura, provavelmente, um pouco do desenraizamento sagrado que atrai o etnólogo diante de uma cultura que ele ainda não compreende.

Considerados os textos de Edgar Morin de 15 anos a esta parte, é preciso reconhecer que o aparecimento sócio-histórico de uma "classe de idade" adolescente e o surgimento de uma nova cultura juvenil constituem polos de interesse e de reflexão constantes. Este interesse tem, de longa data, a utilidade de dar uma dimensão histórica às seguintes perguntas: existe uma cultura adolescente no sentido etnográfico do termo, isto é, um conjunto específico de atitudes, de comportamentos, de normas, de modelos? Como ligar entre si os termos subcultura, contracultura e revolução cultural? Ou antes, como se efetuou cronologicamente a passagem de uma subcultura a uma revolução cultural?

A problemática adolescente, assim recolocada em uma perspectiva histórica, articula-se aqui em torno de duas noções de tendência e de contratendência. (A natureza da relação que define estas duas noções deve ser procurada do lado de uma reflexão sobre o acontecimento[2] e sobre a mudança social.) A ligação tendência-contratendência é, aqui, concretamente problematizada através dos exemplos. O interesse heurístico destas duas noções, tais como as define Edgar Morin, é remeter ao mesmo tempo à cronologia e à lógica do sistema:

2 Ver terceira parte, capítulo 2.

a) Uma cronologia circunstancial específica se abre, com efeito, com a metamorfose da cultura de massas; citemos[3] incompletamente o nascimento do movimento *underground* norte-americano com suas múltiplas filiações até a mutação da história em quadrinhos, do cinema de autor (*nouvelle vague* francesa etc.), a odisseia dos grupos *pop*, as revoltas estudantis...

b) A lógica do sistema pergunta como associar a cultura adolescente (sistema) à evolução do sistema cultural global (ecossistema): como é que contratendências culturais esparsas e marginais se tornam valores no seio do novo sistema? Como é que o amálgama destas tendências e contratendências acaba por prefigurar uma revolução cultural original, uma emergência? A pergunta mais difícil: como é que este novo amálgama contribui, por sua vez, para diferenciar, para complexificar (para redefinir) o sistema de toda cultura?

Da subcultura à contracultura: das tendências às contratendências

Subcultura no sentido estrito de que ela pertence a um sistema mais vasto que é o da cultura de massas e participa, por isso, da indústria cultural (leis do mercado, técnicas de produção e de difusão maciça etc.).

Desde suas origens, essa subcultura é fundamentalmente ambivalente em face da cultura de massas.[4] Uma estrutura ambivalente conduz, por um lado, ao consumo "estético-lúdico" e à fruição individualista da civilização burguesa; mas ela contém, ao mesmo tempo, os "fermentos de uma não adesão a este mundo adulto que traem o tédio burocrático, a repetição, a mentira, a morte".[5] A questão, aqui, é saber como esta ambivalência progressivamente se radicalizará e provocará uma marginalização e uma segregação crescente de uma parte da cultura juvenil no curso do último decênio.

---

3 Ver as datas-marco no texto de Edgar Morin, que se segue a esta Introdução.

4 Ver o tomo I de *L'Esprit du temps* e o artigo de *Le Monde* (de 6-7 de julho de 1963, publicado na *Introduction à une politique de l'Homme*), Salut les copains.

5 Cf. Salut les copains. *Le Monde*, 6-7 de junho de 1963.

Pouco a pouco uma tomada de consciência crítica da cultura de massas reporá em discussão, paralelamente, seus conteúdos e também sua função, seu modo de participação; é verdade que os meios de comunicação continuam a ser os mesmos, mas estão "desviados" de sua antiga função; a imprensa, o cinema, a música, as mensagens radiofônicas, a moda no trajar já não têm um fim confessado de "divertimento" e não participam mais da mitologia euforizante do prazer e do lazer: uma função paramilitante se liga doravante a este novo tipo de participação, que é uma pretensão a "significar" a recusa da integração na sociedade de "consumo"; a marginalidade e a recusa do "sistema" não são mais vividos como momentos perturbados e incertos de um "caso" (crise de adolescência...) que se resolverá, mas tendem cada vez mais a impor-se como uma ética e um modo de vida permanente até ao seio da *intelligentsia*. Ver um filme "*underground*" ou de um "autor jovem", ler uma história em quadrinhos de Crumb ou de Gotlib, comprar *Charlie Hebdo*,[6] vestir-se *freaks*[7] ou fora de moda, assistir a um concerto de música *pop* não são atos anódinos; significam uma tomada de posição política e existencial "mínima". O termo prazer, em si, desvalorizou--se bastante, na sua conotação de bem-estar afetado e de segurança pasteurizante; a ele preferimos, de agora em diante, os superlativos que anunciam a fruição ou a jubilação. Prazer, portanto, insignificante no momento em que nos empenhamos em expressar todas as maneiras de recusar temas da sociedade de consumo: modernidade, beleza, felicidade, amor, lazer...

A moda *freaks* no trajar não se contenta em desprezar os valores burgueses de elegância e de bom gosto (fundados na harmonia das cores e na sobriedade das formas): significa a dissonância, o barulho e a fúria[8] do nosso mundo. O ou a *freak* não quer ser reconhecido, mas designado como "outro". Um "outro" discordante, sarapintado,

6 **N.T.:** Nome pelo qual é conhecida, na França, a revista com a história em quadrinhos do personagem Charlie Brown (*Peanuts*).

7 **N.T.:** Em inglês no original: extravagante, excêntrico ou grotesco.

8 **N.T.:** V. p. 187.

bárbaro, não policiado, que navega nos canais subterrâneos da cultura de massas.

Da contracultura à revolução cultural; das contratendências aos valores

"Pode-se falar de contracultura, mas o prefixo dá demasiada ênfase ao sentido de negação. É também uma revolução cultural que afirma os seus valores positivos. Alguns destes valores já existiam na sociedade mas estavam ou encerrados nas reservas da infância, ou vividos como uma pausa da vida séria, do trabalho (férias, lazeres, jogo, estética); podiam também ser encerrados na ganga das religiões, sem poder contaminar a vida cotidiana (...) em um sentido, a revolução quer prolongar o universo infantil para além da infância (...) como qualquer grande revolução, ela é também a vontade de conservar e realizar um universo infantil de comunhão e de imediatismo".[9]

Da alternância à alternativa

O termo contracultura é, portanto, insuficiente; o novo paradigma cultural existe fundado sobre a recusa do princípio de alternância e sobre a crítica da participação no mundo fundada no consumo. Os valores e as tendências adotadas existem na sociedade, mas encerrados nas reservas da infância (espontaneidade, jogo), nas gangas da religião (amor ao próximo, desinteresse) ou dispersas em contratendências (abertura ecológica, neoarcaísmo). A crítica radical tem por objetivo o estatuto residual e superficial destes valores, sua incapacidade de assumir a vida cotidiana e de interessar todo o ser. O adulto consome seus valores com a ponta dos lábios, esteticamente; utiliza--os durante o fim de semana, durante seus momentos de repouso; o resto do tempo, reassumirá com sua personagem social os valores de rendimento, de eficácia e de sério; este duplo jogo esquizofrênico do adulto, esta dupla vida burguesa é o que mais "espanta"; esta alter-

---

9 Cf. Edgar Morin, *Journal de Californie.*

nância é substituída pela alternativa ou pela escolha radicalizada: o engajamento já não designa convicção ou o simples uso da palavra, mas a participação de todo o corpo e de cada momento de vida. Não se "brinca" mais de operário faz-tudo dos domingos, volta-se a ser artesão, não se consome mais o campo esteticamente para os lazeres, volta-se a ser camponês, pastor, fabricante de queijos.

Uma busca de identidade

"Poder-se-ia dizer, também, em certo sentido e parcialmente, que a onda individualista libertária da revolução cultural está *em embrião* no individualismo burguês da sociedade estabelecida. O hedonismo favorecido e excitado pelo desenvolvimento do consumo prolonga-se, também, na nova cultura, mas *metamorfoseando-se*. Porque há uma ruptura no seio mesmo do individualismo; ao individualismo de propriedade, de aquisição, de posse, opõe-se doravante o individualismo de sensação, de fruição, de exaltação; ao consumo se opõe o consumo, e, embora tenha o mesmo tronco comum, o hedonismo do ser (revolução cultural) se opõe radicalmente ao hedonismo do ter (sociedade burguesa)".[10]

O novo paradigma cultural não busca a coerência dos "velhos sistemas" humanistas; melhor dito, ele frustra as prescrições rituais do saber ocidental, retirando de sua cartilha as regras lógicas de coerência, de complementaridade, de não contradição; bulímico e dissonante ao ouvido racionalizado, o novo amálgama passa do "psicodélico ao político, do sexual ao místico, busca-se em uma revolução ora individual ora social (ou ao mesmo tempo em uma e outra),[11] *viaja da Ocitânia*[12] *à Índia, e no caminho encontra o* hippie, *o militante de esquerda dos* campi *e o jovem comunitário ecologista. O adolescente em busca de identidade parece buscar uma definição*

---

10 Cf. *Journal de Californie*.

11 *Ibidem*.

12 **N.T.:** Alusão metafórica à Idade Média, e ao mesmo tempo à região do Languedoc, sul da França, que então era conhecida por este nome.

mais antropológica que sociológica: 'Estes jovens burgueses fazem um esforço desesperado para escapar à burguesia (e eu compreendo melhor por que eles têm necessidade do mito da classe justiceira, assassina, liquidadora, o proletariado, para justificar-se). De outra maneira, os jovens de bandos a-sociais fazem um esforço desesperado para livrar-se do assalariado e do proletariado. É extraordinário ver como a adolescência moderna repele a classe social para pôr em seu lugar, seja uma definição nacional (o jovem negro, o índio), seja regionalista (occitaniense), seja uma definição antropológica'".[13]

I.N.

2. CULTURA ADOLESCENTE E REVOLTA ESTUDANTIL

A adolescência não constitui uma categoria antropológica constante, mas uma categoria histórica. Há civilizações *sociologicamente sem adolescência*. Nas sociedades arcaicas, os mecanismos sociais da iniciação, prova ritualizada, cruel e longa em que a criança deve morrer para nascer adulto, operam uma mutação, impedindo a visão das transições psicológicas da adolescência. Na maioria das sociedades históricas, a ausência de escolaridade e a precocidade do trabalho fazem da adolescência uma realidade mais ou menos clandestina privada de estatuto cultural.

A adolescência seria a fase em que o jovem humano, já meio desligado do universo da infância, mas não ainda integrado no universo do adulto, sofre indeterminações, biterminações e conflitos. Por conseguinte, só pode haver adolescência onde o mecanismo de iniciação, transformando a criança em adulto, se deslocou ou decompôs-se, e onde se desenvolveu uma zona de cultura e de vida que não está engajada, integrada na ordem social adulta.

A adolescência-juventude não é, tampouco, um fenômeno original da História recente, ou antes, sua originalidade se prende ao seu caráter extensivo, maciço e mundial. Nosso propósito, aqui, não é examinar as emergências históricas chocantes seja de uma espécie

---

13 Cf. *Journal de Californie*.

de cultura adolescente alcibiadiana do fim do século V grego, seja de uma contestação estudantil dos universitários da Idade Média. Não é, tampouco, seguir o fio que, no fim do século XVIII, faz surgir o adolescente no teatro (Chérubin),[14] e também na poesia e na política, e lhe dá a palavra, mais tarde, no ambiente da *intelligentsia* romântica europeia, uma palavra nova, patética, enquanto se constituem os primeiros grupos de estudantes revolucionários. Queremos essencialmente destacar, aqui, o nascimento e a formação de uma cultura adolescente no seio da cultura de massas, a partir de 1950.

O exame sócio-histórico nos levará a dar importância especial aos caracteres ao mesmo tempo de indeterminação e de determinação da adolescência-juventude: a indeterminação é este estado incerto que vem da coexistência, da imbricação e também da distância entre o universo infantil e o universo adulto. A determinação é o que vem preencher esta zona incerta, isto é: 1º) a cultura adolescente; 2º) a escolaridade prolongada e a condição de estudante.

Propomos a hipótese de que a cultura adolescente e a condição de estudante são polos de desenvolvimento de uma classe de idade juvenil que intervém como ator histórico no seio do mais recente devir.

A cultura juvenil-adolescente[15]

Existiam antes de 1950, em diversos grandes centros urbanos, bandos fechados de adolescentes, que tendiam a constituir-se em clãs, que ignoravam ou negavam o universo dos adultos. Esses bandos, chamados "a-sociais", às vezes delinquentes, podiam nutrir-se intensamente de cultura de massas (sobretudo de cinema), mas, ao contrário da sociedade adulta, encontravam seus heróis nos personagens "negativos"

---

14 **N.T.:** "Querubim", personagem do *Mariage de Figaro*, de Beaumarchais, tipo do adolescente que desperta para o amor.

15 Cf. nossos estudos: Jeunesse. In: *Esprit du Temps*. Paris: Grasset, 1962. tomo I, p. 1-16; Salut les Copains. In: *Le Monde* de 6-7 de junho de 1963, reproduzidos em *Introduction à une politique de l'Homme*, coleção L'Histoire immédiate. Le Seuil, 1962. p. 213-220, Les Adolescents. In: *Commune en France*. Paris: Fayard, 1967. p. 139-161.

que, nos filmes de crimes, travavam um combate sem trégua contra a sociedade. Em certo sentido, a "pré-história" da cultura juvenil moderna começa nos bandos marginais de adolescentes.

Uma cultura adolescente-juvenil relativamente nova se constitui por volta de 1955, a partir de certo número de filmes, entre os quais os mais significativos são os de James Dean e Marlon Brando, com títulos por si mesmos reveladores – *Rebel without a Cause, The Wild One*[16] – que lançam novos heróis, adolescentes no sentido próprio, revoltados contra o mundo adulto e em busca de autenticidade. Depois vem a onda do *rock*, do *jerk*, em torno da qual se cristalizam não apenas um gosto juvenil por uma música e uma dança particularmente intensas, mas quase uma cultura, como o exprime muito bem o sentido do termo "yê-yê-yê"[17] que, na França, encobre, não apenas um domínio musical, mas certa maneira de ser, quase uma atitude em face da vida. Muito rapidamente, a partir dos anos 1960, nos países ocidentais, depois atravessando de maneira mais ou menos tolerada, mais ou menos clandestina, as fronteiras dos países do Leste e implantando-se nas grandes cidades do Terceiro Mundo, constitui-se uma cultura que dispõe, não apenas das suas emissões de rádio e dos seus jornais, mas dos seus lugares de reunião, dos seus trajes. Carnaby Street e Greenwich Village são novos polos de desenvolvimento da cultura juvenil: ali reinam a fantasia, o desejo de liberdade e de autenticidade; ali se constituem núcleos semiparasitários, semiemancipados com relação à sociedade adulta, nos quais a gente se esforça por viver no desabrochar do ego e da comunidade. Assim se cultivam, se protegem, se propagam os fermentos de uma segregação e de uma autonomia cultural.

Essa cultura adolescente-juvenil é ambivalente. Ela participa da cultura de massas, que é a do conjunto da sociedade, e ao mesmo tempo procura diferençar-se.

---

16 **N.T.:** Em inglês, no original. No Brasil foram lançados, respectivamente, com os títulos *Juventude Transviada* e *O Selvagem*.

17 **N.T.:** *Yéyé*, no original, porém, no Brasil, acrescentou-se mais uma sílaba à palavra, quando este estilo musical se popularizou.

Ela está economicamente integrada na indústria cultural, capitalista, que funciona segundo a lei do mercado. E é, pois, um ramo de um sistema de produção-distribuição-consumo que funciona para toda a sociedade, levando a juventude a consumir produtos materiais e produtos espirituais, incentivando os valores de modernidade, felicidade, lazer, amor etc.

Mas, por outro lado, sofre a influência da dissidência e da revolta, ou mesmo da recusa da sociedade de consumo. Os *beatniks*, depois os *hippies*, Greenwich Village, Carnaby Street e San Francisco, depois, em cada cidade grande, os bairros da nova boemia juvenil são como as contrassociedades, as utopias concretas em que a vida é vivida diferentemente, com outra moral. As canções dissidentes de Bob Dylan, e em seguida de grande número de neotrovadores do não conformismo, difundem muito amplamente esses novos valores.

A nova cultura adolescente-juvenil tem, assim, dois polos e a partir desta bipolaridade se efetua uma espécie de eletrólise em que se cria algo de misto, que se difunde no conjunto do mercado juvenil. Nesta zona mista, a dissidência e a revolta são integradas no sistema, depois de terem sido mais ou menos filtradas sem que, entretanto, sejam eliminados todos os fermentos corrosivos. O sistema utiliza a criatividade dos meios marginais, como no plano adulto utiliza a criatividade dos artistas, mas traz os padrões de produção, as censuras e acomodações. Assim, pode-se dizer esquematicamente que esta cultura é criada pela adolescência, mas que ela é produzida pelo sistema. A criação modifica a produção e a produção modifica a criação. De parte a parte desta zona central ambivalente da cultura juvenil existe a ala "direita", quase inteiramente integrada e integracionista, com culto das vedetes (*fan's clubs*, fotos com dedicatória, ausência quase total de divergência, como na França a revista e a transmissão do programa *Salut les copains*);[18] e existe a ala "esquerda", em que a destruição supera o consumo,[19] em

18 **N.T.:** "Alô, amigos", "Alô, companheiros", ou outro equivalente coloquial de saudação entre jovens.

19 **N.T.:** O autor faz, aqui, um trocadilho que se perde na tradução: "*... la consumation prime la consommation...*".

que se está muito perto da violência, das drogas fortes, do LSD, da denúncia dos valores oficiais, da contestação política.

O desenvolvimento dessa cultura está ligado a uma conquista de autonomia dos adolescentes no seio da família e da sociedade. A aquisição de relativa autonomia monetária (dinheiro para o gasto diário dado pelos pais nas sociedades avançadas e, alhures, dinheiro para o diário conservado pelos adolescentes que ganham a vida e entregam tudo o que ganham aos pais) e de relativa liberdade no seio da família (o que nos conduz ao problema da liberalização, aqui, da desestruturação, acolá, da família) permitem aos adolescentes adquirir o material que lhes insuflará sua cultura (transístor, toca-discos e mesmo violão), que lhes dá sua liberdade de fuga e de encontro (bicicleta, motocicleta, automóvel) e lhes permitirá viver sua vida autônoma no lazer e pelo lazer. Esta cultura, esta vida aceleram, em contrapartida, as reivindicações dos adolescentes que não se satisfazem com a semiliberdade adquirida, e fazem crescer sua contestação a propósito de um mundo adulto cada vez menos semelhante ao deles.

De maneira sempre crescente, e em uma idade cada vez mais precoce, afirma-se, no jovem, uma tendência à emancipação, *não uma emancipação que permitirá que ele se torne adulto, mas uma emancipação que lhe permitirá ser igual aos adultos, isto é, igual a eles em direito e em liberdade*. Mas esta reivindicação é difusa. Ela não se cristaliza em ideologia doutrinalmente constituída, mas em uma espécie de *cartilha* segundo a qual os adultos são tidos como ultrapassados, incompreensivos ou empenhados numa vida de mentiras.

Da mesma maneira, essa reivindicação não dispõe de uma organização autônoma. É verdade que os jovens têm, cada vez mais, lugares de reuniões como os cafés ou salas de baile de sua escolha, casas para jovens que o Estado ou as entidades adultas põem à sua disposição. Um pouco em toda parte, mais ou menos obscuramente, aspiram à autogestão destes centros, e um pouco por toda parte devem se harmonizar com a sociedade adulta. Mas, no seio das associações de jovens, grandes instituições (como as igrejas) e partidos, cria-se uma acomodação entre três tendências: a tendência oficial própria da instituição ou do partido; a tendência da cultura juvenil (apresentação de usos novos, danças, gostos etc., como, por exemplo, a juventude comunista francesa que se "popculturiza"); enfim, uma tendência mais radical, mais contestadora, em que a juventude reivindica, como tal, seu direito à palavra na instituição mesma e na sociedade.

Pode-se dizer que a cultura adolescente é um fenômeno que determinou a constituição de uma classe de idade adulto-juvenil? Não, certamente, no sentido em que uma classe poderia nascer apenas da segregação de um campo cultural, mas no sentido em que esta cultura cristaliza virtualidades provocadas pelo conjunto do processo social, o qual abriu esta zona a um tempo de instabilidade e também de intensidade antropológica que é a adolescência. Esta noção de *classe de idade*, tomamo-la de empréstimo ao vocabulário da etnologia, mas em uma acepção moderna, pois as sociedades arcaicas ignoram precisamente a *adolescência*. Ela não poderia ser assimilada à classe social, tanto mais que se superpõe às classes sociais. Mas o termo *classe de idade* merece, a nosso ver, ser mantido em sua ambivalência: a noção de idade conduz ao que é transitório (a evolução de qualquer indivíduo), e, de outra parte, a noção de classe designa, neste fluxo constante, uma categoria estável. Efetivamente, há uma renovação perpétua e muito rápida dos indivíduos, que são jovens apenas durante alguns anos – ao contrário das classes sociais, nas quais a maior parte dos indivíduos são permanentemente associados ao estatuto de sua classe – mas há um princípio constante de definição e de estruturação que "classifica" a adolescência-juventude na sociedade, e é neste nível que falaremos de classe. Pode-se falar de classe de idade a partir do momento em que aparecem em grande escala traços distintos comuns. Ora, a cultura adolescente tende a desenvolver estes traços distintos, ao mesmo tempo em que alimenta um sentimento de comunidade e de solidariedade ("nós, os jovens"); ela não cria a classe de idade, mas contribui para fazê-la existir como realidade sócio-histórica.

A cultura adolescente faz consumir grande quantidade de violência imaginária; mas, aparentemente, dá-se o mesmo com os adultos que, em sua cultura de massas, se nutrem psiquicamente de *westerns*, filmes de aventuras e de guerra, romances e filmes policiais, noticiário policial, imagens de guerra. Parece que, a partir de 1960, há como que um aumento na intensidade e na qualidade de violência consumida, mas aparentemente sem que isto desencadeie, no setor adulto integrado, uma violência real, como se esta violência tivesse um efeito de catarse para as pulsões agressivas cada vez mais reprimidas pela vida policiada, organizada, racionalizada, burocratizada. Em compensação, na juventude, pode-se ver parecer uma tendência a associar festa e violência, como nos concertos e recitais de novas vedetes juvenis, nos quais o ritmo e a comunhão provocam alguns fenômenos destruidores (cadeiras quebradas etc.). Mas isto é bem sufocado pelas organizações comerciais (e não somente pela polícia), que freiam a tendência paroxística nos astros e nos cantores, eliminando os que saem das normas.

Contudo, pode-se bruscamente ver grande festa de cultura musical juvenil, a "noite da Nação" em Paris, em junho de 1963, organizada pelo programa *Salut les copains* da Rádio Europe nº 1, metamorfosear-se em festa de destruição, em uma espécie de insurreição lúdica.

Mas é à margem da cultura juvenil que explodiram duas manifestações insurrecionais lúdicas, cuja amplitude e violência comoveram a opinião pública sem que esta, àquela época, pudesse interpretá-las. Foi, em primeiro lugar, a noite de 31 de dezembro de 1956 em Estocolmo, quando, espontaneamente, em plena rua, os jovens atacaram os adultos, viraram e incendiaram os automóveis, transformando o *réveillon* em festa da agressão e da destruição. Na Páscoa e no Pentecostes de 1963, em Clacton e em Brighton, na Inglaterra, assistiu-se a uma espécie de guerra civil declarada entre bandos de *mods* e de *rockers* vindos de Londres e dos arredores, espécie de luta de classe juvenil entre os que adotavam uma elegância britânica e os que usavam o uniforme-blusão do subúrbio. Em todos estes casos, muito diferentes, há, de comum, um brotar espontâneo e contagioso de violência.

Universalidade da cultura adolescente-juvenil

A nova cultura adolescente-juvenil tem como primeiro polo de desenvolvimento os Estados Unidos, mas espalha-se rapidamente no mundo ocidental e, além dele, nos países do Leste Europeu, e a maior parte dos centros urbanos do Terceiro Mundo. Só a China não participa de maneira alguma, mas é precisamente na China que os adolescentes são os atores de uma "revolução cultural".

Pode-se dizer que essa cultura tende a triunfar nos centos urbanos. Além disso, em muitos países, como nos da Europa, por exemplo, ela se introduz nos campos, transformando os métodos de estruturação tradicionais da adolescência. Aos antigos bandos, centrados sobre a solidariedade da aldeia e a hostilidade à aldeia vizinha, fundados sobre a segregação irônico-agressiva entre rapazes e moças, mas integrados no sistema social da sociedade adulta e eventualmente organizando festas etc., sucedem-se novos bandos, antes fundados sobre a solidariedade entre jovens que sobre a solidariedade da aldeia, e que tendem a um quase fechamento com relação ao universo adulto. As relações de simpatia e de escolha superam, nelas, a contiguidade; moças e rapazes não são mais separados; um gosto comum conduz à cultura juvenil, recolhida por transístores, *juke-boxes*,[20] toca-discos, e aos divertimentos; esta cultura os leva a adotar os valores da civilização urbana (isto é, a contestar os adultos rurais em nome dos valores dos adultos urbanos, em vez de contestar a civilização adulta urbana). Esta aculturação, talvez tanto quanto e até mais do que a educação escolar, contribui para minar os valores tradicionais. Ela favorece a modernização: esta modernização dos espíritos, mais do que das estruturas, resulta na emigração para os centros urbanos. Ela favorece a mudança enquanto rompimento e mutação, antes que em qualidade de autodesenvolvimento.

O caráter mais perturbador da cultura juvenil é sua propagação internacional em nações de regimes políticos diferentes e de desenvolvimento econômico desigual. É verdade que a difusão se efetua em grande parte pelas telecomunicações de massa, porém a difusão

20 **N.T.:** Em inglês, no original.

de uma cultura só secundariamente se explica a partir do longo alcance do seu modo de difusão; é preciso que ela responda a alguma realidade no seio de cada uma das sociedades em que se espalha. Por outro lado, é preciso notar que, em muitos países, na URSS, por exemplo, a difusão das danças modernas adolescentes e dos discos, embora clandestina ou semiclandestina, opera-se rapidamente. Apenas uma extrema não comunicação e uma extrema repressão podem limitar a difusão desta cultura.

Portanto, é preciso considerar a hipótese de uma analogia em todas as sociedades e que é a seguinte: cada uma destas sociedades conhece à sua maneira rupturas no *continuum* hierárquico das gerações (fundado nas civilizações tradicionais pela e sobre a acumulação da experiência passada). A desvalorização da experiência passada está ligada à desintegração das civilizações tradicionais, isto é, ao mesmo tempo do sistema que integra as novas gerações às antigas. Rupturas e perturbações atingem seu máximo de intensidade com a idade da passagem da infância à idade adulta: a adolescência, que não sabe mais – não quer mais – integrar-se na ordem antiga, traz consigo valores novos (aliás, conflitantes) e uma vontade de autonomia a respeito tanto da infância quanto do mundo adulto. Nestas condições, o fenômeno, antigo ou latente, das classes de idade assume forma nova. A tendência à constituição de uma classe de idade adolescente, com traços de segregação, de defesa, ou mesmo de agressão a propósito do mundo adulto, afirma-se em toda parte, de forma latente, com a recusa do estatuto menor, isto é, a reivindicação dos direitos reservados hierarquicamente aos adultos, e mesmo a recusa implícita do mundo adulto tal qual é.

Mas é o movimento estudantil que tornará manifesta e programática a recusa do estatuto menor e que tornará política, ou mesmo revolucionária, a recusa da sociedade adulta.

O movimento estudantil

Desde o século XIX, o universo estudantil é a sede potencial ou esporádica de oposições, contestações, agitações, e mesmo de manifestações revolucionárias de natureza política.[21] Na França, foram sobretudo as explosões revolucionárias de 1830 e 1848, na Europa, as agitações liberais-nacionais-sociais de 1848; na Rússia tzarista, na segunda metade do século XIX se desenvolve um movimento revolucionário estudantil que se afirma através de duas orientações: uma *populista* (em uma cruzada para e pelo povo), a outra *terrorista*. No século XX, a mensagem dos estudantes de Córdoba (Argentina) aos "homens livres da América Latina" (1918) parece um prelúdio, não apenas ao papel de fermentação e de ação política das universidades da América Latina a partir daquela data, mas também aos movimentos estudantis recentes no mundo.

O mundo estudantil é o palco potencial de "revoltas":

a) A concentração peninsular da vida estudantil nas universidades constitui uma segregação de fato e um meio propício à ação coletiva.

b) A "marginalidade" da universidade na sociedade se acrescenta à marginalidade de uma juventude com relação ao mundo adulto, submetida, ademais, à extrema dependência do aprendizado de um saber.

c) Os estudantes já estão vinculados à *intelligentsia* da sociedade, e, pois, às camadas sociais mais sensíveis às imperfeições, às taras e às rupturas da sociedade estabelecida.

Pouco é preciso para que as mensagens da fração descontente da *intelligentsia* adulta sejam assimiladas e constituam a ideologia de choque de amplos setores estudantis: é este processo que se desenvolve um pouco por toda parte de maneira ampliada após 1956.

Certos fatores, aqui e ali, criarão condições virulentas de crise. Não são fatores inteiramente novos, mas juntar-se-ão aos fatores novos, que mais adiante examinaremos, para favorecer as explosões:

a) O ímpeto demográfico estudantil: nos países economicamente desenvolvidos, os filhos das famílias das camadas médias e, de certo modo, das camadas populares começam a ingressar no ensino supe-

---

21 Cf. minhas "Notes méthodologiques sur l'internationalité des revoltés étudiantes". Convegno Europeo. Protesta e Participazione nelle gioventù in Europa, Centro di Studi Lombardi, Milão, 29-31 de março de 1958 (mimeografado). La Commune étudiante. In: *La Brèche*. Paris: Fayard, 1968.

rior; nos países em via de desenvolvimento, a descolonização ou o ímpeto de promoção infla a população estudantil. Este crescimento demográfico nem sempre é acompanhado do aumento das instalações e dos professores, do que frequentemente resulta um estado de deficiência de recursos humanos e de superpopulação.

b) O rápido desenvolvimento das ciências e das técnicas, a crise das velhas humanidades literárias e a ausência de novas humanidades científicas, a incapacidade das ciências humanas para constituir novas humanidades (de sorte que a espera e a esperança de numerosos estudantes se verão terrivelmente decepcionadas ao verificarem que elas constituem antes de tudo técnicas estreitas de documentação e de manipulação), tudo isto torna mais sensíveis as contradições entre o "anacronismo" das universidades (sobretudo literárias, mas também científicas quando falta o material pedagógico experimental necessário) e a vontade de modernismo dos jovens.

c) O anacronismo aumenta quando os portadores de diplomas tradicionais veem que as suas oportunidades de colocação se restringem, ao passo que os novos diplomados ainda não conhecem as oportunidades.

d) Este anacronismo aumenta quando cresce no meio estudantil a nova aspiração à igualdade, que pede uma participação democrática dos estudantes na vida da universidade, enquanto permanece inalterado um estatuto de tutela que os trata como menores.

Vê-se, a partir de 1955, o desenvolvimento de diversos dinamismos, tudo de oposição e de ruptura. O protesto contra o anacronismo universitário de fato favorecerá a abertura do outro protesto, mais fundamental, contra a sociedade mesma de que a universidade é o reflexo e a iniciadora.

Os anos 1955-1956 são cruciais, e, ao mesmo tempo, são os anos em que se constituiu a nova cultura adolescente-juvenil (1955: James Dean, em *Ao Leste do Paraíso* e *Rebel without a Cause*; 1956: morte e culto de James Dean).

Eis alguns exemplos:

– Nos Estados Unidos, o início de uma contestação nova da vida cotidiana e da civilização burguesa fará florir, na juventude marginal, a civilização de Greenwich Village e o *beatnikismo* e, entre os estudantes, fará, primeiro de Berkeley, depois de outras universidades, centros existenciais de contrassociedade.

– Na Europa Ocidental, a primeira explosão de "rebelião sem causa" com a noite de São Silvestre em Estocolmo, e o primeiro despertar político espanhol, que tem lugar na universidade.

– Na URSS e nas democracias populares, a "desestalinização" desperta uma oposição estudantil antistaliniana e provoca a intervenção maciça e ardorosa dos estudantes e do conjunto dos jovens, na Polônia e na Hungria. No primeiro caso, o jornal dos jovens, *Po prostu*, e no segundo, o círculo dos jovens Pétofi desempenha um papel capital nos acontecimentos.

– Na França, a "Conferência Nacional Estudantil para a Solução do Problema Argelino" marca o início de uma resistência progressiva dos estudantes franceses à guerra da Argélia, ao passo que os estudantes argelinos fornecem numerosos militantes à luta revolucionária nacional.

Esses dinamismos se intensificarão em uma segunda fase eruptiva, por volta de 1963-1965, marcada pela revolução cubana e pela reativação do movimento estudantil nos países da América Latina, que às vezes assume o papel de partido revolucionário para toda a sociedade, pelas lutas estudantis no Oriente Médio, pelas duas explosões de cultura juvenil na Inglaterra (agitações de Brighton) e na França (noite da Nação). Nos Estados Unidos, a revolta de Berkeley efetua a passagem da revolta existencial à revolta contra as estruturas da universidade e à revolta política (1964-1965).

A partir de então, as revoltas estudantis constituem um fenômeno mundial, mas ainda não sincrônico. Todavia, aqui e ali já se manifesta certo número de tendências:

a) Tendências à ruptura entre organizações políticas estudantis revolucionárias e partidos políticos adultos: no Japão, o Zangakuren, fundado em 1948, rompe com o Partido Comunista. Na República Federal da Alemanha, o SDS[22] rompe com o Partido Social-Democrata. Na França, a maior parte da União dos Estudantes Comunis-

---

22 **N.T.:** *Sozialistischer Deutscher Studentenbund*, a mais importante organização de estudantes radicais da RFA.

tas rompe com o Partido em 1965 e funda a Juventude Comunista Revolucionária (que desempenha, com os novos anarquistas, papel central em Maio de 1968).

b) Tendência, em diversos setores dos movimentos estudantis, a elaborar uma política válida para toda a sociedade, e não mais apenas a realizar reformas fundamentais, na universidade e na sociedade, que reconheceriam a emancipação da juventude e sua ascensão à igualdade.

Em vários casos, as vanguardas ativistas estudantis se esforçam por exprimir ou tomar a frente do movimento popular ou do movimento da *intelligentsia.* Este processo é nítido na América Latina, nos últimos anos, no Oriente Médio, na Polônia e na Tchecoslováquia, e começa nos Estados Unidos, a partir de 1967, com a oposição frontal à guerra do Vietnã, a luta antirracista, o apoio ao senador MacCarthy. Explode na França em maio de 1968.

O ano 1967-1968 parece, a um tempo, o ano da internacionalidade generalizada, contagiante, das revoltas estudantis, e o ano em que se juntam as manifestações ainda separadas, paralelas e isoladas.

Essa internacionalidade dos movimentos estudantis parece superdeterminada pela crise mundial geral que prolonga os processos globais iniciados nos anos 1950-1960:

a) Exacerbação da crise interna de valores nas sociedades ocidentais evoluídas, continuação da crise do universo staliniano, problemas dramáticos dos países do Terceiro Mundo (desenvolvimento e independência).

b) Estado de caos de um mundo sobre o qual paira a ameaça atômica, que parece cada vez mais irracional e que suscita no vazio uma necessidade de ação para “mudar o mundo”.

Nesse sentido, poder-se-ia supor que as revoltas estudantis de 1967-1968 são novos sintomas de uma crise mundial da humanidade.

Sua sincronia seria, de alguma maneira, superdeterminada por esta crise mundial, mas determinada pelas grandes (meios de comunicação de massa) e pequenas (ligações militantes) comunicações.

A sincronia das revoltas estudantis nos países do Ocidente é favorecida pela tendência que têm, então, os movimentos de oposição à guerra do Vietnã a organizar suas ações de modo sincrônico.

Fenômenos de comunicação vêm favorecer a contaminação: comunicações entre pequenos grupos revolucionários de país a país (sobretudo na Europa Ocidental); comunicações através da grande imprensa dos acontecimentos sensacionais: rebeliões, ocupações de faculdades etc. As técnicas de agitação e de ação se espalham, assim, por contaminação, e atravessam até os oceanos.

O movimento francês de Maio de 1968, nessa conflagração mundial, assume excepcional originalidade. Reúne em si quase todos os caracteres esparsos, não apenas das revoltas estudantis, mas também das revoltas existenciais, das explosões do tipo Estocolmo, da aspiração proveniente do polo desintegrante da cultura juvenil.

O 3 de maio de 1968 assiste à união de um movimento espontâneo de jovens que ultrapassa em muito o âmbito dos estudantes (de curso secundário e jovens de meios populares) e de um movimento revolucionário estudantil (Movimento de 22 de Março), isto é, na verdade a conjunção dos aspectos emancipadores e violentos da cultura adolescente-juvenil e de um movimento revolucionário.

É em nome de uma ideologia revolucionária proletária que o movimento estudantil se lança ao assalto revolucionário à sociedade. Na França, como em grande parte do mundo, exceto nos países do Leste, a bandeira do marxismo é aquela pela qual o movimento revolucionário estudantil quer mostrar que trabalha no interesse geral.

Indicações cronológicas

Não se trata, aqui, de uma cronologia exaustiva dos acontecimentos relativos à juventude, mas de fixar as datas capitais e descobrir retrospectivamente um paralelismo evidente entre três séries: a série do desenvolvimento da cultura adolescente-juvenil, a série dos fenômenos de ruptura existencial, e da mesma forma tanto o *beatnikismo* como as explosões de violência e a série de revoltas políticas. Verificar-se-á, aliás, que a série existencial comunica com a cultura adolescente-juvenil (de que é o polo criador e desintegrador), e também com a revolta estudantil, sobretudo em Berkeley em 1964-1965, e em Paris, em maio de 1968. Quer dizer, no limite contestatário da classe de idade adolescente há o problema e a tentativa de uma *revolução cultural*.

1955:
O entusiasmo do *rock*.
James Dean em *East of Eden*[23] e *Rebel without a Cause*.

1956:
Morte e culto de James Dean.
Agitação entre os estudantes na URSS. Atividade da juventude polonesa e da húngara (*Po prostu*, círculo Pétofi) no outubro polonês e na revolução húngara.
Agitação estudantil na Espanha.
"Conferência Nacional Estudantil para uma Solução do Problema Argelino", na França.
Explosão de Estocolmo (31 de dezembro).

1963-1966:
Do "beatnikismo" ou "hippismo".
Explosões de Paris ("noite da Nação") e de Brighton (combates *mods* contra *rockers*) (1963).
Revolta da universidade de Berkeley (1964-1965) e da London School of Economics (1966).
Lutas estudantis no Oriente Médio. Lutas estudantis na América Latina.
Movimento *Provo* nos Países-Baixos.
França: cisão na UEC; a erupção situacionista de Estrasburgo.
Revolução cultural na China.

1967-1968:
"Revolução cultural" na Califórnia: Movimento *hippie*.
As Comunas-Neoarcaísmo. Ecomovimento.
Erupção internacional estudantil.

23 **N.T.:** Lançado no Brasil com o título *Vidas Amargas*.

Maio de 1968: União em Paris da revolta estudantil e da insurreição juvenil.

Interpretação do problema da juventude

Tudo parece passar-se como se, de maneira desigual, um movimento de fundo das sociedades modernas tendesse, no curso da segunda metade deste século [XX], à constituição de uma classe de idade adolescente-juvenil. Neste movimento a cultura adolescente-juvenil desempenharia um papel de segregação constitutiva, trazendo modelos, temas e formas culturais comuns e um sentimento comum de participação. A segregação cultural favorece, por uma parte, a integração na sociedade e, por outra parte, a desintegração das normas oficiais desta sociedade.

O movimento revolucionário estudantil, ao mesmo tempo em que se opõe violentamente à corrente integradora da cultura adolescente, segue um caminho paralelo à corrente desintegradora, e, *pela primeira vez e por algumas semanas, em Maio de 1968, viu-se associado a este, depois de ter nascido deste, cinco anos antes, em Berkeley.*

Além disso, há uma origem comum na cultura juvenil e no movimento estudantil: é a emancipação da juventude, a abolição do seu estatuto menor, qualquer coisa análoga, no plano da idade, à democratização de 1889 ou à descolonização.

Mas essa igualdade não significa a fusão no seio da classe adulta. A igualdade significa o reconhecimento de uma personalidade autônoma, diferente, que tem outra vida e vive de outros valores. Os *beatniks*, e sobretudo os *hippies* foram os apóstolos de fato da coexistência pacífica entre duas sociedades, radicalmente diferentes, no seio da sociedade.

Uma fração da juventude, essencialmente a minoria revolucionária estudantil, quer ir além destes objetivos. Ela exige não mais o reconhecimento da "alteridade", mas a alternativa. Ela quer submeter a ordem adulta porque pensa assumir o interesse geral da coletividade social e mesmo humana, confundindo ou identificando as aspirações-reivindicações apaixonadas da adolescência à necessidade revolucionária. Ela segue, então, o polo de atração desta necessidade: liberalismo-democratismo-nacional nos países de democracias populares, socialismo libertário-marxista nos países do Ocidente, marxismo-nacional-militar nos países do Terceiro Mundo.

Pode haver conjunção ou aliança entre os três termos (emancipação, "alteridade", revolução) na fase ascendente atual, mas há um fosso entre os dois primeiros termos e o terceiro. Da mesma maneira como, nos processos de emancipação nacional, há "frente comum" entre as diferentes tendências e classes que lutam contra uma dominação externa, mas em seguida, logo que se realiza a independência, dissociação e conflitos entre elas, há, da mesma maneira, um antagonismo latente entre a reforma por emancipação da juventude e a revolução pela ação da juventude.

Enfim, a ideologia revolucionária, no Ocidente, apresenta uma ambiguidade: o marxismo nega a realidade da juventude, ao passo que a vanguarda revolucionária estudantil afirma a realidade do marxismo. Esconde ela, sob esta doutrina que a nega, sua timidez de classe? Seu messianismo de classe? Seu interesse de classe? O marxismo não passa da única arma ideológica coerente e violenta de que pode dispor a vontade revolucionária para com a sociedade burguesa ocidental? De fato, sob a crosta ideológica são a erupção de enzimas libertárias, a conjunção original da anarquia e de um marxismo de seitas, e igualmente a emergência, já agora, de um pós-marxismo que constituem a animação e a alma da revolta.

Uma contradição se situa no coração mesmo da idade adolescente juvenil, que faz ressaltar o próprio exame do termo classe de idade que empregamos de propósito. De uma parte, a idade conduz ao indivíduo, que se tornará adulto, e que sabe, de certa maneira, que se tornará adulto. De outra parte, a classe conduz a uma estrutura. Pensamos que os jovens têm consciência dupla, em virtude desta mesma ambiguidade, e que, mesmo quando uma triunfa, a outra dormita mas não está aniquilada. Assim, em maio de 1968, os estudantes que haviam decidido prosseguir com a sua revolução sacrificando seus exames tinham que dominar em si o que significavam os exames, isto é, a carreira individual na sociedade, isto é, de certa maneira a integração, e esta consciência "burguesa" pode reaparecer em seguida. De forma mais geral, mais teórica, o jovem e, de modo agudo, o estudante, faz parte de uma classe contestatária ou revolucionária, porque marginal, não integrada, que nutre outros valores que não os da sociedade adulta, mas, ao mesmo tempo, faz parte de um ciclo que vai do nascimento à morte, que ainda o fará atravessar outras classes de idade.

Compreende-se, aliás, que alguns queiram escapar pela revolução a esta contradição, pois a revolução, realizando ao mesmo tempo uma aspiração juvenil e uma aspiração de humanidade, suprimiria, na sua realização, a diferença entre jovens e adultos, isto é, criaria um estado humano em que a diferença jovem-adulto seria não mais sociológica ou mesmo psicológica, mas puramente fisiológica.

Conclusão

Partimos da ideia central de que os estudantes constituem, de uma parte, uma fração da juventude, e, de outra parte, uma fração da *intelligentsia*. O caráter juvenil do estudante que, na sociologia oficial, tende a ser quer escamoteado, quer reduzido a caracteres superficiais (algazarra, agitação), deve ser levado a sério, antropológica, sociológica e historicamente. A juvenilidade na nossa civilização conduz, efetivamente, a uma cultura específica que se desenvolve maciçamente a partir de 1955. Cultura em curso de evolução, ambivalente, instável e cujos aspectos de contestação, negação, desintegração podem entrar em virulência em certos lares e em certas condições, mas também ser encobertos ou sufocados pelos aspectos de integração e de aculturação. Assim, seria demasiado esquemático opor-se aos dois polos extremos da juventude, de uma parte a cultura *yê-yê-yê* e, de outra, a cultura revolucionária dos militantes estudantis em revolta. Há, igualmente no *yê-yê-yê*, um polo negro que traz em si uma revolta adolescente. Inversamente, há no estudante revolucionário, igualmente, uma dualidade: de um lado, sua consciência propriamente revolucionária, cuja eclosão ocorre na experiência conjunta da sua idade e do seu grupo; de outro lado, sua consciência individualista, para a qual a Faculdade é uma etapa na ascensão ao universo das carreiras adultas. Assim, tanto a condição social do estudante como a sociocultura da adolescência trazem em si as contradições ano tropológicas e os fermentos críticos da adolescência. Estes entram, ora em latência, ora em virulência, segundo as evoluções e circunstâncias históricas concretas.

Por outra parte, os estudantes constituem um ramo da *intelligentsia*. Sua condição particular torna-os virtualmente receptivos às mensagens que emanam da esfera mais crítica ou mais inspirada da *intelligentsia*, a que segrega os fermentos críticos, mas também religiosos (inclusive no sentido das religiões políticas, nacionais e sociais). Esta esfera marginal da *intelligentsia* produz suas enzimas diversamente, segundo as condições históricas concretas.

Isso nos conduz a duas observações. Em primeiro lugar: a adolescência, a cultura adolescente, a *intelligentsia* crítico-religiosa são categorias instáveis e ambivalentes e os seus fermentos passam da virulência à latência e vice-versa; ou, em outras palavras, a elucidação dos sistemas que encobrem estas categorias deve ser acompanhada de uma fenomenologia histórica que explique as circunstâncias locais, sociais, nacionais e até mundiais. É esta dupla abordagem que justificaria melhor a ativação dos mecanismos próprios para desencadear uma onda de revolta ou para sustentar focos endêmicos de agitação.

O que nos conduz à segunda observação. A relação entre as virulências juvenis, por um lado, e a conjuntura histórica do outro não pode ser concebida de maneira superficial como simples consequência de acontecimentos determinados ou efeitos mecânicos de um determinismo privilegiado (como a luta de classes). Somos levados a considerar a hipótese de uma relação mediúnica entre a sensibilidade coletiva da adolescência-juventude (como da *intelligentsia* crítico-religiosa) e as rupturas, brechas, acumulações de tensões e de angústias nas profundezas do corpo social. A partir de então, quais são as rupturas, quais os desequilíbrios latentes de que os estudantes, membros ao mesmo tempo das duas classes hipersensíveis da sociedade, adolescência e *intelligentsia*, seriam os reveladores? De maneira alguma nos repugna pensar que a revolta estudantil contém algo de "pítico" (embora saibamos, igualmente, que o oráculo da pítia resiste à decifração e ainda conservará, até à realização final, todo o seu enigma). Não nos repugna, tampouco, crer que a mensagem obscura concerne, bem mais que as inadaptações dos sistemas universitários, aos progressos técnicos ou dos progressos técnicos aos sistemas universitários, mais ainda do que as inquietudes ainda secretas da civilização burguesa ou das sociedades modernas: não se trataria, também, de uma crise antropológica que atingiria o mundo inteiro?

Mas no que diz respeito ao *hic et nunc* das sociedades ocidentais, podemos começar a melhor situar este termo crise.

Com efeito:

– se a adolescência é o lugar de reprodução dos valores da sociedade adulta e esta reprodução se acha desregulada e transformada;

– se a *intelligentsia* é o lugar de produção, crítica, reformulação dos mitos e ideologias necessárias a qualquer organização social;

– se o estudante "contestatário" ou revolucionário, que traz em si estes dois traços de adolescência e de *intelligentsia*, une em si uma crise dupla, uma revolta dupla.

Então a adolescência e a intelligentsia, *estes dois setores-chave da autorreprodução social, na medida em que estão em crise e em rebelião, tornam-se os dois elos mais fracos da sociedade burguesa moderna: revelam, amplificam, radicalizam esta crise.*

Assim, o perfil do estudante contestatário cessa de conduzir pura e simplesmente a um desvio passageiro e periférico: conduz-nos ao problema central de uma sociedade cuja crise ele revela (ao nível generativo, isto é, de sua autorreprodução) e anuncia-nos que um mundo vai desmoronar (sem que necessariamente surja um mundo novo, como mais adiante se indicará).

3

A Crise Feminina

Neofeminilidade e neofeminismo

Redução sociológica da mulher ou ginecossociologia?

Toda novidade perturba a teoria.

Pondo em causa o lugar da mulher na sociedade, o movimento de emancipação da mulher põe em causa o lugar da mulher na sociologia. Mais ainda: sua entrada em cena nos apresentou, com insistência e acuidade, a pergunta: "*Que é a mulher?*".

De fato a mulher jamais foi definida sociologicamente. A infraestrutura do caráter feminino é atribuída à biologia: fêmea está destinada à reprodução; mamífera está destinada a cuidar dos filhos; primata está subordinada ao seu macho. Seu estatuto fundamental e suas funções especializadas são, portanto, determinados pré-sociologicamente e a sociedade apenas faz variar os atributos e o modo de ser com que ela marca o mundo. Os etnógrafos interessam-se em catalogar estas diversas variações, que as confirmam e as confinam em um culturalismo superficial. Quanto à sociologia, esquece e apaga o feminino em seus esquemas androidianos, porque pôs na mulher um guarda-sexo, remetendo sua qualidade de fêmea à biologia.

Aparentemente, o movimento de emancipação feminina parece confirmar o esquema androidiano; o feminismo tradicional não cessou de reivindicar a plenitude dos direitos masculinos, como se o masculino significasse plenitude de humanidade. O neofeminismo, que assimila a situação da mulher à do proletário ou do colono, restabelece-a a uma situação "androica" em que o sexo é politizado, isto é, em que as relações sexuais são transformadas em relações de força.

Mas, ao mesmo tempo em que se coloca do lado da revolução e das etnias do Terceiro Mundo, isto é, do lado da espécie humana concebida em seu conjunto, o neofeminismo de choque faz surgir uma reivindicação específica de identidade. E aqui a assimilação ao colono, muito mais frequente do que a referência ao proletário, é interessante: porque as etnias do Terceiro Mundo associam sua emancipação ao reconhecimento e à salvaguarda da sua identidade, isto é, da sua singularidade e da sua diferença.

Da mesma maneira, hoje o movimento feminino traz em si, de forma conjunta e confusa, uma reivindicação androidiana e uma reivindicação ginecoide. Esta confusão tem fundamento, pois a mulher é também homem, sem deixar de ser mulher; esta confusão é, ademais, heurística, pois, nestas condições, o movimento feminino se ramifica na dinâmica dos outros movimentos emancipadores.

Mas, no plano teórico, coloca-se o problema: como evitar a confusão, sem, todavia, escamotear a dualidade?

De fato, como vimos, a tendência a escamotear a dualidade é muito forte; de uma parte, a sociologia está cega diante da especificidade (pois esta vem da qualidade biológica da fêmea); por outro lado, o esquema do proletário ou do colono, útil na medida em que permite estabelecer uma relação analógica, torna-se um obstáculo à tomada de consciência do momento em que se torna homológico e identificador. Mas o principal obstáculo está, evidentemente, ao nível teórico, na tendência a reduzir, não apenas o problema feminino, mas também o problema colonial, o problema nacional, o problema juvenil às categorias da luta de classes entre proletariado operário e burguesia capitalista.

De fato, a etnia colonizada, a nação dominada, a juventude revoltada, a mulher reivindicadora são todas elas portadoras de uma especialidade, de uma identidade não totalmente redutível à condição social: uma originalidade biossocial; a etnia não é feita de diferenças culturais, é também constituída de traços genofenotípicos; o jovem é diferente, não apenas porque é socialmente marginal, mas porque vive a etapa derradeira do desenvolvimento da adolescência; a mulher é diferente, não apenas pelo traje, mas, sobretudo, sob o traje.

A categoria biossocial da mulher sofre a pior degradação se a dependência feminina está reduzida a um epifenômeno de uma dependência mais geral: a da classe explorada. É verdadeiramente difícil fazer provir diretamente do capitalismo a servidão da mulher, ao passo que a sua emancipação começa com a era burguesa. É, igualmente, mutilar o problema ao nível do século reconduzi-lo ao da colonização. Seria até insuficiente associar a dependência da mulher à sociedade de classes, enquanto ela se encontra nas sociedades arcaicas, nas quais as classes não estão ainda diferenciadas. É o que bem compreendem os militantes que põem em causa o patriarcado. Mas esta noção de patriarcado tornou-se etnograficamente nebulosa, e ela própria mascara o fato social fundamental: as primeiras hierarquias, as primeiras diferenciações, as primeiras divisões do trabalho se efetuam pela separação dos sexos e das idades. O problema da mulher se situa, pois, ao nível de arcaísmo fundamental: concerne às próprias bases do sistema social.

Assim, o reducionismo marxista, se no plano ativista é radical, quase não o é no plano teórico (e da mesma forma no plano político: como uma sociedade sem classes poderia resolver *ipso facto* um problema que precede a divisão das classes sociais?). Ele é o mais apto a classificar a mulher como produtora, pois ela é reprodutora, concebendo a divisão homem-mulher como a primeira divisão do trabalho social. Mas sua fraqueza é reconduzir o masculino e o feminino a uma divisão do trabalho, ao passo que o que causa esta dualidade é muito mais profundo, obscuro e complexo que o "trabalho" ou a "produção". *Na realidade, a desigualdade da relação homem-mulher, se a levarmos a sério, obriga-nos a reconsiderar o sistema antropossociológico. A eliminação desta desigualdade pediria uma transformação da sociedade muito mais radical do que a que interessa às relações de produção.*

Mas não basta denunciar uma carência sem poder paliá-la. Estamos teoricamente desarmados: há ainda menos sociologia fundamental do que antropologia fundamental.

Não há antropologia fundamental porque não há bioantropologia; a zona de sombra se situa, com efeito, no marco – nó e ruptura – entre o humano e o biológico.

O problema bioantropológico da mulher

Nossa confissão de ignorância horroriza os arrogantes que, como fizeram os sacerdotes durante vários milênios, acreditam, hoje em dia, tudo saber sobre o mundo, a vida, a sociedade, o homem, a mulher; mas ela é a condição do progresso da ciência do homem.

Na zona de sombra bioantropossociológica se situa a diferença entre a mulher e o homem. A diferença entre homem e mulher, cerebralmente desprezível, é somaticamente muito mais notável do que a maior diferença entre as raças humanas. E, sobretudo, é muito mais profunda, pois as diferenças étnicas são posteriores ao aparecimento da humanidade, ao passo que a diferença sexual precede a humanidade.

A subordinação da fêmea ao macho já se manifesta entre os macacos, quer vivam estes em família, em hordas ou em grupos. A divisão dos papéis vitais, que destina a fêmea ao filho, é um traço constante nos mamíferos, que aumenta com a sua evolução, isto é, com o retardamento no alcançar a idade adulta.

O *status* atual da mulher é o fruto, não apenas de uma herança antropológica, mas também de uma herança primata e mamífera. Isto posto, a diferença sexual mesma nos faz ir muito além dos mamíferos – ou seja, ao estágio evolutivo em que ela apareceu.

Esse caráter, que não está necessariamente associado à vida, mas que o está a certo desenvolvimento dos seres vivos, apresenta-nos seu mistério; vê-se bem que se trata de uma bipolaridade que se manifesta por caracteres bioquímicos e que, no ponto em que elimina as possibilidades de partenogênese, torna para sempre complementares e diferentes dois seres idênticos. Que mais dizer? Nada, é claro... Mas este dado original da sexualidade não pode ser esquecido na definição biossociológica do homem e da mulher.

Há entre o homem e a mulher uma diferença e uma complementaridade na identidade. Além disso (e mais nitidamente do que entre os outros mamíferos, parece), cada sexo traz em si, não apenas o hormônio, mas os traços fisiológicos atrofiados do outro sexo, isto é, o homem é feminino de maneira atrofiada e latente, e vice-versa. Se se considerar que a feminilidade e a masculinidade se prolongam em traços afetivos, psicológicos e sociológicos, então esta observação é de capital importância: será necessário distinguir sempre o masculino do feminino, mas também nunca dissociá-los inteiramente.

A serva soberana

A mulher, se é escrava, se é colona, se é proletarizada, não é um escravo, um colono, um proletário como os outros. Não porque faz amor com o patrão, o que pode ocorrer com o colono, com o escravo, com o proletário. Mas porque há uma relação absolutamente original e irredutível que se estabelece entre homem e mulher.

Há a extraordinária aproximação que nos proporcionam o desejo, o coito, a coabitação, a intimidade entre as duas raças mais estranhas que existem no universo humano: as raças sexuais. Há a relação infantil de amor à mãe, que persiste no homem adulto civilizado, que transborda imaginária e simbolicamente da mãe e pode desabrochar nas religiões da deusa-mãe. Há o desenvolvimento histórico do amor,[24] que não só herda o capital afetivo do amor à mãe e à irmã, mas também conduz a uma exaltação idólatra da mulher amada. Assim, se a mulher é sociologicamente serva, detém, contudo,

---

24 Aliás, o amor é uma "instituição" no sentido durkheimiano do termo, uma pressão sociológica. Toda a nossa educação, a nossa cultura tendem a canalizar em moldes uma forma ainda informe em nós: somos "crentes do amor".

os poderes existenciais da amada e da desejada, da mãe, da filha, da irmã, da esposa, da amante.

De resto, a civilização masculina, que exalta os valores viris no setor das atividades públicas, políticas, econômicas, mantém uma zona paralela, retirada, zona mitológica em que a mulher reina soberana, zona refúgio, privada, em que se a mulher é o repouso do guerreiro, este se desarma e se ajoelha.

De fato, nas civilizações mais submissas à lei masculina, a mulher dispõe de um jardim mitológico fabuloso, de enclaves reais em que ela goza de autonomia interna, de poderes íntimos e individuais. É uma serva soberana de um certo reino, mas que não é exatamente na terra (político, econômico, social), em que ela deve permanecer serva.

É pela ambivalência, pela intensidade, pela intimidade da relação homem-mulher que a mulher jamais poderá constituir um grupo social nem empenhar-se em um combate social exatamente da mesma natureza que uma classe, uma raça, uma nação.

Uma classe biossocial, nascente e inacabável

Mas, embora a mulher não pudesse constituir uma classe como as outras, poderia, talvez, constituir uma classe diferente das outras. Embora não se deva esquecer a relação específica da mulher com o homem, é preciso também indicar que as noções de classe e de etnia nos serão particularmente úteis, e não apenas por analogia longínqua, para situar a sociologia da mulher. A teoria da formação do fenômeno nacional como a teoria do movimento operário contribuirão para esclarecer os desenvolvimentos femininos modernos.

As condições do desenvolvimento são:

1. A existência e a ação de uma *intelligentsia* feminina.

2. A socialização maciça da mulher (sobretudo com o desenvolvimento do regime assalariado feminino).

3. O desenvolvimento de uma cultura e de uma ideologia femininas.

A *intelligentsia* permite a constituição de um "povo" feminino. A socialização permite a constituição de uma "classe" feminina. A cultura e a ideologia permitem a constituição de um "partido" feminino.

1. O desenvolvimento de uma etnia em nacionalidade não pode dispensar a ação de uma *intelligentsia*; esta se dedica à defesa, à salvaguarda e à reabilitação da identidade coletiva, segrega a ideologia emancipadora, sente-se responsável pelo destino da comunidade. Da mesma maneira, desde suas origens até hoje, uma *intelligentsia* feminina desempenha um papel-chave na formação e no desenvolvimento do feminismo. Este papel prossegue, na evolução da década de 1960, com as intervenções decisivas de uma *intelligentsia* feminina médica e social (planejamento familial) e de uma *intelligentsia* jornalístico-literária.

2. O papel da *intelligentsia* feminina não tem podido ser eficaz senão com a socialização da mulher. Esta socialização se desenvolve essencialmente com a entrada maciça da mulher no mercado de trabalho, a constituição de uma multidão de assalariadas femininas. A socialização é em grande medida acelerada pelas duas guerras mundiais, nas quais as mulheres tomam iniciativas de toda ordem na ausência dos homens, que estão na frente de guerra, mortos ou prisioneiros, e cessam de estar confinadas nos enclaves privados da responsabilidade doméstica. A socialização se acentua com a entrada das mulheres na política geral (direito de voto) e com sua entrada no circuito da comunicação cultural de massa.

3. O desenvolvimento de uma cultura específica e de uma ideologia feminista é a terceira condição fundamental. É o que veremos mais adiante.

A interconexão e o interdesenvolvimento destes elementos (*intelligentsia*, regime assalariado, socialização, cultura, ideologia) *constituem o fenômeno marcante destes últimos anos*. Este fenômeno foi certamente preparado por processos engrenados há um século. Não se pode deixar de ficar impressionado pela lentidão da sua realização.

Os principais obstáculos foram, a meu ver:

1. A ausência de comunicação entre a *intelligentsia* feminista (burguesa) e o regime assalariado feminino. As reivindicações feministas da *intelligentsia* ficaram muito tempo guardadas em vaso fechado ou reverteram em benefício estrito das esferas superiores. As preocupações de feminilidade, a este nível (o encanto, a sedu-

ção), estavam bem afastadas das preocupações de feminilidade ao nível popular (a cozinha, o lar). Por outra parte, as reivindicações feministas salariais eram essencialmente econômicas e seu caráter potencialmente ideológico foi reprimido nas camadas populares, nas quais a concepção da autoridade masculina permanece mais forte. Enfim, até há pouco tempo, o regime salarial feminino se alimentou quase exclusivamente de uma cultura da feminilidade (revista feminina) que põe obstáculos às ideias feministas.

2. Com efeito, uma dualidade radical, ou mesmo uma oposição, corta, até os últimos anos, a cultura feminina em duas partes impermeáveis uma à outra. De uma parte, a cultura da feminilidade, e de outra, a ideologia feminista. A cultura da feminilidade se desenvolve nos meios de comunicação de massa, e particularmente na imprensa feminina; ela se dedica às modalidades de prestígio, aos poderes, às esferas de ação e às liberdades já reconhecidas e apreciadas na civilização masculina: ser bela, agradar, ocupar-se do seu lar, cozinhar, sonhar com amor, educar os filhos...[25] Ora, até os últimos anos, a cultura da feminilidade ignorava, ou antes, filtrava, a ideologia feminista. Por sua parte, a ideologia feminista ignorava a feminilidade[26] ou a recusava como divertimento ou alienação. O feminismo dedicava-se essencialmente à vida pública, ao passo que a feminilidade se confinava à vida privada. A feminilidade mantinha-se no terreno estrito da diferença feminina (os caracteres eróticos femininos, as funções maternais e domésticas). O feminismo se conservava no terreno estrito da identidade entre o homem e a mulher e, por esse motivo, reclamava todos os atributos sociais que monopolizam o homem.

A cultura da feminilidade está não apenas integrada na grande indústria cultural (cultura de massas), mas desempenha um papel integrador que confirma, instala, encerra a mulher no seu papel tra-

---

25 Ver *L'Erotisme, un Mythe Moderne,* Violette Morin, Casterman, 1964.

26 Raymonde Machard, no *Journal de la Femme,* quis unir feminismo e feminilidade, antes da guerra, mas finalmente foi a feminilidade que, nas publicações que se seguiram, devorou o feminismo.

dicional, abrindo-lhe apenas todas as grandes válvulas do sonho e do romanesco. O feminismo, ao contrário, quer mobilizar a mulher, sacudir sua resignação, pôr em causa este papel tradicional.

Assim, pois, a separação entre a *intelligentsia* feminina e a massa assalariada feminina de uma parte, entre a feminilidade e o feminismo de outra, impedia o advento de uma situação nova. Para que houvesse uma situação nova, a *intelligentsia* feminina tinha necessidade da massa feminina e a massa feminina tinha necessidade da *intelligentsia* feminina. O feminismo tinha necessidade da feminilidade e a feminilidade tinha necessidade do feminismo. Sua associação era necessária para a constituição de *uma* cultura no pleno sentido do termo e de uma ideologia plenamente femininas.

É esse precisamente o sentido do acontecimento de 1967-1971, é precisamente *o que dele faz um acontecimento: a ligação (integração) estabelecida entre a feminilidade e o feminismo, entre a* intelligentsia *feminina e grandes massas femininas*. É a primeira emergência de uma ideologia, ou mesmo de um messianismo, da mulher.

E esse acontecimento, que é a interação ativa de elementos que começam a constituir uma unidade global nova, é por isso mesmo um acontecimento: o da classe biossocial feminina. A mulher não é mais uma simples categoria na sociedade: ela entra na cena político-social, torna-se ator histórico. Ora, que é a classe social? Não um princípio categorial, mas uma realidade orgânica viva, ativa... A mulher nem por isso constitui uma classe social propriamente dita, pois ela atravessa todas as classes sociais sem delas anular as características; mas isto não é motivo para anular sua característica própria: como a nacionalidade, a feminilidade engloba e atravessa as classes sociais, às vezes frágil película que os antagonismos sociais fazem explodir, mas às vezes húmus e substância cultural comum, nutritiva de identidade e de comunidade. A mulher não é, porém, uma nacionalidade, embora tenha certos traços de um povo, de uma etnia, de uma raça estranha e estrangeira na civilização do homem. Bem se veem, assim, as dificuldades de uma definição; e é para explicar traços biológicos singulares, os traços sociológicos incontestáveis e os traços históricos novos de atividade coletiva, que proponho a noção de classe biossocial, que tem, ademais, a vantagem de conduzir à necessidade de uma ciência bioantropossociológica.

Mas essa classe biossocial está nascendo. E lembremos aqui que ela é inacabável; não pode, nem poderá, tornar-se inteiramente autônoma na sociedade: a ambivalência e a intensidade do vínculo mulher-homem nos dizem que a emancipação da mulher, se, por muitos traços histórico-sociais, é análoga à emancipação do operário ou do colono, todavia, dela se distinguirá. A mulher não poderá libertar-se do homem como o colono do colonizador. A classe biossocial feminina jamais pode fechar-se sobre si mesma; não pode emancipar-se senão no desenvolvimento de um universo siamês do homem e da mulher, no qual nenhum pode desprender-se do outro, no qual cada um é irrigado pelo sangue do outro.

Os anos decisivos e a brecha (1967-1971)

Não é o caso, aqui, de pintar em afresco a lenta e ampla evolução secular que assegura, ao mesmo tempo, o desenvolvimento de uma civilização urbano-burguês-individualista e a passagem da grande família patriarcal para a família restrita, as quais condicionam e favorecem a evolução da condição feminina.

Tampouco é o caso de pintar o novo cenário que se constitui na década de 1960, verdadeiro momento histórico decisivo em que cessa o pós-guerra, em que começa uma nova era. No curso desse período, vê-se surgirem problemas nos domínios mesmos que pareciam trazer soluções (a organização técnica, o bem-estar, o conforto, o casamento, o amor) e contestações nos pontos em que parecia haver integração.

O que é problematizado em profundidade no seio mesmo da sociedade ocidental (problematização que uma parte da juventude, na sua revolta e na sua busca de um novo modo de vida, transforma em contestação ou em repulsa) é o modelo, até então implícito e incontestado, da superioridade branca, ocidental, adulta, viril. A colonização acusada, não mais apenas pelo colonizado, mas pelo filho do colonizador: o direito imperial posto em causa entre os cidadãos do próprio império; o capitalismo posto em causa em nome, não mais apenas da igualdade e da justiça, mas do amor; a técnica posta em causa em nome da natureza que ela assassina. Tudo isso começa a abalar – e aqui pouco importa o nome – um sistema, uma civilização, uma cultura, uma sociedade, tudo isto já abala, de fato, a armação androidiana da nossa sociedade. Indiretamente, o movimento feminino se aproveitará deste abalo.

Por uma parte, de fato, os contravalores que se opõem aos valores problematizados ou contestados são culturalmente femininos: a natureza, o amor, a paz; de outra parte, o movimento feminino se verá estimulado, ou mesmo às vezes desencadeado, pela onda de choque existencial-cultural, que põe em movimento a sede de mudar a vida desde já, pela forma como age a militância esquerdista, que lhe injeta sua agressiva virulência.

Ora, isso se passa no momento em que se amplifica um vasto movimento invisível, uma pré-revolução silenciosa no universo feminino. Uma progressão e uma insatisfação em cadeia levam a mulher do campo a libertar-se tornando-se mulher que trabalha, a mulher forçada ao trabalho enquanto sonha com o lar, e levam a que passara por todos estes estágios a sonhar com outra liberdade, a sonhar com o amor e a plenitude, a descobrir que a realização está em algum lugar que não no ciclo trabalho-lar. É, porém, na própria realização deste ciclo que se opera o desenvolvimento da individualidade feminina.

Ao mesmo tempo, a partir do momento em que o casamento se baseia cada vez mais na escolha do amor, que os parceiros tendem a tornar-se iguais, que um e outro são submetidos à negatividade do *eros*, o casamento-princípio torna-se o casamento-problema. Por um lado, é o refúgio, o lar, o *home*, o companheirismo, a solidariedade, a comunhão em um universo social cada vez mais atomizado, em que se espalham a inquietude e a solidão. Mas, por outro lado, o casamento se esvazia logo que desaparecem o desejo e o amor, torna-se inferno, prisão, tortura. A linha de resistência da censura sexual recua cada vez mais; não se trata apenas da censura da imagem, do filme, da palavra escrita, que abandona suas linhas avançadas e sofre grande recuo por volta de 1968; trata-se da censura interior, aquela pela qual se proíbe o adultério, o coito, a relação sexual livre. E o *eros* corrói o casal, apresenta-lhe seu problema: o casal pode aceitar a liberdade sexual, ou esta deve desintegrá-lo?

Também a criança, por sua parte, formula a pergunta. Se ela vem desejada, esperada pelo casal que se ama, então é o símbolo da felicidade. Mas, se chega como intruso, ao passo que as condições econômicas ou psicológicas são desfavoráveis, traz, não apenas o tédio e o sofrimento, mas uma fatalidade arcaica que se havia superado em tantos outros domínios.

E é sobre essa questão da concepção que na França se verificará o prejuízo sofrido pela mulher. Neste país de tradição católica, no qual a *power-elite* desde o princípio do século é perseguida pelo espectro da diminuição da natalidade, o anticoncepcional é proibido e o aborto, condenado. Ocorre aí atraso considerável com relação aos países anglo-saxões e protestantes. Considerável, também, com relação à evolução dos costumes, à promoção do individualismo, da felicidade do casal. O útero da mulher continua a ser objeto de sofrimentos bárbaros, de injeções, de curetagens clandestinas, a menos que ela suporte o nascimento do indesejado. Ora, é precisamente neste ponto de maior atraso jurídico e político, de maior sofrimento físico e moral, que se situará a ação decisiva.

O movimento dessa parte avançada da *intelligentsia* feminina que, por profissão, conhece e ressente estes sofrimentos: ginecologistas, médicos; ela reunirá as mulheres que se dedicam à assistência social e médica e os homens médicos ou não, interessados nos mesmos problemas. Mas o valor do planejamento[27] familiar é disfarçar sua onda de choque, que é a libertação uterina da mulher, sob a grande onda dos valores cada vez mais comumente admitidos e primordiais do direito à felicidade e à harmonia do casamento. Sob o direito do casal se esconde o direito da mulher. Sob a felicidade se esconde a liberdade. Ora, a ação do planejamento familiar, levado a cabo em 1956-1958, encontra, a partir de 1965, enorme ressonância e tem como resultado

---

27 **N.T.:** O autor usa a palavra inglesa *planning,* já adotada sem objeções em francês no uso descrito abaixo e no sentido de planejamento industrial, econômico etc.

a lei Neuwirth, em 1967. As resistências, até então enormes, opostas pelos partidos conservadores, pela Igreja Católica em conjunto, pelo Partido Comunista, caem de repente, como que desde então esvaziadas de conteúdo sob o rápido crescimento de novos valores.

Através da abertura que se efetuou em 1967, a problematização e a contestação femininas tomaram seu grande impulso. Na França, como nos Estados Unidos, uma *intelligentsia* feminina se torna militante (na França, as mulheres médicas ginecologistas estão à frente, e nos Estados Unidos são sobretudo as mulheres médicas psicanalistas e psicólogas: está-se diretamente ao nível da alma): esta vanguarda arrasta camadas que "colaboravam" (grande imprensa, imprensa feminina) na manutenção do *status quo* feminino e que, a partir de então, praticarão a infiltração.

Por sua parte, as mulheres militantes, no seio dos movimentos femininos bem integrados e integradores, são sensíveis à problematização, não apenas que emerge nas suas associações, mas que vêm também perturbar sua vida pessoal; tornam-se intelectuais, procuram o alimento ideológico. O ano de 1967 é, de fato, um ano de fermentação, tanto no universo das associações femininas[28] quanto no dos meios de comunicação de massa (Ménie Grégoire passa a atuar na Rádio Luxembourg). Maio de 1968 intervém. Por si mesmo, aparentemente, ele concerne, não diretamente, mas periferica-

---

28 As grandes associações femininas eram de orientação católica (Ação Católica Geral das Mulheres), protestante (Mulheres Jovens) ou comunista (União das Mulheres Francesas). Não se dedicavam ao feminismo, mas à integração das energias ou atividades femininas nos grandes conjuntos ideológico-cívico-políticos em que cada uma se inscrevia. Elas não se dedicavam à feminilidade, mas à domesticidade, à vida de família, à vida conjugal. Entretanto, havia um feminismo potencial, que às vezes se atualizava, em sua militância a serviço da mulher. Já havia uma parte de feminilidade implícita na vida conjugal e na domesticidade. Assim, desde que estes movimentos foram afetados pela problematização e pela contestação o protestante em primeiro lugar, em seguida o católico, e depois o comunista –, as virtualidades femininas e feministas começaram a atualizar-se e o que na origem era o enquadramento político-ideológico das mulheres na civilização androica tornou-se caldo de cultura da política neofeminista, sobretudo entre os jovens adeptos e militantes.

mente (com as creches "selvagens") ao problema feminino. Não dá lugar, cumpre notar, a nenhum movimento ou manifesto feminista. Mas, de fato, a experiência de Maio de 1968 será mediatamente decisiva para o movimento feminino. Maio de 1968 não inicia o processo, mas catalisa elementos que intervirão no processo; por um lado, alguma coisa se modificou existencialmente: uma onda larga portadora de outras aspirações, de necessidades confusas percorre a condição feminina, e os radares das revistas *Elle*, no ano de 1967, e depois *Marie-Claire* a detectam rapidamente, modificando, em consequência, as revistas, isto é, operando as primeiras osmoses culturais entre feminilidade e feminismo. Por outro lado, a onda de choque esquerdista na França, sob a percussão da onda de choque americana do *Women's Lib*, vai, enfim, fazer surgir uma onda de choque francesa propriamente feminista, o MLF. Na França, como nos Estados Unidos, mobilização feminina é caracterizada pela simultaneidade de uma onda de massa e de uma onda de choque que se iniciam, ambas, em 1967.

A osmose do feminismo e da feminilidade

O útero foi o ponto crucial no qual aquilo que há de mais especificamente, de mais biologicamente feminino, se viu associado à mais generalizada, à mais androidiana reivindicação do feminismo: o *habeas corpus*, o direito de dispor do ser individual. Assim, este ponto ligava feminilidade e feminismo e devia desencadear o processo de interações entre dois termos, inclusive no seio dos quartéis reservados da feminilidade (revistas *Elle* e *Marie-Claire*, emissões de rádio com orientação feminina).

Esse setor feminino da cultura de massa havia constituído um vasto gineceu comunicacional no qual a mulher estava integrada-segregada no seu enclave autônomo e no qual eram cultivados os poderes e seduções próprios aos atos ou situações de agradar, seduzir, ser amado, arrumar o lar, cozinhar etc. Os aspectos essenciais da cultura de massa, a euforização e a mitologização por um lado, os conselhos práticos de toda ordem (receitas, compras, para toda finalidade) de outro eram aí mais acentuadas que alhures. Ora, é nesta imprensa que, primeiro por toques ligeiros, e em seguida por episódios notáveis, a partir do fim de 1968 se introduz a nova problematização, *que transmuda os temas eufóricos da feminilidade em temas problemáticos do novo feminismo.*

Assim, o *eros*, a princípio essencialmente imaginário (o romanesco, as imagens), epidérmico (perfumes, cosméticos, unguentos) e convencional (obedecer à moda), se aprofunda e se problematiza: o problema não é mais apenas o agradar, senão também o prazer; a obsessão do prazer desemboca, assim, na sexualidade: o *eros* de superfície ficou carregado de negatividade e a partir de então gira em profundidade. Paralelamente, o casamento, a princípio sacralizado, torna-se protegido (salve seu lar, seja paciente, seja psicólogo, seja hábil), depois problematizado: o casal pode viver em pé de igualdade? Como? O divórcio é necessário? E a derradeira pergunta aparece: será preciso casar?

Os problemas econômicos entram discretamente pela porta de serviço das preocupações domésticas, os problemas sociais pelas questões do trabalho feminino, os do mundo através das rubricas de livros, de televisão, de turismo mais ou menos socializado, de reportagens mais ou menos socializadas, nas quais um Chombart, um Morin, um Duvignaud serão entrevistados.

Através da problematização da feminilidade e da irrupção de problemas do mundo social, opera-se uma gestação que culmina em *Elle*, nos "Estados-gerais da mulher", em 1970. A problematização torna-se reivindicação e, às vezes, contestação. E o resultado é uma mistura de feminilidade e feminismo.

Assim, muito paradoxalmente, o sentido sociológico de um periódico como *Elle* se curva, em função das variações externas e internas, ao subsistema feminino no seio do sistema social, em função do avanço silencioso da condição, da problematização e da insatisfação femininas. A segregação cultural, que mantinha a feminilidade fora do mundo social, preparava e até produzia uma "massa" feminina estreitamente interligada no seio desta cultura. Os sonhos românticos, o erotismo epidérmico, a obsessão de agradar tornavam-se aprendizes de feiticeiro de um novo querer-viver. Enfim, as mulheres jornalistas desta imprensa, como do rádio, comovidas e arrastadas pelo grande movimento que se esboça a partir de 1965, elas próprias problematizadas e já vivendo em sua intensidade as dilacerações e as aspirações femininas, acentuaram o movimento, nele introduzindo sorrateiramente o seu problema, jogando o jogo duplo no sistema, tornando-se algumas militantes do neofeminismo. Assim, bastou uma crise latente, uma agitação proveniente das profundezas femininas, uma catálise de acontecimentos como a lei Neuwirth e Maio de 1968, para que a tendência se invertesse, para que a feminilidade confinada se abrisse sobre o feminismo e para que a imprensa e a rádio femininas de massa contribuíssem para o desenvolvimento da onda larga do movimento feminino.

No momento em que a feminilidade se abre ao feminismo ("Estados-gerais da mulher"), o neofeminismo ganha impulso com o MLF. Este neofeminismo se funda, por sua vez, não apenas sobre a reivindicação de igualdade em todos os domínios, mas também sobre a reivindicação da identidade feminina, sobre uma feminilidade existencial, que a contracultura ou revolução cultural contribuiu para afirmar. Entre estas duas ondas, uma de massa, nascida dos "Estados gerais", outra de choque, nascida no MLF, as associações femininas, que até então se dedicavam à integração nos grandes quadros ideológico-políticos, começam a impregnar-se de neofeminismo, de nova feminilidade.

A onda larga é a feminilidade, com o feminismo. A onda de choque é o feminismo na feminilidade. A onda larga atravessa toda a sociedade. A onda de choque está concentrada em pequenos grupos virulentos. A onda larga é sindicalizante, tende a um vasto sindicato de mulheres, que defendem seus interesses sem querer meter-se em "política". A onda de choque é politizada e, para ela, a libertação da mulher passa por uma revolução geral. A onda larga adota o caminho da evolução reformadora, a onda de choque adota a revolução cultural e a social. A onda larga quer uma libidinagem harmoniosa, na qual a pessoa e o *eros* se conciliariam no direito à felicidade. A onda de choque traz em si a negatividade erótica (liberdade dos corpos) e a negatividade social (a recusa como repressão de qualquer regulação imposta).

A onda larga integra em si o princípio feminista do direito da mulher a ingressar em todas as carreiras, profissões ou responsabilidades até então masculinas: mantém o princípio feminitário, a sensibilidade, a natureza, a paz; o amor parece desempenhar, a partir de então, um papel menos episódico, menos anedótico, sem que se trate, entretanto, de uma notável emergência de uma "ideologia feminina", ao menos até o momento. Por outra parte, vê-se talvez ganhar corpo um pequeno messianismo terra a terra nos "*nós, as mulheres*", "*chegou a nossa vez*". Mas o que se passa, talvez, é que estes temas, até então encerrados na imagem da "mulher eterna", que, ademais, encerrava a mulher em um papel fixado pela sociedade androica, lentamente se metamorfoseiam. Pode ser que da "mulher eterna", para sempre arquétipo imóvel, comece a desprender-se a ideia-messias do "eterno feminino" (do segundo Fausto), "*que sempre, para o alto nos arrasta*".

A onda de choque é levada por um hiperfeminismo e uma hiperfeminilidade ideológicos. O hiperfeminismo não reclama uma simples igualdade dos direitos, porém, quer abolir o poder do macho e varrer sua ideologia. A hiperfeminilidade não quer apenas cultivar o *eros* feminino, quer também libertar o corpo, libertar o amor feminino sob todas as suas formas, reencontrar seus próprios arquétipos, e não obedecer ao estereótipo imposto pelo macho (o sutiã, a delicadeza do talhe etc.).

É interessante notar que, no limite, o hiperfeminismo, em seu caráter revolucionário, como que oscila no esquerdismo masculino clássico e reduz a luta das mulheres à luta das classes, a exploração da mulher à exploração capitalista. No outro extremo, a hiperfeminilidade balança sobre a lesbianismo, isto é, na recusa de um aspecto fundamental da feminilidade, que é a relação com o homem.

De fato, a ala marxista e a ala lésbica são as duas alas virulentas da onda de choque. Isto se compreende: assim como a classe biossocial feminina é inacabada e inacabável, o lesbianismo é a força que a impulsiona para o máximo de autonomia, é, de certa forma, o esquerdismo sexual da feminilidade; o esquerdismo marxista, por sua vez, responde à sua maneira à fragilidade sociopolítica do feminismo; vai injetar no feminismo as energias poderosas da classe operária, o soro revolucionário mais ativo.[29]

Aqui, cumpre precisar que a onda de choque não poderia reduzir-se a uma combinação de marxismo e de lesbianismo; a onda de choque, em um sentido, é parte, ao mesmo tempo, da reivindicação existencial de revolucionar sua própria vida sem mais nada esperar e do esquerdismo político, de que se separaram as primeiras militantes do *Women's Lib* nos Estados Unidos e do MLF na França.

Ora, a reivindicação existencial é um aspecto da contracorrente de civilização que se exprime segundo diversas manifestações, a mais radical das quais assume a forma de "revolução cultural". Aqui, cumpre lembrar que, de maneira crua, espontânea, ingênua, a revolução cultural ocidental esboça ou pede um contramodelo: à civilização viril do homem branco adulto opõe uma civilização em que seriam vividos e honrados os valores efetivamente femininos: natureza, amor, paz. É talvez aí, isto é, na fonte do neofeminismo, mas diferente dele, que se podem encontrar os germes ideológicos de uma complementaridade entre o feminino e o masculino, em que este também reencontraria e estenderia sua própria parte feminina.

A Eva radical e a Eva futura

A onda longa e a onda de choque são simultâneas, estão em interação, atualmente se "entrenutrem" ao invés de se entredevorarem. Mas existem germes de deslocamento.

Por outra parte, a onda longa ainda não tomou forma. Criar-se-á um vasto sindicato feminino, ou, ao contrário, o movimento ainda continuará, de forma não organizada, justamente à maneira de uma

29 Da mesma maneira, a *intelligentsia*, a juventude, classes inacabadas e dependentes demais, frágeis demais, incertas demais por si mesmas, procurarão a força, a certeza e a emancipação da ideologia externa que traz a promessa mais libertadora, e na classe que parece, trazer a verdade geral de toda a sociedade.

onda? A onda de choque tem como núcleo, hoje em dia, o MLF, espécie de nebulosa primitiva, organização ainda de caráter espontâneo, isto é, provisório. A tendência ao divisionismo terá alguma força, ver-se-á aparecer um novo movimento em bases diferentes? Se a mulher "luta" contra o homem, como fará para não se assemelhar a ele?

Não se pode responder a essas perguntas. O que parece certo, em contrapartida, é que o feminino está em marcha, é que os acontecimentos de 1967-1971 são não terminais, porém, geradores.

O feminino, da mesma maneira que o juvenil, está em marcha como "negatividade" da civilização moderna, e igualmente como "positividade". Traz valores escondidos e reaviva valores que se tornaram ornamentais. Fala do viver mais que do fazer, da pessoa mais que do objeto, da natureza mais do que da técnica.

Pode ser que as sociedades do Ocidente, se superarem sua crise interna, se superarem o aleatório externo (hipótese possível, mas não a mais provável), cheguem ao que seria o triunfo da onda larga, uma espécie de equilíbrio osmótico entre o masculino e o feminino, em que o feminino seria insuflado de masculino e o masculino de feminino.

Mas o movimento feminino traz também, em sua onda de choque, uma atração mais radical.

Todo o sistema social deve ser reconsiderado, ao mesmo tempo no passado (teoria) e no futuro (utopia). É raro que um fenômeno de atualidade provoque a tal ponto os problemas fundamentais da ciência do homem e da política.

4

A Crise Ecológica

Desde *Les Stars* e *L'Esprit du Temps* até *La Rumeur d'Orléans* e *Le Retour des Astrologues*, passando por Plodémet,[30] afirma-se e se precisa a tese de que alguns fenômenos aparentemente irracionais ou arcaicos estão de fato ligados à atual modernidade urbana; que eles não são, pois, ilhas de atraso no seio de uma modernidade racional, mas, ao contrário, suscitados e ressuscitados pelo desenvolvimento da vida urbana. Aqui, torna-se precisa, portanto, esta noção de modernidade que conduz às mudanças advindas na vida cotidiana no seio das cidades modernas: é pela via indireta desta problematização do "meio urbano" que efetivamente estão associados, em Edgar Morin, os fenômenos culturais de massa às mudanças sociais.

Assim, *La Rumeur d'Orléans* e *Le Retour des Astrologues* problematizam o meio urbano. *La Rumeur d'Orléans* levanta a hipótese de que a extensão rápida desse rumor tinha o terreno favorável da desagregação das antigas estruturas da *Polis*, tendendo a transformar a cidade em aglomeração moderna; paralelamente, este processo de "depolicização" deixava entrever as possibilidades de uma Idade Média" urbana moderna.

---

30 *Commune en France:* la Métamorphose de Plodémet. Paris: Fayard, 1967.

Le Retour des Astrologues indicava que a muito grande e recente difusão da astrologia moderna no meio urbano (ao passo que muito limitada no meio rural) está ligada, não apenas aos desenvolvimentos de uma "subjetividade" moderna, mas também à atomização do indivíduo nas grandes aglomerações. Os meios de comunicação de massa, em vez de criarem a "nova aldeia macluhaniana, respondem à sua maneira aos apelos de um 'neo-ghetto'".

A hipótese de uma contracorrente "neoarcaica" nasce com o tema central da metamorfose de Plodémet: a questão tem por objetivo a passagem de uma cultura rústico-plebeia a uma civilização urbano-burguesa; além do princípio de um processo de "suburbanização", parecia que a cultura urbano-burguesa, ainda rica de promessas para os habitantes de Plodémet, já era problemática para os plodemetianos que emigravam para a cidade e para os veranistas em geral.

Mais que uma noção estável, a contratendência "neoarcaica" é uma espécie de síndrome cuja definição bastante ampla permite pouco a pouco associar e explicar múltiplos fenômenos: o surgimento de uma crise de identidade cultural regional, a abertura ecológica, os diversos aspectos de uma contracultura juvenil ("neorrousseauismo", "neorruralismo") estão, assim, ligados no seio de uma mesma síndrome e definidos em suas relações com um modo de vida urbano e consumidor fundado sobre o princípio da alternância trabalho-férias-lazeres.

I.N.

1. A RUÍNA URBANA

Seria inútil conceber um equilíbrio e uma estabilidade onde há crescimento e desenvolvimento: tendências, contratendências, antagonismos desequilibram, bloqueiam, desbloqueiam, engarrafam, estimulam e se traduzem por desorganizações-reorganizações permanentes. Isto significa que seria errôneo pensar que as flutuações e as perturbações são fenômenos recentes. O crescimento das cidades no século XIX, por intermédio do qual se efetuou o desenvolvimento da complexidade social e individual, traduziu-se ao nível popular por terríveis pressões, profundas repressões, incertezas de vida e de sobrevida (desemprego), aglomerações anômicas, desregramentos múltiplos (delinquência, alcoolismo). Mas na França podia ter parecido que, no correr do século XX, o ecossistema urbano evoluía para um *optimum*; a policização tendia a reduzir as anomias a alguns bolsões periféricos, as servidões e repressões tendiam a regredir, as pressões e as incertezas tendiam a produzir individualidade e liberdades. À imagem da cidade tentacular sucedia uma imagem de cidade-luz, e esta se opunha fortemente à do atraso rural, na qual se encontravam os temas da servidão e do gregarismo, do inculto e do frustrado: o meio urbano aparecia como local privilegiado da variedade e da riqueza das experiências, do bem-estar, da elevação do nível de vida, do movimento livre, da livre opinião, dos encontros, dos divertimentos, dos prazeres; o meio rural aparecia como o local deserdado da vida repetitiva e monótona, do desconforto e do baixo nível de vida, das atividades rituais e das proibições, da solidão e do tédio. (Ainda encontramos estes temas muito vivos, em 1965, na comuna de Plodémet.)

A Metrópole, "claro-escura"

É verdade que, em meados do século, nas grandes metrópoles, vemos que esta imagem se torna claro-escura, e as sombras se misturam intimamente às luzes: as variedades e as diversidades urbanas são acompanhadas de repetições mecânicas; a autonomia permitida é acompanhada de gregarismo imposto; o bem-estar é acompanhado de fadiga; os benefícios da individualização são acompanhados dos malefícios da atomização e da solidão; as seguranças são acompanhadas de obstruções e de desordens; os ganhos em variedade de lazeres são acompanhados de perdas na variedade de trabalho.

A cidade se define, a partir de então, não mais como a sede da civilização urbana, mas como o local da *vida urbana*, isto é, de certo número de fenômenos de concentração (intensidade e variedade) de populações, atividades, trabalhos, divertimentos, possibilidades etc.

Precisamente na mesma época se manifestam tendências corretoras; ao nível dos sistemas de controle e de integração (o Estado, a comuna), constituem-se aparelhos e dispositivos de planificação, de ordenação, de urbanismo que visam a "dominar" o ecossistema com vista ao desenvolvimento ótimo. Ao nível dos indivíduos se operam, cada vez em maior escala, processos de regulação ambiecossistêmicos por alternância entre vida urbana e mergulhos na natureza (férias, feriados, fins de semana), e vê-se, também, paralelamente, que a suburbanização tende a substituir a simples mudança para bairros mais afastados; as cidades-jardins, as casas de campo criarão alternâncias de fraca amplidão, e sobretudo compromissos entre os dois ecossistemas, embora descongestionando os centros metropolitanos.

Em 1960, numerosos observadores podiam ser levados a pensar que a *ubris*[31] estava em via de ser dominada, que os ferrolhos estavam em via de serem abertos. O desenvolvimento parecia dever ser controlado e guiado; as soluções técnicas pareciam dever instaurar uma racionalidade nova; e, no que concerne aos desequilíbrios e ao bem-estar dos indivíduos, parecia dever e poder efetuar-se uma complementaridade em nível superior na alternância férias-lazeres/trabalho-necessidades.

Mas a década 1960-1970 devia revelar que essas soluções eram insuficientes, que o desenvolvimento não estava dominado, que a racionalidade técnica esquecera a complexidade biológica e a hipercomplexidade psicoafetiva, que os novos subúrbios formavam novos bolsões de anomia, que as alternâncias de fim de semana ou de férias não resolviam as inquietudes urbanas.

Ao nível da aglomeração, o controle se viu antes subordinado à do que subordinado a desigualdade do desenvolvimento; as soluções programadas não reduziram nem as *ubris* nem os desbloqueios nem os desregramentos; as *ubris* provocaram novos bloqueios, e aos bloqueios novas *ubris*.

Nessas condições, a cidade tende cada vez mais a ser aglomeração, e o bairro cada vez mais o *habitat*. As correções tendem a fazer-

31 **N.T.:** Ímpeto, impetuosidade, desenfreio, excesso, violência.

-se sempre estocasticamente, por tentativas e erros. Os indivíduos tentam "virar-se"; os grupos sociais tornam-se grupos de pressão pró ou contra as implantações, as arrumações, as mudanças; o ímpeto das camadas juvenis e femininas não consegue dar vida à nova complexidade de que é portadora e, nas condições mutuamente alimentadas de bloqueio e de *ubris*, a socialização das suas aspirações cria novos bolsões de anomia; a politização das suas reivindicações amplia os bolsões de subpolicização. O urbanismo é dividido entre a especulação intelectual e a especulação imobiliária. A planificação segue o movimento da mesma forma que o precede.

Ao nível dos indivíduos, o alívio de pressões antigas é acompanhado do agravamento das novas (burocráticas, tecnológicas, comunicacionais); o acesso a certos padrões de individualização traz uma nova problemática; a atomização e a solidão atormentam de modo diverso, mas com insistência cada vez maior, as HLM[32] e os bairros bonitos. Instala-se lentamente uma vasta depressão, inquietude incerta de formas múltiplas, que supera em muito, sem dúvida, a ecologia sociourbana.

Mais ainda: lentamente a princípio, as grandes metrópoles do Ocidente se locupletam, se engarrafam, se asfixiam, além disso, o número de roubos, de assaltos, agressões aumenta bruscamente. A cidade, centro de civilização, de repente se vê entregue à barbárie. A cidade, centro da ordem, vê desencadear-se a desordem. Enquanto as selvas passam a ser policiadas, a *polis* se torna selva. Metrópole, isto é, Nova York, está à beira da decomposição. Nova York, cidade das cidades, anuncia o destino da civilização urbana, que seria uma moderna Idade Média? Voltaremos a este tema.

2. O NEOARCAÍSMO

As férias, os fins de semana, a necessidade de espaços verdes, a necessidade de objetos, de substâncias, de símbolos "naturais" rústicos, arcaicos devem ser interpretadas, não apenas como tentativas ou

32 **N.T.:** V. p. XLVIII.

manifestação de reequilíbrio, *feedback negativo*, mas também como sintomas da formação de uma nova (crescente) e multiforme contra-tendência: a tendência à volta às fontes neonaturista e neoarcaica.

A subversão dos valores

De fato, à frente do modernismo, na vanguarda da psicologia urbana, nasce e se desenvolve um apelo neorrousseauísta em que a Natureza (*physis*) é exaltada por oposição ao mundo artificial das cidades, e em que a *arkhé*, jogada fora da modernidade precedente como rotina e atraso, torna-se princípio, enraizamento, fundamento, comunicação com as fontes autênticas da existência. Esta necessidade sincrética de *physis* e de *arkhé* se projetará, se encarnará sobretudo em uma necessidade de rusticidade. É este complexo (natureza-rusticidade-arcaísmo) que chamamos *neoarcaísmo*.

O neoarcaísmo se desenvolveu a princípio nas esferas da *intelligentsia*, da alta sociedade (primeira consumidora das primícias culturais da *intelligentsia* e primeira camada social já insensível aos prazeres e vantagens urbanas), mas espalha-se rapidamente nas largas camadas burguesas e em seguida populares urbanas (em que a necessidade de *physis-arkhé* é maciçamente suscitada em *feedback negativo*, pelos ritmos, pressões e fadigas nervosas das grandes cidades).

O neoarcaísmo urbano se desenvolveu em numerosas direções, entre as quais:

a) O culto dos elementos naturais: o ar, o sol, as águas, o verde (vegetal-clorofiliano), a vida (animal), a pedra (selvagem) se enchem de valores regeneradores e redentores, recebem uma carga de virtudes físico-psiquicomitológicas.

b) O culto do corpo físico, que a princípio se circunscreve ao esporte, desenvolve-se na dietética, na estética e no lúdico.

c) A subversão parcial das hierarquias gastronômicas em favor dos pratos rústicos e "naturais". Assim, as caçaroladas, os pães campestres, o torrão de manteiga surgem na mesa burguesa, a batata assada, as diversas formas de carne grelhada em fogo de lenha, os legumes "naturais", a gulosa busca aos vinhos, azeites, charcutarias produzidos na fazenda em oposição aos produtos tratados industrialmente; tudo isto traduz a nova valorização da simplicidade rústica e da qualidade natural que deixam de ser desprezadas com relação ao refinamento e à complexa arte da alta gastronomia. À antiga oposição alta gastronomia/alimentos rústicos se substitui uma nova oposição alta gastronomia e gastronomia rústica/alimentação industrializada.

d) A subversão parcial dos valores decorativos e mobiliários do *habitat* em favor dos valores de rusticidade. Assim, no seio mesmo dos *habitats* urbanos há uma corrente de reabilitação da lareira e do aquecimento a lenha, das vigas aparentes nos tetos, dos móveis de origem autenticamente (pelo menos se acredita) rústica (armários, mesas, cômodas, cadeiras etc.), de utensílios de cozinha rústicos ou com conotações rústicas etc.

e) A reabilitação estética generalizada dos sinais de unicidade e de autenticidade da obra artesanal por oposição à obra industrial em série; de maneira mais restrita se desenvolve uma arte neopaleolítica, neopolinesiana, neoarcaica (arte de Saint-Germain-des-Prés, arte de Greenwich Village).

Assim, a conservação e a reabilitação de monumentos, usos, tradições do passado tornam-se, por uma subversão singular, uma manifestação de modernismo, e não mais de tradicionalismo, de vanguardismo e não mais de atraso.

O neoarcaísmo não exige, necessariamente, a recusa da *techné* e dos seus produtos (bem-estar, conforto), mas, cada vez com maior frequência, sua integração (assim, o uso de *trailers* e o *camping* se fazem com e nas comodidades modernas, os móveis e utensílios rústicos são introduzidos nos apartamentos confortáveis e bem equipados; reciprocamente, as pessoas voltam às moradias velhas e rústicas, nelas introduzindo o equipamento eletrodoméstico e o conforto).

A integração relativa do neoarcaísmo

A integração da natureza e da *arkhé*, no *habitat* urbano (parques, jardins, reenvelhecimento das moradias antigas, colonização de bairros antigos pela *intelligentsia* urbana e pelas classes bem situadas), no consumo (gastronomia rústica, produtos dietético-naturais), na arrumação de interiores (mobília, decoração) pode ser apenas parcial ou, antes, simbólica.

É sobretudo fora da cidade que o neoarcaísmo procura se satisfazer por soluções que combinam o ecossistema natural e o ecossistema urbano. Uma é a acomodação "suburbanal", a outra, a alternância ferial.

A acomodação no subúrbio

Na acomodação "suburbanal", fica-se próximo aos centros de trabalho, de consumo, de prazeres da vida urbana, mas tira-se o benefício dos ingredientes naturais (ar, céu, plantas, animais domésticos ou mesmo de quintal). Entretanto, não se está *na* Natureza; a *arkhé* se encontra reduzida a atividades peri-rústicas (jardinagem, pesca com anzol).

A alternância ecossistêmica?

Juntamente com a acomodação "suburbanal" desenvolveu-se cada vez mais amplamente um sistema de vida alternante, segundo uma periodicidade que pode ser cotidiana, e/ou semanal (fins de semana), e/ou sazonal (férias).

A periodicidade cotidiana, na qual se entra à noite em uma residência rústica (metassuburbanal, no campo, ou mesmo em uma "verdadeira"[33] aldeia) é um privilégio de categorias extremamente bem situadas ou de profissões artísticas que não estão obrigadas a um horário urbano muito estrito.

A periodicidade semanal se difunde entre as camadas burguesas ou pequeno-burguesas da população urbana.

A periodicidade sazonal (férias e sobretudo grandes férias) difunde-se em largas camadas populares urbanas.

---

33 Há "verdadeiras" aldeias como estas, a 40-60 quilômetros de Paris, alucinantes de autenticidade medieval-arcaica por fora, e cuja população é quase exclusivamente constituída de artistas, intelectuais, diretores de empresa etc.

A dupla vida urbano-neoarcaica *quer apresentar, não como alternativa, mas como alternância, não como acomodação, mas como complementaridade*, a integração nos dois ecossistemas. Ela encontra o "relaxamento" fora do ecossistema urbano, e o ganha-pão neste ecossistema. Ela encontra, no máximo, um desabrochar na alternância das duas "culturas", ou mesmo dos dois cultos: o culto da vida urbana moderna, da sua intensidade e das suas liberdades, e o culto da vida rústica, com a presença apaziguadora da *physis* e da *arkhé*.

Por outra parte, como se viu, esse dualismo é alimentado em escala menor no próprio seio da vida urbana (com um pouco de natureza, um pouco de *arkhé* no *habitat*, na alimentação, na decoração, no mobiliário), e da mesma forma, no seio da vida rústica, um mínimo de modernismo urbano será assegurado (água, gás, eletricidade, rádio, TV, geladeira, automóvel etc.). É, evidentemente, no coração e no curso do período rural-natural dos fins de semana, e sobretudo das férias, que se manifestará e se aprofundará a tendência neoarcaica.

O neoarcaísmo a princípio desenvolveu aspectos superficiais ou artificiais, cuja função semiótica, porém, alimenta a psique: assim se constroem cenários agradáveis e complacentes para veranistas e turistas: pseudomedievalidades, hospedarias em que o "s" gótico anuncia o tiro de arcabuz, folclore de encomenda, camarões que vieram a nado da Polônia ou da Austrália desempenham a comédia-bufa do neoarcaísmo para um homem em férias feliz de se "paleolitizar".

A um nível semiótico mais concreto, os turistas-veranistas provenientes das cidades provocam a ressurreição de antigos tipos de artesanato (de madeira, ferro, tecido, alimentação) e neoartesãos urbanos instalam seus ateliês neomedievais nos centros de turismo (Saint-Paul-de-Vence, Les Baux, Saint-Tropez).

A partir da década de 1960, a aspiração neoarcaica se aprofunda, associando cada vez mais estreitamente a necessidade de natureza e a de cultura. A cultura, aqui, deve ser entendida no sentido gerativo de princípio de organização da vida pessoal. A primeira e notável associação aparece nos clubes de férias, dos quais o Clube Méditerranée fornece, então, o protótipo avançado: estes clubes não se limitam a imergir nos elementos naturais – sol, céu, mar; organizam sociedades comunitárias, fraternalistas, nas quais são expulsas as hierarquias, as escórias e as pressões da vida social, inclusive o dinheiro com a condição de que tudo esteja pago): aí reina uma nova lei rousseauísta da natureza, um neotribalismo. Assim, vemos surgir, em uma primeira fase não contestatária, *utopias* concretas que são verdadeiros ecossistemas socionaturais fechados e (temporariamente) totais, e que apresentam a imagem ideal de uma vida metaurbana, ou mesmo de uma metassociedade a um tempo livre e comunitária. Aí já se vê o princípio de uma nova ecologia e de uma nova cultura, mas integradas na alternância, como recompensa e prêmio à vida cotidiana "alienada".

3. A CONSCIÊNCIA ECOLÓGICA

Do neoarcaísmo ao ecologismo

Se se considerar hoje a faixa de evolução histórica que começa na década de 1950, pode-se ver o aparecimento, o desenvolvimento, através dos saltos qualitativos, das formas sempre mais ricas de uma tendência ou contratendência a princípio neonaturista, higiênica, ferial, estética, tornando-se cada vez mais radicalmente cultural e ecológica. Este desenvolvimento está vinculado a desenvolvimentos não apenas tecnológicos, econômicos, sociais, mas também (*por isso mesmo*) ecossistêmicos.

Esta tendência partiu da alternância (ferial) e desembocou na alternativa (de outra vida no caso contracultural, de outro desenvolvimento no caso ecológico). Parte da periferia, chegou ela ao centro do ecossistema sociourbano e até se apresentou, aqui e ali, em termos radicais; parte das esferas socialmente integradas, tornou-se força de oposição ou forma de contestação.

É ao final da década de 1960 que o elemento ecológico e o elemento cultural aparecerão, não mais na periferia ferial e em um microuniverso fechado, mas no coração do ecossistema sociourbano e como problema global e radical. Aparecem a princípio como acontecimentos, um como imprevisto alerta à destruição da natureza (alerta ecológico), e o outro como imprevisto abalo que põe em causa as normas e os princípios da vida social: o abalo contracultural. Através desses acontecimentos-brecha surgem duas novas contratendências que, não apenas estão ligadas ao neoarcaísmo, mas vão reforçá-lo, ampliá-lo: a tendência ecológica, que põe em causa o ecossistema urbano-social; a tendência contracultural, que põe em causa a organização mesma da vida individual e coletiva, e que, embora a princípio diga respeito ao dispositivo gerativo da sociedade, concerne, porém, à relação ecossistêmica no sentido em que ela concerne à vida fenomenal cotidiana.

Do alerta ecológico à consciência do ecossistema

A consciência ecológica é historicamente uma maneira radicalmente nova de apresentar os problemas de *insalubridade*, de *nocividade* e de *poluição*, até então julgados excêntricos[34] com relação aos "verdadeiros" temas políticos: esta tendência se torna um projeto político global que põe em causa a *organização* de uma sociedade, já que ela critica e rejeita tanto os fundamentos do humanismo ocidental quanto os princípios de crescimento e de desenvolvimento que propulsam a civilização tecnocrática.

Enquanto, até a metade do século, as novidades ecológicas no meio urbano se formulavam em termos de *insalubridade* e se viam circunscritas a ilhotas que deviam ser reduzidas, tornou-se cada vez mais manifesto, no correr do grande desenvolvimento tecnoeconômico dos anos 1950-1960, que este crescia e multiplicava a toxidez urbana. Mas parecia, igualmente, que uma política de higiene geral e de profilaxia social podia trazer soluções técnicas que reduziriam a toxidez abaixo do nível patológico. O alerta ecológico demonstra um verdadeiro salto qualitativo, pelo menos ao nível da tomada de consciência. Não se limita a traduzir os mesmos problemas em termos de *nocividade* e de *poluição*; vê ameaças mortais onde não se

34 Os que têm a sorte de limitar os "verdadeiros" problemas políticos continuam a considerar "excêntrico" o alerta ecológico.

viam senão ameaças de extensão; considera a poluição e a nocividade, não como consequências fatais, mas vê, no limite, não mais um desenvolvimento tecnoeconômico a caminho da prosperidade e do bem-estar, mas uma *ubris* que tende a poluir as fontes primeiras da vida e a desagradar a própria vida. As soluções, nestas condições, não podem ser tecnológicas; implicam uma reestruturação geral do sistema, não apenas urbano, mas também civilizacional.

Não é apenas o meio urbano, é o conjunto do meio natural, é o ecossistema terrestre global que se encontra ameaçado pelos desprendimentos e resíduos industriais, o escapamento de motores, a agricultura química. Não é apenas a hecatombe animal que corre o risco de despovoar a Terra, é o massacre do plâncton e da clorofila; o problema ecológico extravasa, portanto, em muito, o problema ecossistêmico sociourbano e passa a ser o problema do sistema social na sua organização fundamental.

Noção de ecossistema e de consciência ecológica

Em certo sentido, a noção de ecossistema conduz ao que já encobriam as conhecidas palavras *meio*, *ambiente*, *natureza*: mas acrescenta complexidade à primeira, precisão à segunda, e da terceira retira a mística, ou até a euforia. A noção de meio, muito pobre, só conduz a caracteres físicos e a forças mecânicas; a noção de ambiente é melhor no sentido em que implica envolvimento placentário, mas é vaga; a noção de natureza nos conduz a um ser matricial, a uma fonte de vida, viva ela própria; esta ideia é poeticamente profunda, mas ainda cientificamente débil; estas três noções esquecem o caráter mais interessante do meio, do ambiente, da natureza: seu caráter auto-organizado e organizacional. É por isso que é preciso usar em seu lugar um termo mais rico e mais exato, o de *ecossistema.*

Dois caracteres fundamentais definem o ecossistema:

1º – O conjunto dos fenômenos em um determinado nicho ecológico constitui, por suas interações, um sistema, de tipo original: o ecossistema.

2º – Todo organismo (sistema aberto) está intimamente ligado ao ecossistema em uma relação fundamental de dependência/independência em que a independência aumenta ao mesmo tempo que a dependência.

A autonomia e a liberdade humanas significam aqui não emancipação a respeito do meio social, cujo estudo deveria então ser desdenhado, mas complexo de dependências aumentadas, que, entretanto, de maneira alguma se exprimem segundo o determinismo exterior e a causalidade unívoca; acrescentemos, igualmente, que a ignorância da dialética ecossistêmica (independência-dependência) constitui uma carência fundamental, não apenas da ideologia ocidental desde Descartes, que sempre considerou o "meio" um universo de objetos entregue ao poder e à exploração dos homens como pessoas (quer a qualidade da pessoa seja limitada à classe privilegiada da humanidade branca ocidental quer ampliada, como em Marx, ao conjunto da espécie humana), mas ainda do pensamento técnico e científico contemporâneos. Somente com as recentes graves perturbações que do ecossistema social repercutiram sobre o ecossistema natural – ameaçando a integridade, ou mesmo a vida humana –, é que vemos aparecer os primeiros germes da consciência ecológica, isto é, da nossa dependência ecossistêmica.

No que diz respeito ao primeiro ponto, isto é, à noção mesma de ecossistema, são necessárias aqui algumas indicações.

Em um nicho "natural" o bulício desordenado da vida dissimula e produz uma organização espontânea que é o próprio ecossistema.

Equilíbrios se criam e se recriam entre taxas de reprodução e taxas de mortalidade. Pressões e regularidades, mais ou menos flutuantes, estabelecem-se a partir das interações. As associações, as simbioses, os parasitismos constituem complementaridades. As relações fágicas entre animais e vegetais e entre espécies humanas constituem a um tempo hierarquias, complementaridades (o comido é complementar do que come) e antagonismos. Neste sentido, a ordem que toma corpo apresenta os traços sistêmicos de combinação, hierarquização, regulamentos, regularidades, pressões, complementaridades e antagonismos. Mas este sistema é muito particular: sua estabilidade é precária e pode ser modificada por uma alteração menor que afeta um dos componentes; seu princípio de ordem não emana de um centro organizador, mas é produzido pelas interações em miríades. Acrescentemos que cada "nicho" se integra em um ecossistema mais amplo, do qual ele constitui um elemento, e de integração em integração se chega ao ecossistema global – o planeta Terra. Assim, o termo ecossistema, como a palavra sistema, é ao mesmo tempo integrável em uma sistemologia geral e definível segundo a escala ou o nível de observação e de estudo.

Quando a sociedade reprime mais ou menos o ecossistema natural, ela instala, com a civilização urbana, um "novo meio", isto é, um novo ecossistema, ou antes, um ecossistema (sociourbano) no ecossistema (natural). Vê-se muito bem que a ideia de ecossistema social pode confundir-se fácil e utilmente com a de meio urbano, se esta for entendida em seu sentido rico. Este ecossistema sociourbano não passa de uma sociedade moderna considerada do ponto de vista ecológico, isto é, do ponto de vista dos indivíduos, grupos, instituições etc., que nela estão, no íntimo, em relação de sistema-aberto com ecossistema. Ora, quanto mais evoluída a sociedade, isto é, quanto maiores o número, o lugar, o papel dos *artefatos*, objetos produzidos por e para a atividade industriosa (industrial), maior é o caráter "técnico" do ecossistema social.

Isso posto, em que sentido se pode considerar o meio sociourbano como ecossistema? No sentido em que ele é considerado como totalidade de relações e de interações no seio de uma unidade ecológica tão localizável quanto o "nicho": a aglomeração urbana.

A aglomeração, além de certa quantidade e densidade de população, é um lugar em que interferem as organizações e as instituições econômicas, políticas, sociais, culturais, os *artefatos*, máquinas e produtos múltiplos, os grupos sociais e os indivíduos. É esta multiplicidade de sistemas heterogêneos, relacionados uns com os outros, que reagem de maneira imbricada uns sobre os outros, que realiza o caráter urbano da aglomeração, ao mesmo tempo que seu caráter ecossistêmico.

O ecossistema sociourbano compreende, também, elementos e sistemas vivos constitutivos do meio natural: clima, atmosfera, subsolo, microrganismos, vegetais, animais; nutre-se energicamente dos alimentos tirados do ecossistema natural (inclusive carvão, água, gasolina). A maior parte destes elementos e destes alimentos lhe são absolutamente vitais. Confirmam o caráter ecológico do meio urbano, sua dependência inelutável com relação à Natureza, e aumentam sua complexidade sistêmica.

Assim, o ecossistema sociourbano é um conjunto de conjuntos constituído não apenas pelo conjunto dos fenômenos especificamente urbanos, mas também pelo conjunto dos fenômenos sociais e o conjunto dos fenômenos biogeoclimáticos que aí estão localizados.

É um sistema porque apresenta características de ordem, de regularidade, de diferenciação, de complementaridade etc. Poder-se-ia considerá-lo antes como um sistema do que como um ecossistema, se ele dispusesse de um centro integrador que o controlasse em seu conjunto. Mas, na verdade, a *Polis* (nacional ou urbana) só controla alguns dos seus aspectos e dos seus estados. Há vários centros de controle, uns no seio da aglomeração, outros no exterior (o Estado, a municipalidade, as grandes firmas nacionais ou internacionais, os partidos políticos etc.), e estes centros estão, a um tempo, em complementaridade e em antagonismo entre si. O meio urbano é microcosmo dos sistemas que o transcendem e nele desenvolvem suas arborescências, microcosmo dos sistemas que dele dependem. Sua totalidade é feita de tecidos que dependem também de outras totalidades. Depende de várias instâncias, nenhuma das quais pode controlá-la totalmente, e não pode controlar totalmente nenhuma delas. E *é porque ele é o ponto em que se dão estas interações, mas o ponto em que se produzem, em virtude destas interações, fenômenos de ordem sistêmica, que ele é ecossistema.*

O meio urbano é também ecossistema do ponto de vista de cada um dos sistemas que ele envolve, seja o indivíduo, o grupo, a empresa, a instituição. Cada um destes sistemas se encontra aí em relação de sistema aberto a ecossistema, isto é, em relação de independência-dependência de que tira os elementos e alimentos para a sua sobrevida e o seu desenvolvimento. Pode encontrar nas pressões ecossistêmicas os elementos de ordem, de segurança que lhe permitem organizar sua autonomia; pode encontrar na variedade e na complexidade ecossistêmica os recursos técnicos, objetos que lhe permitem atingir uma variedade muito grande de objetivos e dedicar-se a novos objetivos, em resumo, alimentar e desenvolver a sua complexidade. Pode encontrar nas incertezas ecossistêmicas as suas oportunidades, os seus riscos, as suas liberdades.

O ecossistema sociourbano apresenta uma ordem maior do que o ecossistema natural, no sentido em que diversos centros integradores o controlam mais ou menos (o Estado, a *Polis*), e no sentido em que atuam pressões institucionais sob a forma de leis e regulamentos. Mas apresenta, também, uma desordem maior porque a conduta dos indivíduos humanos é muito menos estereotipada e programada que a dos sistemas biológicos naturais, e porque a imbricação das interações intersistêmicas atinge níveis de hipercomplexidade.

A relação ordem-desordem é indissociável. A ordem, pressão absoluta, não passa da rigidez das leis físicas: a desordem absoluta não é senão a desintegração entrópica do sistema. Uma e outra significam a morte. Mas a relação ordem-desordem não é nem estável nem uniforme, e oscila, flutua entre dois polos; em um deles, as pressões tendem a tornar-se servidões e repressões, reduzem a complexidade, favorecem o gregarismo em vez da individualidade, de acordo com a imagem que nos dão a *Metrópole* de Fritz Lang e o *1984* de Orwell, uma ao nível da pressão física, e outra, ao nível da pressão psíquica; no segundo polo, as incertezas tendem a tornar-se perturbações, perigos, como nas "cidades sem lei" dos *westerns*.

O indivíduo e o ecossistema: a dependência da independência

O homem social não é um homem que sofre passivamente a impressão do meio ou um ser *behavioral*[35] que responde ao estímulo com uma resposta não aleatória. Nem por isso é, porém, um agente ativo que organiza objetos passivos e só é determinado pela sua hereditariedade genética e sua herança cultural. A relação ecossis-

35 **N.T.:** Em inglês, no original.

têmica de independência/dependência deve ser considerada como um fundamento antropopsicossociológico de importância capital. É verdade que o comportamento do homem social é incompreensível se se esquece a combinação da informação genética e da informação cultural, mas ela é não menos incompreensível se se esquece a informação que vem das experiências fenomenais, isto é, no ecossistema, no qual se atualizam as virtualidades e no qual cada um incorpora o ecossistema, não apenas por assimilação de matéria-energia, mas por acumulação de informações. O espírito humano, em virtude das suas aptidões cognitivas e memorizadoras, em virtude das estruturas ideoconstrutoras do cérebro, integra em si, a um tempo, os caracteres ordenados – organizados – e aleatórios do ambiente, e, neste sentido, é o "espelho" do ecossistema.

Pode parecer, nesse sentido, que o ambiente é um imenso sistema de sinais, e, de qualquer maneira, um discurso que se aprende a ler. E, de fato, para o perceptor (sensorial), os objetos, fenômenos, acontecimentos do ambiente são emissores de informações, que o perceptor-receptor capta, seleciona, separando o barulho da informação, decifra e articula em discurso. Mas este discurso já não está escrito no ecossistema; o ecossistema não é uma linguagem, embora seja também um universo semiótico: o discurso nasce da cooperação, da combinação entre o ecossistema e o perceptor.

Muito vasta é a relação ecossistêmica; vai da relação metabólica à relação cognitiva, une a relação sensorial e a psicológica; a relação psicológica não passa de cognição; da mesma maneira como os antigos projetavam no seu ambiente seus poderes fantásmicos que tomavam formas de mitos e de deuses, assim também os modernos projetam em seu ambiente sócio-urbano-técnico uma mitologia diante da qual ainda não paramos de nos maravilhar.

Tudo isso indica que o homem é muito mais dependente e independente do ambiente do que se poderia crer: ou antes, sua independência é tão ligada quanto sua dependência à sua relação ecossistêmica. Assim, o ecossistema concerne às múltiplas dimensões da personalidade, desde os aspetos biossensoriais até os aspectos psicomitológicos. O ecossistema é, não somente presença imanente na experiência fenomenal, é *presença coorganizadora* na auto-organização da personalidade (que depende também da informação genético-cultural). Nessas condições, *é a dependência da independência que deve tornar-se a notável aquisição da nova ciência ecológica, ao passo que o antigo determinismo linear e unívoco se esvaece na descoberta da relativa independência da dependência (determinismo)*. Se o determinismo linear e unívoco se esvaece, vemos aparecer a possibilidade de aprender cientificamente a organização da autonomia; que não pode ser concebida senão nas relações interferenciais com o ecossistema.

Do "Genghis Khan do subúrbio solar" ao "pastor das nucleoproteínas"

A consciência ecológica é, pois:

– a consciência de que o ambiente é um ecossistema, isto é, uma totalidade viva auto-organizada (espontânea);

– a consciência de que o ambiente é um ecossistema, cia, isto é, da relação fundamental com o ecossistema, a qual nos leva a rejeitar nossa visão do mundo-objeto e do homem insular.

Essa consciência repõe, assim, em causa, de modo profundo, a orientação mesma da civilização ocidental que conseguiu o seu triunfo com base em três princípios organizadores, que se tornam hoje os princípios da sua ruína; a separação cartesiana do homem-pessoa em um universo de objetos a manipular (fundamento do humanismo moderno); a ciência concebida como conhecimento objetivo que não se preocupa nem com o seu sentido nem com o seu fim, e que, por isso mesmo, se torna o instrumento dos poderes e das potências; enfim, a concepção burguesa, em seguida a marxista, do homem conquistador da natureza que se torna, finalmente, o Genghis Khan do subúrbio solar.

A tendência ecológica combate a ideologia ocidental do homem, unidade insular, mônada fechada no universo contra a qual o romantismo não pôde reagir senão poeticamente, contra a qual o cientismo não pôde reagir senão mecanicamente, fazendo do homem uma coisa, também ele. O capitalismo e o marxismo continuaram a exaltar "a vitória do homem sobre a natureza", como se arrasar a natureza fosse a exploração mais épica. Esta ideologia dos Cortéz e dos Pizarros do ecossistema conduz, de fato, ao suicídio; a natureza vencida é a autodestruição do homem.

Da mesma maneira, a consciência ecológica ilumina o rosto escondido da ciência à sua maneira. Não se trata aqui de desvalorizar a ciência. Trata-se de ver, enfim, o outro rosto obscuro da ciência. Tudo o que fundou a prodigiosa grandeza da ciência, sua força de verdade, tem também seu reverso. A ciência contribui, ao mesmo tempo, para o desastre ecológico e antropológico porque, como a técnica, retalha os problemas e se torna puro instrumento. Os sábios atômicos foram os primeiros a serem atomizados, tornados impotentes e aterrorizados com sua impotência. O problema da ciência deve, enfim, ser mais ainda que repensado; pensado em função do desenvolvimento.

Crise de crescimento e de desenvolvimento

O que expõe a consciência ecológica é uma contradição interna radical no seio incipiente do desenvolvimento. O crescimento, neste mito, era concebido, não apenas como o produtor, mas como o regulador interno do desenvolvimento: devia, por suas virtudes, resolver os problemas históricos fundamentais da humanidade, reduzir, em seguida dissolver os conflitos, antagonismos, criar, então, em seu duplo movimento produtor/regulador, uma sociedade harmoniosa.

Enfim, e sobretudo, a consciência ecológica descobre que o crescimento industrial atual tem um caráter fatal, se continuar sua corrida exponencial, isto é, na direção do infinito, isto é, da morte. Com efeito, ela tende a arruinar o ecossistema com uma exploração insensata; tende a assassinar com injeções de veneno suas fontes vivas: a água, o ar, a terra.

Portanto, dada a relação ecossistêmica de dependência-independência, este crescimento tende à autodestruição da civilização pela destruição do ecossistema.

O crescimento exponencial não significa tanto que as reservas diminuem em função da própria aceleração do crescimento; significa, sobretudo, que *o crescimento é um fenômeno incontrolado*. Donde a necessidade de subverter a visão das coisas na qual o crescimento industrial era considerado o fundamento da ordem e da regulação da sociedade moderna. O crescimento deve, ao contrário, aparecer como uma manifestação de desordem, um desencadear de forças não apenas criadoras, mas também destruidoras.

A marcha em direção à morte começou. Freud fez uma advertência antes mesmo de Hitler: é que a civilização, ao mesmo tempo em que dá a tranquilidade, dá a inquietude, porque as forças libidinais que ela reprime se acumulam de maneira explosiva. A segunda advertência é dada por Hiroshima, e continua de maneira que se tornou quase inaudível no tique-taque dos pequenos Mururoas gauleses. A terceira advertência foi o alerta demográfico, de Sauvy a Ehrlich, em que o crescimento exponencial da população foi revelado antes mesmo do da indústria, que constitui a quarta advertência, a advertência ecológica.

Precisamos agora compreender que todos esses mecanismos são a partir de agora associados uns aos outros no mesmo gigantesco mecanismo da morte: a crise de civilização, a corrida aos armamentos e a generalização da arma nuclear, a explosão demográfica, o crescimento industrial. Às vezes, tudo isto se reúne em um abscesso monstruoso como no Vietnã. As figuras conjugadas do doutor Strangelove, do grande Timonier, do bastardo do Pai dos povos não devem fazer-nos esquecer que são também os instrumentos do poder anônimo que se desencadeia lá, mas que em toda parte está em marcha. Michel Serres o mostrou em um extraordinário artigo, "A Tanatocracia", que apareceu no número de março de 1972 de *Critique*. O armamento, a série industrial, a ciência de forças energéticas extraordinárias arrebatadas pelo poder do lucro, mas também em proveito do poder.[36]

---

36 **N.T.:** O autor fez aqui um jogo de palavras que ficaria artificial na tradução: "*emportées par la puissance du profit mais aussi au profit de la âuissance*".

A consciência ecológica entre a tecnologia e o "marxismo exorcismador"

A consciência ecológica mal nasce e corre já grandes riscos. Há o risco, primeiramente, de tudo reduzir ao problema estritamente ecológico, enquanto seu caráter principal é unir realidades que não são apenas complementares, mas também antagônicas e que apresentam problemas terrivelmente complexos, isto é, ambivalentes: é o risco da ecodeliquescência, que tudo escamoteia, à força de tudo abandonar ou deixar destruir.[37] Mas há, também, o risco de reduzir o problema ecológico, ou mesmo de dissolvê-lo em composições unicamente técnicas ou em fórmulas convencionais e rituais de salvação revolucionária.

A redução tecnologista – isto é, tecnocrática – já está em marcha. Atribui-se a degradação de ecossistemas a questões de poluição. Cada poluição pode, efetivamente, ser isolada e encontrar seu remédio técnico: aqui, os desprendimentos de motores e fábricas, ali, os despejos químicos, e ainda acolá a reforma dos pesticidas. Mas, nessas condições, dissimula-se o problema geral que não é um problema de latas de lixo, mas de organização geral da sociedade, da relação homem-natureza, do devir industrial. A tecnologia está, certamente, apta para tampar as brechas, *mas não está apta para repensar o sistema*. A técnica, remédio parcial, também é um aspecto do mal, porque destrói o sentido global do problema e porque não dispõe do seu próprio controle.

A noção de "crescimento zero" tem, certamente, o mérito de apresentar globalmente o problema da indústria em seu conjunto, do consumo, da qualidade de vida; apresenta implicitamente o problema da reorganização da sociedade. Mas esta fórmula sofre, também, de reducionismo tecnocrático: daí a prioridade aos termos tecnologistas-economistas. Propõe um mito de equilíbrio a uma espécie humana que está por natureza desequilibrada e em devir irreversível. Antes de

---

37 **N.T.:** Novamente aqui o autor pretende dar força estilística ao seu protesto usando expressões que não têm equivalente com o mesmo efeito em português: no caso, baseadas em cores associadas ao meio ambiente: "*c'est le risque de l'éco-gâtisme, qui passe tout au bleu à force de tout passer au vert*".

se tomar uma decisão precipitada sobre o não crescimento, importa, de preferência, integrar esta noção na de *desenvolvimento*, e sobretudo não mais dar um sentido unicamente economístico a esta noção de desenvolvimento. A diminuição do ritmo do crescimento só pode adquirir seu sentido com a condição de que se explicite a necessidade da aceleração, da amplificação, da metamorfose, da mutação do desenvolvimento. Só se pode frear se se sabe também acelerar.

A noção de desenvolvimento total e multidimensional do homem supõe, pois, uma transformação radical na ordem social. Mas é aqui que encontramos o outro reducionismo, o do marxismo dito ortodoxo, dos marxismos oficiais que, enquanto sistemas fechados, reagem de maneira conservadora, não querem absorver o ecologismo senão em pequenas doses com medo de desorganizar a doutrina. No limite, chega-se a um marxismo exorcismador, que funciona como ladainha: da mesma maneira que, quando nos aproximamos de um monge tibetano, ouvimos a salmódia de um "moinho" de orações, da mesma forma, ao nos aproximarmos de alguns marxistas, ouvimos sempre a mesma ladainha purificadora, quer se trate da natureza, da mulher, da poesia, do amor: "*luta de classes, capitalismo, socialismo*". Se você os incomoda, é, por sua vez, exorcismado como "agente da burguesia", "revisionista", "recuperação".

Entretanto, é tanto no seio do marxismo quanto alhures que surgiram, desde 1967, tomadas de consciência capitais. Começa-se a compreender que a revolução não é necessariamente a abolição do capitalismo, a liquidação da burguesia, pois a máquina social reconstitui, reproduz uma nova classe dominante, uma nova estrutura opressiva. Começa-se a compreender que na raiz da estrutura fenomenal da sociedade há estruturas gerativas que orientam tanto a organização da sociedade quanto a organização da vida. Está aí o sentido profundo do termo por outra parte muitas vezes mitologizado como revolução *cultural*, no Oriente e no Ocidente. Está aí o sentido profundo de uma contestação da escola. Está aí, enfim, o sentido profundo da contestação da técnica e da ciência.

A Morte, neste sentido, como diz Serres, não é teórica, mas diretamente extrapolável dos processos em curso. A Morte é provável estatisticamente, mas sabemos também que todos os acontecimentos criadores na evolução foram improváveis estatisticamente.

É sob essa ótica que precisamos considerar as advertências apocalíticas, vindas a princípio de poetas, de sonhadores, de *hippies*, hoje retomadas por cientistas como a equipe Meadows do MIT.[38]

Os cálculos são talvez falsos isoladamente, os dados insuficientes e, tecnicamente, pode-se dizer, isolando cada problema, que não há problema, a não ser técnico. Mas, da mesma maneira como o olho da rã, mesmo quando ela incha como o boi, não vê a forma dos objetos em movimento captados pela sua retina, o tecnocrata, hoje, não vê a forma geral que se faz e se desfaz. Se o apocalipse está errado, é porque haverá o improvável. E, neste sentido, ele terá razão: terá preparado o improvável.

De que se trata? Aqui ainda, citemos uma fórmula de Michel Serres: "*A questão agora é dominar o domínio, e não mais a natureza*". Trata-se de entrar em um novo combate pela hominização. Combate muito difícil, como qualquer combate que não entra nas alternativas antigas. Assim, quando Marx entra em cena, a grande alternativa é república/monarquia, burguesia/aristocracia, e a irrupção das ideias de comunismo e de proletariado parece ridícula e infame. Da mesma maneira, hoje, como ao tempo de Marx, o problema é constituir a ciência nova e a teoria nova em vez de dissolver os elementos novos na antiga teoria. O problema é o da transformação radical. A própria palavra revolução tornou-se fraca demais, repetitiva demais, unidimensional demais. Na aurora do terceiro milênio é preciso compreender que revolucionar, desenvolver, inventar sobreviver, viver, morrer são inseparavelmente ligados.

Conclusão

A tendência ecológica não tem (ainda?) fisionomia bem desenhada; apresenta-se sob traços ambivalentes, seus pseudópodos obedecem a ímpetos divergentes e diversificantes. Assim, há uma

38 **N.T.:** Massachusetts Institute of Technology.

incerteza e um vaivém entre o neonaturismo e o neoecologismo, entre neoarcaísmo e neoculturismo. Esta contratendência é ao mesmo tempo uma correção e uma tendência. Com efeito, ela participa das características do *feedback negativo*, que tende a reequilibrar o sistema impedindo-o de abster-se demais do ecossistema (neonaturismo) e de explorá-lo demais (neo-ecologismo); tem, também, semelhança com ou características de *feedback positivo*, isto é, do desenvolvimento de uma tendência nova cujo efeito tende a desestruturar-reestruturar o conjunto da organização moderna industrial burguesa urbana. Virtualmente, vê-se, aliás, de uma parte a possibilidade de uma integração corretora (por "recuperação parcial") da aspiração ecológica e da aspiração cultural no seio da tendência hegemônica, de outra parte, a possibilidade de uma subversão, revolucionária ou reacionária, desta tendência hegemônica. Da mesma maneira, e sempre virtualmente, vê-se bem, como no caso do rousseauísmo e do romantismo, como o novo movimento hesitou, ou mesmo se dividiu, entre uma nostalgia mítica da *arkhé* e a busca revolucionária de uma nova vida e de uma sociedade; entre estes dois polos, há uma possibilidade evolucionista-reformadora.

Conclusão: A Crise Atual

Este trabalho sobre o espírito do tempo, desde o princípio, isto é, há uns 15 anos, foi perseguido pela ideia de crise, ao passo que qualquer ideia de crise estava ausente da sociologia oficial, da ideologia política, do pensamento prospectivo.

O termo crise, a princípio vazio e nebuloso, dependia, no início, tanto da pequena profecia quanto do diagnóstico antecipador. Foi preciso, no decorrer da pesquisa, interrogar a palavra crise, trabalhá-la (lançar as bases de uma "crisologia") e por aí rever em cadeia a teoria sociológica. O leitor aqui não terá senão indícios, indicações sobre a gestação mesma deste trabalho teórico, que será objeto de outra obra a ser publicada (*La Méthode*).

Correlativamente, a indagação sobre a natureza mesma da crise anunciada ou denunciada tornava-se premente, impunha menos imprecisão: crise de quê? Eu dizia, no início, "crise da vida burguesa", "crise do individualismo burguês". A ideia-fantasma da crise errava entre a ideia corroborativa de uma crise de desenvolvimento e a ideia grandiloquente de uma crise de civilização. Ela tentava tomar corpo na ideia de crise cultural, mas infelizmente a cultura era, ela própria, uma noção ectoplásmica, incorporal.

Para compreender a crise, era preciso, portanto, reformular mais radicalmente a teoria sociológica, conceber a sociedade sob seus dois aspectos: o aspecto gerativo (concernente à sua "informação", isto é, ao seu saber, às suas regras, às suas normas, aos seus "programas") e o aspecto fenomenal (concernente à sua organização concreta *hic et nunc*, à sua prática, à sua existência em determinado ambiente). Neste sentido, a cultura aparece como um conjunto gerativo indispensável à autoprodução permanente da sociedade por si mesma, e esta cultura deve ela mesma se autorreproduzir em cada indivíduo, em cada geração, para autoperpetuar-se e perpetuar, assim, a organização fenomenal da sociedade.

A partir de então, era-nos possível conceber melhor em sua amplitude e em seu radicalismo, a crise até então ao mesmo tempo proteiforme e inapreensível.

Com efeito, podia-se compreender que a crise que afeta a adolescência afetava, de fato, o processo de reprodução dos valores da sociedade; que a crise que afeta a *intelligentsia* afetava o próprio processo de produção das ideias, ideologias e mitos inerentes à realidade social.

Ao mesmo tempo, a crise ecológica, por sua vez, nos conduzia ao que há de mais concretamente fenomenal em uma sociedade: sua relação com o seu ambiente, não apenas natural, mas também social (a cidade, o meio técnico), sua própria homeostasia, isto é, a regulação que alimenta sua complexidade.

O que se tornava, portanto, a meu ver cada vez mais chocante é que a crise estava escondida ao mesmo tempo no coração da geratividade social (a cultura) e no coração da prática social; podia, pois, ser considerada uma crise de sociedade de profundidade e gravidade extrema. Crise tanto mais notável quanto se formou em pleno "desenvolvimento" econômico.

É verdade que tal sociedade poderia continuar meio lá meio cá, em uma semifossilização e em uma semidecomposição, se não sofresse perturbações internas e externas fortes demais. Ela poderia, em princípio, reformar-se profundamente. Deveria, é verdade, poder revolucionar-se. (Mas seriam necessários enormes progressos e enormes transformações na consciência revolucionária.)

Assim, atualmente a sorte da nossa sociedade está entregue à casualidade.

A crise econômica, que surgiu em 1974, segregará novos imprevistos. Não quero dizer que esta crise seja apenas conjuntural; ela é conjuntural e estrutural, mas leva a uma crise do capitalismo na escala de sua organização e de sua desorganização internacionais; não é impossível que tal crise atenue a crise de sociedade de que falo, atenuando alguns dos problemas apresentados pelo crescimento econômico e pela relação ao trabalho. É, também, muito possível que a conjunção das duas crises as acentue mutuamente, e as metamorfoseie em uma só e mesma crise. Mas o que importa é que a crise de sociedade, que durante muito tempo foi dissimulada pela prosperidade econômica, não seja hoje dissimulada pela crise econômica. Agora o que importa é melhor compreendê-la, isto é, prepararmo-nos.

Inconclusão: O Futuro

No coração da década de 1970, operou-se uma mudança do cenário e do discurso cultural. Nos anos 1970-1975, os novos temas se tornaram atores e parceiros nas peripécias sociais e políticas. Pode-se prever que o deslocamento do sistema cultural que foi hegemônico e integrado vai prosseguir, que se desenvolverá uma evolução "reformadora", que surgirão de novo ilhotas, momentos, tentativas de revolução cultural. Mas, na profundidade do campo temporal, a perspectiva é incerta. Estes processos podem ser não apenas perturbados, desviados, influenciados, mas também bloqueados, dispersos, destruídos. Efetivamente, a conjuntura cultural "crísica" se inscreve em um devir político, social, econômico das sociedades ocidentais ele próprio muito incerto, e cuja incerteza aumenta. Esta incerteza aumenta ainda mais porque o devir das sociedades ocidentais se inscreve em uma dependência aumentada no seio de uma conjuntura mundial, de um devir mundial de que é própria igualmente a incerteza. Assim como os problemas culturais podem ser cada vez menos dissociados dos problemas sociopolíticos, os problemas do Ocidente podem ser cada vez menos dissociados dos problemas mundiais. As incertezas culturais se inscrevem nas incertezas sociais, políticas, mundiais que aumentam e que elas fazem aumentar.

Nessas condições, não há lugar aqui para a previsão que vende um presente engordado com hormônios que têm o nome de futuro. Mas há um lugar para uma interrogação do futuro. A crisologia, tal qual a entendemos, não nos deixa desarmados em um *tête-à-tête* com a incerteza; obriga-nos a refletir sobre os desvios, as tendências, os *feedbacks* negativos e positivos, as potencialidades progressivas e/ou regressivas.

Tal interrogação pede um esforço clínico e teórico de tal amplitude, que tornaria necessária nova obra (que talvez virá). Aqui me limitarei a aventar duas ideias: uma, concernente ao nosso devir ocidental, é a da Idade Média moderna; a outra, concernente ao devir mundial, é a de *idade de ferro mundial*.

A ideia de uma Idade Média moderna ocorreu-nos, no nosso estudo sobre *La Rumeur d'Orleans* (1969), no seguinte sentido: os caminhos da modernidade não levam eles próprios a uma nova Idade Média? "Concebemos nossa sociedade moderna, em seu desenvolvimento, não como uma sociedade que ainda contém resíduos de arcaísmo, mas como uma sociedade que suscita um novo arcaísmo, não que expulsa o mito para a racionalidade, mas que suscita novos mitos e novas irracionalidades, não que supera de modo decisivo os problemas e as crises da humanidade, mas que suscita novos problemas e novas crises. O caso de Orléans não é um impulso ou uma sequela da Idade Média no mundo moderno, é um aspecto da Idade Média moderna" (p. 108).

Ora, essa asserção pode fundar-se na ideia de que o que se passa atualmente é o deslocamento, a artofia, a fossilização, ou mesmo a decomposição ao mesmo tempo de um mundo que não chega a morrer e de um mundo que não chega a nascer; donde um estado híbrido, ambíguo, incerto, não decisivo, estado misto que se pode chamar, neste sentido intermediário, "Idade Média". Neste último sentido, a Idade Média moderna já teria, de fato, começado, e, como para qualquer nova fase histórica, sem que se possa fixar uma data de começo.

Essa ideia de nova Idade Média foi diversamente prospectada por Furio Colombo, Umberto Eco, sobretudo a ideia da Idade Média pós-industrial. Repito-o, minha intenção aqui não é prospectar por minha vez esta ideia, mas levantá-la. Há, como vimos, decadência do grande arquétipo cultural fundado sobre a imagem do homem viril, adulto, burguês, branco, ocidental, técnico, racionalizador, que subordina ou conduz à periferia o juvenil, o feminino, o senil, o não emburguesado, o exótico, o artesanal, o rústico, o estético. Mas ainda não se constituiu um novo arquétipo cultural, policêntrico, fundado na constelação dos valores: masculino/feminino, juvenil/adulto/senil, Ocidente/Oriente, Norte/Sul, indústria/artesanato, racionalidade/poesia etc. Ou, em outras palavras, há um estado híbrido e incerto, marcado pela decadência de uma legitimidade cultural sem que haja afirmação de uma nova legitimidade.

Não se pode inscrever essa decadência da legitimidade de um mito cultural em uma decadência da legitimidade mais ampla que concerne à validade, à universalidade e à racionalidade da nossa cultura? Correlativamente se enfraquecem a lei moral (que mantém no interior das subjetividades a norma sociocultural) e a lei jurídica, cujo poder de intimidação e de arbitragem se desvaloriza. O que se enfraquece, pois, é a "hegemonia" de princípios jurídicos, morais, intelectuais, supremos (a racionalidade, a tenacidade), impondo-se a toda parte em conflito numa sociedade em tempo de paz. Cada parte, cada grupo tende a tornar-se cada vez mais "autorreferente", isto é, busca em sua própria necessidade, seu interesse ou seu futuro próprio o princípio de legitimidade. Assim misturam-se as recusas libertadoras de uma legitimidade opressiva, e a legitimação dos meios regressivos, opressivos como o atentado, o sequestro de reféns, a execução sumária. No coração urbano da civilização moderna ocidental, nas grandes metrópoles, alguma coisa se desintegrou nos últimos 10 anos, e, para compreendê-la, seria preciso associar fenômenos até então percebidos separadamente, como: o crescimento das insatisfações, tormentos e neuroses (ao mesmo tempo em que havia aumento dos bens materiais, antes que viesse com ímpeto o espectro do desemprego); as deserções periódicas cada vez mais amplas para retemperar-se na natureza; a difusão cada vez mais ampla das drogas ditas medicamentos e das drogas ditas entorpecentes; a constituição de ilhotas marginais, transviadas ou fora da lei em camadas até então bem integradas nas populações; erupções contestatárias: a extensão da delinquência e da criminalidade...

Assim, a ideia de Idade Média moderna, tal qual a sugiro, não é uma profecia; é, antes, uma antiprofecia: ela fornece um quadro plausível para pensar o nosso presente e o nosso futuro nas suas incertezas. Ela nos lembra que a nossa civilização, até o momento, sempre trouxe em si e desenvolveu sua barbárie (Walter Benjamin dizia, de maneira admirável, que não há um sinal de civilização que ao mesmo tempo não o seja de barbárie). Ela nos sugere que a nossa civilização chegou ao ponto em que a sua realização desencadeia a metástase do mal interno que a arruinará. Ela nos conduz a um problema a meu ver central: a maior dificuldade, para a nossa sociedade, de dar um salto importante para além do qual começaria a verdadeira civilização.

Introduzamos agora as incertezas da Idade Média ocidental nas incertezas do devir mundial da humanidade.

O destino da humanidade oscila entre duas possibilidades, plausíveis e improváveis. A primeira, podendo ir até um quase aniquilamento atômico, é a da regressão generalizada. Na regressão, a desordem significa não liberdade e oportunidade, mas agressão, rapacidade, medo; a ordem significa não proteção, mas opressão e sacralidade; enfim, ordem e desordem significam juntas rito, prisão, campo, tortura, morte. A segunda possibilidade extrema seria um progresso decisivo; a constituição de uma metassociedade que se articularia da relação interpessoal à federação internacional: uma revolução tão considerável (ultrapassando tudo o que se entende por esta palavra), já que se trataria, na verdade, de um novo nascimento da humanidade[39] não é, infelizmente, provável para este século.

Entre esses dois polos antagônicos situa-se a zona intermediária diversa e instavelmente progressiva e regressiva. Esta incerteza deve ser pensada no quadro novo, aberto pelo espraiar dos imperialismos ocidentais no século XIX e pelas duas guerras mundiais do século XX: o da era mundial.

Retomo aqui, mas como ponto de partida de uma reinterrogação, o que era o ponto de chegada do meu *Auto-critique* (1958):[40] "Pela primeira vez a humanidade foi abraçada por uma civilização mun-

---

39 Cf. meu livro *Le Paradigme perdu:* la nature humaine. Paris: Le Seuil, 1973. p. 208-209.

40 Reedição, coleção Politique, Le Seuil, 1975.

dial: a civilização técnica. Pela primeira vez, os problemas não podiam compreender-se e desenredar-se senão em escala da mundialidade. Jamais a rede das interações cercara o mundo a esse ponto. Jamais os interesses e os sonhos humanos se viram apreendidos em tais relações de interdependências. É, efetivamente, a técnica que mundializa o planeta Terra.

"Não estamos, nesta metade de século, senão no momento das fundações e dos andaimes. As velhas potências da história ainda reinam. A política ainda está na era secundária e, entretanto, a quaternária acaba de terminar: um míssil acaba de escapar à atração terrestre, já é filho do Sol. Prodigiosas virtualidades jorram sem cessar no campo do real. A era do mundo infinito começa...

"Então, como dizer? Incríveis regressões acompanham a gestação do planeta Terra. Todos os problemas humanos pisam no mesmo lugar, ao passo que se lançam as ondas de rádio, as mensagens eletrônicas, os aviões atômicos, os satélites. A humanidade não se desliga da sua pré-história, mas nós entramos em uma nova história: a era planetária, e mesmo, em breve, a era cósmica. Não é uma verdadeira Idade Média que vivemos. Não é uma verdadeira renascença que preparamos. Não é a pré-história que acabamos. Estamos na idade de ferro da era planetária" (p. 228-229).

As ideias de Idade Média moderna e de idade de ferro planetária, longe de se excluírem, buscam uma à outra. A ideia de Idade Média conduz à ideia de uma gestação difícil, de uma incerteza entre a regressão e o reinício, e a ideia genesíaca de idade de ferro planetária, em suas brutalidades impiedosas, superdetermina a ideia de Idade Média moderna.

Aqui, evidentemente, coloca-se o problema da revolução. Seria preciso ainda uma obra para desenvolver uma análise de fundo que busque um método e uma teoria além da sociologia oficial e do marxismo oficial. Não posso avançar minha opinião aqui, mas apenas fundamentá-la.

Estamos no princípio de uma nova era, da verdadeira grande revolução que suprimiria as relações de exploração entre os homens? Ou, antes, o comunismo de aparelho, que pretende encarnar e forjar esta revolução, não constitui a ideia da revolução? Não é a reação que planta elementos divisionistas para miná-la, da mesma maneira que o cristianismo foi minado pelo catolicismo durante dois milênios?

Tudo isso nos força a reapresentar, até em seus princípios, a problemática da revolução. E, aqui, encontramos a ideia de revolução cultural que deve contribuir para reinterrogar e reformar a ideia de revolução.

A ideia de revolução cultural surgiu de modo caricatural, grosseiro ou abusivo. Mas é uma ideia que deve ser aprofundada em múltiplos sentidos. Ela deve conduzir-nos a revolucionar a ideia de cultura: esta cessa de ser considerada como um epifenômeno reflexo, uma simples superestrutura, como se viu; a cultura, enquanto conjunto de princípios, normas, regras, modelos aparece como infraestrutura gerativa das nossas sociedades, que orienta, dá forma à vida cotidiana, às nossas existências...

Assim concebida, a ideia de revolução cultural nos conduz a mudar a ideia de revolução e a revolucionar a ideia de mudança. Com efeito, a ideia de uma revolução ao nível da tomada do poder, das relações de produção, das estruturas jurídicas de propriedade aparece radicalmente insuficiente: sabemos, doravante, que a exploração e a dominação frequentemente renascem mais fortes ainda após o nivelamento, pois não se revolucionaram as estruturas gerativas. Por conseguinte, a verdadeira mudança deve operar-se também ao nível gerativo nas profundezas paradigmáticas obscuras da cultura em que se efetuam os controles da existência...

A consciência desses problemas progride com bastante rapidez, mas os retrocessos da consciência são ainda mais rápidos. Há, pois, esperança, pois a esperança é sempre o improvável.

INTRODUÇÃO À BIBLIOGRAFIA

Este livro é dedicado à "cultura de massa". A maior parte dos trabalhos sociológicos concerne às "comunicações de massa". Esses dois termos recobrem-se em um sentido: a cultura de massa é veiculada pelas comunicações de massa. Mas, na realidade, a ótica "comunicação de massa" impede a apreensão do problema "cultura de massa".

A sociologia das comunicações de massa, disse Merton, é o ramo típico da sociologia americana. Foi lá que essa sociologia criou um novo campo, experimentou novos métodos de investigação, obteve resultados. Mas as categorias utilizadas fragmentam a unidade cultural implicada nas comunicações de massa, eliminam os dados históricos, e, finalmente, chegam ou a um nível de particularidade dificilmente generalizável, ou a um nível de generalidade inutilizável.

O melhor da sociologia americana em matéria de comunicação de massa esforçou-se para reintegrar o espectador ou o leitor nos grupos sociais a que pertencem, mas ao cabo desse esforço chegamos a um ponto de partida: o público não é uma cera mole sobre a qual se imprimem as mensagens das comunicações de massa, há o tecido complexo das relações sociais que interferem na relação emissor-receptor. Não é imodesto dizer que isso será posto em dúvida.

Por essa razão, os inúmeros trabalhos da sociologia das comunicações de massa não permitem a elaboração de uma sociologia da cultura de massa. Além disso, quando o problema da cultura de massa é colocado pelos sociólogos americanos, é colocado em termos de opiniões – a favor ou contra.

Isso levanta grandes dificuldades para o estabelecimento de uma bibliografia. Esta seria quase vazia de trabalhos sociológicos se concernisse à cultura de massa em si mesma, pois a cultura de massa não foi nem pensada nem estudada, mas debatida. Seria pletórica se concernisse às comunicações de massa, sem, contudo, poder adaptar-se aos temas de meu estudo.

Escolhi uma solução coxa. Esta bibliografia será classificada em duas partes. A primeira é ordenada mais ou menos em função dos títulos de capítulos de meu livro e incluo nela, mais ou menos artificialmente, trabalhos de origens diversas. A segunda segue as classificações tradicionais em matéria de comunicações de massa, mas não se trata, evidentemente, de uma bibliografia exaustiva – é seletiva, ora necessária, ora arbitrariamente.

Necessariamente: por exemplo, excluo tudo o que concerne diretamente às comunicações de massa e política, isto é, essencialmente a propaganda política, pois a cultura de massa está situada fora do campo próprio da ação da política.

Arbitrariamente: porque minha seleção foi feita ora sobre o caráter representativo do estudo citado, ora sobre o interesse que ele apresenta a meus olhos.

PRIMEIRA PARTE
A CULTURA DE MASSA

I – *Problemas Gerais*

A. OS PROFETAS DE INFELICIDADE

Os problemas gerais da cultura de massa foram pré-abordados em alguns ensaios em que os escritores ou pensadores europeus anunciam uma nova barbaria, devida seja à técnica, seja à irrupção das massas, seja a ambas; exemplos:

COHEN-SEAT (G.), com a colaboração de BREMOND (C.): *Problèmes actuels du cinéma et de l'information visuelle* (2 tomos), Paris, Cahiers de filmologie, 1959.

DUHAMEL (G.): *Scènes de la vie fature*, Paris, Mercure de France, 1930.

ORTEGA Y GASSET (J.): *La révolte des masses*, nova edição, Paris, Stock, 1961.

B. O NOVO CAMPO SOCIOLÓGICO

A partir de 1930, depois, mais intensivamente, no decorrer da Segunda Guerra Mundial e, sobretudo, após a guerra, a sociologia americana ataca, sob diversos ângulos, os domínios da imprensa, do rádio, do cinema, da publicidade, mais tarde, da televisão. Campos de pesquisa – aliás, interferentes – delineiam-se: *mass-communications* (comunicações de massa), *mass-leisure* (lazeres de massa); um campo de preocupações impõe-se, *mass-culture*. Compilações de textos, de tipo *readers*, fazem um balanço aproximativo dos trabalhos e das reflexões da década de 1950.

Duas obras concernem essencialmente à cultura de massa:

ROSENBERG (B.) e WHITE (D. M.) ed.: *Mass-culture*, Glencoë, The Free Press, 1957.

LARRABEE (E.) e MEYERSOHN (R.) ed.: *Mass-leisure*, Glencoë, The Free Press, 1958.

Importantes coletâneas concernem, ao mesmo tempo, à comunicação de massa e à cultura de massa:

BERELSON (B.) e JANOWITZ (M.) ed.: *Reader in public opinion and communication*, Glencoë, The Free Press, 1953.

BRYSON (L.) ed.: *The communication of ideas*, Nova York, Harper, 1948.

SCHRAMM (W.) ed.: *Communications in modern society*, Urbana, University of Illinois Press, 1948.

SCHRAMM (W.) ed.: *Mass-communications*, Urbana, University of Illinois Press, 1949.

SCHRAMM (W.) ed.: *The process and effects of mass-communications*, Urbana, University of Illinois Press, 1955.

Assinalemos agora não as compilações de tipo *reader*, mas de comunicação e de pesquisas:

LAZARBFELD (P. F.) e STANTON (F. N.) ed.: *Communications research*, Nova York, Harper, 1949.

Studies in public communications, I, II, III (referência, segunda parte).

Podemos acrescentar a esses ensaios como:

SELDES (G.): *The great audience*, Nova York, The Viking Press, 1951.

SELDES (G.): *The pubic arts*, Nova York, Simon and Schuster, 1956.

Uma espécie de anuário internacional de informações:

UNESCO: *Presse, film, radio* (3 v.), Paris, 1951.

Um manual para colégios americanos, com uma interessante bibliografia analítica:

EMERY (E.), AULT (P. H.), AGEE (W. K.): *Introduction to mass-communications*, Nova York, Dood, Mead, 1960.

Um artigo que dá nota em matéria de pesquisas, em 1959, sobre as comunicações de massa:

JANOWITZ (M.) e SCHULZE (R.): Tendances de la recherche dans le domaine des communications de masse, *Communications*, nº 1, p. 16-37, 1962.

C. O PROBLEMA DA CULTURA DE MASSA

É sobretudo através dos artigos mais ou menos polêmicos que o problema geral da cultura de massa é colocado: podemos referir-nos, primeiramente, às duas introduções, uma contra (B. ROSENBERG), a outra a favor (D. M. WHYTHE) da compilação *Mass-culture* (ref. já citada).

BERELSON (B.): The great debate on cultural democracy, *Studies in public communications*, nº 3, p. 3-15, verão de 1961.

BROGAN (D. W.): Haute culture et culture de masse, *Diogène*, nº 5, 1954.

COSER (L.): Nightmares, daydreams and prof. Shils, *Dissent*, v. 5 (3), p. 268-273, 1958.

FANO (E.): I poteri della televisione, *Passato e presente*, nº 8, p. 1.033-1.042.

GANS (H.): Pluralist aesthetics and subcultural programming: a proposal for cultural democracy in the mass-media, *Studies in public communication*, nº 3, p. 27-35, verão de 1961.

HORKHEIMER (M.): Art and mass-culture, *Studies in philosophy and social sciences*, nº 9, 1941.

LOWENTHAL (L.): Historical perspectives of popular culture, *American Journal of Sociology*, v. 55, p. 323-332, 1950.

LOWENTHAL (L.): Popular culture: a humanistic and sociological concept (ronéotypé) in *IVe Congrès Mondial de Sociologie*, Stresa, 1959.

Mass-culture and mass-media, *Dedalus*, número especial sobre a Cultura de Massa, primavera de 1960.

MACDONALD (D.): Culture de masse, *Diogène*, nº 3, 1953.

MORIN (E.): La vie quotidienne et sa critique, *La Nef*, nº 17, 1958.

ROSENBERG (H.): Popular culture and kitsch-criticism, *Dissent*, inverno de 1958, p. 15.

SHILS (E. A.): Daydreams and nightmares. Reflexions on the criticism of mass-culture, *The Sewanee Review*, outono de 1957.

SOLMI (R.): Televisione e cultura di massa, *Passato e presente*, nº 8, p. 1.033-1.042.

WILENSKY (H.): Social structure, popular structure, and mass-behavior, *Studies in public communication*, nº 3, p. 15-22, verão de 1961.

D. Obras que implicam ou englobam os problemas da cultura de massa

BARTHES (R.): *Mythologies*, Paris, Éditions du Seuil, 1957.

FREYER (H.): *Theorie des Gegenwartigen Zeitalters*, Stuttgart, Deutsche Verlag Anstalt, 1958.

FRIEDMANN (G.): *Le travail en miettes*, Paris, Gallimard, 1956.

FRIEDMANN (G.): Réévaluation des sociétés modernes, *Diogène*, 31, 1960, p. 62-74.

FROMM (E.): *The sane society*, Londres, Rootledge and Kogan, 1956.

GALBRAITH (J. K.): *L'ère de l'opulence*, Paris, Calman-Lévy, 1961.

GEHLEN (A.): *Die Seele in technischen Zeitalter*, Hamburgo, 1957.

Le bien-être, *Arguments*, número especial, série 5, nº 22, 1961.

LEFEBVRE (H.): *Critique de la vie quotidienne*, Paris, l'Arche, t. I, 1957; t. II, 1962.

RIESMAN (D.): *Individualism reconsidered*, Glencoë, The Free Press, 1953.

RIESMAN (D.): *The lonely crowd*, Yale University Press, 1952 (uma tradução francesa foi realizada pelas Éditions Arthaud em 1962).

WRIGHT MILLS (C): *White collar*, Nova York, Oxford University Press, 1951.

E. Noção de massa e de cultura de massa

BELL (D.): The theory of mass society, *Commentary*, nº 22, p. 75-83, 1956.

BLUMER (H.): The mass, the public, and public opinion, in Berelson e Janowitz, *Reader in Public Opinion and Communication* (ref. cit.), p. 43-49.

FREIDSON (E.): Communication research and the concept of the mass, *American Sociological Review*, nº 18, 1953, p. 313-317.

II – *A Indústria Cultural*

ARCHER (G. L.): *Big business and radio*, Nova York, American Historical Company, 1939.

BAECHLIN (P.): *Histoire économique du cinéma*, Paris, La Nouvelle Édition, 1947.

BASTIAN (G. C.), CASE (L. D.), BASKETTE (F. K.): *Editing the day's news*, Nova York, Macmillan, 4. ed., 1956.

CHAPIN (R. E.): *Mass-commumcations, a statiscal analysis*, Michigan State University Press, 1957.

MERCILLON (H.): *Cinéma et monopoles*, Paris, Libraire Armand Colin, 1953.

UNESCO: *Presse, film, radio*, 3 v., Paris, 1951.

III – *O Grande Público*

Ver, primeiramente, as obras citadas mais adiante de:

LAZARSFELD (seção Rádio): *Radio listening in America*, p. 273; BOGART: *The age of television*, p. 274; HAENDEL: *Hollywood looks at its audiences*, p. 273.

(Na França, diversos inquéritos foram conduzidos pelo IFOP e pelo INSEE concernindo aos públicos das *mass-media* sua composição, seus gostos.)

BAUR (E. J.): Public opinion and the primary group, *American Sociological Review*, v. 25, nº 2, p. 208-218.

CROZIER (M.): Employés et petits fonctionnaires parisiens, notas sobre o lazer como meio de participação nos valores da sociedade burguesa, *Esprit*, número especial sobre o Lazer (ref. citada na seção Lazeres).

DURAND (J.): *Le cinéma et son public*, Paris, Sirey, 1958.

KATZ (E.) e LAZARSFELD (P.): *Personal influence*, Glencoë, The Free Press, 1955.

LAZARSFELD (P.): Tendances actuelles de la sociologie des communications et comportement du public de la radio-télévision américaine, *Cahiers de Radio-Télévision*, nº 23, p. 243-256, 1959.

LIPPMANN (W.): *Public opinion*, Nova York, Harcourt Brace, 1922.

LYNESS (P.): The place of the mass-media in the lifes of boys and girls, *Journalism Quarterly*, nº 29, p. 3-14, 1952.

SELDES (G.): *The great audience*, Nova York, The Viking Press, 1951.

The people's tastes in movies, books, radio, *Fortune*, p. 39-44, março, 1949.

IV – *A Arte e a Cultura de Massa*

BENJAMIN (W.): L'oeuvre d'art à l'époque de sa reproduction mécanique, in *OEuvres choisies*, Paris, Julliard, coleção Lettres nouvelles, 1959.

GREENBERG (C.): Avant-garde and kitsch, in ROSENBERG (B.), e WYTHE (D. M.), ed. *Mass-culture*, Glencoë, The Free Press, 1957, p. 98-107.

HORKHEIMER (M.): *Art and mass-culture* (ref. citada).

V – *O Grande* Cracking

ASHEIM (L.): *From book to film*, tese de doutorado, University of Chicago, 1949.

BORY (J.-L.): Le roman populaire aime les mythes, *Lettres nouvelles*, dezembro, 1960.

BROCHON (P.): *Le livre de Colportage en France depuis le XVIe siècle.* Sa littérature. Ses lecteurs, Paris, Grund, 1954.

____: Les thèmes populaires dans a littérature de Colportage, *Le Mois d'Ethnographie française*, nº 6, junho 1950.

____: Littérature de Colportage, *Encyclopédie de la Pléiade. Histoire des littératres*, t. III. p. 1.567-1.578.

DALZIEL (M.): *Popular fiction 100 years ago*, Londres, Cohen and West, 1957.

DELARUE (P.): *Le conte populaire français*, Paris, Éditions Erasme, 1957.

DUVEAU (G.): *La vie ouvrière sous le second Empire*, Paris, Gallimard, 1946.

FRIEDMANN (G.): Introduction aux aspects sociologiques de la radio-télévision, *Cahiers d'Etudes de Radio-Télévision*, nº 5, p. 3-17, 1955.

HAUSER (A.): Popular art and folk art, *Dissent*, v. 5, nº 3, verão de 1958.

HOGGART (R.): *The uses of literacy*, Londres, Chatto and Windus, 1957.

MACGILL HUGUES (H.): *News and the human interest story*, Chicago, University of Chicago Press, 1940.

MANEVY (R.): *La presse française de Renaudot à Rochefort*, Paris, J. Foret, 1958.

NIZARD (G.): *Les livres populaires et la littérature de Colportage*, 2 v., Paris, Amyot, 1854.

SEGUIN (J.-P): Nature et commerce des feuilles d'actualité en Angleterre au XIXe siècle, in *Études de Press*, 22-23, XII, 1960, p. 57-62.

STOETZEL (J.): *Jeunesse sans chrysanthème ni sabre*, Paris, Plon, 1953.

THIBAUDET (A.): *Histoire de la littérature*, Paris, Stock, 1930.

VARAGNAC (A.): *Civilisation traditionnelle et genre de vie*, Paris, Albin Michel, 1948.

WRIGHT (L. B.): *Middle-class culture in elizabethan England*, Chapel Hill, University of North Carolina, 1935.

ZUMTHOR (P.): *Miroirs de l'amour*, Paris, Plon, 1952.

VI – *O Lazer*

Abundante bibliografia em *mass-leisure* (ref. citada) e em DUMAZEDIER (J.) e de CHARNACE (F.): *Les sciences sociales du loisir*, Paris, Éducation et Vie sociale, 1961.

CAILLOIS (R.): *Les jeux et les hommes*, Paris, Gallimard, 1958.

DUMAZEDIER (J.): Les loisirs dans la vie quotidienne, in *Civilisation de la vie quotidienne, Encyclopédie française*, XIV, 1955.

_____: Tendances de la sociologie du loisir, *Congrès mondial de Sociologie*, Stresa, 1959.

FRIEDMANN (G.): Le loisir et la civilisation technicienne, *Revue internationale des Sciences sociales*, v. 12, nº 4, p. 551-630, 1960.

HUIZINGA (J.): *Homo ludens*, Paris, Gallimard, 1951.

KAPLAN (M.): *Leisure in America*, Nova York, Wiley and Sons, 1960.

Le Loisir, *Esprit*, número especial, nº 6, junho de 1959.

LUNDBERG (G. A.): KOMAROVSKY (M.) e MAC INERNY (M.): *Leisure:* a suburban study, Nova York, Columbia University Press, 1934.

RAYMOND (H.): Hommes et dieux à Palinuro, *Esprit*, nº 6, p. 1.030-1.040, junho de 1959.

_____: Recherches sur un village de vacances, *Revue française de Sociologie*, 3 (I), p. 323-333, 1960.

RIESMAN (D.) e DENNEY (R.): Leisure in an industrial civilisation, in STANLEY (E.), ed.: *Creating an industrial civilisation*, Nova York, Harper, 1952.

RIESMAN (D.): Leisure and work in post-industrial society, in LARRABEE (E.) e MEYERSOHN (R.), ed.: *Mass-leisure*, Glencoë, The Free Press, p. 363-385, 1958.

_____: Some observations on changcs in leisure attitudes, *Antioch Review*, nº 12, p. 417-436, 1952.

The uses of the leisure, *American Journal of Sociology*, número especial, nº 6, maio de 1957.

UNESCO: *Compte rendu des travaux de la réunion du Groupe international d'Études des Sciences sociales du Loisir*, Hamburgo, Institut de l'UNESCO pour l'Éducation, boletim X.

VII – *Os Campos Estéticos*

LEIRIS (M.): *La possession et ses aspects théâtraux chez les Ethiopiens de Gondar*, Paris, Plon, 1958.

METRAUX (A.): *Le Vaudou*, Paris, Gallimard, 1958.

VIII – *Relações entre o Imaginário e o Real na Cultura de Massa*

FREUD (S.): L'inquétante étrangeté, in *Essais de psychanalyse appliquée*, Paris, Gallimard, 1952.

HERZOG (H.): What do we really know about Daytime Serial Listeners, in *Radio Research*, 1942-1943 (ref. cit.).

SHERIF (M.) e STANSFELD (S.): Ego-involvement and the mass- media, *Journal of Social Issues*, nº 16, p. 8-16, 1947.

STRAUSS (A.): *Mirrors and masks, the search for identity*, Glencoë, The Free Press, 1959.

WOLFE (K.) e FISKE (M.): The children talk about comics, in LAZARSFELD (P.) e STANTON (F. N.), ed.: *Communication Research*, Nova York, Harper, 1949.

IX – *Olimpianos*

BUCHANAN (G.): *Problèmes des nouvelles exigences du public envers le spectade de la vie intime* (ronéotypé), Rome, Société Européenne de Culture, VIII Assembleia geral, 1961.

CASTELLO (G. C.): *Il divisno, mitologia del cinema*, Turim, Edizioni Radio Italiana, 1957.

CHARTES (W. W.): *Motion pictures and youth*, Nova York, Macmillan, 1933, (resumo dos Payne Fund Studies).

FRÈRE (C.), GARDELLE (M.-C.): Mort d'un champion cycliste, Fausto Coppi. *Bulletin du Centre d'Études des Communications de Masse*, Paris, École pratique des Hautes Études, p. 25-50, 1961.

LOWENTHAL (L.): Biographies in popular magazines, *Radio Research*, 1942 (ref. citada).

MAYER (J. P.): *British cinemas and their audiences*, Londres, Dennis Dobson, 1948.

MORIN (E.): *Les stars*, Paris, Éditions du Seuil, 1957.

MORIN (V.): Le voyage de Knrouchtchev en France, *Communications*, nº 1, p. 81-107, 1962.

_____. Naissance d'un enfant royal, *Bulletin du Centre d'Études des Communications de masse*, Paris, École pratique des Hautes Études, I, p. 5-23, 1961.

MORIN (V.) e STERNBERG-SARREL (B.): Le 12 Avril 1961, *Communications*, nº 1, p. 81-107, 1962.

POWDERMAKER (H.): *The dream factory*, Boston, Little Brown, 1950.

ROSTEN (L.): *Hollywood, the movie colony, the movie makers*, Nova York, Harcourt Brace, 1941.

THORP (M.): *America at the movies*, New Haven, Yale University Press, 1939.

ZUKOR (A.): *Le public n'a jamais tort*, Paris, Corrêa, 1954.

X – *O Revólver*

BAZELON (D.): Dashell Hammett's private eye, *Commentary*, v. 7, p. 467-472, 1949.

Detective Novel, seção em *Mass-culture* (ref. citada), p. 148-186, com contribuições de: WILSON (E.), ORWEL (G.), ROLLO (C. J.), LA FARGE (C.), sobre diferentes aspectos do romance policial e criminal moderno. Falta um estudo sobre o caso central de DASHELL HAMMETT.

LEGMAN (G.): *Love and death*, Nova York, Breaking Point Press, 1949.

MORIN (E.): Le roman policier dans l'imaginaire moderne, *La Nef*, nº 33, outubro de 1950, p. 69-75.

RIEUPEYROUT (J. L.): *Le western ou le cinéma américain par excellence*, prefácio de André Bazin, Paris, Éditons du Cerf, 1954.

WILSON (E.): *Classics and commercials: a literary chronicle of the forties*, Nova York, Farrer, Straws, 1960.

XI – *Amor, Feminilidade, Erotismo*

BRAMS (L.), MORIN (E.): Caractéristiques de la Presse hebdomadaire féminine, *École des Parents*, nº 6, p. 16-21, 1955-1956.

LEITES (N.) e WOLFENSTEIN (M.): *Movies, a psychological study*, Glencoë, The Free Press, 1950.

ROUGEMONT (D. de): *L'amour et l'Occident*, Paris, Plon, 1939.

_____: *Comme toi-même*, Paris, Albin Michel, 1961.

SICLIER (J.): *Le mythe de la femme dans le cinéma américain*, Paris, Le Cerf. 1957.

ZUMTHOR (P.): *Les miroirs de l'amour*, Paris, Plon, 1952.

XII – *Beleza e Higiene*

GAYELORD HAUSER (B.): *Vivez jeune, vivez long-temps*, Paris, Corrêa, 1954.

PINSET (J.) e DESLANDES (Y.): *Histoire des soins de beauté*, Que sais-je?, Paris, PUF, 1960.

XIII – *Juventude*

Crise de la jeunesse?, *Cahiers Pédagogiques*, 13, 3, dezembro de 1957.

PAYOT (R.): Le cinéma et la jeunesse, *Foi et vie*, p. 166-178, outubro-dezembro de 1959.

XIV – *A Cultura Planetária*

BOGART (L.): Changing markets and media in Latin America, *Public Opinion Quarterly*, p. 159-167, verão de 1959.

HOPPER (R. D.) e HARRIS (J. W.): *Mass-culture in Latin America* (ronéotypé), New York City College, 1960.

LERNER (D.): *The passing of the traditional societies*, Glencoë, The Free Press, 1958.

WAPLES (D.): Public communication in Peru, in *Studies in public communications*, nº 2, University of Chicago, verão de 1959.

SEGUNDA PARTE
AS COMUNICAÇÕES DE MASSA

I – *Comunicações de Massa em Geral*

BARNOUW (E.): *Mass-communication*, Nova York, Rinehart, 1956.

BERELSON (B.): Communication and public opinion, in *The process and effects of mass communication*, Urbana, University of Illionis Press, 1949, p. 342-382.

_____: The State of communication reserch, *Public Opinion Quarterly*, primavera de 1959, p. 1-17.

COHEN-SEAT (G.) e FOUGEYROLLAS (P.): *L'action sur l'homme*, Cinéma et T.V., Paris, Denöel, 1961.

LAZARSFELD (P.) e STANTON (F.): *Radio research* (2 v., referências citadas p. 273). [Esta coletânea de pesquisas concerne muito amplamente às comunicações de massa e à cultura de massa.]

LAZARSFELD (P.): *Radio and the printed page*, Nova York, Duell, Sloan, Pierce, 1940.

MERTON (R. K.): *Mass persuasion*, Harper and Brothers, Nova York, 1940.

_____: *Social theory and social structure*, Glencoë, The Free Press, 1949 (p. 199: The sociology of knowledge and mass communication).

RILEY (M. W.) e RILEY (V. W.): A sociological approach to communication research, *Public Opinion Quarterly*, 15 (3), p. 444-460, 1951.

_____: Mass communications and the social system, in MERTON (R. K.), BROOM (L.), COTTRELL (L. S.), *Sociology today*, Nova York, Basic Books, 1959.

Studies in Public Communication, nº 1, Chicago, University of Chicago, verão de 1957.

Studies in Public Communication, nº 2, Chicago, University of Chicago, verão de 1959.

Studies in Public Communication, nº 3, Chicago, University of Chicago, verão de 1961.

Twenty years of public opinion research, *Public Opinion Quarterly*, l (21), primavera de 1957.

WIEBE (G. D.): Mass communications, in HARTLEY (E L.) e HARTLEY (R. E.): *Fundamentals of social psychology*, Nova York, Knopf, 1952.

II – *As Comunicações de Massa na URSS*

Este problema não tendo sido abordado senão de viés nesta obra, terá uma bibliografia extremamente sumária.

INKELLES (A.): *Public opinion in Soviet Russia*, Cambridge, Harvard University Press, 1950.

KECSKEMETI (P.): Totalitarian communication as a means of control, *Public Opinion Quarterly*, 14, p. 224-234, 1950.

PALADINI (L.): La televisione in URSS, *Passato e Presente*, p. 1.057-1.060, março-abril de 1959.

III – *Estudos Ditos de Conteúdo*
(Contendo Análises)

ARNHEIM (R.): The world of the day time serial, in *Radio Research*, p. 34-107, 1942-1943.

BERELSON (B.): *Content analysis in communication research*, Glencoë, The Free Press, 1952.

BERELSON (B.) e SALTER (P.): Majority and minority Americans: an analysis of magazines fiction, *Public Opinion Quarterly*, 10, p. 168-190, 1946.

HANDELL (L.): *Hollywood looks at its audience*, cap. 11, p. 165-174: Content analysis, Urbana, University of Illinois Press, 1950.

JONES (D.): Quantitative analysis of Motíon Picture content, *Public Opinion Quarterly*, 6, p. 411-428, 1942.

JOHNS-HEINE (P.) e GERTH (Hans H.): Values in mass periodical fictions, 1921-1940, *Public Opinion Quarterly*, 13, p. 95-118, primavera de 1949.

SOLA POOL (I. de) ed.: *Trends in content analysis*, Urbana, University Illinois Press, 1959 (seguido de uma bibliografia seletiva).

IV – *Efeitos*

ADLER (M.): *Art and prudence*, Nova York, Longmans, Green, 1937.

BUTMER (H.): *Movies and conduct*, Nova York, Mac-Millan, 1935.

CANTRILL (H.): *The invasion from Mars*, Princeton, Princeton University Press, 1940.

HOVLAND (C. I.): Effects of the mass media of communication, in Lindzey and Cardner, *Handbook of social psychology*, Cambridge, Mass., Addison Wesley, 1954.

KLAPPER (J. T.): *The effects of mass media*, Nova York, Bureau of Applied Research, Columbia University, 1949.

_____: What we know about the effects of mass communicatíon: the brink of hope, *Public Opinion Quarterly*, 21 (4), p. 453-474, 1957-1958.

LAZARSFELD (P. F.) e MERTON (R.): Mas communication, popular taste and organized social action, in *The Communication of ideas*, editado por Bryson, Nova York, p. 95-118, 1948.

MAYER (J. P.): *British cinemas and their audiences: sociological studies*, Londres, D. Dobson Ltd., 1948.

MORIN (E.): Le problème des effets dangereux du cinéma, *Revue Internationale de Filmologie*, 14-15 (4), p. 217-232, 1953.

_____: Le rôle du cinéma, *Esprit*, 6, p. 1.069-1.091, 1960.

NOWLIS (V.): *Some studies of the influence of documentary on mood and attitude*, Nova York, University of Rochester, 1959 (ronéotypé).

The process and effects of mass communication, editado por W. Schramm, Urbana, University of Illinois Press, 1954.

WRIGHT (C. R.): *Functional analysis and mass communication*, Stresa, IVe Congrès Mondial de Sociologie, 1959.

V – *Cinema*

Le Cinéma, fait social, XXVIIIe Semaine sociale universitaire, Bruxelas, Institut de sociologie, 1960.

COHEN-SEAT (G.): *Essai sur les principes d'une philosophie du cinéma*, Paris, Nouvelle Édition, PUF, 1958.

HANDEL (L.): *Hollywood looks at its audience*, Urbana, Ill., University of Illinois Press, 1950.

KRACAUER (S.): *From Caligari to Hittler*, The Noonday Press, 1959.

MAYER (J. P.): *Sociology of film*, Londres, Faber and Faber, 1948.

VI – *Rádio*[1]

ALLPORT (G. W.) e CANTRIL (H.): *The psychology of radio*, Nova York, Harper, 1935.

CANTRIL (H.): *The invasion from Mars*, Princeton, Princeton University Press, 1940.

LASSWERL (H. D.): Radio as an instrument of reducing personal insecurity, *Studies in Philosophy and Social Sciences*, 9, 1941.

LAZARSFELD (P.): *The people look at radio*, University of North Carolina Press, Chapell Hill, 1946.

LAZARSFELD (P.) e KENDALL (P.): *Radio listening in America*, Nova York, Prentice-Hall, 1948.

LAZARSFELD (P.) e STANTON (F.): *Radio research 1942. Radio research 1942-1943* (2 v.), Nova York, Duell, Sloan and Pierce, 1941 e 1944.

VII – Televisão

BOGART (L.): *The age of television*, Nova York, Ungar, 1956.

BKEMOND (C.) e SULLEROT (E.): *Bilans comparés des recherches sur dix ans de télévision aux U.S.A. et en Grande-Bretagne*, Centre d'Études des Communications de Masse, École pratique des Hautes Études, Paris, 1960.

GUIDUCCI (A.): Un nuovo linguaggio, *Passato e Presente*, p. 1.029-1.032, março-abril de 1959.

---

[1] Ver a bibliografia em meu livro *Le cinéma ou l'homme imaginaire*. Paris: Éditions de Minuit, 1956.

HAMILTON (R. V.): Television within the social matrix, *Journal of Social Psychology*, 52, p. 77-86, 1960.

HIMMMELWEIT (H.): *Television and the child*, Oxford University Press, 1958.

MACCOBY (E. E.): Why do children watch television?, *Public Opinion Quarterly*, 18, 3, p. 239-244, 1954.

MALETZKE (G.): Research on television and German youth, Stresa, IVe Congrès mondial de Sociologie, 1959.

La Télévision, número especial de *La Nef*, outubro-dezembro de 1961.

La Télévision, XXVIIIe Semaine sociale universitaire, Bruxelas, Institut de Sociologie, 1961.

Television in our life, a special report, Sunday Times, Times, Londres, 1958.

TOMICHE (F. J.): Aperçu sur quelques effets de la télévision en Grande-Bretangne, *Les Temps Modernes*, nº 166, p. 1.080-1.097, dezembro de 1959.

VIII – *Imprensa (inclusive* comics, *fotos, imagens, jornais para crianças, imprensa feminina)*

AYFRE (A.): La fin du monde des images est-elle pour demain?, *Signal du Temps*, 8-9, p. 25-29, agosto-setembro de 1959.

BARTHES (R.): Une civilisation de l'image, *Noroît*, nº 56, p. 3-14, março de 1961.

_____: Le message photographique, *Communications*, I, p. 127-138, 1961.

BOGART (L.): Adults talk about newspapers comics, *American Journal of Sociology*, 61, l, p. 26-30, julho de 1955.

_____: Comics strips and their adult readers, in *Mass-culture*, Glencoë, The Free Press, p. 189-198. No capítulo Comics books and cartoon strips, ver com o artigo é citado de Bogart os artigos de R. Warshow, L. W. Shannon, A. J. Bradgeck e D. M. White. *Bibliographie*, p. 224.

BOUCHARD (P.): *La presse, le film, la radio pour enfants*, Paris, Unesco, 1952.

CLAUSSE (R.): Introduction à l'Étude de l'Information d'Actualité, *Techniques de Diffusion collective*, V, p. 7-30, outubro de 1961.

FOUILHE (P.): *Journaux d'enfants. Journaux pour rire?* Paris, Centre d'Activités pédagogiques, 1956.

GERIN (E.): *Tout sur la presse enfantine*, Paris, Maison de la Bonne Presse, 1958.

Journaux pour enfants, *Enfance*, novembro-dezembro de 1953.

La presse, le public et l'opinion, *Sondages* (17), 1955.

KAYSER (J.): *Une semaine dans le monde*, Paris, Unesco, 1954.

MORIN (E.): Tintin, héros d'une génération, *Le Nef*, nº 13, janeiro de 1958.

STOETZEL (J.): Fonctions de la presse: à côté de l'information, *Études de Presse*, 1 (3), julho de 1951.

IX – *Literatura de Massa, Literatura Popular*

BARKER (R. E.): *Le livre dans le monde*, Paris, Unesco, 1957.

BERELSON (B.): Who reads books and why, in *Mass culture*, p. 119-125, Glencoë, The Free Press, 1957.

Ce que lisent les Français; *Réalités*, julho de 1955, p. 54-59.

DUMAZEDIER (J.) e HASSENFORDER (J.): Le livre et le loisir, *Bulletin des bibliothèques*, nº 6, p. 269-302, junho de 1959.

DUTSCHER (A.): The book business in America, in *Mass culture*, p. 126-140.

ESCARPIT (R.): *Sociologie de la littérature*, Que sais-je?, Paris, PUF, 1958.

HARVEY (J.): *The characteristics of Best selling novels*, tese de doutorado, University of Chicago, 1949.

Littérature et grand public, *Informations sociales*, 11, l, janeiro de 1957, p. 1-138.

MESSAC (R.): *Le Detective Novel et l'influence de la pensée scientifique*, Paris, Champion, 1929.

MILLER (W.): *The book industry*, Nova York, Columbia University Press, 1950.

NUTZ (W.): *Der Trivialroman*, Köln, Westdeutscher Verlag, 1962.

RADINE (S.): *Quelques aspects du romam policier psychologique*, Paris, Édition du Mont-Blanc, 1961.

VAX (L.): Le sentiment du mystère dans le conte fantastique et dans le roman policier, *Les Études philosophiques*, nº 1, p. 65-76, 1951.

X – *Música e Canção*

ADORNO (T. W.): On popular music, *Studies in philosophy and social Science*, IX, 1941.

BROCHON (P.): *La chanson sociale, de Béranger à Brassens*, Paris, les Éditions ouvrières, 1961.

FERRES (P. DE): Le micro fait évoluer l'art populaire du music-hall, *Signal du Temps*, p. 19-24, agosto-setembro de 1959.

JOHNSTONE (J.) e KATZ (E.): Youth culture and popular music, *American Journal of Sociology*, 62, 6, p. 563-568, maio de 1957.

MACDOUGAL (D. Jr.): The popular music industry, in *Radio research*, Sloan and Pierce, New York, p. 65-109, 1943.

MORIN (E.): Matérialité et magie de la musique à la radio, *Cahiers d'Études de Radio-Télévision*, 3-4, p. 483-486, 1955.

Regards neufs sur la chanson, Paris, Éd. du Seuil, Peuple et Culture, 1954.

XI – Publicidade

BORDEIN (N. H.) *The economic effects of advertising*, Chicago, Richard D. Irvin, 1942.

BRUNEAU (P.): *Magiciens de la publicité*, Paris, Gallimard, 1956.

DURANDIN (G.), PIERON (H.) e MONTMOLLIN (G.): Propagande et publicité, in PIERON: Traité de psychologie appliquée, livro 5, *Le maniement humain*, Paris, PUF, 1956.

GALLIOT (M.): *Essai sur la langue de la réclame contemporaine*, Privat, Toulouse, 1955.

MARCUS-STTEIFF (J.): *Les études de motivation*, Paris, Hermann, 1961.

PACKARD (V.): *The hidden persuaders*, Longmans Green and Co., Londres, 1957. (La persuasion clandestine, Calmann-Lévy, Paris, 1959.)

PLAS (B. DE) e VERDIER (H.): *La publicité*, Que sais-je?, PUF, Paris, 1947.

TERCEIRA, QUARTA E QUINTA PARTE

Reproduzimos aqui, parcial ou integralmente, os seguintes artigos:

Para uma sociologia da crise. *Communications*, 12, 1968.

A volta do acontecimento. *Communications*, 18, 1972.

Conferência de abertura e alocução de encerramento. Atos do colóquio organizado pela Universidade Laval. Québec, *Etudes littéraires*, 6, 3, 1973.

Da culturanálise à política cultural. *Communications*, 14, 1969.

Cultura de massas. *Encyclopaedia Universalis*, V, 1968.

Da antiga à nova Babilônia. In: *Le retour des Astrologues*, Club de l'Obs, fascículo 3, 1971.

A ecologia da civilização técnica. In: *Une nouvelle civilisation, hommage à Georges Friedmann*. Paris: Gallimard, 1973.

Cultura adolescente e revolta estudantil. *Annales*, 24, 3, 1969.

O acontecimento e o advento feminino. In: *La femme majeure*, Club de l'Obs, Editions du Seuil, 1973.

O ano I da era ecológica. *Nouvel Observateur*, fora de série, junho de 1972.

ASS/ctc-Brasília, setembro de 1976.

www.forenseuniversitaria.com.br
bilacpinto@grupogen.com.br

Impressão e acabamento:
Geográfica editora